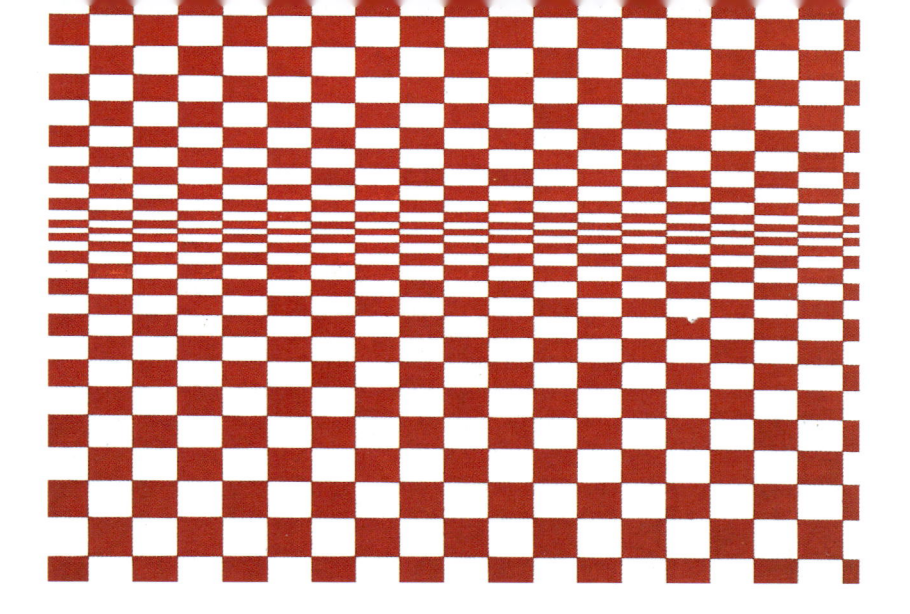

quadrante

FÍSICA **2**

Ensino Médio | 2º ano

Lucas Caprioli

- Licenciado em Física pela Universidade Estadual de Londrina (UEL-PR).
- Especialista em Física para o Novo Ensino Médio pela UEL-PR.
- Especialista em Educação Matemática pela UEL-PR.
- Professor da rede particular no Ensino Superior.
- Autor de livros didáticos para o Ensino Médio.

CB037861

1ª edição, São Paulo, 2016

Quadrante — Física — 2
© Lucas Caprioli
Todos os direitos reservados

Direção editorial	Juliane Matsubara Barroso
Gerência editorial	Roberta Lombardi Martins
Gerência de processos editoriais	Marisa Iniesta Martin
Edição executiva	Ana Paula Souza Nani
	Edição: Marcelo Augusto Barbosa Medeiros, Mateus Carneiro Ribeiro Alves
Coordenação de controle editorial	Flavia Casellato
	Suporte editorial: Alzira Aparecida Bertholim Meana, Camila Cunha, Fernanda D'Angelo, Giselle Marangon, Mônica Rocha, Silvana Siqueira, Talita Vieira
Coordenação de revisão	Cláudia Rodrigues do Espírito Santo
Coordenação de *design*	Rafael Vianna Leal
	Design: Leika Yatsunami, Tiago Stéfano
Coordenação de arte	Ulisses Pires
	Edição executiva de arte: Melissa Steiner
Coordenação de iconografia	Josiane Laurentino
Produção editorial	Scriba Projetos Editoriais
	Edição: Marcela Uehara Miyashiro
	Assistência editorial: Dhymmi Samuel Vergennes, Everton Amigoni Chinellato, Kaio Fukahori, Luciana Maria Garcia, Renato Augusto Zandrini
	Preparação de texto: Rita Kawamata
	Revisão: Adriane Gozzo e Amanda da Silva Santos
	Edição de imagens: Natália Naranjo
	Edição de ilustrações: Eduardo dos Santos
	Cartografia: E. Bellusci e Paula Radi
	Iconografia: Alaíde Alves
	Tratamento de imagens: José Vitor E. Costa
	Diagramação: Renan Alves Costa
Capa	Rafael Vianna Leal
Projeto gráfico	Marcela Pialarissi e Rafael Hatadani
Imagem de capa	Detalhe de obra de Luiz Sacilotto, *Sem título*, 1975. Óleo sobre tela, 75 cm x 53 cm. Coleção particular. Fotografia: Valter Sacilotto.
Editoração eletrônica	Leonardo Mari
Fabricação	Alexander Maeda
Impressão	EGB-Editora Gráfica Bernardi Ltda

Dados Internacionais de Catalogação na Publicação (CIP)
(Câmara Brasileira do Livro, SP, Brasil)

Caprioli, Lucas
    Quadrante física, 2º ano : ensino médio / Lucas
Caprioli. – 1. ed. – São Paulo : Edições SM, 2016. –
(Coleção quadrante física)

    Suplementado pelo manual do professor.
    Bibliografia.
    ISBN 978–85–418–1414-0 (aluno)
    ISBN 978–85–418–1415-7 (professor)

    1. Física (Ensino médio) I. Caprioli, Lucas. II.Título.
III. Série.

16-02751	CDD-530.07

Índices para catálogo sistemático:
1. Física : Ensino médio   530.07

1ª edição, 2016

Edições SM Ltda.
Rua Tenente Lycurgo Lopes da Cruz, 55
Água Branca 05036-120 São Paulo SP Brasil
Tel. 11 2111-7400
edicoessm@grupo-sm.com
www.edicoessm.com.br

Apresentação

Querido(a) aluno(a),

Física é um termo de origem grega que significa natureza, sendo assim, trata-se da ciência do nosso cotidiano. Estudar Física é uma forma de compreender um pouco do vasto mundo e Universo em que se vive.

Pensando nisso, este livro foi preparado com dedicação a fim de proporcionar a você um material de estudo que valorize seus conhecimentos prévios e experiências diárias, auxiliando em seu crescimento intelectual e na tomada de algumas decisões.

Neste material, a Física será apresentada em sua linguagem própria, dialogando continuamente com outras áreas e também com situações vividas por você no seu dia a dia. Os assuntos físicos também serão apresentados de forma direcionada à sua formação cidadã, fornecendo oportunidades de reflexão sobre atitudes que podemos e devemos desenvolver para viver melhor em uma sociedade dinâmica e em plena transformação.

Sem um leitor, este livro nada mais é que um apanhado de letras, símbolos e imagens. No entanto, em suas mãos, ele se torna uma poderosa ferramenta, capaz de expandir seu entendimento acerca do mundo em que estamos inseridos. Sendo assim, mãos à obra e bons estudos!

O autor.

Vasin Lee/Shutterstock.com/ID/BR

A câmera fotográfica é um equipamento popular nos dias atuais. Isso se deve em grande parte à Física, que possibilitou, por meio dos estudos em óptica, importantes avanços tecnológicos na precisão das imagens.

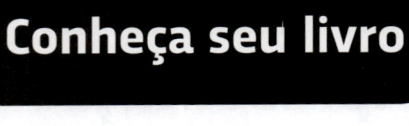

Conheça seu livro

Abertura de unidade

Nessa seção, você, seus colegas e o professor terão a oportunidade de dialogar sobre temas relacionados aos conteúdos que serão estudados na unidade, expondo seus conhecimentos prévios e interpretações nas questões do **Iniciando rota**.

Investigue

Nesta seção, você terá a oportunidade de realizar atividades práticas com o objetivo de desenvolver uma perspectiva investigativa referente ao que foi ou será estudado.

Atividades

Nessa seção, você será convidado a colocar em prática os conhecimentos que já possui, sendo desafiado a perceber aspectos que podem ser melhorados.

Atividades resolvidas

Essas questões serão apresentadas durante a seção atividades, auxiliando no desenvolvimento de sua autonomia para elaborar outras resoluções.

Ícones

Indica que as cores apresentadas nas imagens não correspondem às reais.

Indica que as imagens não são proporcionais entre si ou que suas medidas não são proporcionais.

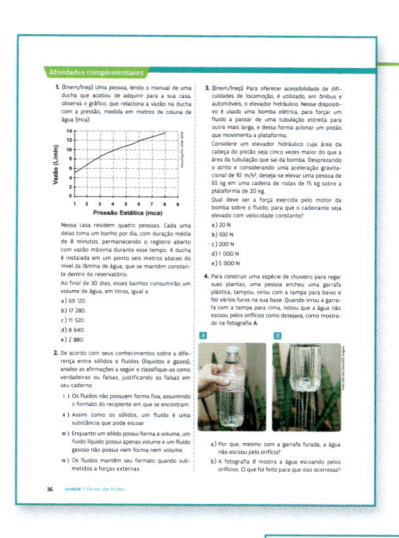

Atividades complementares

Atividades que complementam os conteúdos estudados, abordando os assuntos de todos os capítulos que compõem a unidade.

Valores em ação

Seção de leitura em que conteúdos de Física são relacionados a alguns valores universais, como respeito, dignidade, responsabilidade e honestidade.

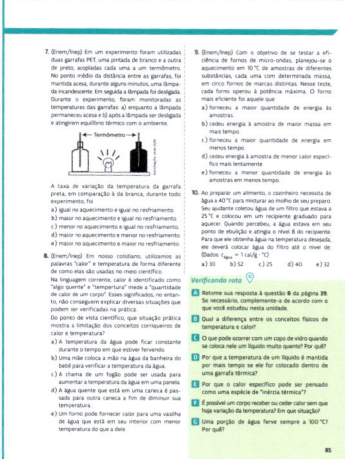

Verificando rota

Questionamentos que lhe proporcionam confrontar seus conhecimentos prévios com os conhecimentos adquiridos durante o estudo da unidade, verificando assim sua rota de aprendizagem.

Física no dia a dia

Seção que destaca alguns temas relacionados à Física que podem ser verificados em algumas situações cotidianas, como em atividades profissionais, ao assistir a um filme, ao praticar um esporte, ou ao observar fenômenos naturais, por exemplo.

Física em ação

Nessa seção, você terá a oportunidade de colocar a Física em ação, dentro e fora da escola, além de perceber a sua relação com outras áreas do conhecimento.

Sumário

Estudo dos fluidos

Toda vez que você encontrar esse ícone, significa que as imagens não estão em proporção de tamanho.

Uma das adaptações do corpo humano ao ambiente em que vive está relacionada à pressão atmosférica devido aos gases que compõem a atmosfera. Os Xerpas, por exemplo, grupo étnico do Nepal que vive nas regiões montanhosas do Himalaia, possuem capacidade pulmonar superior à dos alpinistas que frequentam o local, porque estão adaptados à baixa pressão exercida pelo ar atmosférico e à baixa concentração de gás oxigênio.

Além dos gases, os líquidos também exercem pressão sobre os corpos, levando-os a flutuar ou afundar. O submarino, por exemplo, flutua como um navio ou um *iceberg* quando está com seus reservatórios vazios, mas afunda quando os reservatórios estão cheios de água.

Os gases e os líquidos, embora estejam em diferentes estados físicos, apresentam algumas semelhanças. Ambos são considerados fluidos.

Nesta unidade, estudaremos algumas propriedades dos fluidos, como densidade, empuxo, pressão e variação de pressão por causa do movimento.

O monte Everest, localizado na cordilheira do Himalaia, entre a China e o Nepal, é a montanha mais alta do planeta em relação ao nível do mar, com cerca de 8 850 m de altitude. No pico, a densidade do ar é três vezes menor do que ao nível do mar.

Submarino Safaris em águas próximas à Espanha, em maio de 2014. Os submarinos são embarcações capazes de ficar submersas. Sistemas de comportas permitem controlar seu fluxo interno de água, alterando sua massa total e lhes conferindo a capacidade de flutuar ou afundar.

Justin Hofman/Alamy Stock Photo/Latinstock

▮*Iceberg* é uma grande porção de gelo que se desprende das geleiras existentes nas regiões polares da Terra. Por isso, são mais comuns nos oceanos glaciais (Ártico, no norte, e Antártico, no sul do planeta).
A expressão "isso é apenas a ponta do *iceberg*" vem do fato de apenas 10% de seu volume permanecer acima da superfície do oceano, enquanto cerca de 90% de seu volume fica submerso.

Iniciando rota

A Em sua opinião, por que os alpinistas geralmente passam mal quando escalam montanhas elevadas, como o monte Everest?

B Qual procedimento é feito em um submarino para que ele flutue ou afunde? Seu volume é alterado nesse procedimento? E a força peso sobre ele?

C Você já teve a impressão de que os corpos ficam "mais leves" quando imersos na água? Em sua opinião, o que causa essa impressão?

Hidrostática

Propriedades dos fluidos

Plantação de algodão.

Em sua opinião, por que geralmente as pessoas respondem equivocadamente à questão "O que pesa mais, 1 kg de chumbo ou 1 kg de algodão?".

O estudo da Mecânica também envolve a análise do equilíbrio e do movimento de líquidos e gases, substâncias que têm a propriedade de fluir ou escoar, sendo por isso chamadas fluidos.

Os sólidos são divididos em duas categorias: aqueles que apresentam um arranjo regular de átomos são denominados **sólidos cristalinos** e aqueles que têm os átomos distribuídos de forma aleatória são os **sólidos amorfos**. Independentemente do tipo de organização do sólido, seus átomos se mantêm unidos por meio de ligações atômicas.

Líquidos e gases são fluidos por não possuírem arranjo molecular definido, não tendo assim forma fixa e moldando-se ao recipiente que os contém. Mesmo sendo fluidos, líquidos e gases se comportam de forma diferente. Os líquidos possuem volume definido, enquanto os gases ocupam todo o volume do local onde estão contidos.

Os líquidos têm suas moléculas mais próximas umas das outras do que os gases, portanto resistem às forças de compressão mantendo seu volume. Essa propriedade é chamada incompressibilidade dos líquidos. Já um gás, quando pressionado, sem mudança de fase, tem seu volume reduzido.

No estado gasoso, as moléculas da água estão distantes umas das outras.

A água na fase sólida apresenta uma estrutura cristalina.

Iceberg próximo ao círculo polar Ártico, em 2014.

Paul Souders/Corbis/Latinstock

Na fase líquida, ainda há ligação entre as moléculas de água.

A viscosidade é uma propriedade dos fluidos relacionada ao atrito interno e à resistência ao escoamento. Fluidos mais viscosos apresentam mais dificuldade para escoar, como o mel. Dizemos que o mel é mais viscoso do que a água, porque ele resiste mais que a água para escoar. A diferença entre a viscosidade dos líquidos e dos gases está na sua origem.

mel

A tensão superficial e a capilaridade são outras propriedades dos fluidos líquidos que podemos destacar.

A tensão superficial relaciona-se à tendência de a superfície dos líquidos se contrair, formando uma espécie de película. Isso ocorre devido a atrações moleculares que geram uma força de coesão, como representado na ilustração. Uma situação na qual observamos esse fenômeno é quando um inseto se sustenta sobre a superfície da água. Repare que essa situação é diferente de quando um corpo flutua com uma parte dentro da água.

Inseto da espécie *Gerris lacustris*, conhecido popularmente como alfaiate, sustentado pela superfície da água devido à tensão superficial.

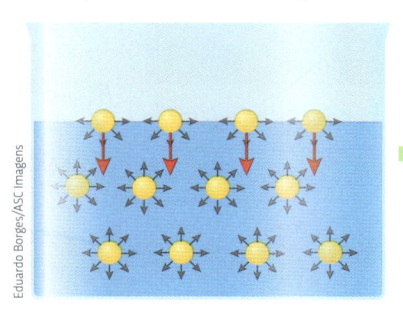

Toda vez que você encontrar esse ícone indica que as cores das imagens não correspondem às reais.

As moléculas da superfície atraem as vizinhas ao lado e as que estão logo abaixo, formando uma fina película.

> **Cite outro exemplo no qual podemos perceber a tensão superficial da água.**

A capilaridade é a capacidade de os líquidos fluírem espontaneamente em tubos muito finos ou espaços muito estreitos. Quando colocamos um tubo muito fino de vidro dentro de um copo com água, observamos que a água sobe pelo interior do tubo. Nesse caso as moléculas do líquido aderem às paredes do vidro por forças de adesão e, enquanto essa força for maior que a força peso sobre a coluna de líquido, a água sobe. Se o tubo for largo, a força peso equilibra a força de adesão mais rapidamente.

Outra situação em que podemos observar a capilaridade é quando colocamos parte de uma toalha dentro da água; nesse caso, ela se encharca pela capilaridade produzida pelas fibras do tecido.

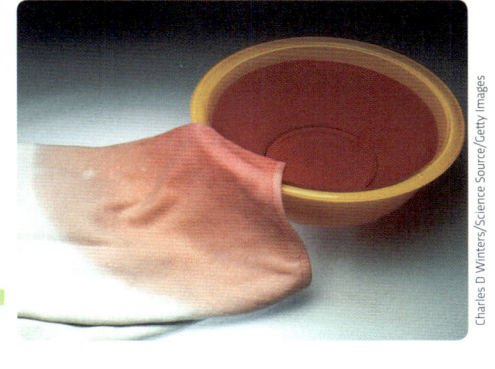

A adesão entre as fibras do tecido e as moléculas do líquido faz a toalha molhar.

Enquanto no estudo envolvendo corpos sólidos trabalhamos com massa e força peso, na Hidrostática tratamos de volume, densidade (d) e massa específica (μ). Vamos conhecer um pouco mais sobre cada uma dessas propriedades.

● Densidade de fluidos

A densidade é a concentração de massa em determinado volume, ou seja, é uma propriedade que mostra como a matéria está distribuída em certo corpo, podendo ser um corpo maciço ou oco. A densidade é a quantidade de massa por volume, expressa na relação abaixo:

$$d = \frac{m}{V}$$

No SI, a massa é expressa em quilograma (kg), o volume em metros cúbicos (m^3) e a densidade em quilograma por metro cúbico (kg/m^3). Existem outras unidades, como o g/cm^3 e o kg/L.

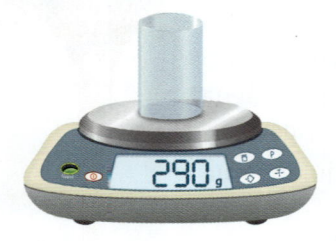

Para o copo vazio mostrado na figura ao lado, o volume total é de $3,2 \cdot 10^{-4}$ m^3, portanto sua densidade é de aproximadamente $9,06 \cdot 10^2$ kg/m^3.

$$d = \frac{m}{V} = \frac{0,290}{3,2 \cdot 10^{-4}} = 9,06 \cdot 10^2 \therefore \boxed{d = 9,06 \cdot 10^2 \text{ kg/m}^3}$$

Se o copo fosse preenchido com vidro, teríamos um cilindro de vidro homogêneo; sua massa seria 0,8 kg, ocupando o mesmo volume. Nesse caso, sua densidade seria a concentração de massa do vidro, chamada massa específica (μ).

$$\mu = \frac{m}{V}$$

Massas específicas de algumas substâncias	
Substância	Massa específica $\left(\text{kg/m}^3\right)$
hidrogênio	0,089
ar	1,293
gasolina	$6,8 \cdot 10^2$
álcool (etanol)	$8,06 \cdot 10^2$
água	$1 \cdot 10^3$
gelo	$9,2 \cdot 10^2$
vidro	$2,4 - 2,8 \cdot 10^3$
alumínio	$2,7 \cdot 10^3$
ferro	$7,96 \cdot 10^3$
chumbo	$11,3 \cdot 10^3$
ouro	$19,3 \cdot 10^3$

Fonte de pesquisa: TIPLER, Paul A.; MOSCA, Gene. *Física para cientistas e engenheiros*: mecânica, oscilações e ondas. Trad. Paulo Machado Mors. Rio de Janeiro: LTC, 2009. v. 1. p. 432.

Para o cilindro maciço de vidro:

$$\mu_{vidro} = \frac{m}{V} = \frac{0,8}{3,2 \cdot 10^{-4}} = 2,5 \cdot 10^3 \therefore \boxed{\mu_{vidro} = 2,5 \cdot 10^3 \text{ kg/m}^3}$$

Para corpos maciços e homogêneos, assim como substâncias puras, a densidade tem mesmo valor que a massa específica. Por esse motivo, neste capítulo usaremos o termo densidade com mais frequência.

A massa específica de uma substância ou um objeto pode variar com a temperatura e com a pressão. A tabela ao lado mostra a massa específica de alguns materiais nas CNTP (condições normais de temperatura e pressão), ou seja, pressão atmosférica ao nível do mar (1 atm) e temperatura de 0 °C. A conversão entre as unidades de massa específica e densidade pode ser feita da seguinte forma:

$$\frac{1 \text{ kg}}{1 \text{ m}^3} = \frac{10^3 \text{ g}}{10^6 \text{ cm}^3} = \frac{1 \text{ g}}{10^3 \text{ cm}^3} \Rightarrow \boxed{10^3 \text{ kg/m}^3 = 1 \text{ g/cm}^3}$$

$$\text{kg/m}^3 \underset{\cdot 10^3}{\overset{: 10^3}{\rightleftarrows}} \text{g/cm}^3$$

Assim, de acordo com a densidade, cada volume de um corpo ou material apresenta certa massa. Na figura abaixo, por exemplo, temos 1 kg de algodão e 1 kg de chumbo sobre balanças. Nessa situação, a força peso sobre os dois corpos é a mesma. Como a densidade do algodão é menor que a do chumbo, 1 kg de algodão tem volume maior que 1 kg de chumbo.

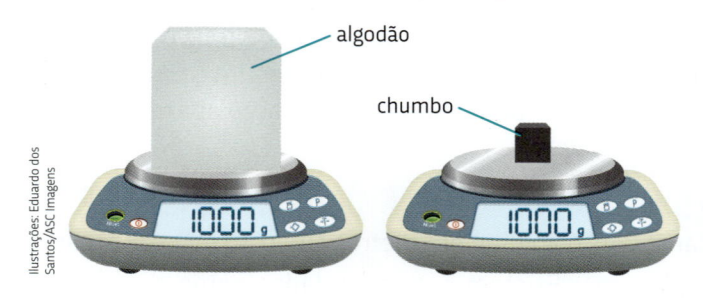

algodão

chumbo

Ilustrações: Eduardo dos Santos/ASC Imagens

A definição do quilograma-padrão foi feita a partir da massa de 1 litro de água (1 dm^3) à temperatura de maior massa específica, próxima de 4 °C. Nessas condições, a densidade da água é 1 kg/L.

Pressão

Faca sendo afiada.

Por que uma faca afiada corta com mais facilidade?

Quando exercemos uma força sobre um corpo, um dos efeitos pode ser a aceleração; outro efeito pode ser a deformação desse corpo. Essa deformação depende de algumas condições, como a rigidez do material que compõe o corpo.

A forma como a força é aplicada e a área sobre a qual ela é aplicada são outras condições que influenciam o efeito da força. A relação entre a intensidade de uma força $\vec{F}$, agindo perpendicularmente a uma superfície, e a área A dessa superfície é denominada **pressão** (p).

$$p = \frac{F}{A}$$

Apesar de a força ser uma grandeza vetorial, a pressão é uma grandeza escalar. No SI, força é expressa em newton (N), área é expressa em metros quadrados (m^2) e pressão é expressa em pascal (Pa).

$$1\,Pa = 1\,N/m^2$$

A unidade de medida de pressão no SI foi definida em homenagem ao físico, matemático e filósofo francês Blaise Pascal (1623-1662), sobre quem iremos comentar adiante.

A influência da pressão pode ser verificada em diversas situações cotidianas.

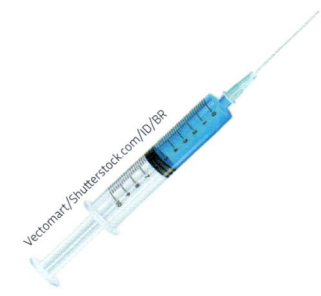
O formato das agulhas facilita sua introdução na pele.

A face pontiaguda do prego é utilizada para perfurar superfícies.

Aumentando a área de contato é possível se sustentar sobre a neve.

O fato de a pressão depender da área de aplicação de uma força explica por que facas afiadas cortam melhor. A pressão necessária para romper as fibras de um pedaço de carne, por exemplo, é obtida com uma força de menor intensidade, quando se reduz a área de aplicação.

A mesma força pode resultar em pressões diferentes. Considere um tijolo maciço de 3 kg de massa e dimensões 6 cm de altura, 11 cm de largura e 22 cm de comprimento. A pressão que o tijolo irá exercer sobre uma superfície de apoio dependerá da face pela qual ele for apoiado. Veja a seguir dois exemplos da pressão, em Pa, exercida por um tijolo, devido à força peso sobre ele, considerando $g = 10\ m/s^2$.

$$F_p = m \cdot g = 3 \cdot 10 = 30 \therefore \boxed{F_p = 30\ N}$$

$$p = \frac{F}{A} = \frac{30}{0{,}11 \cdot 0{,}22} \Rightarrow$$
$$\Rightarrow p \cong 1\,239{,}7 \therefore \boxed{p \cong 1\,239{,}7\ Pa}$$

Tijolo apoiado pelas faces de 11 cm e 22 cm.

$$p = \frac{F}{A} = \frac{30}{0{,}22 \cdot 0{,}06} \Rightarrow$$
$$\Rightarrow p \cong 2\,272{,}7 \therefore \boxed{p \cong 2\,272{,}7\ Pa}$$

Tijolo apoiado pelas faces 6 cm e 22 cm.

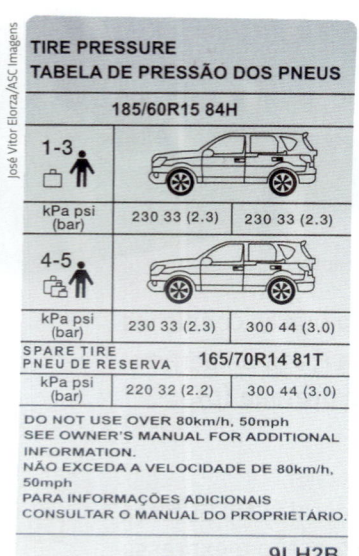

TIRE PRESSURE
TABELA DE PRESSÃO DOS PNEUS

José Vitor Elorza/ASC Imagens

185/60R15 84H		
1-3		
kPa psi (bar)	230 33 (2.3)	230 33 (2.3)
4-5		
kPa psi (bar)	230 33 (2.3)	300 44 (3.0)
SPARE TIRE PNEU DE RESERVA	165/70R14 81T	
kPa psi (bar)	220 32 (2.2)	300 44 (3.0)

DO NOT USE OVER 80km/h, 50mph
SEE OWNER'S MANUAL FOR ADDITIONAL INFORMATION.
NÃO EXCEDA A VELOCIDADE DE 80km/h, 50mph
PARA INFORMAÇÕES ADICIONAIS
CONSULTAR O MANUAL DO PROPRIETÁRIO.

9LH2B

Existem também outras unidades de medida usuais associadas à pressão.

- bar: unidade de pressão equivalente a kgf/cm^2. Sendo 1 kgf = 10 N e 1 $cm^2 = 10^{-6}$ m^2, temos que 1 bar = 10^5 Pa.

$$1 \text{ bar} = \frac{1 \text{ kgf}}{1 \text{ cm}^2} = \frac{10 \text{ N}}{10^{-4} \text{ m}^2} = \boxed{10^5 \text{ N/m}^2 = 10^5 \text{ Pa}}$$

- psi (*pound per square inch*): unidade de pressão do sistema de unidades inglesas, no qual a força é expressa em libra e a área em polegada quadrada.

$$\boxed{1 \text{ psi} = 7\,000 \text{ Pa}}$$

- atm (atmosfera) e torr (torricelli), também designada milímetros de mercúrio (mmHg), serão estudadas em seguida.

$$\boxed{1 \text{ atm} = 760 \text{ mmHg} = 760 \text{ torr} = 10^5 \text{ Pa}}$$

Adesivo instruindo a pressão correta de calibragem do pneu de um veículo.

● Pressão atmosférica

Os gases que compõem a atmosfera terrestre são essenciais para a vida na Terra. Chamamos de atmosfera a camada de gases que circunda o planeta e se dilui progressivamente, até confundir-se com o vácuo interplanetário.

A atmosfera é constituída principalmente de 78% de nitrogênio, 21% de oxigênio e menores quantidades de outros gases, como argônio, dióxido de carbono e vapor de água, sendo a massa total de gases estimada em $5 \cdot 10^{18}$ kg. Toda essa massa de gás permanece junto do planeta devido à interação da gravidade, ou seja, a força peso sobre essa massa gasosa faz com que a atmosfera terrestre pressione toda a superfície do planeta, dando origem à **pressão atmosférica**.

coluna de ar com 10 000 kg
área de 1 m^2

Representação de uma coluna de ar sobre uma área de 1 m^2.

Como a densidade de gases da atmosfera diminui com a altitude, a pressão atmosférica máxima ocorre em locais com altitude zero, ou seja, ao nível do mar.

Ao nível do mar, uma coluna de ar sobre uma área de 1 m^2 tem massa de aproximadamente 10 000 kg, conforme ilustrado na imagem ao lado. Para $g = 10$ m/s^2, a pressão atmosférica é dada por:

$$p_{atm} = \frac{F_p}{A} = \frac{m \cdot g}{A} = \frac{10\,000 \cdot 10}{1} = 1 \cdot 10^5 \therefore \boxed{p_{atm} = 1 \cdot 10^5 \text{ Pa}}$$

Como a massa de uma coluna de ar sobre uma área de 1 cm^2 é cerca de 1 kg, a pressão atmosférica ao nível do mar vale 1 bar. A unidade de medida atm (atmosfera) também foi definida como 1 atm ao nível do mar.

O valor da pressão atmosférica foi medido pelo físico e matemático italiano Evangelista Torricelli (1608-1647), em 1643, quando inventou o primeiro barômetro de mercúrio, instrumento utilizado para medir pressão.

Um tubo com uma de suas extremidades aberta foi completamente cheio de mercúrio (Hg). Torricelli tapou a extremidade aberta e virou o tubo, mergulhando essa extremidade em um recipiente também contendo mercúrio. Quando a extremidade foi aberta, o nível do mercúrio no tubo abaixou, mas estabilizou em uma coluna de 76 cm, ao nível do mar, como representado na imagem ao lado.

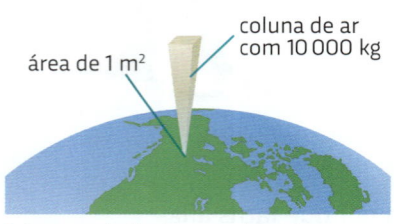
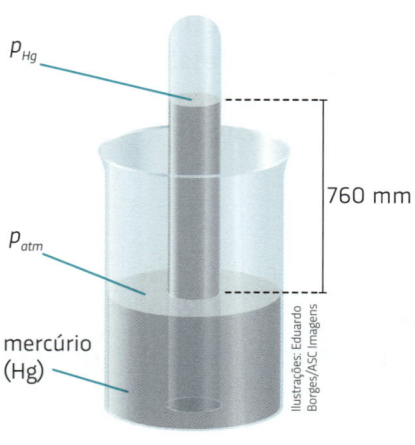

p_{Hg}

760 mm

p_{atm}

mercúrio (Hg)

Ilustrações: Eduardo Borges/ASC Imagens

Barômetro de Torricelli.

Para o mercúrio escoar totalmente do tubo, o nível do recipiente deveria aumentar, indo contra a ação da pressão atmosférica. Como isso não ocorreu, Torricelli concluiu que, ao nível do mar, a pressão atmosférica na superfície livre do mercúrio foi equilibrada pela coluna de 76 cm ou 760 mm de mercúrio (760 mmHg). Essa unidade de medida foi definida como 1 torr, em homenagem a Torricelli.

$$1 \text{ atm} = 760 \text{ mmHg} = 760 \text{ torr}$$

> Qual seria a altura da coluna de mercúrio se a investigação de Torricelli fosse realizada na Lua?

Os corpos que se encontram na atmosfera terrestre estão sempre sob ação da pressão atmosférica, por todos os lados.

Um corpo não se deforma quando existe o equilíbrio entre as pressões internas e a pressão externa (atmosférica). Veja como exemplo um balão de festa. Quando a pressão interna do balão é a mesma que a pressão atmosférica, ele apresenta formato arredondado, sem estourar.

p_{atm}

p_{int}

O formato arredondado de um balão se deve ao equilíbrio entre a pressão interna e a pressão atmosférica.

Andrey Eremin/Shutterstock.com/ID/BR

Outra situação que envolve a ação da pressão atmosférica ocorre quando tomamos suco por meio de um canudo. Quando sugamos o ar do interior do canudo, sua pressão interna diminui. A ação da pressão atmosférica sobre a superfície do líquido o empurra para o interior do canudo, subindo até nossa boca.

p_{int}

p_{atm}

Serhiy Kobyakov/Shutterstock.com/ID/BR

O líquido é empurrado pela pressão atmosférica quando reduzimos a pressão no interior do canudo.

O corpo humano não sente tanto os efeitos da pressão atmosférica porque também possui pressão interna em equilíbrio com a externa. Tanto pessoas que vivem ao nível do mar quanto em altas atitudes adaptam-se ao local. Porém, sentimos as variações de pressão, por exemplo, quando viajamos entre duas cidades com diferentes altitudes.

Jogadores de futebol acostumados a pressões atmosféricas próximas ao nível do mar costumam sentir dificuldade ao disputar partidas em cidades com altitude elevada, como La Paz, na Bolívia (a aproximadamente 3 660 m acima do nível do mar).

Com o aumento da altitude ocorre uma redução da concentração de gás oxigênio e da pressão atmosférica, causando dores de cabeça, náuseas, tonturas, dificuldades respiratórias, desmaios, entre outros sintomas.

Em situações extremas, por exemplo quando um astronauta é enviado para fora da atmosfera da Terra, é necessário usar roupa especial pressurizada, que se adapta à pressão reduzida.

ESA/Handout/Getty Images

Astronauta Tim Peake no espaço fora da atmosfera da Terra, fazendo reparos na Estação Espacial Internacional em 2016.

1. (Enem/Inep) Um dos problemas ambientais vivenciados pela agricultura hoje em dia é a compactação do solo, devida ao intenso tráfego de máquinas cada vez mais pesadas, reduzindo a produtividade das culturas. Uma das formas de prevenir o problema de compactação do solo é substituir os pneus dos tratores por pneus mais

a) largos, reduzindo a pressão sobre o solo.

b) estreitos, reduzindo a pressão sobre o solo.

c) largos, aumentando a pressão sobre o solo.

d) estreitos, aumentando a pressão sobre o solo.

e) altos, reduzindo a pressão sobre o solo.

2. Um cubo maciço *A*, de 173 g, é feito de apenas um material, e outro cubo *B*, de 500 g, é feito de outro material. Os dois cubos possuem arestas iguais a 4 cm. Verifique de qual material possivelmente é feito cada cubo. Para isso, consulte a massa específica de algumas substâncias na tabela apresentada na página **12**. Considere que ambos estão a 0° C.

3. Tem-se dois blocos maciços de prata, densidade 10,5 g/cm³, com dimensões e massas diferentes. Um deles, de volume desconhecido, é colocado na balança para medir sua massa, conforme mostrado na imagem. Quando se pretende medir a massa do segundo bloco, com volume de 15 cm³, a balança passa por um problema e desliga. Determine o volume do primeiro bloco, em cm³, e a massa do segundo bloco, em gramas.

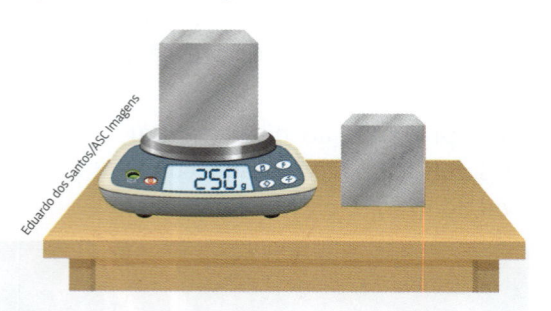

4. Para produzir um tijolo com o formato de paralelepípedo e dimensões 0,06 m, 0,11 m e 0,22 m, são utilizados, aproximadamente, 3 kg de matéria-prima. Calcule aproximadamente a densidade do tijolo, em g/cm³.

5. Qual a pressão, em Pa, exercida sobre uma mesa onde um bloco de 4,5 kg está apoiado por uma face retangular de dimensões 20 cm por 25 cm? Use $g = 10$ m/s².

6. Considere uma piscina completamente cheia de água com as seguintes dimensões: comprimento de 50 m, largura de 25 m e profundidade de 4 m. Sabendo que a densidade da água é $1,0 \cdot 10^3$ kg/m³ e utilizando a aceleração gravitacional como 10 m/s², qual o peso total de água contida na piscina?

R1. Em uma experiência, misturou-se a mesma quantidade, ou seja, o mesmo volume de água e gasolina com massas específicas iguais a 1 g/cm³ e 0,74 g/cm³, respectivamente. Qual é a densidade dessa mistura?

⊇ Resolução

Como misturou-se o mesmo volume das substâncias, a densidade da mistura é dada pela massa de água (m_a) somada à massa de gasolina (m_g) dividida pelo volume total.

$$\mu = \frac{m_a + m_g}{V + V} = \frac{m_a + m_g}{2 \cdot V}$$

Sendo $m = \mu \cdot V$, a relação anterior pode ser escrita da seguinte forma.

$$\mu = \frac{\mu_a \cdot V + \mu_g \cdot V}{2 \cdot V} = \frac{\mu_a + \mu_g}{2} = \frac{1 + 0,74}{2} \Rightarrow$$

$$\Rightarrow \mu = 0,87 \therefore \boxed{\mu = 0,87 \text{ g/cm}^3}$$

Assim, misturando o mesmo volume de água e gasolina obtém-se uma mistura de densidade igual a 0,87 g/cm³.

7. Com relação à pressão, explique por que chuteiras com travas são utilizadas no futebol de campo e esquis são utilizados na neve.

8. Segundo normas da Agência Nacional de Petróleo, Gás Natural e Biocombustíveis (ANP), 1 L de etanol hidratado combustível (EHC), popularmente conhecido como álcool, deve ter um teor médio de 70 mL (7%) de água em sua composição. Sendo a densidade da água igual a 1 000 g/L e a do etanol 800 g/L, qual a densidade do etanol hidratado combustível?

9. Um pneu de veículo deve ser calibrado com 30 psi. Qual o valor dessa pressão no SI?

Teorema de Stevin

É mais fácil tomar suco usando um canudo mais curto ou mais comprido? Existe um limite de comprimento do canudo acima do qual não conseguiríamos mais tomar o suco?

No experimento de Torricelli a força peso exercida pela coluna de mercúrio logo abaixo da abertura do tubo é equilibrada pela força peso da coluna de ar sobre o mercúrio no recipiente, portanto a coluna de líquido também exerce uma pressão.

Assim como podemos imaginar uma coluna de ar com a altura da atmosfera para calcular a pressão atmosférica, usamos a coluna de líquido sobre um ponto para calcular a pressão exercida por ele.

Observe na figura ao lado que a altura h é medida a partir do ponto, para cima, até a superfície, pois o que interessa é a quantidade de líquido sobre o ponto. Sem considerar a pressão atmosférica, a pressão exercida pela coluna de líquido pode ser determinada a partir da massa (m) e do volume (V) de líquido da coluna.

$$d = \frac{m}{V} \Rightarrow \boxed{m = d \cdot V} \qquad \boxed{V = A \cdot h}$$

Representação de uma coluna de líquido.

A pressão é dada pela força peso do líquido sobre a área no nível do ponto.

$$p = \frac{F}{A} \Rightarrow p = \frac{F_p}{A} \Rightarrow p = \frac{m \cdot g}{A} \Rightarrow p = \frac{d \cdot V \cdot g}{A} \Rightarrow p = \frac{d \cdot A \cdot h \cdot g}{A} \therefore \boxed{p = d \cdot g \cdot h}$$

A relação encontrada acima indica a pressão exercida pelo líquido no ponto marcado. Dela podemos concluir que a pressão depende da densidade do fluido, fato que se comprova quando mergulhamos na água, que é mais densa que o ar, e sentimos uma pressão na orelha. A aceleração da gravidade também influencia a pressão, pois tem ligação com a força peso da coluna de fluido.

Outra conclusão sobre a relação acima foi descrita por Simon Stevin (1548-1620), físico, matemático e engenheiro nascido em uma região da atual Bélgica, em seu livro *Princípios de Hidrostática*. Nessa obra Simon estabeleceu que a pressão em um ponto no interior de um fluido depende da altura de líquido acima desse ponto, e não do volume, conclusão conhecida como teorema de Stevin.

Se a experiência de Torricelli tivesse sido realizada com água a altura da coluna seria diferente, considerando a pressão atmosférica de 1 atm como 10^5 Pa e a densidade da água 10^3 kg/m³:

$$p = d \cdot g \cdot h \Rightarrow 10^5 = 10^3 \cdot 10 \cdot h \Rightarrow h = 10 \therefore \boxed{h = 10 \text{ m}}$$

Assim, a pressão atmosférica é equivalente à pressão exercida por uma coluna de 10 m de coluna de água (mca).

$$\boxed{1 \text{ atm} = 10^5 \text{ Pa} = 10 \text{ mca}}$$

Porque a pressão atmosférica é equivalente a uma coluna de água de 10 m, não é possível beber água com um canudo com mais de 10 m de comprimento. Como citado antes, a água e outros líquidos não são puxados pelo canudo, mas são empurrados pela pressão atmosférica sobre a superfície livre do líquido em questão, devido à redução da pressão no interior do canudo.

Pelo mesmo motivo, um mergulhador sente uma pressão de 2 atm quando está à profundidade de 10 m na água, pois, além da pressão atmosférica sobre a superfície, existe a pressão exercida pela coluna de 10 m de água acima dele. A cada 10 m que o mergulhador descer, a pressão sobre ele aumentará 1 atm.

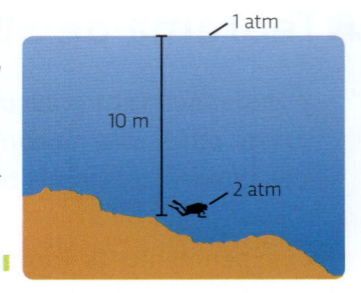

Mergulhador a 10 m de profundidade na água.

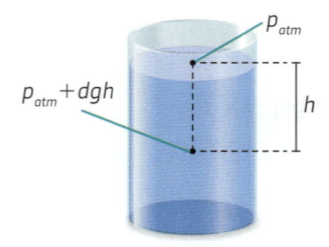

A soma da pressão atmosférica com a pressão do líquido é a pressão total sobre o mergulhador. Ela é denominada **pressão absoluta** e ocorre sempre que o líquido estiver com a superfície aberta para a atmosfera. A pressão absoluta pode ser determinada por:

$$p = p_{atm} + p_{líquido} \Rightarrow \boxed{p = p_{atm} + d \cdot g \cdot h}$$

A partir do teorema de Stevin, concluímos que pontos à mesma profundidade, dentro do mesmo líquido, estão sob a mesma pressão. O aparato mostrado a seguir chama-se sistema de vasos comunicantes, pois ao preencher um deles o líquido pode fluir para os outros, preenchendo todos.

Os vasos comunicantes da fotografia ao lado estão preenchidos com líquido, que se estabiliza na mesma altura em todos eles. Isso mostra que a pressão exercida pelo líquido é a mesma em qualquer parte das garrafas, desde que estejam submetidos a uma mesma coluna de água, independentemente de sua forma. Essa propriedade permite que os vasos comunicantes sejam utilizados para o nivelamento de construções e terrenos, por meio de tubos em forma de "U".

Vasos comunicantes feitos com garrafas.

Imiscível: imisturável, que não se mistura.

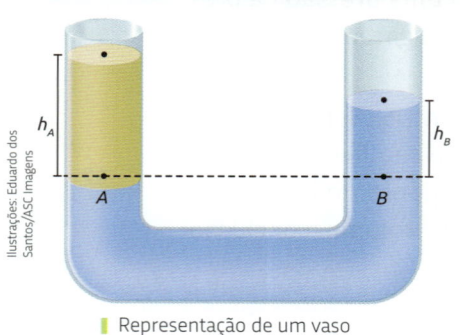

Representação de um vaso comunicante com água e óleo.

Os tubos em forma de "U" também podem ser utilizados na determinação da densidade de um líquido, a partir da densidade de outro, desde que eles sejam imiscíveis. Na figura ao lado, em um dos ramos foi colocada uma quantidade de um líquido desconhecido, que formou a coluna de altura h_A. Como pontos no mesmo líquido à mesma altura possuem mesma pressão, é possível comparar as pressões dos pontos A e B. Os dois ramos estão abertos, portanto estão sob a pressão atmosférica. No ponto A a pressão absoluta envolve a pressão exercida pelo líquido A, e no ponto B, a exercida pelo líquido B.

$$p_A = p_B \Rightarrow p_{atm} + d_A \cdot g \cdot h_A = p_{atm} + d_B \cdot g \cdot h_B \therefore \boxed{d_A \cdot h_A = d_B \cdot h_B}$$

Supondo que o líquido A seja óleo e que a coluna formada por ele meça 20 cm de altura, e que o líquido B seja água com densidade 1 g/cm³ e uma coluna de 16 cm de altura, é possível determinar a densidade do óleo.

$$d_A \cdot h_A = d_B \cdot h_B \Rightarrow d_A \cdot 20 = 1 \cdot 16 \Rightarrow d_A = 0,8 \therefore \boxed{d_A = 0,8 \text{ g/cm}^3}$$

Assim como os vasos comunicantes permitem determinar a densidade de um líquido desconhecido, podem ser usados para determinar sua pressão. Eles estão presentes em instrumentos denominados manômetros, que são utilizados no dia a dia para medir a pressão.

No manômetro de tubo aberto, temos um tubo em "U" contendo um líquido, como o mercúrio, sendo uma das extremidades do tubo ligada ao recipiente, e a outra aberta na atmosfera. Com a válvula fechada, o líquido ocupa a mesma altura nos dois ramos do tubo. Ao abrir a válvula, a pressão do gás desloca o líquido produzindo uma diferença de nível entre as superfícies do líquido.

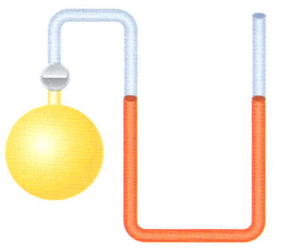 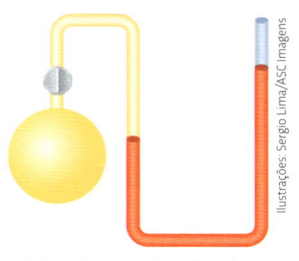

❚ Manômetro de tubo aberto com a válvula fechada. ❚ Manômetro de tubo aberto com a válvula aberta.

O manômetro de ponteiro possui um sistema interno com engrenagens que se deforma com a pressão e indica seu valor no ponteiro. Ao lado, o manômetro marca 300 bar de pressão equivalente a $3 \cdot 10^7$ Pa.

❚ Manômetro de ponteiro.

O fato de a pressão exercida por um líquido aumentar com a profundidade foi utilizado por Torricelli para determinar a velocidade horizontal de um jato d'água que escoa de um orifício feito em um recipiente aberto. Quando um fluido pressiona uma superfície, a força resultante atua perpendicularmente à superfície, ou seja, mesmo que a pressão não tenha direção, a força relacionada a ela tem.

A pressão é exercida de igual maneira em todas as direções, de modo que o jato d'água sai com velocidade perpendicular à superfície do recipiente e com intensidade dada por: $v = \sqrt{2 \cdot g \cdot h}$.

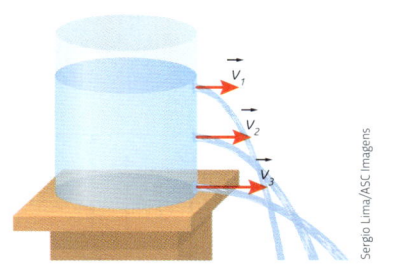

A conclusão obtida por Torricelli é aplicada também para qualquer movimento uniformemente variado, estudado pela Cinemática.

Em um recipiente tampado e preenchido com água, verificamos que, ao fazer um orifício a certa altura, a água não escoa por causa da pressão interna. Quando fazemos um segundo orifício em uma altura diferente, o líquido começa a vazar pelo orifício que está mais próximo da base do recipiente, devido à diferença de pressão entre eles. A velocidade de saída do jato d'água é dada pela equação de Torricelli.

orifícios

Garrafa plástica com dois orifícios e tampada. Perceba que a água vaza pelo orifício que está mais próximo da base da garrafa. ❚

Pressão sanguínea

O conceito de pressão está relacionado ao funcionamento do corpo humano por causa da pressão sanguínea causada pelo fluxo do sangue, responsável por transportar nutrientes e gases por todo o corpo.

A pressão sanguínea é medida com um aparelho chamado esfigmomanômetro. Ele possui um manguito (bolsa de borracha) que é colocado no braço, na altura do coração, e inflado com o auxílio de uma pera de borracha, equipada com uma válvula de controle para esvaziar o manguito.

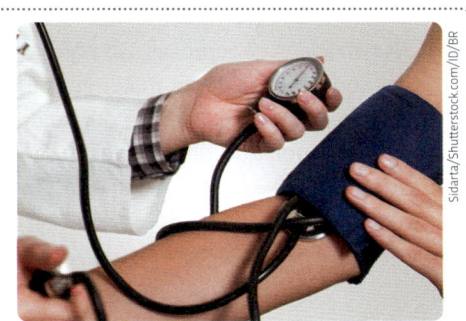

Pela leitura de um manômetro, calibrado em mmHg, e com o auxílio de um estetoscópio para escutar os batimentos cardíacos, o profissional faz a leitura da pressão sanguínea.

❚ Médico medindo a pressão de um paciente com um esfigmomanômetro e o auxílio de um estetoscópio.

A pressão considerada normal entre adultos é de 120 mmHg para o coração contraído (sistólica) e de 80 mmHg para o coração relaxado (diastólica), ou seja, 120/80, popularmente dita 12/8 (12 por 8).

10. Um clube possui duas piscinas de mesma profundidade, uma com 3 m e outra com 10 m de comprimento. Em qual das duas piscinas o fundo está submetido a uma pressão maior? Justifique a sua resposta.

11. Ao construir uma casa é comum instalar a caixa-d'água em um nível acima da residência. Explique por que isso é feito.

12. Explique por que o líquido sobe pelo canudo, e se, hipoteticamente, seria possível utilizar um canudo na Lua.

13. (Enem/Inep) O manual que acompanha uma ducha higiênica informa que a pressão mínima da água para o seu funcionamento apropriado é de 20 kPa. A figura mostra a instalação hidráulica com a caixa-d'água e o cano ao qual deve ser conectada a ducha.

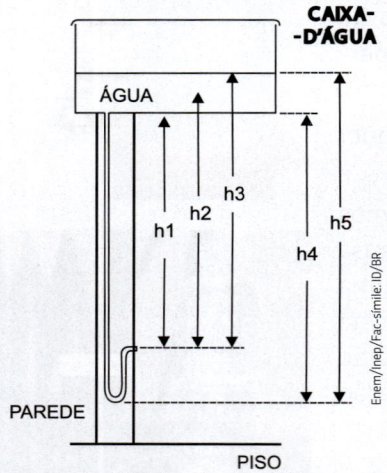

Enem/Inep/Fac-símile. ID/BR

O valor da pressão da água na ducha está associado à altura

a) h1.   b) h2.   c) h3.   d) h4.   e) h5.

14. As barragens de represas são normalmente construídas com a base inferior maior que a base superior. De acordo com os conceitos de fluidos em repouso, explique por que deve haver essa diferença entre as bases.

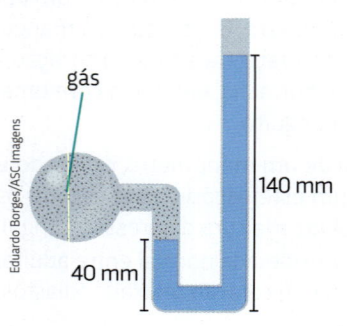

Eduardo Borges/ASC Imagens

15. Calcule a diferença de pressão entre dois pontos no interior de um líquido que se encontra em repouso, em Pa. Os pontos estão a uma diferença de profundidade de 80 cm. Considere que a massa específica do líquido vale $0,8 \cdot 10^3$ kg/m³ e use $g = 10$ m/s².

16. Um manômetro mede uma pressão igual a 5 kgf/cm². Qual seria a altura da coluna se fosse utilizado um barômetro de água?

> **R2.** Qual a pressão exercida pela água no fundo de um copo de volume igual a 250 mL, altura de 8 cm, completamente cheio, em Pa? A massa específica da água vale 10^3 kg/m³ e $g = 10$ m/s².
>
> **⊃ Resolução**
>
> A pressão exercida por um fluido em um ponto depende apenas da altura do fluido sobre o ponto, ou seja, 8 cm (0,08 m).
>
> $$p = \mu \cdot g \cdot h = 10^3 \cdot 10 \cdot 0,08 \Rightarrow$$
>
> $$\Rightarrow p = 800 \therefore \boxed{p = 800 \text{ Pa}}$$

17. Determine a pressão total exercida no fundo de um recipiente cilíndrico com volume igual a 785,4 cm³ e raio igual a 5 cm, completamente cheio de água até a sua extremidade, em um local onde a pressão atmosférica vale $1 \cdot 10^5$ Pa.

18. Em junho de 2005, o sul-africano Nuno Gomes chegou à marca de 318,25 m de profundidade em um mergulho utilizando *snorkel* (tubo de respiração bucal). A qual profundidade equivaleria a pressão suportada por Nuno se o mergulho fosse realizado no mar Morto, onde a densidade é aproximadamente $1,24 \cdot 10^3$ kg/m³?

19. Um tubo com formato em "U" contém água e óleo em equilíbrio, como mostrado na imagem. Se a massa específica da água é 1 g/cm³, qual a massa específica do óleo?

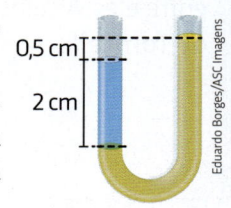

Eduardo Borges/ASC Imagens

20. Com um manômetro de mercúrio, o resultado obtido na medição da pressão de um gás está representado na imagem. Qual a pressão do gás em mmHg e no SI?

gás

140 mm

40 mm

Eduardo Borges/ASC Imagens

Princípios de Pascal e de Arquimedes

Princípio de Pascal

⇱

Por que um elevador hidráulico é capaz de levantar um veículo?

O físico e matemático francês Blaise Pascal (1623-1662) trabalhou com cálculos de probabilidades, experimentos com vácuo, estática dos fluidos, pressão atmosférica e também desenvolveu uma máquina de calcular. Em especial, suas observações sobre os experimentos de Torricelli deram a ele reconhecimento. Pascal afirmou que, no topo do tubo de um barômetro, no espaço deixado pela coluna de mercúrio, havia um vácuo parcial. Ele também fez experimentos com barômetros em diferentes altitudes e constatou que, conforme a altitude aumenta, a coluna de mercúrio diminui.

Ainda em relação aos fluidos, Pascal desenvolveu as prensas hidráulicas e algumas seringas. O trabalho realizado por ele com esses aparelhos ficou conhecido como **princípio de Pascal**, enunciado assim.

> A variação de pressão em qualquer ponto de um fluido em repouso, em um recipiente, transmite-se integralmente a todos os pontos do fluido.

Carro em um elevador hidráulico.

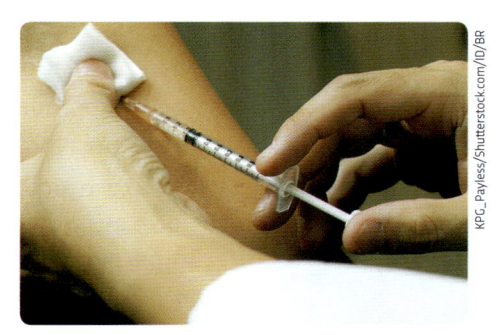

Ao empurrar o êmbolo da seringa, a pressão é transmitida para todo o líquido, que é deslocado para o corpo da pessoa.

Colocando um líquido em um tubo com formato de "U" e instalando êmbolos em suas extremidades, se uma força for aplicada em um dos êmbolos, a variação da pressão (Δp) será transmitida integralmente para todas as partes do líquido e para o outro êmbolo. Se os ramos do tubo forem iguais, as forças nos dois lados serão iguais.

Mas se os ramos forem diferentes, uma força $\vec{F}_1$, aplicada na área A_1, causará uma variação de pressão que será transmitida ao outro ramo, surgindo uma força $\vec{F}_2$ na área A_2. Como a variação de pressão é a mesma, temos que:

$$\frac{F_1}{A_1} = \frac{F_2}{A_2}$$

Dessa maneira, é possível equilibrar uma força de grande intensidade com outra de menor intensidade. De acordo com as áreas dos pistões, a força é multiplicada respeitando a conservação de energia, como ocorre nas máquinas simples. A força de menor intensidade realiza um deslocamento maior, e a força de maior intensidade, um deslocamento menor, de maneira que os trabalhos realizados pelas duas forças sejam iguais.

Esse é o funcionamento dos macacos e elevadores hidráulicos. Eles possuem um sistema de pistões de áreas diferentes que utilizam óleo para transmitir a força. O aumento da força aplicada depende da proporção entre os ramos.

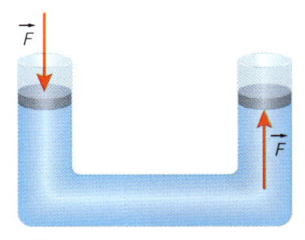

Êmbolos de mesma área recebem ação de forças de mesma intensidade.

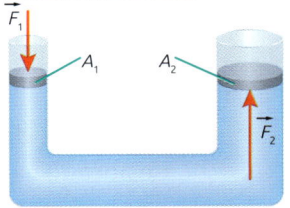

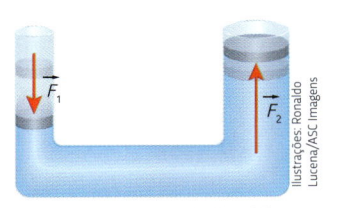

A força terá intensidades diferentes em êmbolos de áreas diferentes.

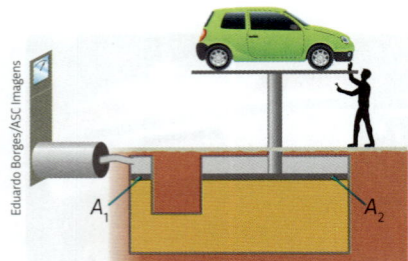

Eduardo Borges/ASC Imagens

A_1 A_2

▍ Representação de um elevador hidráulico.

Suponha que a área do pistão que sustenta um carro de 1 400 kg $\left(F_p = 14\,000 \text{ N}\right)$ seja de $7 \cdot 10^{-2}$ m² e que a área do pistão menor seja de $5 \cdot 10^{-4}$ m². A força a ser aplicada é dada por:

$$\frac{F_1}{A_1} = \frac{F_2}{A_2} \Rightarrow \frac{F_1}{5 \cdot 10^{-4}} = \frac{14\,000}{7 \cdot 10^{-2}} \therefore \boxed{F_1 = 100 \text{ N}}$$

A força no ramo menor tem intensidade de 100 N, equivalente à força necessária para sustentar dois pacotes de arroz com massa de 5 kg cada.

Princípio de Arquimedes

▍ Corpo imerso em água.

Se uma pessoa tentar levar uma rocha do fundo de um rio para a superfície, perceberá que, enquanto a rocha estiver submersa, será mais fácil sustentá-la. A partir do momento em que a rocha estiver acima da superfície da água, a intensidade da força necessária para erguê-la deverá aumentar. Corpos imersos em água parecem mais leves do que quando estão fora da água, mesmo que a força peso sobre eles nos dois casos tenha a mesma intensidade.

Isso ocorre porque há uma força denominada empuxo $\left(\vec{E}\right)$ agindo sobre o corpo, em sentido oposto à força peso, enquanto ele está imerso em um fluido, seja líquido ou gasoso.

O empuxo é uma consequência do aumento de pressão com a profundidade. As forças que atuam no corpo devido à pressão estão representadas na ilustração, tendo direção perpendicular à superfície do corpo. As componentes horizontais que estão à mesma profundidade se cancelam, mas as componentes verticais não, devido ao fato de que a parte inferior do corpo recebe uma pressão maior, pois está em maior profundidade. A força resultante no corpo, relativa à pressão, é o empuxo, e tem orientação vertical para cima.

▍ Representação da força de empuxo obre o corpo imerso.

A intensidade da força de empuxo está relacionada com a quantidade de líquido deslocada pelo corpo. Foi Arquimedes quem encontrou essa relação.

O volume de líquido deslocado $\left(V_d\right)$ pelo corpo pode ser determinado mergulhando-se o corpo em um recipiente completamente preenchido com líquido e coletando o volume de líquido derramado. A intensidade do empuxo é igual à intensidade da força peso na massa de líquido deslocado $\left(m_d\right)$.

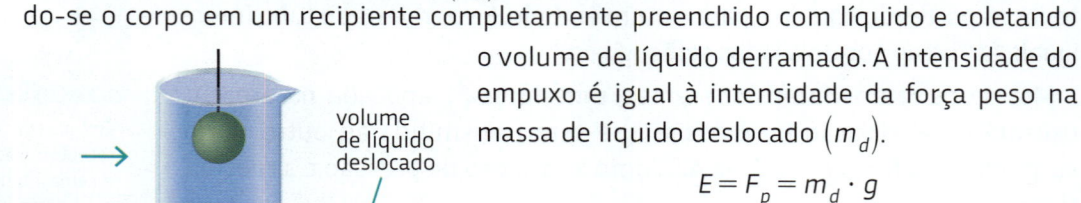

volume de líquido deslocado

Ilustrações: Eduardo dos Santos/ASC Imagens

$$E = F_p = m_d \cdot g$$

▍ Corpo sendo mergulhando em um líquido.

A massa do líquido pode ser expressa em relação à densidade do líquido e o volume deslocado.

$$d_L = \frac{m_d}{V_d} \Rightarrow \boxed{m_d = d_L \cdot V_d}$$

Então o empuxo é dado por:

$$E = d_L \cdot g \cdot V_d$$

Esse é o princípio de Arquimedes:

Um corpo total ou parcialmente submerso em um fluido recebe uma força de empuxo dirigida para cima, de módulo igual à força peso do fluido que ele desloca.

Suponha um cubo de massa 3 kg, com volume de 10^{-3} m³. Esse cubo está pendurado a um dinamômetro que indica seu peso, 30 N, para $g = 10$ m/s².

Com metade de seu volume submerso na água (d = 10^3 kg/m³), o empuxo sobre o cubo é dado por:

$$E = d_L \cdot g \cdot V_d = 10^3 \cdot 10 \cdot 0,5 \cdot 10^{-3} = 5 \therefore \boxed{E = 5 \text{ N}}$$

O dinamômetro passa a indicar um valor de 25 N, que corresponde a uma força peso aparente. O empuxo tem orientação vertical para cima, sendo por esse motivo que corpos submersos em água aparentam ficar mais "leves".

Quando o cubo é totalmente submerso na água, o empuxo sobre ele vale 10 N e o dinamômetro passa a indicar uma força peso aparente de 20 N.

$$E = d_L \cdot g \cdot V_d = 10^3 \cdot 10 \cdot 10^{-3} = 10 \therefore \boxed{E = 10 \text{ N}}$$

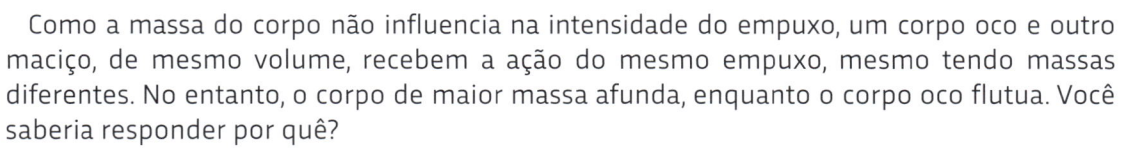

Como a massa do corpo não influencia na intensidade do empuxo, um corpo oco e outro maciço, de mesmo volume, recebem a ação do mesmo empuxo, mesmo tendo massas diferentes. No entanto, o corpo de maior massa afunda, enquanto o corpo oco flutua. Você saberia responder por quê?

Para saber se um corpo flutua ou afunda, devemos comparar a força peso e o empuxo sobre ele. Considere as três situações seguintes, nas quais o corpo está inicialmente com todo seu volume $\left(V_c\right)$ submerso, ou seja, $V_c = V_d$.

- Se a intensidade da força peso sobre o corpo for maior do que o empuxo $\left(F_p > E\right)$, o corpo afundará, pois a força resultante tem o mesmo sentido da força peso. A densidade do corpo $\left(d_c\right)$ será maior que a densidade do líquido $\left(d_L\right)$.

$$F_p > E \Rightarrow m \cdot g > d_L \cdot g \cdot V_d \Rightarrow$$
$$\Rightarrow d_c \cdot g \cdot V_c > d_L \cdot g \cdot V_d \therefore \boxed{d_c > d_L}$$

Corpo com movimento descendente em um fluido.

A densidade da moeda é maior que a da água.

- Se a intensidade da força peso sobre o corpo for menor do que o empuxo $\left(F_p < E\right)$, o corpo flutuará, pois a força resultante tem o mesmo sentido do empuxo. A densidade do corpo será menor que a densidade do fluido.

$$F_p < E \Rightarrow m \cdot g < d_L \cdot g \cdot V_d \Rightarrow$$
$$\Rightarrow d_c \cdot g \cdot V_c < d_L \cdot g \cdot V_d \therefore \boxed{d_c < d_L}$$

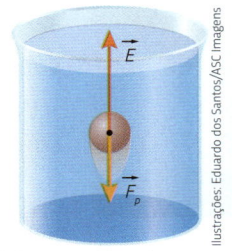 

Corpo com movimento ascendente em um fluido.

A densidade do gelo é menor do que a da água.

Como o corpo está totalmente submerso, ele irá se deslocar até que $F_p = E$.

- Se a intensidade da força peso sobre o corpo for igual ao empuxo $F_p = E$, o corpo estará sempre submerso no fluido, independentemente do lugar que esteja, pois a força resultante será sempre nula.

$$F_p = E \Rightarrow m \cdot g = d_L \cdot g \cdot V_d \Rightarrow d_c \cdot g \cdot V_c = d_L \cdot g \cdot V_d \therefore \boxed{d_c = d_L}$$

Assim, para saber se um corpo afunda ou flutua em um fluido, basta verificar se sua densidade é maior ou menor que a densidade do fluido.

Todos os corpos envolvidos por um fluido recebem ação do empuxo com intensidade igual à força peso do volume do fluido deslocado, inclusive os corpos envolvidos pelo ar atmosférico.

Em condições normais de pressão e temperatura, o ar tem uma densidade média de $1,2$ kg/m^3, ou seja, um volume de 1 m^3 de ar tem massa de aproximadamente $1,2$ kg. A força peso desse volume de ar tem intensidade de 12 N, para $g = 10$ m/s^2.

Se 1 m^3 de determinado corpo tiver massa maior que $1,2$ kg, a força peso sobre ele será maior que o empuxo do ar, e o corpo cairá quando abandonado de certa altura do solo. Nesse caso, a densidade do corpo será maior que a do ar.

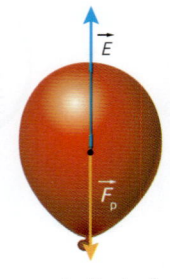

Já se 1 m^3 de um corpo tiver massa menor que $1,2$ kg, a força peso sobre ele será menor que o empuxo do ar, e o corpo será elevado pelo ar quando abandonado. Nesse caso, a densidade do corpo será menor que a do ar.

Um balão que flutua não foi cheio com gases da respiração, mas com o hélio, por exemplo. Como a densidade do hélio é menor que a do ar, a força peso sobre o balão é menor que o empuxo do ar, de modo que ele se eleva quando solto, como pode ser observado no esquema ao lado.

▌ Balão inflado com gás hélio. ▌ Representação das forças aplicadas ao balão.

Existem gases que, mesmo sendo menos densos que o ar, não são indicados para encher balões, por serem altamente inflamáveis.

O dirigível alemão Hindenburg era sustentado no ar por 200 mil metros cúbicos de hidrogênio. Na noite de 6 de maio de 1937, houve um incêndio que tomou toda sua estrutura. O fato de o gás hidrogênio ser uma substância inflamável ampliou as proporções do desastre.

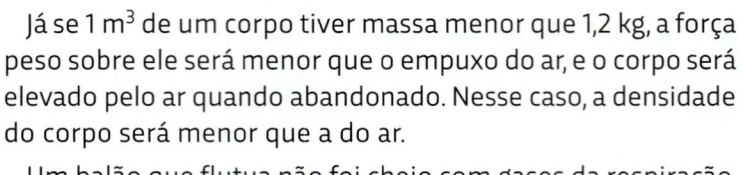

▌ O dirigível alemão Hindenburg, conhecido como Zepelim, tinha 245 metros de comprimento, sendo capaz de atingir velocidade de 110 km/h.

Alguns balões utilizam ar quente em seus voos. O aquecimento do ar dentro do balão o torna menos denso, surgindo assim um empuxo de intensidade maior que a força peso sobre ele.

Durante o voo, o ar deve ser aquecido outras vezes, pois com o resfriamento o balão perde altitude.

▌ Balão de ar quente.

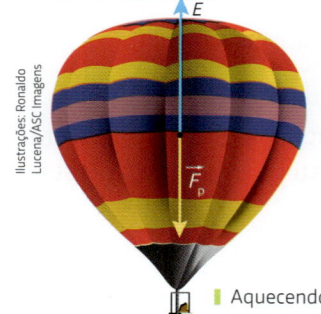

a Se neste exato momento existe uma força de empuxo do ar sobre seu corpo, por que você não está subindo pelo ar?

b Os coletes salva-vidas são equipamentos de segurança contra afogamentos, pois flutuam na água. Por que esses coletes flutuam?

▌ Aquecendo o ar no interior do balão, o empuxo se torna maior que a força peso sobre ele.

21. Para utilizar um tubo de creme dental completamente cheio basta apertar a embalagem em qualquer local, o que causará a saída de creme dental pela abertura do tubo. Explique, de acordo com o princípio de Pascal, por que isso ocorre.

22. Uma das principais aplicações do princípio de Pascal é o elevador hidráulico, que auxilia na movimentação de cargas pesadas. O fato de o elevador hidráulico apresentar vantagem mecânica, pois multiplica uma força exercida, significa que ele viola o princípio de conservação de energia?

23. Considere o elevador hidráulico a seguir, com pistões de massas desprezíveis.

Eduardo Borges/ASC Imagens

Sendo $d_1 = 2$ m, $d_2 = 20$ m e a carga com massa igual a 20 kg, responda:

a) Qual a intensidade mínima da força F_1, que deve ser aplicada no pistão menor, capaz de equilibrar a carga sobre o pistão maior?

b) Se o pistão menor descer 80 cm, qual o deslocamento para cima do pistão maior?

24. O aparato mostrado na imagem, feito com seringas, uma mangueira e água, representa o funcionamento de um elevador hidráulico. Um corpo de 1 kg foi colocado sobre o pistão de área menor, e uma força foi aplicada sobre o pistão de área maior.

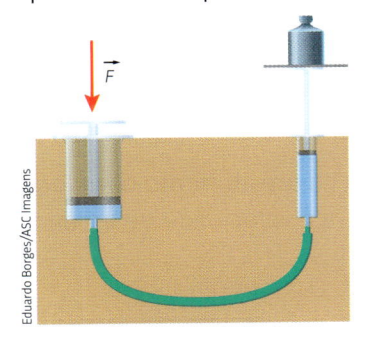

Eduardo Borges/ASC Imagens

a) Esta maneira de se utilizar esse aparato é a mais adequada? Justifique.

b) Se o raio da seringa maior é o triplo do raio da seringa menor, a força aplicada para equilibrar o corpo de 1 kg é equivalente à força peso de um corpo de qual massa, em kg? Use $g = 10$ m/s^2.

25. Uma bola de futebol flutua sobre a água. Aplicando uma força sobre ela é possível afundá-la. Ao fazer isso, a intensidade do empuxo sobre a bola aumenta ou diminui? Justifique.

> **R3.** Um objeto de densidade 0,8 g/cm^3 foi colocado em uma mistura líquida de densidade 2 g/cm^3. Qual a fração do volume do corpo que está submersa no líquido, em porcentagem?
>
> **⟩ Resolução**
>
> Como o objeto encontra-se em equilibro, a força resultante sobre ele é nula.
>
> $$E = F_p \Rightarrow d_L \cdot g \cdot V_d = d_{obj} \cdot g \cdot V_{obj} \Rightarrow$$
> $$\Rightarrow d_L \cdot V_d = d_{obj} \cdot V_{obj} \Rightarrow 2 \cdot V_d = 0,8 \cdot V_{obj} \Rightarrow$$
> $$\Rightarrow V_d = 0,4 \cdot V_{obj} \Rightarrow \boxed{V_d = 40\% \; V_{obj}}$$

26. Considere que um objeto de massa igual a 0,5 kg e um volume de $2 \cdot 10^{-3}$ m^3 foi colocado em um líquido com densidade 0,8 g/cm^3.

a) Qual o volume de líquido deslocado pelo objeto?

b) Qual a intensidade do empuxo que age sobre o objeto?

27. (Enem/Inep) Em um experimento realizado para determinar a densidade da água de um lago, foram utilizados alguns materiais conforme ilustrado: um dinamômetro D com graduação de 0 N a 50 N e um cubo maciço e homogêneo de 10 cm de aresta e 3 kg de massa. Inicialmente, foi conferida a calibração do dinamômetro, constatando-se a leitura de 30 N quando o cubo era preso ao dinamômetro e suspenso no ar. Ao mergulhar o cubo na água do lago, até que metade do seu volume ficasse submersa, foi registrada a leitura de 24 N no dinamômetro. Considerando que a aceleração da gravidade local é de 10 m/s^2, a densidade da água do lago, em g/cm^3, é

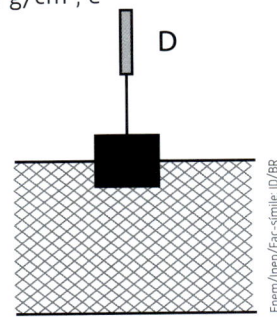

Enem/Inep/Fac-símile ID/BR

a) 0,6. **b)** 1,2. **c)** 1,5. **d)** 2,4. **e)** 4,8.

2 Hidrodinâmica

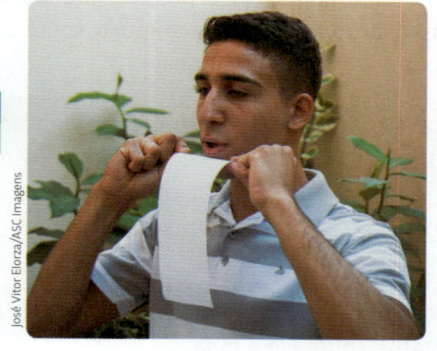

> Que movimento uma folha de papel faz quando sopramos o ar por sua superfície superior?

No capítulo anterior estudamos conceitos e propriedades da Hidrostática relacionados aos fluidos em repouso. A área da Física que estuda os fluidos em movimento é chamada Hidrodinâmica.

O estudo dos fluidos em movimento é muito amplo, pois em situações reais esses movimentos possuem descrições complexas. Por esse motivo, faremos um estudo mais geral, considerando apenas o chamado **fluido ideal**. Para isso, vamos considerar que esse fluido é incompressível, apresenta a mesma densidade por todo o seu volume e tem viscosidade desprezível, não ocorrendo assim perdas de energia.

O escoamento do fluido ideal ocorre com velocidade constante em qualquer ponto, sem variação da sua direção nem de seu sentido com o passar do tempo. Esse tipo de escoamento é chamado **estacionário**. Já nos movimentos das fumaças ou das águas do mar, ocorre a variação da velocidade das partículas, caracterizando um tipo de movimento chamado **não estacionário** ou **turbulento**.

Incêndio em um frigorífico em Chapecó, Santa Catarina, em 2015. O movimento ascendente das partículas que compõem a fumaça é considerado turbulento.

O movimento laminar ou estacionário de um fluido é estudado com o auxílio de linhas imaginárias denominadas **linhas de corrente**, que representam a trajetória dos elementos do fluido em movimento, as minúsculas partes que o compõem. Essas linhas podem ser observadas visualmente por meio, por exemplo, de um corante em um fluxo de água ou gás. A velocidade do elemento de fluido é sempre tangente à linha de corrente.

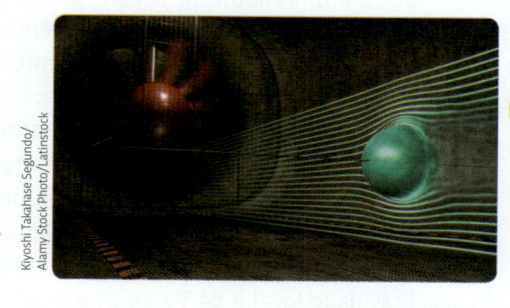

Representação do escoamento de um gás com corante contornando uma esfera em um túnel de vento.

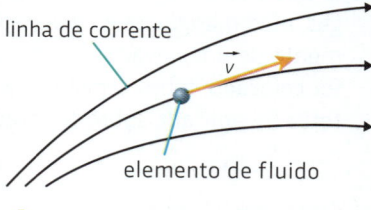

O vetor velocidade do elemento de fluido é tangente à linha de corrente.

Nos locais onde ocorre a aproximação das linhas, há um aumento da velocidade do fluido. Na fotografia acima, na região de contorno da esfera a velocidade de escoamento do fluido é maior.

Ponte em Amsterdã, em 2014. A água escoa com maior velocidade quando passa pela parte mais estreita abaixo da ponte.

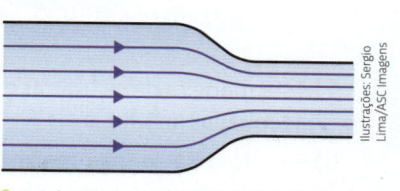

A velocidade do fluido aumenta quando passa em regiões mais estreitas, indicado pela aproximação das linhas de corrente.

A **vazão** (Φ) de um fluido corresponde ao volume que passa por certa área de <u>secção transversal</u> em um intervalo de tempo.

$$\Phi = \frac{\Delta V}{\Delta t}$$

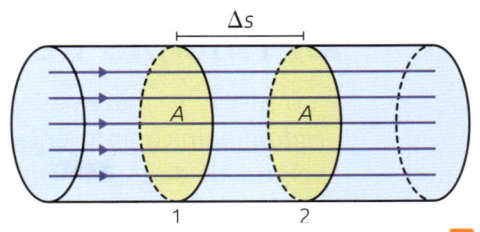

Representação de um fluido escoando por um condutor com secção transversal de área constante.

No SI, volume é expresso em metro cúbico (m^3), intervalo de tempo é expresso em segundo (s) e vazão é expressa em metro cúbico por segundo (m^3/s). Outras unidades podem ser utilizadas, como litro por segundo (L/s) e metro cúbico por minuto (m^3/min).

Secção transversal: região delimitada pela intersecção entre a forma geométrica espacial e um plano paralelo à base dessa forma geométrica. Na imagem acima, ela está representada pela letra A.

Pela imagem, um elemento do fluido que passa pela área na região 1 se move até a área da região 2 em certo intervalo de tempo, com uma velocidade constante:

$$v = \frac{\Delta s}{\Delta t}$$

Nesse intervalo de tempo, o volume de fluido que passa pela área de secção reta é dado por $\Delta V = A \cdot \Delta s$. Assim, a vazão pode ser também escrita como:

$$\Phi = \frac{\Delta V}{\Delta t} = \frac{A \cdot \Delta s}{\Delta t} \Rightarrow \boxed{\Phi = A \cdot v}$$

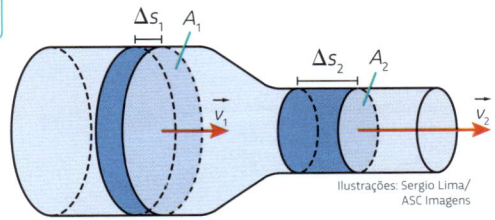

Ilustrações: Sergio Lima/ ASC Imagens

Considere agora um condutor com secções transversais de áreas diferentes. Conforme apresentado na página anterior, quando o fluido passa por um estreitamento, as linhas de corrente ficam mais próximas, o que representa aumento de velocidade. Para que a vazão de um fluido permaneça constante, uma redução da área de secção transversal por onde o fluido escoa resulta em um aumento de velocidade de escoamento.

Representação de um fluido escoando em um condutor com secções tranversais de áreas diferentes.

Como o fluido é incompressível, o mesmo volume que sai da região 1 entra na região 2, garantindo assim a vazão constante:

$$\Phi_1 = \Phi_2 \Rightarrow \frac{\Delta V_1}{\Delta t} = \frac{\Delta V_2}{\Delta t} \Rightarrow \frac{A_1 \cdot \Delta s_1}{\Delta t} = \frac{A_2 \cdot \Delta s_2}{\Delta t} \Rightarrow A_1 \cdot v_1 = A_2 \cdot v_2$$

A relação entre velocidade e área da secção transversal é denominada **equação da continuidade** para escoamento de um fluido ideal. Essa conclusão pode ser verificada em um feixe de água que sai de uma torneira. Com a queda livre, a velocidade dos elementos do fluido aumenta e, como a vazão é a mesma, o feixe fica mais estreito.

Quando fechamos parcialmente o bico de uma mangueira de jardim com o dedo, a água é lançada mais longe, revelando que a velocidade do fluido depende da área por onde ele escoa. Porém, essa situação não deve ser relacionada com a situação em que o bico da mangueira está aberto, pois as vazões são diferentes.

Eduardo Borges/ASC Imagens

Feixe de água saindo de uma torneira.

atm2003/Shutterstock.com/ID/BR

A vazão da água é dada por $\Phi_1 = A_1 \cdot v_1$.

Eddie Phantana/Shutterstock.com/ID/BR

A vazão da água é dada por $\Phi_2 = A_2 \cdot v_2$, mas não é igual à vazão na situação ao lado.

Princípio de Bernoulli

O físico e matemático suíço Daniel Bernoulli (1700-1782) lançou em 1738 a obra *Hidrodinâmica*, apresentando seus estudos sobre o movimento dos fluidos. Ele relacionou a velocidade de escoamento à pressão interna do fluido, o que ficou conhecido como princípio de Bernoulli.

Avião PZL-104 na Polônia, em 2014.

> Se a velocidade de um fluido aumenta ao longo de uma linha de corrente, a pressão interna do fluido diminui.

Isso significa que onde as linhas de corrente do fluido estão mais próximas a velocidade é maior e a pressão é menor. Do mesmo modo, quando as linhas estão mais afastadas, a velocidade é menor e a pressão é maior. Esse princípio tem várias aplicações no cotidiano. Veja a seguir alguns exemplos.

O formato do perfil das asas dos aviões, ilustrado ao lado, faz com que as linhas de corrente de ar se aproximem na parte de cima da asa, tendo uma velocidade maior do que na parte de baixo. Assim, a pressão do ar é menor acima da asa, se comparada com a pressão abaixo da asa. Dessa diferença surge uma força resultante de sustentação para cima, permitindo que o avião voe.

Já nos carros de corrida, é necessário uma força resultante para baixo, a fim de aumentar a aderência e a estabilidade em altas velocidades. Por isso, é comum a utilização de acessórios como os aerofólios, que funcionam, de certa forma, como asas de aviões invertidas.

Aaerofólio de um carro da corrida de Super GT da Tailândia, em 2015.

Nas plataformas de espera das estações de metrô há uma faixa de segurança para que os passageiros não fiquem próximos demais dos vagões do trem. Isso é feito porque, quando o trem passa em alta velocidade, o deslocamento de ar produz uma região de baixa pressão que pode puxar os passageiros na direção dos vagões, causando acidentes.

Faixa de segurança na Estação General Osório, no Rio de Janeiro, em 2015.

Pelo mesmo motivo há uma lei de trânsito que define 1,5 m como a distância mínima segura para que um veículo passe ao lado de um ciclista. O ar deslocado pelo veículo produz uma região de baixa pressão em um dos lados do ciclista, e a diferença de pressão com o outro lado resulta em uma força resultante que, de acordo com a intensidade, pode empurrar o ciclista contra o veículo.

Em vendavais, o telhado de uma casa pode ser levantado pela diferença de pressão entre o interior e o exterior da casa. O vento que passa acima do telhado tem suas linhas de corrente aproximadas, portanto sua velocidade é maior, gerando uma região de baixa pressão. Da diferença de pressão entre essa região e a região interna da casa surge uma força resultante que pode destelhar a casa.

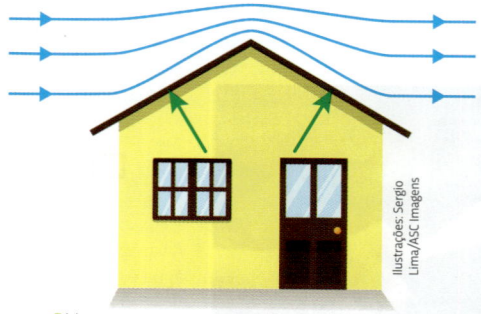

Ventos geram uma região de baixa pressão acima dos telhados de uma casa.

Todos esses efeitos podem ser representados quando sopramos o ar da superfície superior de uma folha de papel. O movimento do ar gera uma região de baixa pressão na superfície superior do papel, e a diferença de pressão entre essa face e a inferior resulta em uma força que desloca a folha para cima, como mostrado na fotografia ao lado.

Ao realizar um salto, o esquiador geralmente inclina seu corpo para a frente, fazendo surgir uma força de sustentação devido à diferença de pressão entre o ar, mais rápido acima de seu corpo, e o ar mais lento, abaixo, aumentando assim o alcance do salto.

O funcionamento de chaminés também é influenciado pelo princípio de Bernoulli. Quando uma corrente de ar acima da chaminé gera uma região externa de menor pressão comparada à parte interna, faz surgir uma força resultante que faz a fumaça subir mais rapidamente. Em dias sem vento as chaminés funcionam com menos eficiência.

Além das situações e dispositivos citados, existem aparelhos baseados no princípio de Bernoulli, como o medidor de Venturi e o tubo de Pitot.

O medidor de Venturi foi descrito pelo físico italiano Giovanni Battista Venturi (1746-1822) em seu trabalho publicado em 1797. Ele é utilizado para medir a velocidade de escoamento ou a vazão em uma tubulação.

Jurij Tepes na final da Copa do Mundo de Salto de Esqui, na Eslovênia, em 2016.

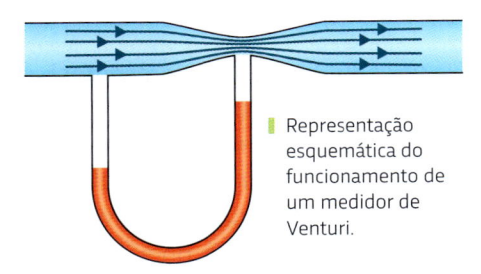

Representação esquemática do funcionamento de um medidor de Venturi.

O funcionamento do medidor de Venturi pode ser compreendido utilizando um manômetro (tubo com formato de "U") conectado em um condutor de fluido. O fluido que passa pelo estrangulamento do condutor tem sua velocidade aumentada e a pressão interna diminuída, de modo que o nível do líquido nesse ramo do tubo aumenta. A partir da diferença de pressão e da equação de continuidade podemos calcular a velocidade do fluido na tubulação ou a vazão.

O engenheiro francês Henri Pitot (1695-1771), que trabalhou com bombas e máquinas hidráulicas, desenvolveu um aparelho para medir a velocidade de escoamento da água do rio Sena, em Paris, conhecido como tubo de Pitot. Esse equipamento foi posteriormente utilizado de outras formas, como para estimar a velocidade de aviões.

Tubo de Pitot em um avião.

Nos aviões, o tubo de Pitot atua como um medidor de pressão que fica ligado ao velocímetro. Quando o avião se movimenta em relação ao ar, surge uma diferença de pressão entre os ramos do tubo em "U" que depende da velocidade do avião.

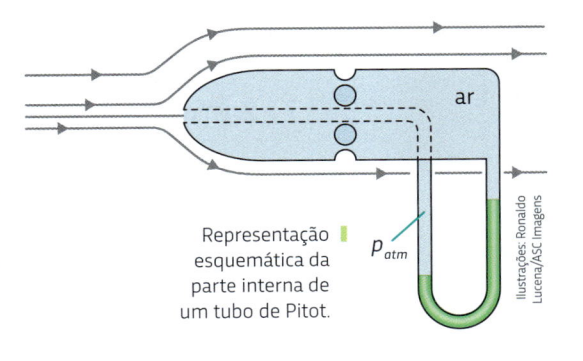

Representação esquemática da parte interna de um tubo de Pitot.

p_{atm}

ar

O físico alemão Heinrich Gustav Magnus (1802-1870) estudou outro efeito da relação entre velocidade e pressão de um fluido, referente ao efeito do movimento de translação e rotação de um corpo imerso em fluido. Veja a seguir três imagens que representam esse efeito no movimento de uma bola de futebol, vista de cima.

A	Linha de corrente do ar quando a bola executa apenas movimento de translação com velocidade $\vec{v}$.
B	Linha de corrente do ar quando a bola executa apenas movimento de rotação, com velocidade angular ω.
C	Linha de corrente do ar quando a bola executa movimento de translação e de rotação.

Outras forças serão desconsideradas neste momento, como a força peso e a força de arrasto. Na imagem *A* temos a bola de futebol em movimento de translação no ar, indicado pelo vetor $\vec{v}$. As linhas de corrente do ar estão mais próximas nos pontos acima e abaixo da bola, indicando que a velocidade relativa entre o fluido e a bola nessas regiões é maior.

Na imagem *B* temos a representação de uma bola em movimento apenas de rotação no ar, em sentido horário, indicado pela velocidade angular ω. As linhas de corrente do ar acompanham o movimento da bola.

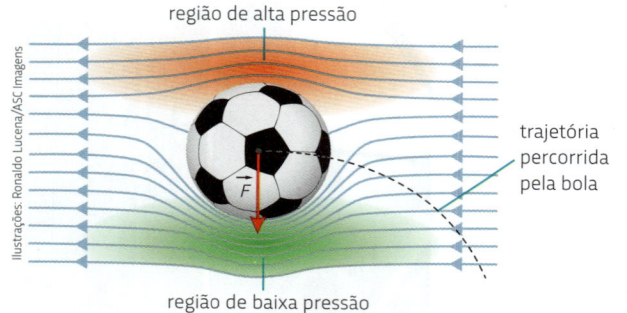

região de alta pressão

trajetória percorrida pela bola

região de baixa pressão

Ilustrações: Ronaldo Lucena/ASC Imagens

Na imagem *C* temos a representação de uma bola em movimento de translação e de rotação no ar. As linhas de corrente da combinação desses dois movimentos mostram que a velocidade relativa resultante é maior acima da bola, gerando assim uma região de baixa pressão, e menor abaixo da bola. Da diferença de pressão entre a região acima e abaixo da bola surge uma força que faz a bola desviar de sua trajetória, fazendo uma curva. Esse efeito é conhecido como **efeito Magnus**.

Na situação representada na imagem *C*, a bola será desviada para o lado de menor pressão.

O efeito Magnus é comumente observado nos esportes, quando uma bola é lançada com efeito, ou seja, quando a bola apresenta os movimentos de rotação e translação. Desconsiderando outras influências, como ventos ou variação da densidade do ar, um exemplo deste efeito ocorreu no gol marcado pela seleção brasileira em uma partida contra a seleção da França, em 1997. Em uma cobrança de falta a cerca de 35 metros de distância do gol, o lateral esquerdo Roberto Carlos chutou a bola, com o lado externo do pé esquerdo, lançando-a em uma trajetória que inicialmente iria longe do gol. Porém, o efeito imposto pelo chute fez com que a bola percorresse uma trajetória curva, enganando o goleiro adversário.

Alexandre Koyama/ASC Imagens

Representação do gol de Roberto Carlos pela seleção brasileira em 1997.

A Explique por que o avião do tipo dardo realiza voos mais rápidos, sendo necessário lançá-lo com mais força.

B Explique por que o avião do tipo planador realiza voos longos e mais lentos.

C Relacione os dois formatos de avião de papel apresentados com aviões ou outros equipamentos que as pessoas utilizam para voar.

D Por que o papel escolhido para confeccionar o avião influencia o voo realizado por ele?

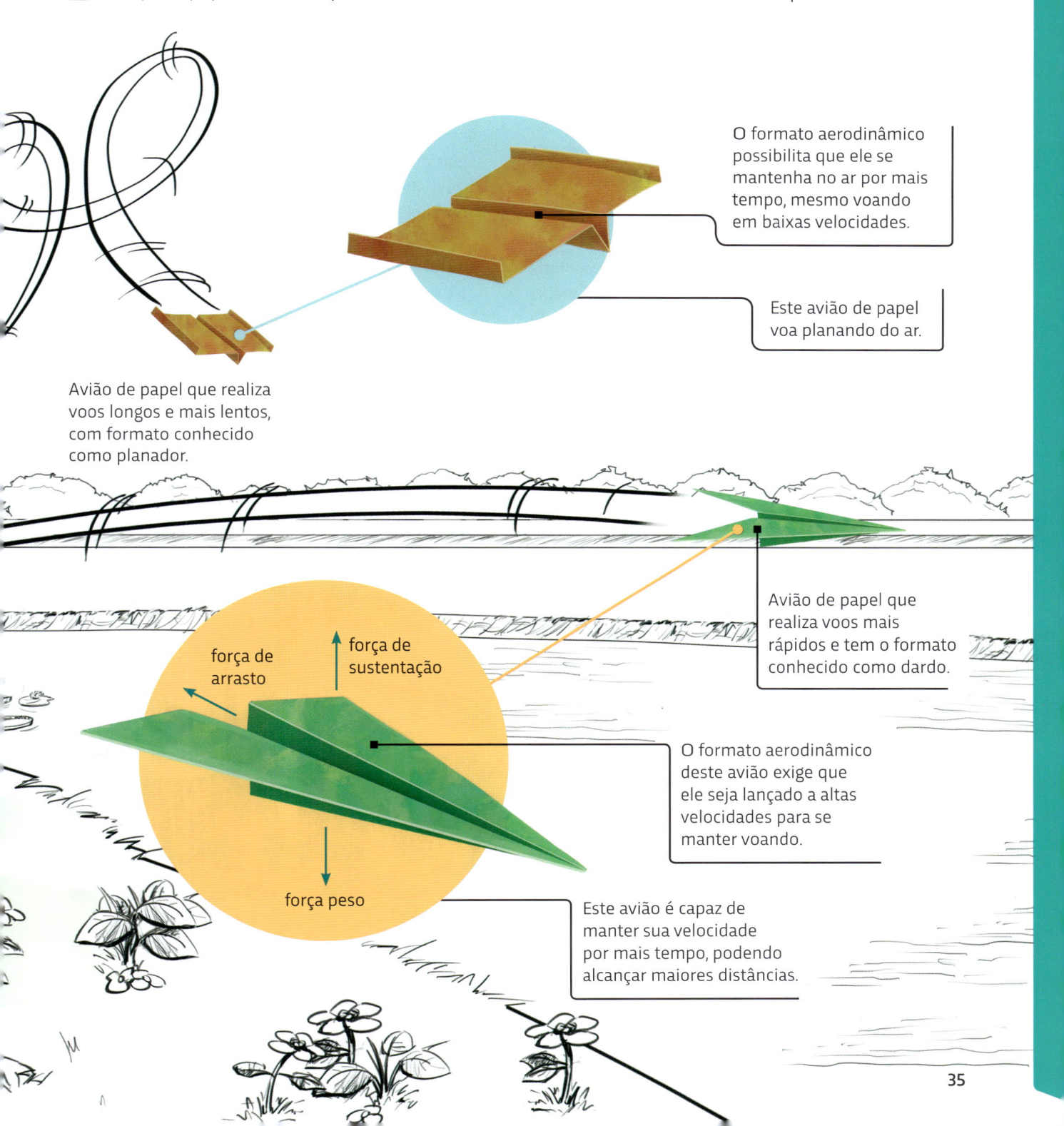

O formato aerodinâmico possibilita que ele se mantenha no ar por mais tempo, mesmo voando em baixas velocidades.

Este avião de papel voa planando do ar.

Avião de papel que realiza voos longos e mais lentos, com formato conhecido como planador.

força de arrasto

força de sustentação

força peso

Avião de papel que realiza voos mais rápidos e tem o formato conhecido como dardo.

O formato aerodinâmico deste avião exige que ele seja lançado a altas velocidades para se manter voando.

Este avião é capaz de manter sua velocidade por mais tempo, podendo alcançar maiores distâncias.

1. (Enem/Inep) Uma pessoa, lendo o manual de uma ducha que acabou de adquirir para a sua casa, observa o gráfico, que relaciona a vazão na ducha com a pressão, medida em metros de coluna de água (mca).

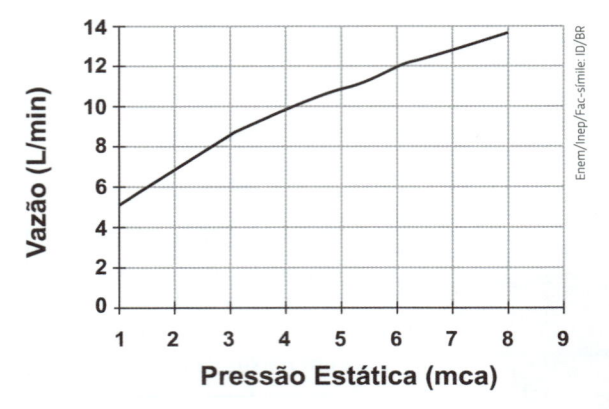

Nessa casa residem quatro pessoas. Cada uma delas toma um banho por dia, com duração média de 8 minutos, permanecendo o registro aberto com vazão máxima durante esse tempo. A ducha é instalada em um ponto seis metros abaixo do nível da lâmina de água, que se mantém constante dentro do reservatório.

Ao final de 30 dias, esses banhos consumirão um volume de água, em litros, igual a

a) 69 120.

b) 17 280.

c) 11 520.

d) 8 640.

e) 2 880.

2. De acordo com seus conhecimentos sobre a diferença entre sólidos e fluidos (líquidos e gases), analise as afirmações a seguir e classifique-as como verdadeiras ou falsas, justificando as falsas em seu caderno.

I) Os fluidos não possuem forma fixa, assumindo o formato do recipiente em que se encontram.

II) Assim como os sólidos, um fluido é uma substância que pode escoar.

III) Enquanto um sólido possui forma e volume, um fluido líquido possui apenas volume e um fluido gasoso não possui nem forma nem volume.

IV) Os fluidos mantêm seu formato quando submetidos a forças externas.

3. (Enem/Inep) Para oferecer acessibilidade de dificuldades de locomoção, é utilizado, em ônibus e automóveis, o elevador hidráulico. Nesse dispositivo é usada uma bomba elétrica, para forçar um fluido a passar de uma tubulação estreita para outra mais larga, e dessa forma acionar um pistão que movimenta a plataforma.

Considere um elevador hidráulico cuja área da cabeça do pistão seja cinco vezes maior do que a área da tubulação que sai da bomba. Desprezando o atrito e considerando uma aceleração gravitacional de 10 m/s^2, deseja-se elevar uma pessoa de 65 kg em uma cadeira de rodas de 15 kg sobre a plataforma de 20 kg.

Qual deve ser a força exercida pelo motor da bomba sobre o fluido, para que o cadeirante seja elevado com velocidade constante?

a) 20 N

b) 100 N

c) 200 N

d) 1 000 N

e) 5 000 N

4. Para construir uma espécie de chuveiro para regar suas plantas, uma pessoa encheu uma garrafa plástica, tampou, virou com a tampa para baixo e fez vários furos na sua base. Quando virou a garrafa com a tampa para cima, notou que a água não escoou pelos orifícios como desejava, como mostrado na fotografia **A**.

a) Por que, mesmo com a garrafa furada, a água não escoou pelo orifício?

b) A fotografia *B* mostra a água escoando pelos orifícios. O que foi feito para que isso ocorresse?

5. (Enem/Inep) Alguns objetos, durante a sua fabricação, necessitam passar por um processo de resfriamento. Para que isso ocorra, uma fábrica utiliza um tanque de resfriamento, como mostrado na figura.

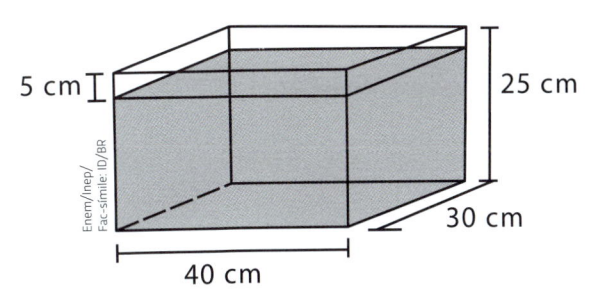

O que aconteceria com o nível da água se colocássemos no tanque um objeto cujo volume fosse de 2 400 cm³?

a) O nível subiria 0,2 cm, fazendo a água ficar com 20,2 cm de altura.

b) O nível subiria 1 cm, fazendo a água ficar com 21 cm de altura.

c) O nível subiria 2 cm, fazendo a água ficar com 22 cm de altura.

d) O nível subiria 8 cm, fazendo a água transbordar.

e) O nível subiria 20 cm, fazendo a água transbordar.

6. Uma caixa de madeira possui uma massa de 3 kg e uma densidade de 600 kg/m³. Em seu interior será depositado chumbo até que 80% do volume da caixa fique submerso na água. Que quantidade de chumbo deverá ser depositada para que isso ocorra?

7. Uma esfera é mergulhada em um líquido de densidade 1 000 kg/m³. Como a densidade da esfera é menor que a densidade do líquido, foi necessário prendê-la ao fundo com uma corda inextensível de massa desprezível.

Sabendo que a esfera possui uma massa igual 0,8 kg e seu volume é de 3,5 L, calcule a intensidade da força de tração na corda.

8. (Enem/Inep) Um tipo de vaso sanitário que vem substituindo as válvulas de descarga está esquematizado na figura.

Ao acionar a alavanca, toda a água do tanque é escoada e aumenta o nível no vaso, até cobrir o sifão.

De acordo com o Teorema de Stevin, quanto maior a profundidade, maior a pressão. Assim, a água desce levando os rejeitos até o sistema de esgoto. A válvula da caixa de descarga se fecha e ocorre o seu enchimento. Em relação às válvulas de descarga, esse tipo de sistema proporciona maior economia de água.

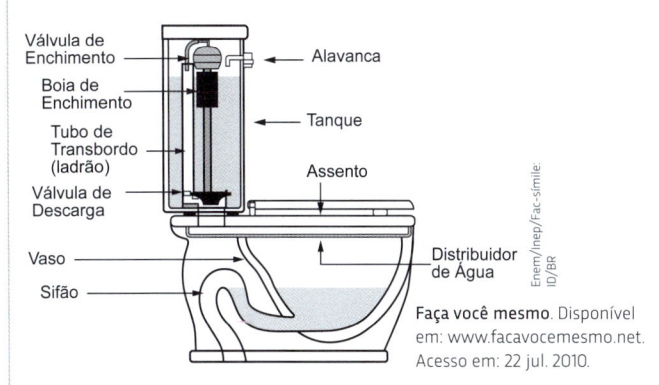

Faça você mesmo. Disponível em: www.facavocemesmo.net. Acesso em: 22 jul. 2010.

A característica de funcionamento que garante essa economia é devida

a) à altura do sifão de água.

b) ao volume do tanque de água.

c) à altura do nível de água no vaso.

d) ao diâmetro do distribuidor de água.

e) à eficiência da válvula de enchimento do tanque.

Verificando rota

A Retome sua resposta às questões **B** e **C** da página **9**. Se necessário, complemente-a de acordo com o que você estudou nesta unidade.

B Se colocarmos uma folha de papel sobre a boca de um copo com água e virarmos esse copo com a boca para baixo, a água não escoa. Qual é a relação dessa situação com o experimento de Torricelli?

C Em relação à equação de continuidade apresentada na página **27**, o que aconteceria se a velocidade de escoamento diminuísse, ao invés de aumentar, na parte mais estreita do cano?

D Por que a porta de um cômodo se fecha quando passa uma corrente de ar pela abertura da porta?

Termodinâmica: calor e temperatura

Nos dias de frio, geralmente usamos blusas para nos mantermos aquecidos. Já em dias quentes, vestimos roupas mais leves e geralmente utilizamos ventiladores e aparelhos de ar-condicionado.

Para alguns moradores de áreas polares, os iglus são uma ótima opção de local fechado e aquecido, pois, mesmo sendo feitos de gelo, criam um ambiente agradável, em comparação com o ambiente externo.

Os conceitos como calor e temperatura estão relacionados desde simples ações cotidianas, como ferver água no fogão, a fenômenos naturais de grandes proporções, como temporais, efeito estufa, inversão térmica e furacões.

Nesta unidade, estudaremos os conceitos relacionados a temperatura, trocas de calor e mudança de fases.

■ Iglu no Ártico, em 2014. O iglu consiste em uma estrutura em formato de cúpula feita a partir de blocos de gelo e neve, sendo uma opção de abrigo nas regiões polares. Além de bloquear os ventos, os iglus proporcionam um ambiente mais aquecido que o meio externo.

Em agosto de 2015, três furacões simultâneos foram registrados sobre as águas do Pacífico, próximo ao Havaí, e denominados Kilo, Ignacio e Jimena.

As águas quentes oceânicas, com temperaturas superiores a 27 °C, são um dos principais fatores para a formação de furacões. O vapor de água aquecido próximo à superfície do mar sobe para a atmosfera e se condensa, formando nuvens e liberando calor para a atmosfera.

O ar atmosférico aquecido fica "mais leve" e se desloca para cima, gerando uma região de baixa pressão que faz subir novamente o vapor de água. A repetição desse processo, influenciado pelo movimento da Terra, faz com que o furacão gire.

Iniciando rota

A Qual é a relação entre o aquecimento das águas oceânicas e a formação de furacões?

B De que forma um abrigo feito de gelo pode ser útil em um ambiente polar?

C Você acha que a melhor posição para instalarmos um aparelho de ar-condicionado em uma sala, por exemplo, com a função de resfriar é próximo ao chão ou próximo ao teto? Justifique sua resposta.

y_seki/Shutterstock.com/ID/BR

▪Aparelhos de ar-condicionado têm a função de regular a temperatura dos ambientes de acordo com a opção escolhida.

3

Temperatura

> *Em muitas situações dizemos "estou com calor". De acordo com os conceitos da Física, poderíamos utilizar o termo "calor" nessas situações?*

Quando tocamos um objeto, é comum classificá-lo como quente ou frio com base apenas na sensação causada pelo tato. Conforme as caraterísticas do dia, dizemos "estou com calor" ou "estou com frio" para expressar a sensação térmica sentida. Essas frases expressam sensações pessoais, indicando se precisamos vestir uma blusa ou abrir as janelas e ligar um ventilador para nos sentirmos melhor, mas não estão de acordo com as definições físicas de calor e temperatura.

A sensação térmica biológica é subjetiva e depende das condições às quais um corpo está submetido. Ela não fornece informações precisas sobre a temperatura do ambiente e dos objetos que tocamos.

Temperatura e calor são dois conceitos distintos que são corriqueiramente relacionados de forma equivocada.

Para compreender melhor o conceito de temperatura, vamos retomar a estrutura da matéria. Todo corpo é composto de átomos e moléculas, que chamaremos neste momento de partículas. Essas partículas encontram-se em constante agitação, por isso podemos associar uma energia cinética de translação a cada partícula e uma energia cinética média para todas as partículas de um corpo.

> **Temperatura** (T) é a grandeza associada ao grau de agitação, ou energia cinética de translação média, das partículas de um corpo.

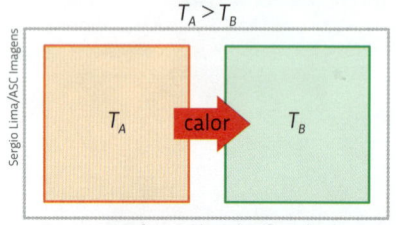

$T_A > T_B$

T_A calor T_B

Energia em forma de calor fluindo do corpo de maior para o de menor temperatura.

Leite sendo colocado em uma xícara com café. A temperatura se iguala quando misturamos duas substâncias de diferentes temperaturas.

Quando dois corpos de diferentes temperaturas são colocados em um <u>sistema isolado</u>, as partículas mais agitadas, do corpo de maior temperatura, transmitem energia para as menos agitadas, diminuindo seu grau de agitação, ou seja, sua temperatura. As menos agitadas, de menor temperatura, ao ter seu grau de agitação aumentado, tem sua temperatura aumentada. Quando todas as partículas dos corpos tiverem o mesmo grau de agitação, eles estarão no chamado **equilíbrio térmico**. Esse processo é descrito pela lei zero da Termodinâmica, a qual diz que dois corpos em equilíbrio com um terceiro corpo estarão em equilíbrio entre si. A energia em trânsito por causa da diferença de temperatura é denominada **calor**.

Dessa forma, no contexto da Física, não é adequado dizer "estou com calor", pois calor é energia térmica em trânsito entre corpos de diferentes temperaturas. O mais adequado seria dizer "estou recebendo muito calor do ambiente hoje".

Sistema isolado: é formado por dois ou mais corpos que estão termicamente isolados do ambiente externo, ou seja, trocam calor entre si, mas não trocam calor com o ambiente externo.

Medindo temperatura

Como usamos o termômetro para medir a temperatura de nosso corpo?

Nossos sentidos nos fornecem informações do ambiente em que estamos. Por meio da visão e da audição, por exemplo, somos capazes de detectar perigos; o paladar e o olfato nos protegem de ingerir alimentos estragados, assim como o tato nos permite perceber a temperatura dos objetos para evitar queimaduras.

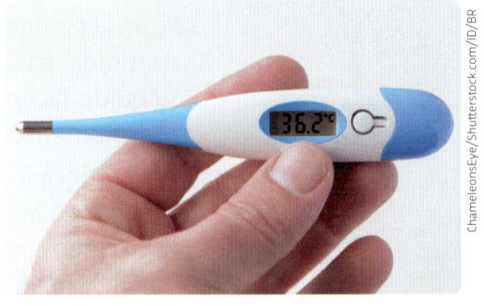

Termômetro clínico digital.

Porém, como já discutido anteriormente, a sensação térmica não é a melhor forma de medir temperaturas. Para isso, existem instrumentos denominados termômetros.

A medição da temperatura com termômetro é feita de forma indireta, a partir de propriedades físicas que se alteram quando submetidas à variação da temperatura, chamadas **propriedades termométricas**. Ao esquentar ou esfriar um objeto observamos que ele pode sofrer variação em seu volume, cor, resistência elétrica, densidade, entre outros fatores. Sabendo a medida ou característica de certa propriedade para cada temperatura, é possível realizar uma calibração e criar um instrumento capaz de realizar medições de temperatura.

Termômetro de lâmina bimetálica, geralmente utilizado em fornos, saunas e ferros elétricos. Seu funcionamento baseia-se em duas lâminas de metais diferentes soldadas, que dilatam de forma distinta quando submetidas a variações de temperatura, encurvando-se.

Termômetro de radiação, geralmente utilizado na meteorologia, na Medicina e em equipamentos de visão noturna. Uma imagem com a distribuição da temperatura é feita pela detecção da radiação eletromagnética emitida.

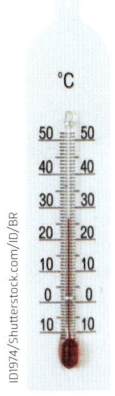

Termômetro a álcool, geralmente utilizado em laboratórios e medições caseiras. O líquido do termômetro se expande ou contrai, à medida que recebe ou cede calor, entrando em equilíbrio térmico com o corpo do qual queremos medir a temperatura.

Temperatura da cor

As estrelas são corpos celestes extremamente quentes. A superfície do Sol, por exemplo, possui uma temperatura média de aproximadamente 6 000 °C, tão alta que é suficiente para evaporar qualquer elemento presente na natureza. Mas nem todas as estrelas possuem a mesma temperatura.

Quando observamos cuidadosamente o céu, podemos notar pontos luminosos com cores diferentes. Essas colorações ocorrem devido à diferença de temperatura entre as estrelas, sendo que, quanto maior a temperatura de uma estrela, maior é sua massa.

A fotografia obtida pelo Telescópio Espacial Hubble, em 2015, mostra a variedade de cores das estrelas.

Do mesmo modo, todos os corpos metálicos, quando aquecidos a altas temperaturas, emitem luz visível em diferentes tonalidades, de acordo com o aumento de sua temperatura. Essa relação entre a temperatura de um corpo e a cor emitida por ele foi utilizada para criar uma escala conhecida como **temperatura da cor** e medida em kelvin (K), unidade de medida de temperatura. Assim, dizer que a luz produzida por uma lâmpada é de 6 500 K significa que, se um objeto metálico for aquecido até essa temperatura, ele irá brilhar com a mesma cor emitida pela lâmpada.

O primeiro medidor térmico, chamado termoscópio, foi desenvolvido pelo italiano Galileu Galilei (1564-1642) no final do século XVI. Sua construção consistia em um longo tubo de vidro com um bulbo na ponta, de onde era retirada parte do ar. O tubo era colocado em um recipiente com algum líquido facilmente visível, que subia pelo tubo. Como não apresentava escala termométrica, o termoscópio servia apenas para comparar temperaturas.

O princípio físico utilizado pelo termoscópio de Galileu ainda rege o funcionamento da maioria dos termômetros analógicos atuais e consiste na dilatação de um corpo com a variação de sua temperatura. A dilatação é um fenômeno comum a praticamente todos os materiais que passam por elevação de temperatura.

No termoscópio de Galileu, o aquecimento do ar causa sua dilatação, e o aumento de volume força o líquido para baixo. Nos termômetros atuais, em vez de ar, há no tubo capilar líquidos sensíveis a pequenas variações de temperatura, geralmente mercúrio ou álcool tingido (o que facilita sua visualização). Para calibrar o termômetro, verifica-se a altura da coluna de líquido dilatado de acordo com cada temperatura.

Assim, ao colocar o termômetro em contato com outro corpo, do qual queremos medir a temperatura, acontecem trocas de calor até que o equilíbrio térmico seja atingido, de acordo com a lei zero da Termodinâmica. Verificando a temperatura do termômetro, temos a temperatura do corpo.

Escalas termométricas

Os termômetros, com exceção dos digitais, são formados por um tubo devidamente fechado, evitando assim a influência de outros fatores que possam interferir na dilatação do líquido, como a pressão atmosférica. Assim, é possível calibrar um termômetro com uma graduação em uma escala numérica, relacionando a altura da coluna da substância termométrica com uma respectiva temperatura. São as chamadas escalas termométricas.

Uma das primeiras escalas termométricas que se popularizaram pela Europa e que continua sendo usada até hoje foi elaborada pelo físico polonês Gabriel Daniel Fahrenheit (1686-1736), em 1724. Ao utilizar o mercúrio como líquido termométrico em um bulbo fechado, Fahrenheit construiu um dispositivo compacto e bastante confiável que pode ser utilizado em diversas regiões fornecendo valores precisos de temperatura.

A escala Fahrenheit utiliza como pontos fixos a temperatuera de uma mistura de gelo, água e sal amoníaco, à qual foi atribuído o valor de 0 °F; a temperatura de fusão do gelo, definida por 32 °F; e a temperatura corpórea, a qual foi atribuído o valor de 96 °F. Nessa escala, a temperatura de ebulição da água ao nível do mar é 212 °F.

Em 1742, o astrônomo sueco Anders Celsius (1701-1744) propôs uma escala termométrica utilizando como pontos fixos a temperatura de fusão do gelo, à qual atribuiu o valor de 100 graus, e a temperatura de ebulição da água à pressão de 1 atm, considerada 0 grau. Por possuir cem divisões iguais entre os dois pontos fixos, essa escala recebeu o nome de escala centígrada.

Pouco tempo depois, a escala criada por Celsius teve o valor de seus pontos fixos invertidos e, em 1948, com alguns pequenos reajustes, foi rebatizada como escala Celsius, como é conhecida até hoje, sendo o valor de 0 °C atribuído à temperatura de fusão do gelo e 100 °C à temperatura de ebulição da água à pressão de 1 atm. Essa escala é comumente utilizada na maioria dos países, incluindo o Brasil.

Termoscópio a ar construído por Galileu. Esse instrumento tem a função de constatar visualmente a variação de temperatura.

Science & Society Picture Library/Getty Images

O termômetro clínico de líquido possui escalas limitadas para melhor visualização da faixa de temperatura que se propõe a medir.

O.Bellini/Shutterstock.com/ID/BR

Representação de um termômetro destacando os pontos de fusão e de ebulição da água, na escala Fahrenheit.

212 °F
32 °F

Representação de um termômetro destacando os pontos de fusão e de ebulição da água na escala Celsius.

100 °C
0 °C

Ilustrações: Eduardo dos Santos/ASC Imagens

A escala Fahrenheit é geralmente utilizada em países de língua inglesa, como Inglaterra e Estados Unidos, além de outros países no mundo. Em locais onde há frio intenso, a utilização da escala Fahrenheit facilita a leitura da temperatura ambiente, mantendo valores no intervalo positivo, pois cerca de $-17,8\ ^\circ$C ainda correspondem a 0 $^\circ$F.

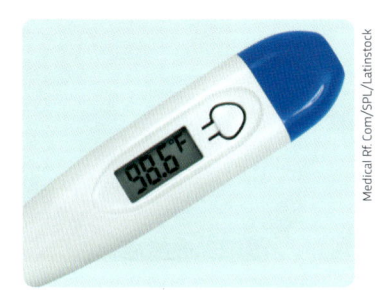

Porém, apesar de serem utilizadas cotidianamente em diferentes países do mundo, nenhuma das duas escalas apresentadas anteriormente pertence ao SI. Em nosso cotidiano essas grandezas são suficientes para descrever diversos fenômenos térmicos, porém não são adequadas quando é preciso relacionar a temperatura com outras grandezas físicas.

Termômetro digital marcando 98,6 °F, equivalente a 37 °C.

Para melhor compreender em que consiste a temperatura de um corpo, cientistas dos séculos XVIII e XIX buscavam relações entre a temperatura e outras grandezas físicas. O engenheiro e físico inglês William Thomson (1824-1907), também conhecido como Lorde Kelvin, era um desses cientistas que, utilizando termômetros de gás, estudou a relação entre a pressão exercida por um gás sobre o recipiente que o continha a uma dada temperatura.

Kelvin compreendia a temperatura como o grau de agitação das partículas que compõem um corpo; por conta disso, entendia que a pressão estaria relacionada com as colisões entre as partículas e entre elas e as paredes do recipiente. O aumento do valor da temperatura aumentaria a vibração das partículas e, com isso, também a pressão exercida. Já ao sofrer um resfriamento, as partículas que compõem o gás devem diminuir sua agitação, exercendo então uma pressão menor sobre as paredes de seu recipiente, consequências que serão estudadas em mais detalhes nos próximos capítulos.

William Thomson, também conhecido como Lorde Kelvin.

Partindo desses conceitos, Kelvin obteve um valor de, aproximadamente, $-273\ ^\circ$C para a temperatura na qual a pressão exercida para o gás seria nula, ou seja, nesse estado as partículas que compõem o gás não possuem agitação, o que caracteriza um limite mínimo de temperatura, conhecido como zero absoluto. Atualmente, por meio de procedimentos mais precisos, a temperatura de zero absoluto é definida como $-273,15\ ^\circ$C, que será considerada como $-273\ ^\circ$C neste material.

A escala proposta por Lorde Kelvin, em 1848, como resultado de suas experiências, é conhecida como escala kelvin e parte do ponto fixo correspondente ao zero absoluto, ao qual foi atribuído o valor 0 K. As divisões adotadas na escala kelvin variam em conformidade com a escala Celsius. Assim, o ponto de fusão do gelo vale 273 K e o ponto de ebulição da água vale 373 K. Em 1954, a escala kelvin foi adotada como unidade de medida de temperatura do SI.

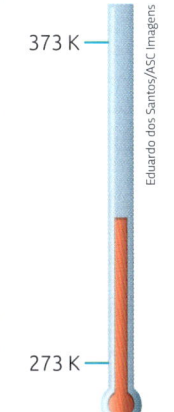

373 K —

Por ter como ponto de partida o zero absoluto, a escala kelvin não possui valores negativos, o que permite sua classificação como escala absoluta, diferentemente das escalas Celsius e Fahrenheit, que são classificadas como escalas relativas. Além disso, a escala kelvin (K) não adota o uso de graus, o que ocorre nas escalas relativas, graus Celsius ($^\circ$C) e graus Fahrenheit ($^\circ$F).

273 K —

No zero absoluto (0 K) as partículas não se agitariam nem teriam energia cinética média (energia relacionada ao movimento). Por vários anos discutiu-se sobre a possibilidade ou não de esse estado ser atingido, alguns inclusive apontam a possibilidade de ultrapassar esse limite. Em 2013, físicos alemães anunciaram terem obtido uma temperatura alguns bilionésimos abaixo do zero absoluto.

Representação de um termômetro destacando os pontos de fusão e de ebulição da água na escala kelvin.

Banco de esperma com amostras congeladas.

A busca por avanços nessa área e pelo zero absoluto levou ao aprimoramento de outros ramos da Ciência. Alguns materiais, quando mantidos próximos a essa temperatura, adquirem propriedades de supercondutividade e superfluidez, por exemplo, conduzindo eletricidade sem nenhuma resistência. Na Medicina essa tecnologia possibilitou um melhor armazenamento de células-tronco, óvulos, espermatozoides, entre outros.

Conversão entre escalas termométricas

O valor de uma grandeza física pode ser expresso em diferentes unidades de medida. A medida de um comprimento, por exemplo, pode ser expressa em quilômetro, metro, milha, entre outras, existindo uma relação entre elas (1 km equivale a 1 000 m ou 0,6547 mi). O tempo também pode ser expresso em diferentes unidades, como hora, minuto, segundo, sendo que 1 h equivale a 60 min ou 3 600 s.

Com a temperatura não é diferente, pois existem basicamente três escalas em utilização: graus Celsius, graus Fahrenheit e kelvin.

Termômetro graduado nas escalas Celsius e Fahrenheit.

Existem equações matemáticas para a conversão de uma escala de temperatura para outra, mas a equivalência entre elas pode ser estimada utilizando um termômetro graduado em duas escalas, como mostra a fotografia.

Para a conversão entre escalas termométricas, devemos considerar dois pontos fixos, cujas medidas nas duas escalas sejam conhecidas. Geralmente, esses pontos são a temperatura de fusão e de ebulição da água.

Na escala Celsius, esses pontos são 0 °C e 100 °C, sendo o intervalo entre eles de 100 unidades. Na escala Fahrenheit, esses pontos são 32 °F e 212 °F, sendo o intervalo entre eles de 180 unidades.

Definindo T_C a temperatura na escala Celsius e T_F a temperatura correspondente na escala Fahrenheit, de acordo com o esquema ao lado, pela razão entre A e B, temos:

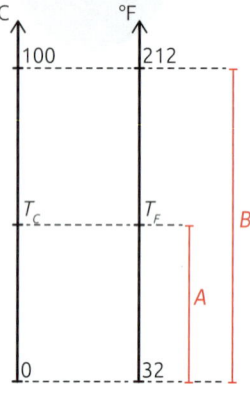
Esquematização da relação entre as escalas Celsius e Fahrenheit.

$$\frac{T_C - 0}{100 - 0} = \frac{T_F - 32}{212 - 32} \Rightarrow \frac{T_C}{100} = \frac{T_F - 32}{180} \Rightarrow \frac{T_C}{5} = \frac{T_F - 32}{9}$$

A relação também pode ser escrita como:

$$T_F = 1{,}8 \cdot T_C + 32$$

Assim, uma leitura de 30 °C corresponde a 86 °F.

$$T_F = 1{,}8 \cdot T_C + 32 = 1{,}8 \cdot 30 + 32 = 86 \therefore \boxed{T_F = 86\ °F}$$

O mesmo raciocínio é seguido para a relação entre as escalas Celsius e kelvin. Tanto na escala Celsius como na kelvin, o intervalo entre os pontos fixos é de 100 unidades.

Definindo T_C a temperatura na escala Celsius e T_K a temperatura correspondente na escala kelvin, de acordo com o esquema ao lado, pela razão entre A e B, temos:

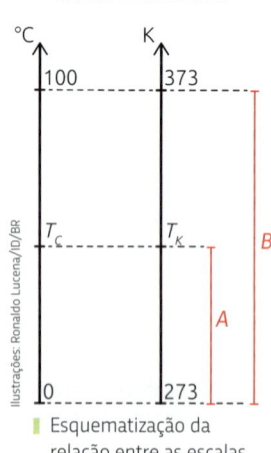
Esquematização da relação entre as escalas Celsius e Kelvin.

$$\frac{T_C - 0}{100 - 0} = \frac{T_K - 273}{373 - 273} \Rightarrow \frac{T_C}{100} = \frac{T_K - 273}{100} \Rightarrow T_C = T_K - 273$$

Assim, uma leitura de 30 °C corresponde a 303 K.

$$T_C = T_K - 273 \Rightarrow 30 = T_K - 273 \Rightarrow T_K = 303 \therefore \boxed{T_K = 303\ K}$$

Atividades

1. Analise as afirmativas a seguir sobre o conceito de temperatura, classificando-as como verdadeiras ou falsas. Justificando as falsas no caderno.

I) Temperatura é a medida de calor de um objeto que está quente.

II) Um dos melhores métodos para medir a temperatura de algum objeto é a sensação térmica.

III) Temperatura é a medida do grau de agitação dos átomos e moléculas de um corpo.

IV) Quanto menor o grau de agitação dos átomos e moléculas de um corpo, menor é a medida de temperatura.

2. As afirmativas a seguir referem-se a dois objetos que possuem temperaturas diferentes, colocados em contato. Identifique as corretas e justifique as erradas no caderno.

I) Não haverá troca de calor e os dois objetos continuarão como inicialmente.

II) Haverá troca de energia térmica na forma de calor do corpo de menor temperatura para o corpo de maior temperatura.

III) Haverá troca de energia térmica na forma de calor do corpo de maior temperatura para o corpo de menor temperatura.

IV) Haverá troca de energia térmica na forma de calor até que a temperatura dos dois objetos se iguale.

3. Por que, para aferir a temperatura, deve-se deixar o termômetro em contato com o corpo durante certo intervalo de tempo?

4. Preparando-se para uma viagem, uma pessoa constatou que, em média, a temperatura do local para onde seguiria viagem era 35,6 °F. Esta pessoa deverá levar roupas leves ou casacos grossos? Por quê?

5. Na transmissão de um jogo de futebol americano pela televisão, a repórter anunciou que a temperatura local era de 59 °F. Quanto equivale esse valor em graus Celsius?

6. Um cientista mediu 313 K para uma amostra experimental. Quanto vale a temperatura na escala Celsius?

7. (PUC-RJ) Temperaturas podem ser medidas em graus Celsius (°C) ou Fahrenheit (°F). Elas têm uma proporção linear entre si. Temos: 32 °F = 0 °C; 20 °C = 68 °F. Qual a temperatura em que ambos os valores são iguais?

a) 40
b) −20
c) 100
d) −40
e) 0

R1. O aluno Zeca criou sua própria escala termométrica. Definiu 0 °Z para o ponto de gelo e 70 °Z para o ponto de ebulição da água em condições normais. Calcule a temperatura na escala Celsius correspondente a 35 °Z.

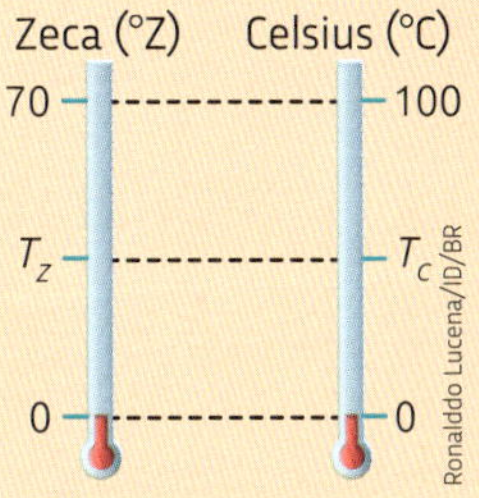

Resolução

Comparamos as escalas por meio dos termômetros ao lado e fazemos a equação de conversão entre elas, assim:

$$\frac{T_Z - 0}{70 - 0} = \frac{T_C - 0}{100 - 0} \Rightarrow \frac{T_Z}{70} = \frac{T_C}{100} \Rightarrow T_C = \frac{10 \cdot T_Z}{7}$$

Para $T_Z = 35$ °Z:

$$T_C = \frac{10 \cdot T_Z}{7} = \frac{10 \cdot 35}{7} = 50 \therefore \boxed{T_C = 50\ °C}$$

8. Em uma escala de temperatura X, a água congela a −100 °X e ferve a 400 °X. Em uma escala de temperatura Y, a água congela a −50 °Y e ferve a 0 °Y. A temperatura de 0 °X corresponde a que temperatura na escala Y?

9. Uma variação de 1 °C causa uma variação maior, menor ou igual na escala Fahrenheit? E na escala Kelvin?

10. Um fluido sofre uma variação de temperatura de 275 K para 395 K. Qual o valor dessa variação na escala Fahrenheit?

11. Determine a temperatura na escala Celsius igual:

a) ao dobro do valor correspondente na escala Fahrenheit.

b) à metade do valor correspondente na escala Fahrenheit.

c) à temperatura na escala Kelvin.

Dilatação térmica

Vimos que a temperatura dos corpos está relacionada à agitação das partículas que o constituem, e, quanto maior a agitação, maior a temperatura. Com o aumento da agitação, as partículas tendem a se afastar umas das outras, aumentando as dimensões do corpo, fenômeno conhecido como **dilatação térmica**. Caso a temperatura diminua, ocorre a contração térmica, pois as partículas tendem a se aproximarem.

Tanto sólidos quanto líquidos e gases geralmente dilatam quando são aquecidos e contraem quando resfriados. Nesses casos, há uma mudança no volume do corpo e, consequentemente, em sua densidade.

Nos trilhos de trem e em construções de concreto, por exemplo, são previstos espaços entre as partes, chamados juntas de dilatação. Esses espaços permitem que o material dilate sem causar danos à estrutura da construção, como rachaduras e/ou deformações.

▮ Se o espaçamento entre os trilhos da ferrovia não for suficiente, em um dia muito quente os trilhos podem distorcer. Essa ferrovia localiza-se nos Estados Unidos.

▮ Em viadutos e pontes é comum observar juntas de dilatação.

> ⌇ Quando citamos o termo dilatação, estamos nos referindo à dilatação térmica dos corpos.

Dilatação dos sólidos

A dilatação é um fenômeno que depende das propriedades inerentes ao corpo, tais como tamanho e matéria que o constitui.

Os corpos possuem três dimensões e dilatam ou contraem em todas elas, por isso seu volume varia. Porém, quando uma das dimensões é bem maior que as outras, é possível analisar a variação apenas nessa dimensão, considerando por exemplo apenas o comprimento de um corpo e desconsiderando largura e altura.

Dilatação linear

A dilatação linear é aquela na qual analisamos apenas a variação de uma dimensão de um corpo, por exemplo seu comprimento. Isso ocorre quando a dilatação nessa dimensão é mais facilmente percebida em comparação com as demais. Os fios de alta tensão de uma rede de transmissão elétrica, por exemplo, ficam mais esticados em dias frios e mais alongados em dias quentes por causa da alteração em seu comprimento.

▮ Torres de transmissão em Campos dos Goytacazes, no Rio de Janeiro, em 2014.

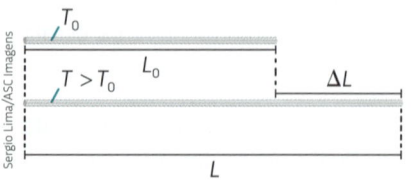

▮ Representação da dilatação de um fio metálico.

Considere que um fio composto de determinado material apresente comprimento inicial L_0, à temperatura inicial T_0, e comprimento final L, à temperatura final T.

Após a dilatação, o comprimento final do fio é dado pelo comprimento inicial somado à variação do comprimento, ΔL.

$$L = L_0 + \Delta L$$

O valor ΔL é a medida do aumento ou da redução do comprimento, calculado da seguinte forma:

$$\Delta L = L_0 \cdot \alpha \cdot \Delta T$$

Na relação acima, α é denominado **coeficiente de dilatação linear**, característica do material referente à sua dilatação para cada unidade de temperatura. No SI, o coeficiente de dilatação linear é expresso em $°C^{-1}$.

A tabela ao lado apresenta valores de coeficientes de dilatação linear de alguns materiais.

Considere um fio de cobre que mede 50 m à temperatura de 20 °C. Se sua temperatura mudar para 120 °C, seu comprimento aumentará em $8{,}5 \cdot 10^{-2}$ m ou 8,5 cm.

$$\Delta L = L_0 \cdot \alpha \cdot \Delta T = 50 \cdot 17 \cdot 10^{-6} \cdot (120 - 20) \Rightarrow$$
$$\Rightarrow \Delta L = 85\,000 \cdot 10^{-6} \Rightarrow \Delta L = 8{,}5 \cdot 10^{-2}$$
$$\Rightarrow \boxed{\Delta L = 8{,}5 \cdot 10^{-2}\ \text{m}}$$

A dilatação linear possibilitou a criação do termostato ou lâmina bimetálica, usado para ligar e desligar circuitos elétricos.

Os ferros de passar roupas elétricos costumam ter esse dispositivo. Nele, duas placas de materiais diferentes são soldadas, como por exemplo alumínio e cobre, por onde passa a corrente elétrica. O aumento da temperatura devido à resistência elétrica faz com que as placas dilatem. Como esses materiais apresentam diferentes coeficientes de dilatação, eles dilatam de forma diferente, resultando em uma curvatura que interrompe o circuito, controlando a temperatura do ferro. Veja as ilustrações ao lado.

Coeficiente de dilatação linear de alguns materiais

Material	$\alpha\ (\cdot\ 10^{-6}\ °C^{-1})$	Material	$\alpha\ (\cdot\ 10^{-6}\ °C^{-1})$
gelo	51	concreto	12
chumbo	29	aço	11
alumínio	23	vidro (pirex)	3,2
latão	19	diamante	1,2
cobre	17		

Fonte de pesquisa: HALLIDAY, David et al. *Fundamentos de Física*: Gravitação, Ondas e Termodinâmica. 9. ed. Tradução e revisão técnica Ronaldo Sérgio de Biasi. Rio de Janeiro: LTC, 2013. v. 2. p. 190.

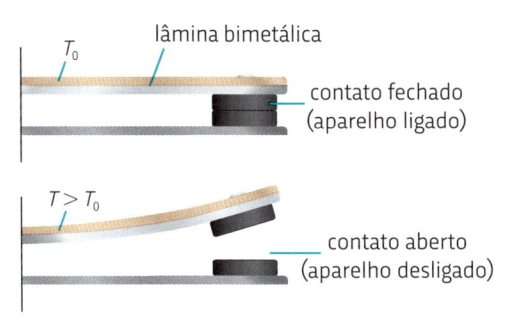

Representação do funcionamento de um termostato de lâmina bimetálica.

De acordo com a tabela acima, se a temperatura do termostato aumentar, a placa de alumínio dilatará mais que a placa de cobre, pois o alumínio possui coeficiente de dilatação maior que o do cobre, curvando a lâmina para o lado do cobre. Caso a lâmina seja resfriada, ela se curvará para o lado do alumínio, pois o material que se dilata mais também se contrai mais.

Dilatação superficial

Quando analisamos a dilatação de um corpo em relação à sua área, falamos em dilatação superficial, pois a mudança na área é facilmente percebida em comparação ao volume, ou seja, analisamos a dilatação em duas dimensões, pois tanto o comprimento quanto a largura do corpo variam. Chapas metálicas, azulejos e placas de concreto são exemplos de corpos em que esse tipo de dilatação é analisada.

Considere uma chapa retangular com área inicial A_0 quando está à temperatura inicial T_0, e área final A quando está à temperatura final T.

Após a dilatação, a área final é dada pela área inicial somada à variação da área, ΔA.

$$A = A_0 + \Delta A$$

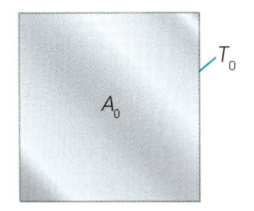

O valor ΔA é a medida do aumento ou da redução da área, calculado da seguinte forma:

$$\Delta A = A_0 \cdot \beta \cdot \Delta T$$

Na relação acima, β é denominado **coeficiente de dilatação superficial** do material. Como a área tem duas dimensões, sendo delimitada por dois comprimentos, temos:

$$\beta = 2 \cdot \alpha$$

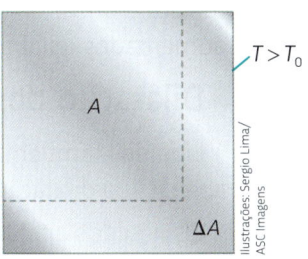

Representação da dilatação superficial de uma chapa de área inicial A_0.

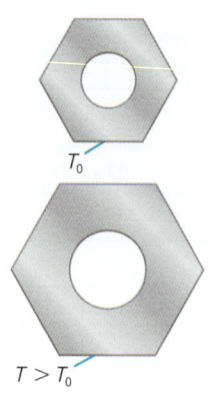

T_0

$T > T_0$

O orifício da porca sofre um aumento de área como se a porca fosse maciça.

Considerando uma placa quadrada de alumínio com lados de 40 cm (0,4 m) à temperatura 20 °C, sua área mede 0,16 m². Se a placa for aquecida até a temperatura 120 °C, sua área aumentará $7,36 \cdot 10^{-4}$ m² ou 7,36 cm². Para obter esse valor, devemos antes calcular o coeficiente de dilatação superficial do alumínio.

$$\beta = 2 \cdot \alpha = 2 \cdot 23 \cdot 10^{-6} = 46 \cdot 10^{-6} \therefore \boxed{\beta = 46 \cdot 10^{-6} \, °C^{-1}}$$

$$\Delta A = A_0 \cdot \beta \cdot \Delta T = 0,16 \cdot 46 \cdot 10^{-6} \cdot (120 - 20) = 7,36 \cdot 10^{-4} \therefore \boxed{\Delta A = 7,36 \cdot 10^{-4} \, m^2}$$

O fenômeno da dilatação superficial pode ser útil em trabalhos em que é necessário separar duas peças, como quando uma porca está muito presa a um parafuso, por exemplo. Aquecendo a porca, é possível soltá-la com facilidade. Essa técnica é útil também quando queremos encaixar duas peças de modo que não se soltem com facilidade, esfriando a peça que vai por dentro ou esquentando a peça que vai por fora.

Se um corpo que possui um furo sofrer dilatação, o furo aumentará se o corpo sofrer contração, o furo diminuirá, ou seja, essa variação ocorre como se o furo estivesse preenchido por material.

Dilatação volumétrica

Na dilatação volumétrica consideramos as variações nas três dimensões do corpo, comprimento, largura e altura, analisando a variação em todo seu volume.

Considere que um corpo apresente volume inicial V_0 à temperatura inicial T_0 e volume final V à temperatura final T.

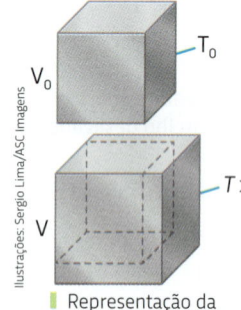

T_0

V_0

$T > T_0$

V

Representação da dilatação volumétrica de um sólido de volume inicial V_0.

Após a dilatação, o volume final do corpo é dado pelo volume inicial somado à variação do volume, ΔV.

$$V = V_0 + \Delta V$$

O valor ΔV é a medida do aumento ou redução da área, calculado da seguinte forma:

$$\Delta V = V_0 \cdot \gamma \cdot \Delta T$$

Na relação acima, γ é denominado **coeficiente de dilatação volumétrica** do material. Como o volume tem três dimensões, sendo delimitado por três comprimentos, temos:

$$\gamma = 3 \cdot \alpha$$

Considere que o cubo da figura acima é feito de chumbo e possui arestas de 20 cm (0,2 m) à temperatura 20 °C, sendo seu volume 8 000 cm³ ou $8 \cdot 10^{-3}$ m³. Quando aquecido à temperatura 120 °C, seu volume aumentará em $69,6 \cdot 10^{-6}$ m³ ou 69,6 cm³. Para obter esse valor, devemos antes calcular o coeficiente de dilatação volumétrica do chumbo.

$$\gamma = 3 \cdot \alpha = 3 \cdot 29 \cdot 10^{-6} = 87 \cdot 10^{-6} \therefore \boxed{\gamma = 87 \cdot 10^{-6} \, °C^{-1}}$$

$$\Delta V = V_0 \cdot \gamma \cdot \Delta T = 8 \cdot 10^{-3} \cdot 87 \cdot 10^{-6} \cdot (120 - 20) = 69,6 \cdot 10^{-6} \therefore \boxed{\Delta V = 69,6 \cdot 10^{-6} \, m^3}$$

A dilatação volumétrica ocorre da mesma maneira, independentemente de o corpo ser maciço ou oco. Por exemplo, se duas esferas de mesmo volume e constituídas de mesmo material, uma maciça e outra oca, sofrerem a mesma variação de temperatura, ambas terão seus volumes aumentados igualmente.

Dilatação dos líquidos

Líquidos também sofrem dilatação térmica. Como não possuem forma definida, analisamos apenas sua dilatação volumétrica.

Os líquidos apresentam a característica de dilatar mais que os sólidos. Foi por esse motivo que os termômetros puderam ser construídos. A dilatação do capilar de um termômetro, região onde está contida a substância termométrica, deve ser desprezada para que a leitura do nível do líquido seja possível.

Ilustrações: Sergio Lima/ASC Imagens

Quando um recipiente completamente preenchido com líquido é aquecido, parte do líquido derrama devido à dilatação volumétrica.

A variação no volume do líquido que dilata aparenta ser somente o volume derramado, sendo por isso denominada **dilatação aparente do líquido** $\left(\Delta V_{ap}\right)$.

$$\Delta V_{ap} = V_0 \cdot \gamma_{ap} \cdot \Delta T$$

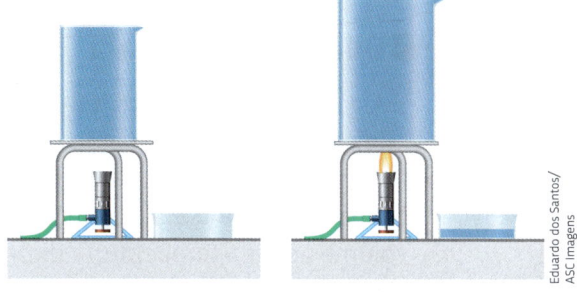
Representação da dilatação volumétrica de um líquido contido em um recipiente.

O termo γ_{ap} é denominado **coeficiente de dilatação volumétrica aparente** do líquido.

Como o recipiente também sofre variação de temperatura, seu volume também se altera $\left(\Delta V_{rec}\right)$ e deve ser considerado na dilatação do líquido.

$$\Delta V_{rec} = V_0 \cdot \gamma_{rec} \cdot \Delta T$$

O termo γ_{rec} é denominado **coeficiente de dilatação volumétrica** do material que constitui o recipiente.

Como o líquido dilata mais que o recipiente sólido, sua variação de volume preenche o acréscimo de volume do recipiente para, em seguida, derramar. Dessa forma, a dilatação volumétrica real do líquido $\left(\Delta V_R\right)$ é dada pela soma da dilatação aparente $\left(\Delta V_{ap}\right)$ do líquido com a dilatação do recipiente $\left(\Delta V_{rec}\right)$.

$$\Delta V_R = \Delta V_{ap} + \Delta V_{rec}$$

Dessa relação, temos que:

$$\Delta V_R = \Delta V_{ap} + \Delta V_{rec} \Rightarrow V_0 \cdot \gamma_{líq} \cdot \Delta T = V_0 \cdot \gamma_{ap} \cdot \Delta T + V_0 \cdot \gamma_{rec} \cdot \Delta T \therefore \boxed{\gamma_{líq} = \gamma_{ap} + \gamma_{rec}}$$

O termo $\gamma_{líq}$ é o **coeficiente de dilatação volumétrica real** do líquido.

Essa é uma forma prática de determinar a dilatação sofrida pelo líquido. Conhecendo o líquido e seu coeficiente de dilatação volumétrica $\left(\gamma_{líq}\right)$, podemos determinar diretamente a dilatação real do líquido.

$$\Delta V_R = V_0 \cdot \gamma_{líq} \cdot \Delta T$$

Como exemplo, considere um recipiente de vidro de 600 mL completamente preenchido com um líquido à temperatura 25 °C. Quando a temperatura do conjunto é elevada até 65 °C, 10 mL do líquido derramam, ou seja, $\Delta V_{ap} = 10$ mL. Como o coeficiente de dilatação volumétrica do recipiente é $\gamma_{rec} = 9{,}6 \cdot 10^{-6}\ °C^{-1}$, a dilatação real do líquido é de 10,23 mL.

$$\Delta V_{rec} = V_0 \cdot \gamma_{rec} \cdot \Delta T = 600 \cdot 9{,}6 \cdot 10^{-6} \cdot (65 - 25) \cong 0{,}23 \therefore \boxed{\Delta V_{rec} \cong 0{,}23\ \text{mL}}$$

$$\Delta V_R = \Delta V_{ap} + \Delta V_{rec} = 10 + 0{,}23 = 10{,}23 \therefore \boxed{\Delta V_R = 10{,}23\ \text{mL}}$$

> Lembre-se de que 1000 L equivalem a 1 m³.

É comum as pessoas questionarem sobre a vantagem de abastecer o veículo em horários quentes ou frios. Quando a gasolina é queimada no motor, a energia gerada é proporcional à massa da gasolina. Em dias mais frios, por causa da contração volumétrica, o combustível tem mais massa por litro do que em dias mais quentes. Por exemplo, a 20 °C a densidade da gasolina é de 720 g/L, mas a 50 °C é de 695 g/L. Assim, é mais proveitoso abastecer o veículo em horários mais frios. No entanto, como os tanques que armazenam combustível nos postos são subterrâneos, eles não sofrem grandes variações de temperatura.

Pessoa abastecendo um carro.

Dilatação anômala

A gasolina, assim como a maior parte das substâncias, sejam sólidas, líquidas ou gasosas, aumenta de volume quando sofre aumento de temperatura e diminui de volume quando sofre diminuição na temperatura. Mas existem algumas substâncias, como o antimônio, o bismuto, o ferro e a água, que apresentam uma dilatação anômala, ou seja, aumentam de volume ao ter a temperatura diminuída, em determinadas faixas de temperatura.

Para a água, esse comportamento anômalo ocorre em temperaturas entre 0 °C e 4 °C, por causa das ligações químicas chamadas pontes de hidrogênio. Em geral, as substâncias possuem moléculas mais próximas quando estão na fase sólida, se comparada com a fase líquida. Mas as pontes de hidrogênio presentes nas moléculas da água fazem com que suas moléculas fiquem mais próximas na fase líquida.

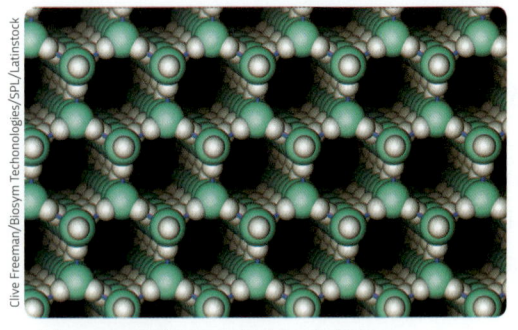

Representação das moléculas de água no estado sólido.

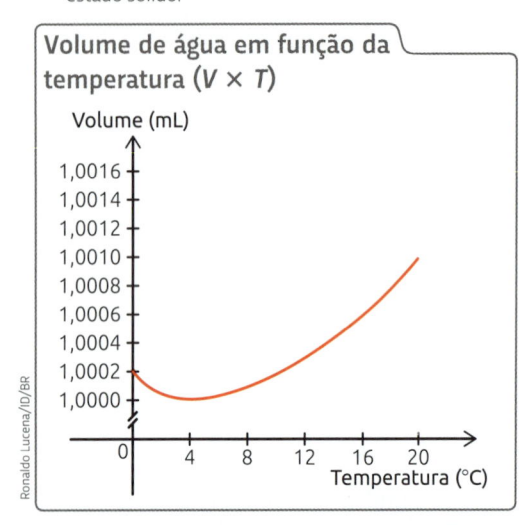

Volume de água em função da temperatura ($V \times T$)

Volume (mL)

Temperatura (°C)

À pressão atmosférica de 1 atm, em seu resfriamento, a água se contrai, atingindo densidade máxima a 4 °C. A partir dessa temperatura, por causa das pontes de hidrogênio, as moléculas se organizam em uma estrutura cristalina hexagonal aberta, com cristais estruturalmente ocos, o que causa aumento em seu volume. Esse efeito faz com que a água, ao congelar, tenha seu volume aumentado e sua densidade diminuída em cerca de 10%.

O gráfico ao lado apresenta o volume da água em função da temperatura ($V \times T$). Podemos observar que a água contrai quando é resfriada até os 4 °C, atingindo sua densidade máxima nessa temperatura (menor volume).

Na faixa entre 4 °C e 0 °C, a água sofre dilatação. Abaixo de 0 °C e acima de 4 °C a água apresenta comportamento normal.

Essa propriedade da água é percebida quando colocamos garrafas de vidro ou plástico com líquidos no congelador, onde a temperatura pode ficar abaixo de 0 °C e verificamos deformação ou quebra da garrafa devido à dilatação anômala da água.

Em regiões de baixas temperaturas médias, a dilatação anômala da água é importante para a manutenção da vida. Nos lagos e rios, a 4 °C, a porção de água com maior densidade se localiza no fundo, e a parte menos densa fica na superfície. Ao atingir a temperatura de congelamento (0 °C), a água forma camadas de gelo apenas na superfície do lago. O gelo formado, por ser um bom isolante térmico, mantém a água líquida e temperaturas próximas de 4 °C, permitindo a sobrevivência de peixes e outros seres vivos.

> De acordo com o que você estudou sobre corpos que flutuam e corpos que afundam em fluidos, explique por que o gelo flutua na água líquida.

Rio congelado na cidade de Kiev, Ucrânia, em 2015.

12. Por que os fios de transmissão de energia elétrica não são colocados totalmente esticados entre os postes? O que aconteceria com os fios se, por um erro na instalação, eles fossem instalados esticados?

13. Comprando um fio de 1 m de ouro na cidade de Gramado, Rio Grande do Sul, onde a temperatura costuma ser mais baixa, e vendendo em Fortaleza, Ceará, onde a temperatura costuma ser mais elevada, é possível ganhar dinheiro com esta venda de acordo com o conceito de dilatação linear?

14. Um fio homogêneo de cobre que tem comprimento inicial que mede 500 m é submetido a uma variação de temperatura de 90 °C. Calcule o seu aumento de extensão. Considere $\alpha_{Cu} = 17 \cdot 10^{-6}\ °C^{-1}$.

15. Os trilhos de ferro de uma linha férrea têm 24 m de comprimento cada um quando a temperatura é 2 °C. Considerando que a dilatação ocorre em apenas um sentido e sabendo que a máxima temperatura na região é de 42 °C, qual deve ser a menor distância entre dois trilhos consecutivos? $\left(\alpha_{Fe} = 11 \cdot 10^{-6}\ °C^{-1}\right)$

16. Foram soldadas duas lâminas metálicas de mesmo comprimento, uma de zinco $\left(\alpha_{Zn} = 96 \cdot 10^{-6}\ °C^{-1}\right)$ e a outra de ouro $\left(\alpha_{Au} = 14 \cdot 10^{-6}\ °C^{-1}\right)$, formando uma lâmina bimetálica, conforme figura.

zinco

ouro

Analisando o coeficiente de dilatação linear dos elementos constituintes, explique o que acontece com a lâmina bimetálica quando aquecida ou resfriada.

17. Uma chapa de aço tem lados que medem 20 cm e possui um furo circular de diâmetro que mede 4 cm quando a temperatura é 0 °C. Qual será a área da chapa e o diâmetro do furo quando a temperatura da chapa for elevada até 200 °C? $\left(\alpha = 11 \cdot 10^{-6}\ °C^{-1}\right)$

18. Uma embalagem de marmita constituída de metal possui suas dimensões iguais a 13 cm, 10 cm e 3,5 cm a uma temperatura de 100 °C. Calcule seu novo volume quando ela é resfriada até -5 °C. Considere o coeficiente de dilatação linear do alumínio $\alpha_{Al} = 23 \cdot 10^{-6}\ °C^{-1}$.

19. Explique o que ocorre com um volume de água quando ela é resfriada de 4 °C até 0 °C. Isso explica o fato de que quando esquecemos uma garrafa de vidro cheia de água no *freezer* ela estoura?

Garrafa trincada após congelamento da água em seu interior.

R2. Em um dia quente no Rio de Janeiro, um caminhão contendo 40 000 L de combustível em sua carga foi rumo ao Rio Grande do Sul, onde a temperatura estava 10 °C menor do que a do Rio de Janeiro, para entregar sua carga. Quantos litros ele entregou? Considere $\gamma_{gasolina} = 11 \cdot 10^{-4}\ °C^{-1}$ e que o caminhão seja feito de aço. Assim, $\alpha_{aço} = 11 \cdot 10^{-6}\ °C^{-1}$.

Resolução

A variação no volume da gasolina é dada por:

$$\Delta V = V_0 \cdot \gamma \cdot \Delta T \Rightarrow \Delta V = 40\,000 \cdot 11 \cdot 10^{-4} \cdot (-10) \Rightarrow$$
$$\Rightarrow \Delta V = -440 \Rightarrow \Delta V = -440\ L$$

O volume final é:

$$V = V_0 + \Delta V = 40\,000 - 440 = 39\,560 \therefore \boxed{V = 39\,560\ L}$$

Assim, a quantidade de combustível entregue foi de 39 560 L.

20. Refaça o exercício resolvido **R2** para determinar quantos litros foram entregues considerando que o caminhão está levando etanol no caminho de volta para o Rio de Janeiro. $\left(\gamma_{etanol} = 3{,}73 \cdot 10^{-4}\ °C^{-1}\right)$

a) Nesse caso houve contração ou dilatação do etanol?

b) Em qual dos casos ocorre maior variação de volume: ao transportar etanol ou gasolina?

21. Em um pote de vidro no formato de cilindro com volume de 200 cm³ e diâmetro 6 cm, foi colocado mercúrio até a borda. Até qual altura do vasilhame poderia ser colocado mercúrio para que, quando a temperatura for elevada em 200 °C sem mudança de fase, o líquido não extravase? Use $\alpha_{vidro} = 9 \cdot 10^{-6}\ °C^{-1}$ e $\gamma_{Hg} = 182 \cdot 10^{-6}\ °C^{-1}$.

capítulo 4

Calor e variação de temperatura

Porta de madeira com maçaneta de metal.

> *Sabendo que esta porta inteira está sob as mesmas condições em um ambiente, qual parte dela parece estar com maior temperatura: a maçaneta ou a madeira?*

Ao longo da construção das teorias científicas, várias hipóteses foram propostas para explicar como e por que os corpos, quando em contato, tendem a apresentar a mesma temperatura final, ou seja, alcançar o equilíbrio térmico.

Alguns associavam o conceito de calor como uma substância hipotética que estaria contida nos corpos que pegavam fogo. Essa teoria foi proposta pelo médico alemão Georg Ernest Stahl (1660-1734) e chamada teoria do flogístico, retomando ideias do também alemão Johann Joachim Becher (1635-1682). Segundo Stahl, o flogístico era o princípio do fogo; corpos ao serem queimados o perdiam. No final do século XVIII, cientista francês Antoine Laurent Lavoisier (1743-1794) derrubou definitivamente tal teoria ao explicar a combustão como uma simples reação com o gás oxigênio. Lavoisier definiu o calor como substância fluida indestrutível, invisível, contida nos corpos e que escoaria de um corpo mais quente para um corpo mais frio, chamada de calórico. Assim, o calor poderia ser transferido, mas a quantidade total de calórico se conservaria.

Um dos primeiros a apontar dificuldades na teoria do calórico foi Rumford, que nasceu com o nome de Benjamim Thompson (1753-1814). Ele observou que, durante a perfuração de canhões por uma broca estacionária movimentada por cavalos, enormes quantidades de calor eram liberadas, o que não se ajustava às ideias de que o calor era um fluido hipotético.

Rumford percebeu que a fonte do calor não era algo dentro do metal perfurado, mas que ele provinha dos movimentos dos cavalos. Assim, propôs uma teoria em que o calor era produzido ou transferido a partir do movimento. Rumford defendia que o calor não passava de um movimento vibratório que ocorre entre as partículas de um corpo.

Apesar de suas fundamentações, a teoria do calórico manteve-se por muitos anos. Por volta de 1847, James Prescott Joule (1818-1889) realizou um experimento no qual uma massa pendurada a certa altura descia, fazendo girar algumas pás em contato com a água de um recipiente. Assim, conseguiu medir a quantidade de calor que era produzida a partir de determinada quantidade de energia mecânica. Dessa maneira, estabeleceu uma base para o princípio da conservação da energia, além de relacionar trabalho e energia.

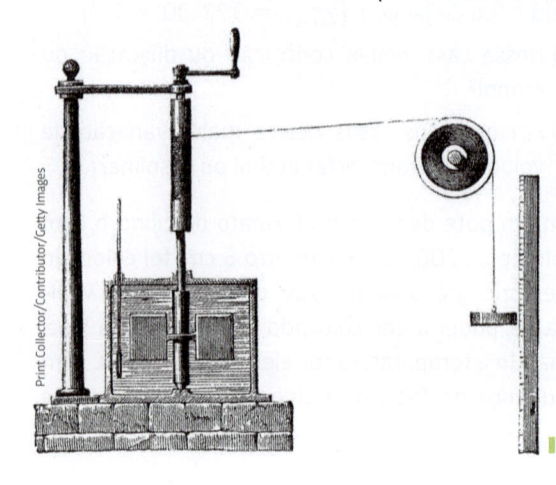

No contexto social, a evolução das ideias sobre a natureza do calor tiveram um importante papel. Os estudos sobre calor contribuíram para aumentar o rendimento das máquinas térmicas, sendo importante para a Revolução Industrial durante o final do século XIX e início do século XX. Sabendo que não havia como construir uma máquina de movimento perpétuo, os cientistas da época concentraram-se em aumentar o rendimento e a eficiência das máquinas.

Ilustração do aparelho utilizado por Joule.

No modelo atual, o calor é considerado a energia transferida de um lugar para outro, geralmente por meio de colisões moleculares. Uma substância não possui calor, mas energia interna, e ao absorver ou ceder calor a sua energia interna correspondente aumenta ou diminui. Dessa forma, o fluxo de calor tende a ir do corpo que possui maior temperatura para o corpo de menor temperatura, num processo natural, e não necessariamente do corpo com maior energia interna para outro, com menor energia interna. O calor perdido por um dos corpos é ganho pelo outro, e a energia do sistema se conserva.

Conforme o modelo atual de transferência de calor, para um pistão móvel, como mostrado na figura, é possível perceber que o movimento do pistão é provocado pelo aumento na agitação das partículas que compõem a massa gasosa quando sua temperatura é aumentada.

Como calor é uma forma de energia transferida, no SI a unidade de medida para calor ou quantidade de calor (Q) é a mesma da energia, o joule (J). Porém, existem outras unidades comumente utilizadas, como a caloria (cal), popular no Brasil, cuja definição foi baseada na quantidade de calor necessária para elevar a temperatura de 1 g de água em 1 °C, no intervalo de 14,5 °C a 15,5 °C.

A relação entre as unidades joule e caloria é dada aproximadamente por: 1 cal = 4,1868 J. Por exemplo, se um corpo recebe uma quantidade de calor equivalente a 90 cal, é possível expressar essa energia na unidade de joule (J), logo:

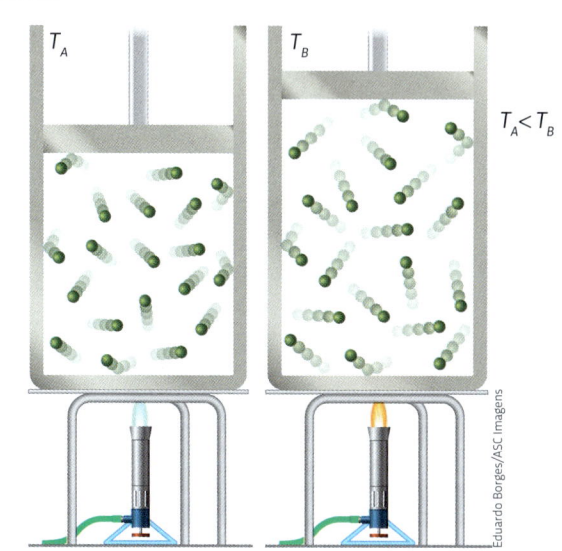

Eduardo Borges/ASC Imagens

Representação do aumento da agitação das partículas de um gás, que causa a movimentação do pistão móvel.

$$\frac{1}{90} = \frac{4,1868}{Q} \Rightarrow Q = 90 \cdot 4,1868 \Rightarrow \boxed{Q = 376,81 \text{ J}}$$

Geralmente, as embalagens apresentam a quantidade de energia armazenada nos alimentos, ou seja, a quantidade de energia que é liberada durante sua digestão. Em rótulos de alimentos, a unidade de energia utilizada é a quilocaloria (Kcal), que representa a quantidade de calor necessária para elevar em 1 °C a temperatura de 1 kg de água. A unidade de caloria alimentar é também escrita com a inicial maiúscula (Caloria) para diferenciar da unidade de caloria.

Cada 100 g deste produto contém aproximadamente:	
Calorias	345,0 kcal
Glicídios	62,94 g
Proteínas	20,82 g
Lipídios	1,11 g
Ferro	3,61 mg
Necessidades diárias*:	
Calorias	2 700 a 3 000 kcal
Glicídios	280 a 560 g
Proteínas	56 a 70 g
Lipídios	40 g
Ferro	10 mg

a O consumo excessivo de calorias deve ser recomendado? O que isso pode provocar?

b Você já ouviu falar em alimentos *light* e *diet*? Qual a diferença entre eles?

Existe também uma unidade de medida chamada *British thermal unit* (BTU). Ela foi definida como a quantidade de calor necessária para aumentar a temperatura de uma libra de água de 63 °F para 64 °F.

*Necessidades diárias recomendadas para uma pessoa adulta de idade entre 25 anos a 50 anos com peso normal de 70 kg.

Informações nutricionais de uma porção de feijão.

Equivocadamente, algumas pessoas costumam se referir à potência dos aparelhos de ar-condicionado em BTU. Potência é a grandeza que relaciona o trabalho realizado ao intervalo de tempo necessário para executá-lo. Dessa forma, ao falarmos da potência do ar-condicionado, o certo é dizer BTU/h, por exemplo, como consta no aparelho/manual do aparelho.

Transferência de calor

Em diversas situações de nosso cotidiano ocorrem transferências de calor. Cozinhar um alimento ou colocá-lo na geladeira, tomar banho com água aquecida e utilizar um veículo são exemplos dessas situações.

A transferência de calor ocorre espontaneamente de corpos com maior temperatura para outros com menor temperatura, por meio de três processos básicos: condução, convecção e irradiação. A seguir, vamos estudar esses processos.

Condução

O processo de transferência de calor por condução ocorre quando há contato entre corpos ou entre partes de um mesmo corpo com temperaturas diferentes.

■ Barra de ferro sobre o fogo.

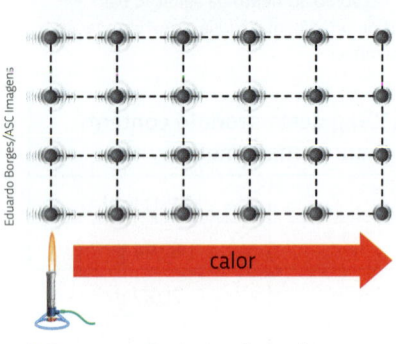

■ Representação das partículas de uma barra de ferro se aquecendo por condução térmica.

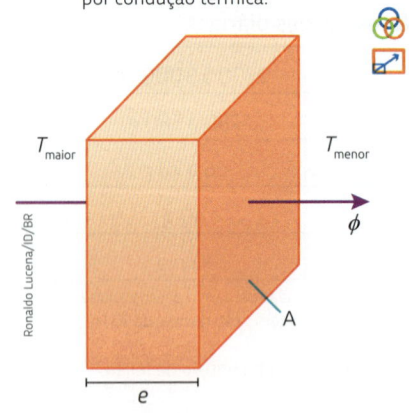

$T_{maior} > T_{menor}$

■ Representação de fluxo de calor por um sólido com faces de temperaturas diferentes.

Para realizar seu trabalho, um ferreiro precisa aquecer peças de metal a temperaturas muito altas. Ao aquecer uma barra de ferro, ele a segura com uma pinça, pois, mesmo que somente uma das extremidades da barra esteja em contato com as chamas, a outra extremidade também esquenta. A energia é transferida de uma extremidade à outra por condução, através da interação entre partículas sem que elas próprias sejam transportadas, ou seja, o fogo faz as partículas da ponta da barra vibrarem com mais intensidade, devido à alta temperatura. Essas vibrações são transferidas às partículas vizinhas por colisões, e assim por diante, até a outra extremidade da barra.

A condução é o processo de transferência de calor predominante nos sólidos, pois suas partículas estão mais próximas entre si e fortemente ligadas, porém ocorre também nos líquidos e nos gases.

O físico e matemático francês Jean-Baptiste Joseph Fourier (1768-1830) formulou o primeiro tratamento matemático para a condução do calor, estabelecendo uma teoria da propagação de calor nos sólidos. Ele considerou que partes de um corpo em temperaturas diferentes trocavam calor entre si, criando um fluxo de energia térmica através do corpo.

As paredes externas de uma casa recebem a luz do Sol em toda a sua superfície e se aquecem, atingindo uma temperatura $\left(T_{maior}\right)$. Como a parte interna da casa está a uma temperatura menor $\left(T_{menor}\right)$, o calor será conduzido por dentro da parede, da parte externa para a interna. Dependendo da espessura (e) da parede, da área (A) e da diferença de temperatura, o calor é transferido para a parte interna mais rápida ou mais lentamente. O fluxo de calor (Φ) é a taxa de transferência de calor, ou seja, a quantidade de calor (Q) transmitida em certo intervalo de tempo (Δt).

$$\Phi = \frac{Q}{\Delta t}$$

No SI a quantidade de calor é expressa em joules (J), o tempo em segundos (s) e o fluxo de calor em (J/s).

Cada material apresenta um coeficiente de condutividade térmica, que está relacionado à capacidade do material em conduzir calor. Quanto maior a constante, maior a condução de calor.

O melhor condutor de calor é a prata, enquanto o ar é um mau condutor, conforme podemos ver na tabela ao lado. Os materiais de baixa condutividade térmica são denominados isolantes térmicos.

Também podemos descrever o fluxo de calor por meio da equação abaixo, considerando a diferença de temperatura, a área, a espessura e o coeficiente de condutividade térmica (k) do material.

$$\Phi = \frac{k \cdot A \cdot (T_{maior} - T_{menor})}{e}$$

Nesse caso, a área é expressa em metro quadrado (m^2), a espessura em metro (m), a temperatura em kelvin (K) e o coeficiente de condutividade térmica em $J/s \cdot m \cdot K$ no SI, ou usualmente $cal/s \cdot cm \cdot °C$.

Situações que envolvem condutores e isolantes térmicos são comuns no dia a dia. Panelas de cozinha geralmente têm o cabo feito de um material, que é mau condutor de calor, para que possamos retirá-las da chama sem queimar as mãos. Se o cabo da panela fosse de ferro, ou se fosse uma assadeira, grande quantidade calor passaria rapidamente para as mãos de quem fosse manuseá-la, por isso é necessário usar luvas térmicas para tocar em metais quentes.

A condutividade térmica dos metais também pode ser percebida quando estão em temperatura ambiente. Por exemplo, ao tocar a madeira e a fechadura de uma porta ao mesmo tempo, aparentemente o metal está mais frio, pois ele absorve calor do corpo mais rapidamente que a madeira.

A maior parte dos fluidos gasosos é má condutora de calor. Luvas de proteção, penas e roupas de lã são isolantes térmicos devido aos espaços vazios em seu interior, que acumulam ar. As roupas de inverno e os cobertores impedem a troca de calor com o ambiente porque aprisionam porções de ar em sua estrutura. As roupas de lã, por exemplo, não aquecem o corpo, elas apenas o isolam e criam um ambiente no qual o ar se aquece trocando calor com o corpo, evitando perdas de calor para o meio externo.

É importante perceber que os isolantes térmicos servem para evitar perda e/ou recebimento de calor. Os povos que vivem no deserto usam roupas largas, grossas e escuras, feitas de lã, mesmo em altas temperaturas, para evitar o fluxo de calor do ambiente para o corpo. A mesma roupa de lã os protege do frio noturno do deserto.

Pelo mesmo motivo da lã, o gelo é um bom isolante térmico, pois aprisiona porções de ar em seu interior no processo de congelamento. Assim, seres humanos constroem iglus, como foi visto na abertura desta unidade, para se proteger das baixas temperaturas.

A neve fofa, pela quantidade de ar que acumula, também é um isolante térmico que alguns animais utilizam para se abrigar do frio intenso.

Urso-polar em um abrigo feito na neve.

Condutividade térmica de algumas substâncias

Substância	k $(J/s \cdot m \cdot K)$
aço inoxidável	14
chumbo	35
ferro	67
latão	109
alumínio	235
cobre	401
prata	428
ar	0,026
fibra de vidro	0,048
vidro (janela)	1,0

Fonte de pesquisa: HALLIDAY, David et al. *Fundamentos de Física*: Gravitação, Ondas e Termodinâmica. 9. ed. Trad. Ronaldo Sérgio de Biasi. Rio de Janeiro: LTC, 2013. v. 2. p. 203.

Frigideira com cabo de madeira.

Pessoa usando luvas térmicas para retirar uma assadeira aquecida do forno.

Urso-polar
De 2,1 m a 3,4 m de comprimento

O calor é transportado para cima porque o ar mais próximo da vela se aquece, fica menos denso e sobe. Ao lado da chama é possível perceber uma propagação menos intensa, já que o ar é mau condutor de calor.

● Convecção

Vimos que nos líquidos e nos gases a condução de calor é muito pequena.

A principal forma de propagação de calor nos fluidos é por convecção térmica, que ocorre devido ao movimento de massas no fluido, chamadas **correntes de convecção**.

Quando um corpo composto de determinado material tem sua temperatura aumentada, ele ocupa um volume maior e sua densidade diminui, por causa da dilatação. Já quando a temperatura é diminuída ocorre a contração: o volume ocupado é menor e a densidade aumenta. Alguns materiais são uma exceção a essa regra, como a água, que tem um comportamento anômalo.

De acordo com o Princípio de Arquimedes, corpos imersos em um fluido afundam se tiverem densidades maiores que o fluido ou flutuam se tiverem menores densidades em relação ao fluido. Isso ocorre também no próprio fluido, como na água e no ar, quando ocorre variação da densidade devido à variação de temperatura.

Assim, partes de um fluido com temperaturas diferentes apresentam densidades diferentes, sendo que a porção menos densa (quente) sobe, e a mais densa (fria) desce. Esse processo é denominado **convecção**. A convecção ocorre sempre que porções de um mesmo fluido ficam submetidas a temperaturas diferentes.

Recipiente contendo água sobre a chama de um fogão.

Por esse motivo é mais conveniente aquecer água mantendo a chama abaixo da panela, pois a massa de água em contato com a parte de baixo da panela se aquece, fica menos densa e sobe. A massa de água da superfície, em contato com o ar, está a uma temperatura menor, portanto desce, porque é mais densa. Assim, são geradas correntes de convecção que movimentam a água.

O ar também se comporta desse modo. Portanto, quando queremos resfriar um ambiente, devemos instalar os condicionadores de ar na parte superior dos cômodos, porque o ar frio (mais denso) desce. A diferença de temperatura entre as massas de ar provoca uma circulação de ar por correntes de convecção. Essas correntes não se formariam se o condicionador de ar fosse instalado junto ao chão.

Aparelho de ar-condicionado. A seta vermelha representa o ar quente e a seta azul representa o ar frio.

Com os balões de ar quente também ocorre convecção do ar. O ar aquecido dentro do balão fica menos denso em relação ao ar de fora, devido à dilatação volumétrica. A massa de ar que ocupa o volume do balão é mais "leve" que o mesmo volume de ar fora do balão, ou seja, a intensidade do empuxo se torna maior que a intensidade da força peso sobre o balão, fazendo-o subir.

Balão de ar quente.

No interior do balão, o ar aquecido com volume V e massa m.

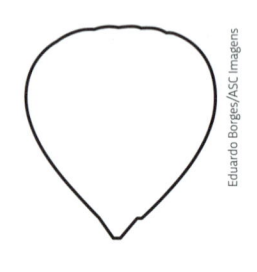

Volume de ar deslocado com temperatura menor, de volume V e massa maior que m.

Os ventos são causados pela movimentação de massas de ar com diferentes temperaturas na atmosfera, ou seja, pela convecção. Alguns lugares da Terra absorvem e liberam calor mais facilmente do que outros, assim o ar mais próximo da superfície terrestre é aquecido de forma desigual, produzindo os ventos. Nas regiões litorâneas esse fenômeno fica mais evidente.

Durante o dia, com a incidência da luz solar, a areia se aquece mais rapidamente do que a água. O ar sobre ela também se aquece e sobe, gerando uma região de baixa pressão, que causa o deslocamento do ar de menor temperatura, que está sobre o mar, em direção à areia. À noite o processo se inverte, pois a água está mais quente, pelo fato de liberar calor mais lentamente. O ar sobre ela se aquece e sobe, gerando uma região de baixa pressão, que causa o deslocamento do ar que está sobre a areia em direção ao mar.

Brisa marítima ocorre durante o dia, quando o ar se desloca do mar para a areia.

Brisa terrestre ocorre durante a noite, quando o ar se desloca da areia para o mar.

Outro fenômeno climático ocasionado pela mudança das correntes de convecção diurnas e noturnas é a chamada inversão térmica.

Assim como acontece na areia da praia, nas regiões metropolitanas, durante o dia, a camada de ar mais próxima do chão é aquecida pelos raios solares, absorvidos e reemitidos pelo solo. Devido à convecção, o ar quente sobe e se dispersa, resfriando até atingir uma região atmosférica conhecida como tropopausa.

Contudo, à noite, o resfriamento da superfície faz com que gases mais próximos do solo percam temperatura mais rápido do que aqueles logo acima, que foram aquecidos pelo processo de convecção ao longo do dia.

Isso impede a formação da corrente de convecção e aprisiona o ar, que não se dispersa nem se misturar com as camadas superiores, salvo em noites de ventos fortes.

Esse efeito pode durar horas e se dispersar ao raiar do dia, formando a neblina das épocas de inverno. Em regiões cercadas por cadeias montanhosas, pode durar vários dias.

A ocorrência da inversão térmica próxima ao solo, em locais onde há alta emissão de gases poluentes, dificulta a dispersão da poluição para os níveis mais altos da atmosfera. Quando isso ocorre, a concentração dos poluentes aumenta, o que pode desencadear diversos problemas respiratórios na população dos centros urbanos.

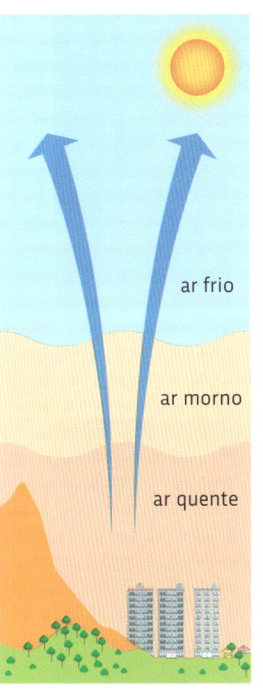

Representação da convecção do ar que ocorre durante o dia.

Representação da inversão térmica que pode ocorrer à noite.

Ilustrações: Eduardo Borges/ASC Imagens

Poluição atmosférica aprisionada próximo ao solo devido ao fenômeno de inversão térmica, em São Paulo, 2014.

Fabio Colombini/Acervo do fotógrafo

●Irradiação

Tanto na condução quanto na convecção, é necessária a existência de um meio material, como o ar atmosférico, a água ou alguns materiais sólidos, para que haja a propagação do calor. Mas quando não há meio material, também há uma transmissão de calor, denominada irradiação.

Como visto no capítulo anterior, uma das formas de medir a temperatura de um corpo é medir a radiação eletromagnética emitida por ele. Todo corpo com temperatura acima do zero absoluto emite energia para o meio na forma de onda eletromagnética, também chamada energia radiante. As ondas eletromagnéticas que transferem calor são comumente chamadas radiação térmica. Por exemplo, a superfície da Terra é aquecida pela radiação térmica emitida pelo Sol, que atravessa o espaço e a atmosfera.

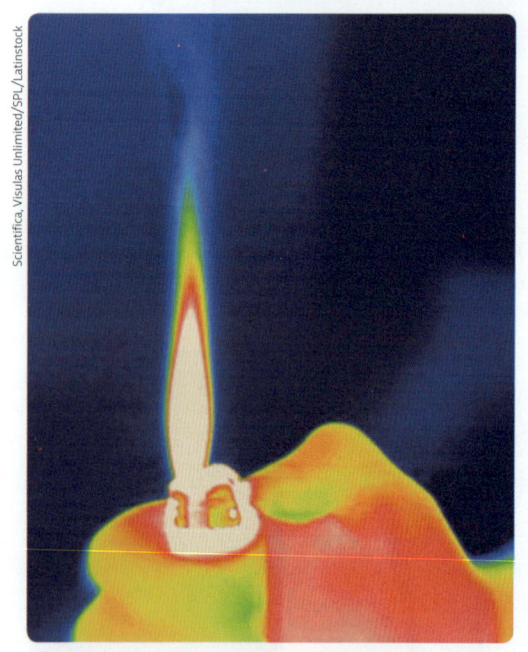

Imagem captada com câmera infravermelha. As partes em branco indicam as maiores temperaturas, e as partes em violeta as menores.

Um exemplo de radiação térmica é a infravermelha não visível aos olhos. Podemos perceber a radiação infravermelha quando estamos próximos a uma fogueira. Existem detectores que captam essa radiação, interpretam-na e mostram a temperatura dos corpos em uma escala de cores.

A superfície dos corpos emite, absorve e reflete energia radiante. Um corpo aumenta de temperatura se absorve mais energia do que emite, e resfria se emite mais energia do que absorve. A temperatura externa determina se o corpo vai absorver ou emitir energia.

Geralmente, bons absorvedores são bons emissores e maus refletores de energia, enquanto maus absorvedores são maus emissores e bons refletores. Corpos escuros são bons absorvedores, e corpos claros são maus absorvedores. Por exemplo, em dias de altas temperaturas é recomendado vestir roupas claras, pois elas absorvem menos energia térmica do que roupas de cores escuras.

Um corpo que absorve toda a radiação que incide sobre ele é chamado **corpo negro**. O estudo da emissão de energia por um corpo negro relacionada à sua temperatura foi o ponto de partida para o desenvolvimento da Física quântica, iniciado com o trabalho do físico alemão Max Planck (1858-1947).

O calor emitido pela chama de uma vela se propaga em todas as direções por irradiação ao redor da chama e, também, por convecção do ar, acima do fogo. Por isso, para aproveitar melhor as transferências de calor, nos acomodamos em torno da fogueira e colocamos alimentos para assar acima dela.

Na fotografia ao lado, que mostra a diferença de densidade do ar, é possível observar que o fogo das velas provoca a convecção do ar acima delas.

Fotografia registrada com uma técnica que mostra a variação da densidade do ar acima das chamas de velas.

A garrafa térmica é feita para evitar as três formas de transferência de calor, reduzindo a troca de calor entre o líquido em seu interior e o ambiente. Com isso, a temperatura dos líquidos colocados em seu interior pode ser conservada por maior intervalo de tempo.

Essas garrafas são compostas por um bulbo de vidro com paredes duplas e espelhadas, entre as quais é feito vácuo, e uma tampa de material isolante térmico.

- O vidro espelhado evita a troca de calor por meio da irradiação, refletindo a radiação térmica emitida pelo líquido de volta para o interior da garrafa e a radiação térmica do meio externo para fora da garrafa.

- O vidro e o vácuo existentes na garrafa, por serem maus condutores de calor, impedem a troca de calor entre o líquido e o ambiente, por condução.

- O vácuo e a tampa de isolante térmico ainda evitam trocas de calor por convecção.

tampa

paredes espelhadas

vácuo

Representação de uma garrafa térmica.

O processo de transferência de calor por irradiação também ocorre em um fenômeno essencial para a manutenção da vida na Terra – o efeito estufa natural. Parte da radiação que chega à Terra emitida pelo Sol é absorvida pela superfície terrestre, enquanto outra parte é reemitida na forma de radiação infravermelha. Alguns gases presentes na atmosfera, como vapor d'água e gás carbônico (CO_2), retêm parte dessa radiação infravermelha, impedindo que ela escape para o espaço. Esse fenômeno contribui para manter a temperatura da Terra adequada à vida.

Se não houvesse efeito estufa na Terra, a temperatura média da superfície ficaria em torno de $-18\ °C$ (a média atual é de cerca de $27\ °C$). Portanto, o efeito estufa é benéfico. Porém, muitos cientistas acreditam que o aumento da emissão de gases do efeito estufa na atmosfera, principalmente pela queima de combustíveis fósseis, é um dos fatores que está provocando a intensificação do efeito estufa natural. Essa intensificação pode causar diversos problemas ambientais, como o derretimento das geleiras, o aumento do nível dos oceanos, alterações na fauna e na flora dos ambientes, entre outros.

O efeito estufa natural recebe esse nome porque a atmosfera terrestre se comporta como uma estufa de plantas, construídas com o objetivo de melhorar as condições para o cultivo. Geralmente, são feitas de vidro e/ou plástico transparente, que transmitem a radiação vinda do Sol. Dentro da estufa ocorre reemissão de raios infravermelhos, que não atravessam as paredes de vidro e ficam presos dentro da estufa. Assim, no interior da estufa a temperatura é maior do que a do ambiente externo.

Esse mesmo fenômeno ocorre no interior de carros que ficam expostos à luz solar. As partes internas absorvem calor solar e reemitem infravermelho, que fica preso dentro do carro devido ao vidro, que não deixa essa radiação sair. Em alguns casos, a temperatura no interior do carro pode chegar a mais de $60\ °C$.

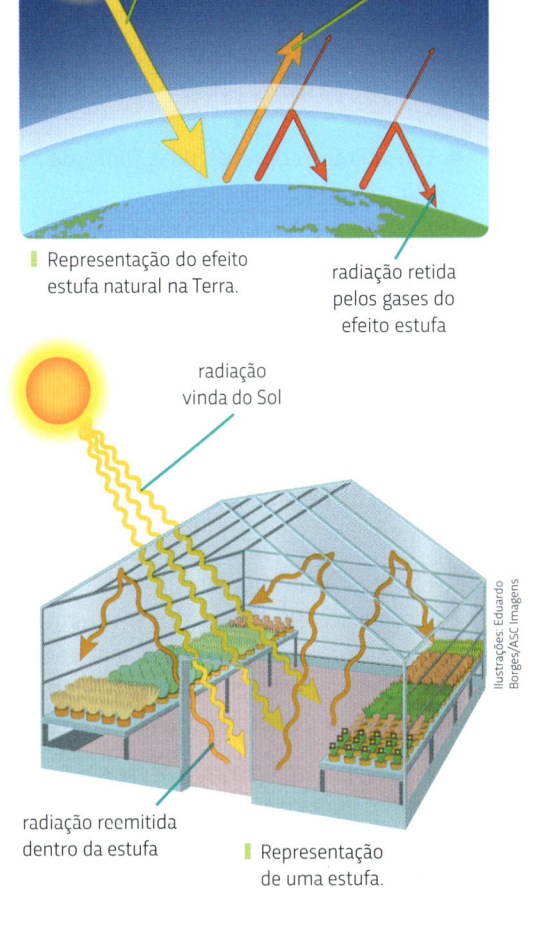

radiação proveniente do Sol

radiação solar refletida pela superfície

Representação do efeito estufa natural na Terra.

radiação retida pelos gases do efeito estufa

radiação vinda do Sol

Ilustrações Eduardo Borges/ASC Imagens

radiação reemitida dentro da estufa

Representação de uma estufa.

1. Por que uma panela feita de metal, geralmente, possui o seu cabo de madeira? No caderno, justifique sua resposta.

2. Um cozinheiro, no preparo dos alimentos, esquece uma colher feita de metal dentro de uma panela em alta temperatura. Parte da colher está dentro da panela e parte está fora, mas minutos depois nota-se que a colher esquentou por inteira. No caderno, explique por que isso ocorre.

3. Por que os alimentos em um recipiente de vidro mantêm a temperatura por mais tempo do que em um recipiente de alumínio?

R1. Uma quantidade de mercúrio recebe 99 cal em forma de calor durante 41,45 s. Calcule qual é o fluxo de calor ao qual essa quantidade de mercúrio está submetida, em unidades do SI.

⊃ Resolução

Sabendo que 1 cal = 4,2 J, a quantidade de calor, no SI, é:

$$\frac{1}{99} = \frac{4,2}{Q} \Rightarrow Q = 4,2 \cdot 99 = 415,8 \therefore Q = 415,8 \text{ J}.$$

Assim, o fluxo de calor é dado por:

$$\Phi = \frac{Q}{\Delta t} = \frac{415,8}{41,45} = 10 \therefore \boxed{\Phi = 10 \text{ J/s}}$$

4. Um objeto recebe de uma fonte de calor 500 cal durante 10 s.
   a) Calcule o fluxo de calor da fonte.
   b) Considerando o fluxo constante, depois de 100 s, qual a quantidade total de calor que a fonte emitiu?

5. As paredes de uma casa de madeira mantêm a temperatura em seu interior a 25,0 °C durante o inverno, quando a temperatura ambiente atinge −6,0 °C. Sabendo que a parede possui 8,0 m² e a madeira tem 1,5 cm de espessura, calcule o fluxo de calor através da madeira. Considere $k = 2,0 \cdot 10^{-2}$ cal/s · m · °C.

6. Em um ventilador está instalada uma lâmpada incandescente. Nota-se que, mesmo o ventilador estando desligado, ele gira lentamente após um determinado tempo em que a lâmpada foi acesa. Explique o que ocorre nesse caso.

7. Colocando um bolo para assar em um forno industrial, o funcionário diz que, se colocado na parte superior do forno, ele assará mais rapidamente. Justifique o argumento do funcionário.

8. Ao colocar vasilha com água no fogão, nota-se que o conteúdo da vasilha esquenta por inteiro. Explique como isso é possível se apenas a parte inferior da vasilha recebe calor diretamente da chama do fogão.

9. A festa está para começar, os convidados estão chegando, mas as bebidas estão quentes. Para que o anfitrião resfrie mais rapidamente as bebidas, ele deve colocar gelo na parte superior, no meio ou na parte inferior da caixa de isopor que acomoda as bebidas? Justifique.

10. Julgue as afirmações abaixo como verdadeiras ou falsas, justificando as falsas no caderno.
    I) O calor do Sol chega até a Terra por condução.
    II) O processo de irradiação é o único que não precisa de um meio para se propagar.
    III) Uma moeda revestida de tinta preta fica menos quente do que uma moeda sem estar pintada, quando expostas ao Sol.
    IV) Ao se aproximar de uma fogueira, sente-se o calor emitido por ela, pois entre a fogueira e o seu corpo ocorreu o processo de convecção.

11. Explique por que as estufas geralmente têm seu teto e suas paredes construídos em vidro. Qual a relação com o efeito estufa da atmosfera?

12. É correto dizer que as blusas de lã e os cobertores são quentes? Qual propriedade justifica o uso dessas peças? Explique.

13. Os beduínos são um povo nômade que vive nos desertos do Oriente Médio e do norte da África. Nota-se que, além de uma questão cultural, eles utilizam vestes largas de cores escuras em locais onde a temperatura pode chegar a 50 °C. Explique como um beduíno pode suportar o calor utilizando essas vestes.

Massimo Vernicesole/Shutterstock.com/ID/BR

▍ Mulher em uma aldeia beduína no deserto do Saara, Egito, em 2015.

14. Por que, para construir uma garrafa térmica, faz-se vácuo entre suas paredes e utiliza-se o interior do seu bulbo espelhado?

Calor específico e capacidade térmica

Equipamentos que esquentam durante seu funcionamento, como motores de veículos ou a cortadeira mostrada na fotografia ao lado, necessitam de sistemas de resfriamento para não sofrer danos. O sistema de resfriamento desses equipamentos geralmente utiliza água. O princípio de funcionamento desse sistema é um dos efeitos da troca de calor entre o equipamento e a água, que provoca a variação da temperatura do equipamento. Nesses casos, a água recebe calor do aparelho e aquece, abaixando assim a temperatura do equipamento.

Máquina utilizada para cortar granito.

O calor que é trocado entre dois ou mais corpos, como acontece nos sistemas de resfriamento de motores, é denominado **calor sensível**.

Em dias ensolarados é possível notar que corpos em um mesmo local, recebendo a mesma quantidade de calor, atingem temperaturas diferentes, como a parede de uma residência, o portão, o telhado e o asfalto, mostrados na fotografia ao lado.

Isso ocorre porque as características de cada corpo, como a massa e o material de que é feito, os faz absorver e emitir calor em diferentes quantidades.

Materiais diferentes recebendo a mesma quantidade de calor podem atingir temperaturas diferentes.

> A quantidade de calor necessária para fazer 1 g de uma substância variar 1 °C em sua temperatura é denominada **calor específico** (c).

Considere como exemplo a comparação entre água e prata. Cada 1 g de água necessita receber 1 cal para aquecer 1 °C, ou seja, $c_{água} = 1\ cal/g \cdot °C$, enquanto que 1 g de prata, de símbolo químico Ag, necessita receber 0,056 cal para aquecer 1 °C, ou seja, $c_{Ag} = 0,056\ cal/g \cdot °C$. O calor específico da água é maior que o calor específico da prata, o que significa que para variar 1 °C em sua temperatura uma massa de água necessita de mais quantidade de calor que a mesma massa de prata.

No SI, quantidade de calor é expressa em joule (J), massa é expressa em quilograma (kg), temperatura é expressa em kelvin (K) e calor específico é expresso em joule por quilograma-kelvin (J/kg · K). Como nas escalas Kelvin e Celsius as variações de temperatura são iguais, ou seja, a variação de 1 K corresponde à variação de 1 °C, as unidades J/kg · K e J/kg · °C são equivalentes. Geralmente usamos para calor específico a unidade cal/g · °C, embora ela não pertença ao SI.

A tabela ao lado apresenta os valores do calor específico de algumas substâncias.

Calor específico de algumas substâncias à temperatura ambiente (25 °C)	
Substância	Calor específico (cal/g · °C)
chumbo	0,030
prata	0,056
cobre	0,092
alumínio	0,215
mercúrio	0,033
álcool etílico	0,58
água	1,00

Fonte de pesquisa: HALLIDAY, David et al. *Fundamentos de Física*: Gravitação, Ondas e Termodinâmica. 9. ed. Trad. Ronaldo Sérgio de Biasi. Rio de Janeiro: LTC, 2013. v. 2. p. 194.

Veja a seguir um texto sobre o calor específico.

> [...]
>
> Podemos pensar no calor específico como sendo uma espécie de "inércia térmica". Lembre-se de que inércia é um termo empregado na mecânica para significar a resistência de um objeto a mudanças em seu estado de movimento. O calor específico é uma espécie de inércia térmica, porque significa a resistência de uma substância a mudanças em sua temperatura.
>
> [...]
>
> HEWITT, Paul G. *Física conceitual*. 11. ed. Trad. Trieste Freire Ricci. Porto Alegre: Bookman, 2011. p. 276.

Na analogia acima, temos que, nos estudos da Mecânica, a medida da massa corresponde à medida da inércia de um corpo, ou seja, quanto maior a massa de um corpo, mais difícil é variar sua velocidade. De forma análoga, quanto maior o calor específico de uma substância, mais difícil é variar sua temperatura.

A água tem alto calor específico em comparação com outras substâncias e materiais, característica importante desse líquido. Por isso a água é uma substância que apresenta dificuldade tanto para o aquecimento quanto para o resfriamento, sendo um dos agentes responsáveis pela moderação climática de várias regiões no mundo. Águas aquecidas são levadas pelas correntes oceânicas até regiões mais frias, como o norte da Europa e dos Estados Unidos, onde são resfriadas, sendo que a energia liberada aquece o ar, que é levado ao continente, auxiliando no controle da temperatura local.

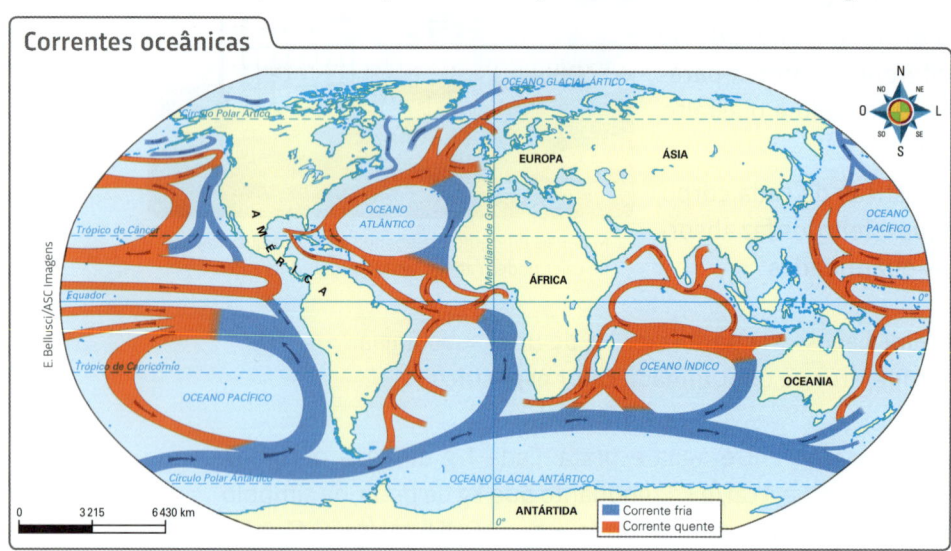

Correntes oceânicas

Fonte de pesquisa: WORLD ATLAS REFERENCE: Everything you need to know about our planet today. 9. ed. Londres: Dorling Kindersley Limited, 2013. p. XX-XXI.

Representação das correntes oceânicas.

Outro fenômeno a ser analisado é a formação das brisas terrestres e marítimas, tratadas nos estudos da convecção de calor.

Durante o dia, sob incidência de raios solares, a areia apresenta temperatura maior que a água, devido, entre outros fatores, ao calor específico da areia ser menor que da água do mar.

Pelo fato da água ser transparente, a radiação atinge uma maior profundidade e uma maior quantidade de água. Outro fato relacionado é que parte da radiação recebida pela água causa sua vaporização, e não apenas seu aquecimento.

Durante a noite, a areia apresenta uma temperatura menor que a água. Assim que o Sol se põe, a areia se esfria rapidamente devido, entre outros fatores, ao seu pequeno calor específico, se comparado com o da água.

Praia de Ipanema, no Rio de Janeiro, em 2014. Durante o dia, a areia está mais quente que a água e ocorre brisa marítima. À noite a água está mais quente que a areia e ocorre brisa terrestre.

A água é também bastante utilizada em sistemas de resfriamento de máquinas e motores, entre outros fatores, por causa do seu calor específico.

[...]

A característica das substâncias de variar mais ou menos a temperatura para uma mesma quantidade de calor constitui um critério importante na utilização dos materiais em diferentes situações de uso.

Nesse sentido, quanto à refrigeração do motor a combustão, a mesma quantidade de ar e água provocariam diferentes variações de temperatura do bloco do motor.

Assim, para que a refrigeração a ar tenha a mesma eficácia que a refrigeração à água, isto é, tanto o ar como a água tenham a mesma capacidade de trocar determinada quantidade de calor, é necessária uma massa de ar muito maior que a da água.

[...]

GREF – Grupo de Reelaboração do Ensino de Física. *Física 2*: Física Térmica/Óptica. 5. ed. 4. reimp. São Paulo: Edusp, 2007. p. 41-2.

Nos automóveis e em algumas motos de alto desempenho, a água utilizada no sistema de refrigeração passa por dutos no cilindro, onde fica a câmara de combustão do combustível, aquecendo-se. Para esfriar essa água, ela é bombeada até o radiador, instalado na parte frontal do veículo, que é percorrido por correntes de ar devido ao movimento do veículo. O radiador também possui, acoplado, um ventilador, chamado ventoinha, que é acionado apenas em determinadas situações, como quando a temperatura do motor ultrapassa 90 °C.

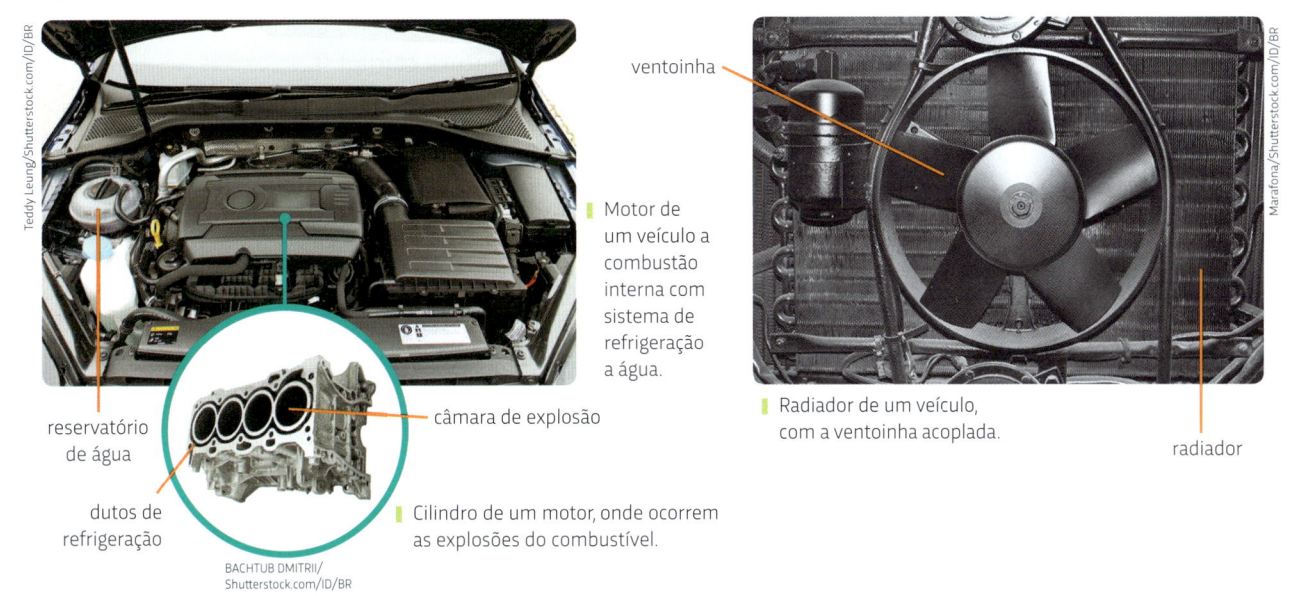

reservatório de água

dutos de refrigeração

câmara de explosão

BACHTUB DMITRII/ Shutterstock.com/ID/BR

Motor de um veículo a combustão interna com sistema de refrigeração a água.

Cilindro de um motor, onde ocorrem as explosões do combustível.

ventoinha

radiador

Radiador de um veículo, com a ventoinha acoplada.

Nesses sistemas de refrigeração, a água é comumente misturada com alguns aditivos que alteram as temperaturas em que ela muda de fase, evitando a ebulição e o congelamento.

Existem também motores com refrigeração a ar, como os utilizados em algumas motocicletas. Nesses motores, o cilindro onde fica a câmara de combustão do combustível, que aquece por causa das explosões, possui ranhuras ou aletas, geralmente feitas de alumínio, cuja função é aumentar a superfície de contato. O próprio movimento da moto gera uma circulação de ar por essas aletas, resultando no seu resfriamento.

aletas de refrigeração

Motor de uma moto com sistema de refrigeração a ar.

Outra propriedade que relaciona a quantidade de calor cedida ou recebida e a variação de temperatura causada é a **capacidade térmica** (C), útil quando se desconhece a massa ou a substância de um corpo.

> A quantidade de calor necessária para variar a temperatura de uma substância ou corpo em 1 °C é denominada **capacidade térmica** (C).

A partir da quantidade de calor cedida ou recebida (Q) e da variação da temperatura (ΔT), a capacidade térmica é dada por:

$$C = \frac{Q}{\Delta T}$$

No SI, quantidade de calor é expressa em joule (J), variação de temperatura é expressa em kelvin (K) e capacidade térmica é expressa em joule por kelvin (J/K). Como a variação de 1 K corresponde à variação de 1 °C, as unidades J/K e J/°C são equivalentes. A unidade usualmente utilizada para capacidade térmica é cal/°C. Essa unidade não pertence ao SI.

Como exemplo, considere que um bastão de alumínio puro, como o mostrado na fotografia abaixo, recebeu uma quantidade de calor (Q) igual a 774 cal, e sua temperatura passou de 24 °C para 30 °C. A capacidade térmica desse corpo vale 129 cal/°C.

$$C = \frac{Q}{\Delta T} = \frac{774}{(30 - 24)} = 129 \therefore \boxed{C = 129 \text{ cal/°C}}$$

O valor encontrado indica que a cada 129 cal recebida pelo corpo, sua temperatura aumenta 1 °C. Se o calor fosse retirado do corpo (Q = −129 cal), sua temperatura cairia 1 °C.

O valor obtido é válido para determinado pedaço do material mostrado, com certa massa. Para um objeto de outro material e com massa diferente, a capacidade térmica não seria a mesma.

Bastões de alumínio.

Colocando o corpo em uma balança, notou-se que sua massa vale 600 g. Dividindo 129 cal/°C pela massa de 600 g, obtemos a quantidade de calor necessária para variar 1 °C em apenas 1 g do material, ou seja, o calor específico. Dessa forma, a capacidade térmica também é dada por:

$$C = m \cdot c$$

No exemplo, ao realizar a divisão, obtemos 0,215 cal/g · °C, valor que corresponde ao do alumínio.

> A capacidade térmica é uma característica do corpo ou do material que compõe o corpo? Por quê?

Assim, uma forma de calcular a quantidade de calor (Q), no caso sensível, fornecido a um corpo é igualar as duas formas de calcular sua capacidade térmica.

$$\left. \begin{array}{l} C = \dfrac{Q}{\Delta T} \\[2mm] C = m \cdot c \end{array} \right\} \quad \dfrac{Q}{\Delta T} = m \cdot c \Rightarrow \boxed{Q = m \cdot c \cdot \Delta T}$$

Essa relação é conhecida como **equação fundamental da calorimetria**, útil para obter a quantidade de calor (Q) recebida ou cedida a um corpo de determinada massa (m), com calor específico (c) e que sofreu uma variação de temperatura (ΔT). No caso de aquecimento, temos $Q > 0$ e $\Delta T > 0$, enquanto no resfriamento, $Q < 0$ e $\Delta T < 0$.

Trocas de calor e conservação da energia

Qual a reclamação de Calvin na tirinha e qual a solução proposta por sua mãe?

WATTERSON, Bill. *Felino, selvagem, psicopata e homicida*: as aventuras de Calvin e Haroldo. Trad. Alexandre Baide. São Paulo: Conrad Editora do Brasil, 2012. p. 122.

No século XVIII, o cientista francês Antoine Laurent Lavoisier (1743-1794) enunciou a Lei de conservação de massa, afirmando que, na natureza, nada se cria e nada se destrói, tudo apenas se transforma. Essa constatação também é válida para o princípio de conservação de energia.

Considerando um sistema onde não há trocas de energia com o ambiente, a quantidade de calor cedida pelo corpo de maior temperatura é absorvida pelo corpo de menor temperatura, de modo que o princípio de trocas de calor pode ser assim enunciado:

> Em um sistema isolado, dois ou mais corpos com diferentes temperaturas trocam calor apenas entre si, e a soma das quantidades de calor trocadas até alcançar o equilíbrio térmico é igual a zero.

Troca de calor entre dois corpos em diferentes temperaturas, até que atinjam o equilíbrio térmico.

Dessa forma:

$$Q_{cedido} + Q_{recebido} = 0$$

Assim, no banho de Calvin, misturando determinada massa de água quente com determinada massa de água fria, obtemos uma massa de água com temperatura entre a da água fria e a da água quente, resultante do equilíbrio térmico, sem considerar as perdas de energia para o ambiente.

Para medir o calor transferido de um corpo para outro podemos usar o calorímetro, que é um aparelho capaz de produzir um sistema termicamente isolado, evitando trocas de calor com o ambiente. Dessa forma, se duas substâncias forem misturadas em um calorímetro ideal, as trocas de calor ocorrerão apenas entre elas, até atingirem o equilíbrio térmico.

Como a grande maioria dos calorímetros é real, o isolamento não é total, sendo necessário considerar a capacidade térmica do calorímetro nas trocas de calor.

As garrafas térmicas são um exemplo de calorímetro real, pois são construídas com o objetivo de evitar trocas de calor com o ambiente, mantendo assim a temperatura dos líquidos em seu interior constante. Porém, após certo intervalo de tempo, verificamos que a temperatura do líquido muda.

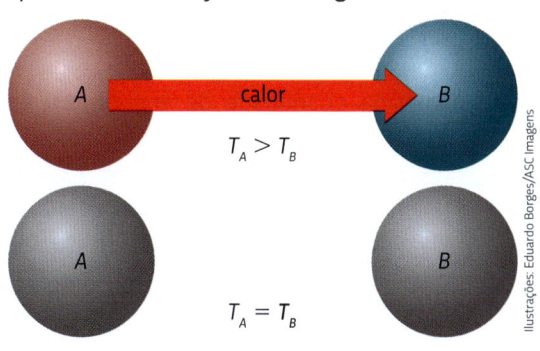

Calorímetro com um termômetro.

R2. São fornecidas a um objeto 600 cal de calor e, como consequência, é verificado que sua temperatura varia de 15 °C para 75 °C. Calcule a capacidade térmica do material.

⊃ Resolução

A capacidade térmica do corpo é:

$$C = \frac{Q}{\Delta T} = \frac{Q}{(T - T_0)} = \frac{600}{(75 - 15)} \Rightarrow$$

$$\Rightarrow C = \frac{600}{60} = 10 \therefore \boxed{C = 10 \text{ cal/°C}}$$

15. Qual a capacidade térmica de uma substância de massa igual a 500 g, cuja temperatura varia de 10 °C para 80 °C quando ela recebe uma quantidade de calor de 5 000 cal? Qual o calor específico da substância?

16. Para dois corpos A e B, com massas iguais, é dada a mesma quantidade de energia em forma de calor. Sabe-se que os calores específicos são $c_A = 0,219$ cal/g · °C e $c_B = 0,056$ cal/g · °C. Qual objeto sofre maior variação de temperatura? Justifique sua resposta no caderno.

17. No litoral, durante o dia o sentido do vento é do mar para a areia e, durante a noite, o vento inverte o seu sentido, indo da areia para o mar. Isso acontece porque a areia se aquece e se resfria mais rapidamente. Com base nisso, julgue as afirmações a seguir, justificando as falsas no caderno.

  I) A areia esfria mais rapidamente que o mar, pois seu calor específico é maior e a capacidade térmica é menor.

  II) A areia esquenta mais rapidamente que o mar, pois seu calor específico e sua capacidade térmica são maiores.

  III) O mar se esfria mais rapidamente, pois possui um menor calor específico e maior capacidade térmica.

  IV) A areia esquenta mais rapidamente, pois seu calor específico é menor e sua capacidade térmica é maior.

18. A temperatura de certa quantidade de água, inicialmente bem gelada, se manteria por mais ou menos tempo se o calor específico da água fosse menor?

19. Suponha que seja colocado 1 L de água em um refrigerador por um certo tempo e que sua temperatura diminua em 2 °C. Se colocar 2 L de água no mesmo refrigerador pelo mesmo tempo, em quanto diminuirá sua temperatura?

20. Um bloco de cobre, símbolo químico Cu, de 500 g tem sua temperatura elevada de 10 °C para 120 °C. Qual a quantidade de calor cedida ao bloco? Utilize $c_{Cu} = 0,093$ cal/g · °C.

21. O gráfico abaixo mostra a temperatura de um objeto de massa 0,8 kg em função da quantidade de calor. Calcule o calor específico da substância.

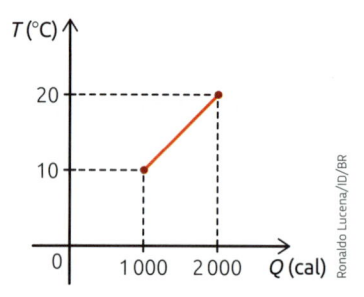

22. Um professor de Física encontra um determinado material e não sabe sua composição. Realiza os seguintes procedimentos na tentativa de detectar a substância:

  I) Coloca-o em uma balança e constata que a massa do objeto é 200 g.

  II) Com um refrigerador faz a temperatura do objeto passar de 20 °C para −23,5 °C.

  III) Por meio de um calorímetro, aferiu que o objeto teria perdido 800 cal.

De acordo com o procedimento adotado pelo professor, calcule:

a) a capacidade térmica do material;

b) o calor específico.

c) De qual substância o material é constituído? Utilize a tabela da página **61** sobre calor específico.

23. A temperatura corporal normal para uma pessoa é 36,5 °C. Se ela consumir 500 mL de água a uma temperatura de 5 °C, qual a quantidade de calor que deve ser transferida da pessoa para a água para que o líquido entre em equilíbrio térmico com o corpo? Considere o calor específico da água igual a 1 cal/g · °C.

24. Uma barra de 200 g de alumínio, símbolo químico Al, está sujeita a uma fonte que fornece energia em forma de calor por um intervalo de tempo de acordo com o gráfico a seguir. Determine o valor de t e a variação de temperatura sofrida pela barra, sabendo que $c_{Al} = 0,215 \text{ cal/g} \cdot {}^\circ\text{C}$.

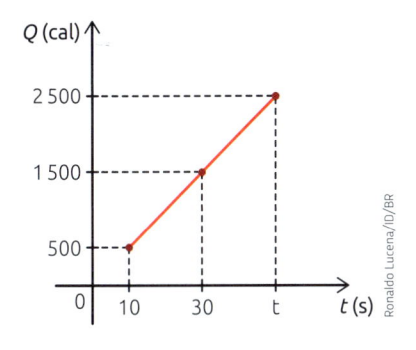

Ronaldo Lucena/ID/BR

25. Três corpos A, B e C foram colocados dentro de um recipiente onde não há troca de calor de seu interior com o ambiente. Sabe-se que o corpo A perdeu 4 000 cal, pois possuía uma maior temperatura que B e C e que o corpo B, que possui uma massa de 200 g, constituído de bronze $\left(c_{bronze} = 0,092 \text{ cal/g} \cdot {}^\circ\text{C}\right)$, sofre uma variação de 100 °C.

a) Qual a quantidade de calor recebida pelo corpo C?

b) Se o corpo C possui massa igual a 400 g e um calor específico igual a 0,0564 cal/g · °C, qual o valor de sua variação de temperatura?

26. Dentro de uma caixa de isopor usada em churrascos colocam-se duas peças de carne, uma bovina, com 500 g e temperatura inicial de 75 °C, e uma de frango, com temperatura inicial de 85 °C. Sabe-se que a temperatura de equilíbrio depois de passado um determinado instante de tempo foi de 79 °C. Considere desprezível as trocas de calor com o interior da caixa e o ambiente. Calcule a quantidade de carne de frango em gramas e quilogramas. Considere $c_{bovino} = 0,77 \text{ kcal/kg} \cdot {}^\circ\text{C}$ e $c_{frango} = 0,79 \text{ kcal/kg} \cdot {}^\circ\text{C}$

27. Do exercício anterior, se a quantidade de frango fosse duas vezes maior, a temperatura de equilíbrio continuaria sendo a mesma? Se não, calcule a nova temperatura de equilíbrio.

28. (Enem/Inep) Aquecedores solares usados em residências têm o objetivo de elevar a temperatura da água até 70 °C.

No entanto, a temperatura ideal da água para um banho é de 30 °C. Por isso, deve-se misturar a água aquecida com a água à temperatura ambiente de um outro reservatório, que se encontra a 25 °C.

Qual a razão entre a massa de água quente e a massa de água fria na mistura para um banho à temperatura ideal?

a) 0,111.   c) 0,357.   e) 0,833.

b) 0,125.   d) 0,428.

29. Uma mãe cuidadosa prepara a água do banho de seu bebê misturando quantidades de água a temperaturas diferentes até que o equilíbrio térmico seja atingido na temperatura de 37 °C. Se na banheira há 8 L de água a 20 °C, quantos litros de água a 62 °C devem ser adicionadas para que a mistura fique na temperatura ideal, supondo que a energia não se conserve e seja perdido 500 cal para o ambiente? Considere que a densidade da água é 1 g/cm³.

30. Uma barra de chumbo, símbolo químico Pb, com massa igual a 2 kg recebe 10 000 cal de energia na forma de calor.

a) Qual a variação de temperatura sofrida pela barra? Considere $c_{Pb} = 0,0305 \text{ cal/g} \cdot {}^\circ\text{C}$

b) Qual a dilatação sofrida pela barra de chumbo? Considere $\alpha_{Pb} = 2,9 \cdot 10^{-5} \,{}^\circ\text{C}^{-1}$ e seu comprimento inicial de 10 cm.

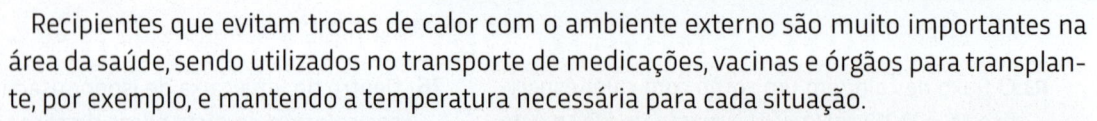

Temperatura ideal

Investigue

Recipientes que evitam trocas de calor com o ambiente externo são muito importantes na área da saúde, sendo utilizados no transporte de medicações, vacinas e órgãos para transplante, por exemplo, e mantendo a temperatura necessária para cada situação.

No caso dos órgãos para transplante, após sua retirada do doador, eles devem ser devidamente acondicionados, armazenados e levados o mais rápido possível ao receptor. Para embalar os órgãos geralmente são utilizadas três embalagens esterilizadas, resistentes e impermeáveis. A terceira embalagem é preenchida com gelo em quantidade suficiente para manter a temperatura adequada pelo intervalo de tempo necessário.

Nesta atividade você irá montar um calorímetro e investigar as características que ele deve ter, assim como relacionar essas características à conservação dos órgãos que são transportados para transplante.

Materiais

- 2 termômetros de álcool com graduação de −10 a 60 °C
- fonte de calor (fogão, vela)
- água
- copo medidor de volume
- elástico de escritório
- luvas de borracha
- gelo
- copo de vidro de 400 mL
- recipiente para aquecer água
- sacola plástica de mercado
- papel sulfite
- papel-alumínio
- folha e caneta para anotações

Desenvolvimento

⌈Somente o adulto deverá manipular a fonte de calor (fogão ou vela). Nas etapas que envolvem fogo, você deverá observar as ações do adulto.⌋

A Embrulhe o copo de vidro, exceto sua abertura, com uma camada de papel-alumínio, mantendo sua face brilhante voltada para o copo; depois uma camada de papel sulfite; e outra camada de papel-alumínio, desta vez com a face brilhante voltada para o ambiente. Faça uma última camada de sacola plástica, de modo que não fique justa ao copo, e prenda-a com o elástico.

José Vitor Elorza/ASC Imagens

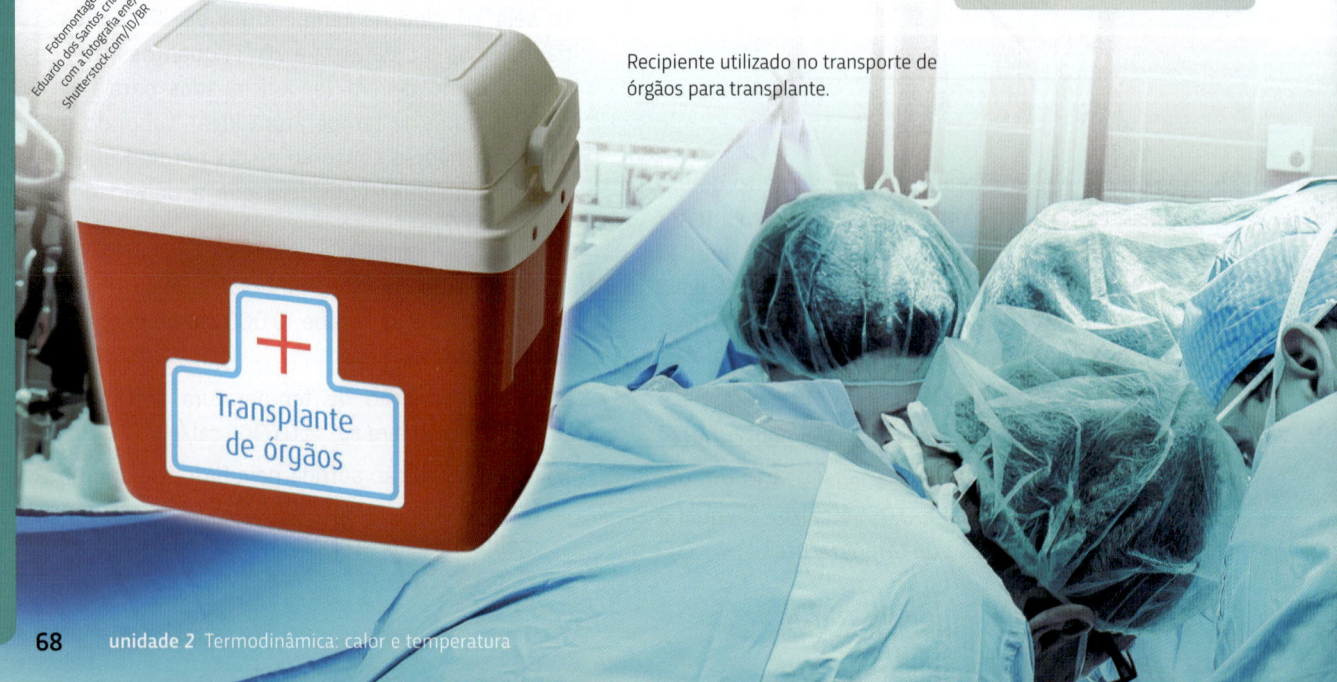

Fotomontagem de Eduardo dos Santos criada com a fotografia ene/Shutterstock.com/ID/BR

Recipiente utilizado no transporte de órgãos para transplante.

Transplante de órgãos

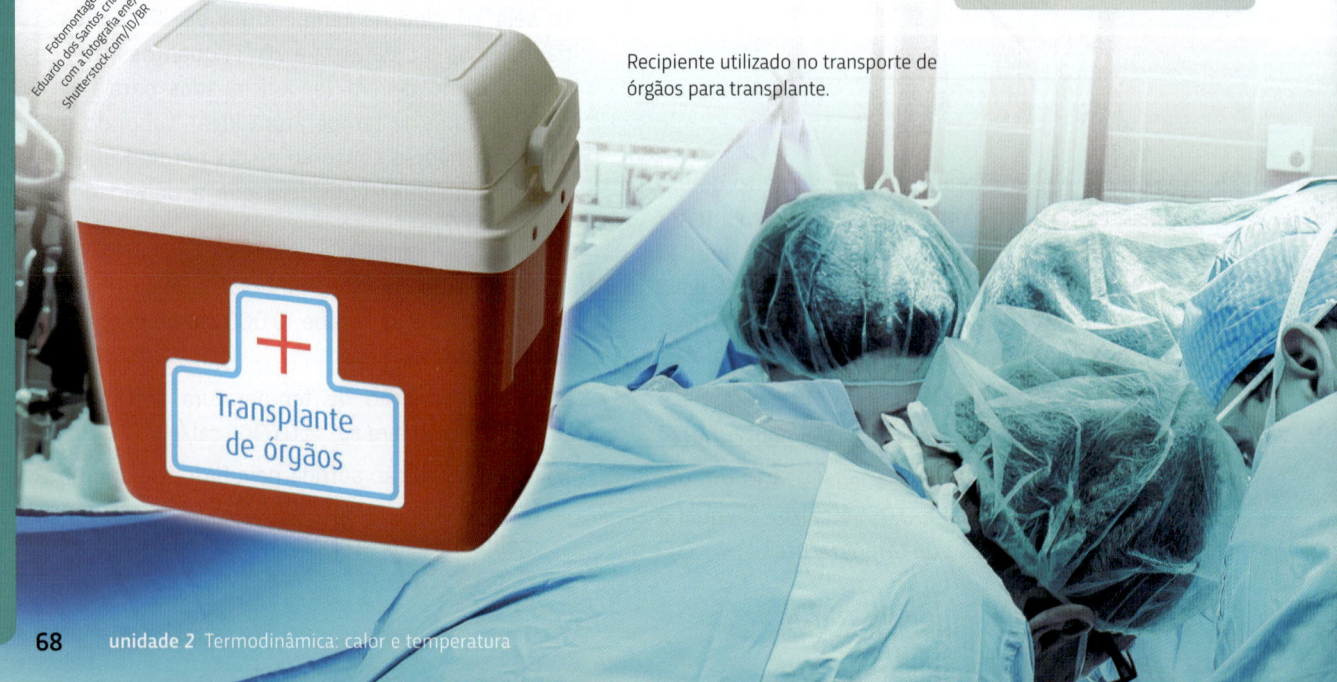

B Com um pedaço de papel sulfite e de papel-alumínio faça uma tampa para o copo, com um furo no meio, por onde passe o termômetro.

C Coloque 200 mL de água dentro do copo e adicione pedras de gelo. Coloque a tampa no copo, passe um dos termômetros pelo furo e reserve.

D Coloque 200 mL de água no recipiente e peça a um adulto que a aqueça na fonte de calor. O adulto deverá vestir as luvas e medir a temperatura da água utilizando o outro termômetro. A água deverá ser aquecida até 50 °C.

E Verifique a temperatura da água com gelo e anote. Retire o termômetro e a tampa do copo. Retire o gelo que ainda resta e misture a água aquecida com a água fria.

F Tape o copo e coloque novamente um dos termômetros pelo furo. Mexa por 15 s, verifique a temperatura atingida pela mistura e anote.

Fotografias: José Vitor Elorza/ASC Imagens

Análise

1. Qual foi a temperatura da água com gelo, da água aquecida e da mistura entre elas, a partir da leitura do termômetro?

2 Por que o copo de vidro foi revestido? Explique o porquê da disposição do papel-alumínio como descrito e por que a sacola plástica não deve ser justa ao copo.

3. Faça uma previsão teórica da temperatura que a mistura deveria atingir, considerando apenas a troca de calor entre as massas de água. O valor obtido é igual ou diferente da temperatura medida com o termômetro? Explique o que ocorreu.

4. De que maneira esta prática se relaciona com o texto de abertura da seção?

5. Elabore um relatório que contenha: nome da atividade, objetivo, materiais utilizados, descrição do desenvolvimento, análise e suas conclusões.

Fotomontagem de Z. Vitor Elorza criada com as fotografias ene/Shutterstock.com/ID/BR e Herrndorff/Shutterstock.com/ID/BR

5 Calor e mudança de estado físico

Duas panelas contendo o mesmo volume de água estão fervendo, uma há 2 minutos e outra há 5 minutos. Qual delas tem maior temperatura?

Uma substância que absorve ou cede calor nem sempre sofre variação de temperatura, pois pode mudar de estado físico. A ebulição, por exemplo, é um processo de transformação de estado da matéria em que a substância passa do estado líquido para o gasoso, como quando a água recebe calor e começa a ferver.

Já vimos que no estado sólido a matéria tem forma e volume definidos, sendo que os átomos e as moléculas do corpo estão regularmente dispostos, devido às ligações químicas. Os líquidos têm apenas volume definido, e suas moléculas e átomos possuem certa mobilidade. No estado gasoso, a matéria não tem forma nem volume definidos.

No interior da lâmpada fluorescente há um plasma de argônio e mercúrio produzido pela corrente elétrica que atravessa os gases. A energia liberada pelos átomos de mercúrio passa pelo fósforo, que reveste a parte interna da lâmpada, fazendo-o emitir luz visível.

Ainda existem outros estados físicos da matéria. O plasma, conhecido como o quarto estado, é obtido quando cedemos energia para um gás até que ele se torne ionizado, ou seja, até que alguns elétrons sejam separados da eletrosfera dos átomos, formando os íons. Isso pode ocorrer de duas formas: pelo aquecimento do gás até temperaturas elevadas ou em baixas temperaturas, pelo bombardeio de átomos por partículas altamente energéticas.

Os estados físicos dependem da temperatura e da pressão sobre as substâncias; logo, quando essas propriedades variam, o material pode mudar de estado.

Mantendo a pressão constante, três mudanças de estado podem ocorrer com a absorção de calor: a fusão (passagem do estado sólido para o líquido), a vaporização (do estado líquido para o gasoso) e a sublimação (do estado sólido diretamente para o gasoso). Por absorverem calor, essas transformações são chamadas endotérmicas.

A condensação (passagem do estado gasoso para o líquido), a solidificação (do estado líquido para o sólido) e a sublimação (do estado gasoso diretamente para o sólido) ocorrem com a emissão de calor pela substância. Por cederem calor, são chamadas transformações exotérmicas.

fusão — vaporização

cubos de gelo

copo com água

nuvem

solidificação — condensação

sublimação

Calor latente

As mudanças de estado físico ocorrem em temperaturas específicas que dependem da substância, mas um fenômeno é constante: enquanto o corpo está mudando de estado, sua temperatura não se altera. Portanto, uma quantidade de água que está em ebulição há 5 min tem a mesma temperatura de uma quantidade de água em ebulição há 2 min.

Isso ocorre porque, com o aumento da temperatura, as moléculas e os átomos da substância se agitam mais, causando dilatação térmica e enfraquecendo algumas ligações atômicas, até que, em certa temperatura, o corpo muda de estado físico.

Durante o derretimento do gelo, à pressão atmosférica de 1 atm, sua temperatura não muda do 0 °C.

A temperatura em que uma substância passa do estado sólido para o líquido é denominada ponto de fusão. Um corpo que chega ao ponto de fusão mantém sua temperatura constante até que toda a massa sólida tenha se transformado em líquido.

O processo inverso ocorre quando retiramos calor de um líquido, reduzindo a agitação térmica das partículas e restabelecendo as ligações entre elas, até o ponto de solidificação do líquido, que é o mesmo no qual ocorre a fusão.

A vaporização pode ocorrer por evaporação. Observando poças de água formadas no chão, percebemos que, após certo tempo, elas secam. Isso porque, em temperatura ambiente, algumas moléculas da superfície recebem energia das que estão abaixo delas e do meio externo, podendo deixar, lentamente, a superfície do líquido na forma de vapor. Esse processo é denominado evaporação.

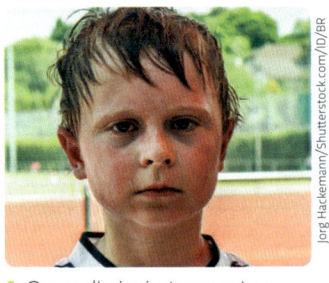

O suor diminui a temperatura do corpo pela evaporação.

A energia adquirida pelas moléculas que se transformam em vapor é retirada do líquido, causando um resfriamento nele. Esse efeito é percebido, por exemplo, quando as glândulas sudoríparas do corpo humano produzem o suor, que, ao evaporar, regula a temperatura corporal. Outros animais apresentam formas diferentes de resfriar o corpo. Os cachorros, por exemplo, encostam a barriga em algum lugar de menor temperatura e colocam a língua para fora.

A vaporização também pode ocorrer por ebulição, quando a mudança de estado ocorre em todo o líquido, não só na superfície. Se uma porção de líquido é colocada sobre uma fonte de calor, a energia adquirida produz uma variação de temperatura até o ponto de ebulição da substância, no qual ocorre a passagem do estado líquido para o gasoso.

O processo inverso causa a condensação do vapor, restabelecendo as ligações atômicas do líquido e liberando calor para o ambiente.

WATTERSON, Bill. *Felino, selvagem, psicopata e homicida*: as aventuras de Calvin e Haroldo. Trad. Alexandre Boide. São Paulo: Conrad Editora do Brasil, 2012. p. 45.

a Por que o autor dessa tirinha citou o Sol, ou seja, qual a participação do Sol nessa história?

b Após passar pelo processo de fusão, o que acontecerá com o formato do boneco?

A água que está no estado sólido também pode passar diretamente para o estado gasoso. O boneco de neve da tirinha, além de derreter, pode evaporar por sublimação. No entanto, a água sólida sublima com mais dificuldade que a água líquida.

A quantidade de calor (Q) que causa variação na temperatura de um corpo é denominada calor sensível, como estudamos no capítulo anterior. Ao atingir a temperatura de mudança de estado, a quantidade de calor (Q) absorvida ou perdida pelo corpo é chamada **calor latente**.

Considere um bloco de 10 g de gelo, inicialmente a $-10\,^\circ\text{C}$, dentro de um recipiente fechado sobre uma fonte de calor. Notamos que a temperatura aumenta até $0\,^\circ\text{C}$, permanecendo constante enquanto o gelo derrete. Após certo tempo, a temperatura se eleva até os $100\,^\circ\text{C}$ e novamente permanece constante, enquanto a água se transforma em vapor d'água. Mantendo a fonte de calor, a temperatura só aumentará após a vaporização total da água.

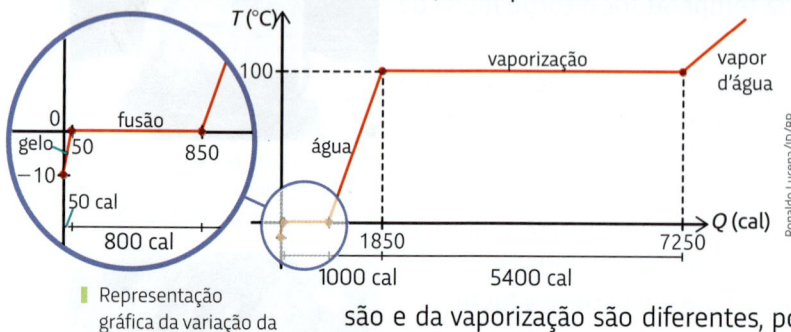

O gráfico ao lado representa a situação citada anteriormente. Analisando-o, podemos perceber que a quantidade de calor necessária para a fusão do bloco de gelo foi de 800 cal e que a quantidade de calor necessária para a vaporização da água foi de 5 400 cal. Como a massa se mantém constante, as quantidades de calor da fusão e da vaporização são diferentes, porque a energia necessária para quebrar as ligações do sólido é diferente da necessária para quebrar as ligações do líquido.

Representação gráfica da variação da temperatura da água pela quantidade de calor recebida.

A quantidade de calor latente (Q) depende da massa (m) do corpo, da substância e pode ser obtida pela relação:

$$Q = m \cdot L$$

No SI, a quantidade de calor é dada em joules (J), a massa em quilogramas (kg), mas é bastante comum a utilização de calorias (cal) para o calor e gramas (g) para a massa. A grandeza L é o calor latente de mudança de fase e representa a quantidade de calor necessária para mudar o estado de uma unidade de massa de determinada substância, dada em J/kg ou cal/g. Na fusão, temos que o calor latente de fusão $\left(L_f\right)$ para a vaporização é o calor latente de vaporização $\left(L_v\right)$.

Na tabela abaixo estão os pontos de fusão e vaporização e os calores latentes de fusão e vaporização de algumas substâncias à pressão de 1 atm.

Temperaturas e calores latentes de mudança de fase de algumas substâncias				
Substância	Ponto de fusão (°C)	L_f (cal/g)	Ponto de ebulição (°C)	L_v (cal/g)
água	0	80	100	540
álcool etílico	-114	26	78	210
chumbo	327	6	1 750	205
cobre	1 083	49	2 566	1 131
ouro	1 063	15	2 808	407
prata	961	25	2 163	556

Fonte de pesquisa: TIPLER, Paul A.; MOSCA, Gene. *Física para cientistas e engenheiros*: mecânica, oscilações e ondas. Trad. Paulo Machado Mors. Rio de Janeiro: LTC, 2009. v. 1. p. 432.

> **Como é possível calcular a quantidade de calor necessária para as mudanças de estado físico indicadas no gráfico, utilizando a tabela acima?**

O calor latente de mudança de estado na solidificação é o mesmo da fusão, assim como o da condensação é o mesmo da vaporização. A diferença é que, na fusão e na vaporização os valores indicam a quantidade de calor que cada grama de substância absorve. Na solidificação e na condensação, a quantidade de calor que cada grama libera.

1. Sobre a superfície externa de um copo com água gelada é comum observar a formação de gotículas de água. Do mesmo modo que é comum a parte interna do vidro dos carros embaçar em dias frios. Qual a explicação para esses fenômenos? Justifique no caderno.

2. Seria possível ferver uma peça constituída de chumbo num fogão caseiro, sendo que a temperatura da chama de um fogão chega a aproximadamente 1 400 °C?

3. Geralmente, logo que saímos de uma piscina e ficamos em pé, fora dela, num dia quente e seco, sentimos frio. Por que isso ocorre? Explique no caderno.

4. Nas siderúrgicas, para o tratamento de matéria-prima, utilizam-se fornos que atingem até 2 000 °C. Considere que uma barra composta igualmente de prata e cobre (ponto de fusão 961 °C e 1 083 °C) é colocada no interior de um forno siderúrgico e julgue as afirmações abaixo como verdadeiras ou falsas, justificando as falsas no caderno.

   I) A prata irá mudar do estado sólido para o líquido antes que o cobre, pois o ponto de fusão é menor.

   II) O cobre irá mudar do estado sólido para o líquido antes que a prata, pois o ponto de fusão é menor.

   III) Ambos não mudarão de estado, pois o forno é insuficiente para dar o calor necessário para que isso ocorra.

   IV) Os dois metais mudarão de estado no mesmo momento, pois possuem o mesmo ponto de fusão.

5. Considere um cubo de gelo de 800 g de massa numa temperatura de 0 °C. Qual a quantidade de calor necessária para liquefazer totalmente sua massa? Considere o calor latente de fusão do gelo igual a 80 cal/g.

6. Um bloco de determinado material tem massa igual a 200 g e recebe 9 800 cal de calor, transformando-se totalmente de sólido em líquido. Sabendo que o corpo estava na temperatura de fusão, determine, com o auxílio da tabela de calor latente apresentado na página **72**, o material de que é feito o bloco.

R1. Qual a quantidade de calor necessária para levar 500 g de gelo de −10 °C para o estado líquido a 25 °C? Utilize $c_{gelo} = 0,5$ cal/g · °C, $L_{fusão} = 80$ cal/g e $c_{água} = 1$ cal/g · °C.

⟩ Resolução

O processo é dividido em três etapas. Na primeira, o calor (Q_1) eleva a temperatura do gelo até o ponto de fusão, 0 °C.

$$Q_1 = m \cdot c_{gelo} \cdot \Delta T = 500 \cdot 0,5 \cdot \left[0 - (-10)\right] \Rightarrow$$
$$\Rightarrow Q_1 = 2\,500 \therefore Q_1 = 2\,500 \text{ cal}$$

Na segunda etapa, o gelo recebe a quantidade (Q_2) de calor necessária para sofrer a mudança de estado.

$$Q_2 = m \cdot L_f = 500 \cdot 80 =$$
$$= 40\,000 \therefore Q_2 = 40\,000 \text{ cal}$$

Na terceira etapa, a quantidade de calor recebida (Q_3) é utilizada para a variação da temperatura da água até os 25 °C.

$$Q_3 = m \cdot c_{água} \cdot \Delta T = 500 \cdot 1 \cdot (25 - 0) \Rightarrow$$
$$\Rightarrow Q_3 = 12\,500 \Rightarrow Q_3 = 12\,500 \text{ cal}$$

Assim, a quantidade total de calor necessária para transformar 500 g de gelo a −10 °C em água líquida 25 °C é:

$$Q_{total} = Q_1 + Q_2 + Q_3 =$$
$$= 2\,500 + 40\,000 + 12\,500 \Rightarrow$$
$$\Rightarrow Q_{total} = 55\,000 \therefore \boxed{Q_{total} = 55\,000 \text{ cal}}$$

7. Calcule a quantidade de calor necessária para levar 500 g de água: (Dados: $c_{água} = 1$ cal/g · °C)

   a) no estado líquido, a 25 °C, para o estado gasoso, a 100 °C. Considere o calor latente de ebulição igual a 540 cal/g.

   b) Se são fornecidas 108 000 cal na forma de calor para a água, é possível vaporizar toda a quantidade inicial de água? Se não, qual a quantidade ainda restante de água no estado líquido?

8. Considere que 2 kg de água à temperatura de 20 °C são colocados no *freezer* de uma geladeira. Determine a quantidade de calor perdida pela água para se transformar totalmente em gelo a 0 °C. (Dados: $L_{fusão} = 80$ cal/g e $c_{água} = 1$ cal/g · °C)

9. Em um jantar de família, o anfitrião deseja servir seus convidados com água a 5 °C. Inicialmente ele dispõe de 10 litros de água a 20 °C. Qual a quantidade de gelo a 0 °C que ele deve comprar para servir toda a quantidade de água na temperatura dese-jada? Use calor específico da água 1 cal/g · °C, densidade da água 1 g/cm³, calor latente de fusão do gelo 80 cal/g.

10. O gráfico representa variação de temperatura em função da quantidade de calor de uma determinada substância.

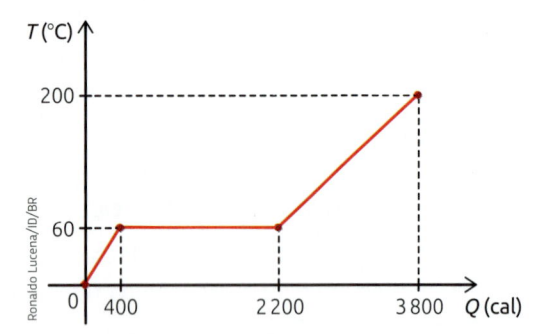

Com base nos dados do gráfico, analise as afirmações a seguir justificando as falsas no caderno.

I) Nas temperaturas abaixo de 60 °C, a substância está em mudança de fase.

II) No intervalo de 0 °C a 200 °C, a substância não sofre alteração de fase.

III) A 60 °C, a substância sofre mudança de fase.

IV) Foi preciso fornecer à substância 1 800 cal durante a mudança de fase.

11. Uma amostra de 200 g de mercúrio sólido já em sua temperatura de fusão é levada para o estado gasoso. Considere que o ponto de fusão do mercúrio é −39 °C; o ponto de vaporização é 357 °C; $c = 0{,}033$ cal/g · °C; $L_f = 2{,}7$ cal/g e $L_v = 70{,}8$ cal/g.

a) Calcule a quantidade de calor total.

b) Esboce no caderno o gráfico da temperatura em função da quantidade de calor.

12. Um bloco de 500 g de gelo a −20 °C é colocado em um calorímetro ideal com 2,5 L de água à temperatura de 10 °C. Após certo tempo a mistura entra em equilíbrio térmico. Determine:
(Dados: $c_{água} = 1$ cal/g · °C; $c_{gelo} = 0{,}5$ cal/g · °C; $L_{fusão} = 80$ cal/g)

a) a temperatura de equilíbrio.

b) a quantidade de gelo que restou na mistura.

13. A variação de temperatura sofrida por 200 g de uma substância, inicialmente sólida, em função da quantidade de calor, está representada pelo gráfico abaixo.

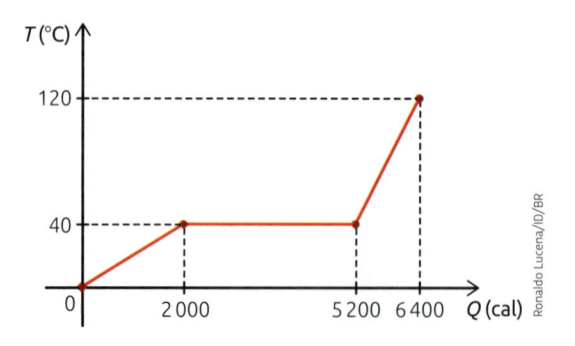

a) Qual o calor latente de solidificação?

b) Qual o calor específico da amostra no estado sólido?

c) Qual o calor específico da amostra no estado líquido?

14. Um bloco de 40 g de um material desconhecido, inicialmente a −15 °C, é colocado sobre uma fonte de calor de fluxo constante igual a 200 cal/s até se vaporizar totalmente.

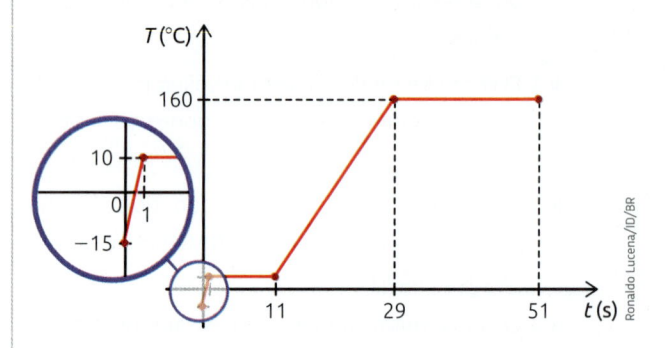

De acordo com as informações acima, julgue as alternativas a seguir com **V** para verdadeira e **F** para falsa, corrigindo as falsas no caderno.

I) O calor específico do material para o estado sólido vale 0,2 cal/g · °C.

II) O calor latente de fusão do material vale 55 cal/g.

III) A temperatura de fusão do material é 10 °C e a de ebulição é de 150 °C.

IV) O calor específico do material para o estado líquido 0,6 cal/g · °C.

V) O calor latente de vaporização do material vale 110 cal/g.

Mudanças de estado físico e diagrama de estado físico

Por que os alimentos cozinham mais rápido na panela de pressão?

Você já ouviu falar que uma pessoa que mora em um local com altitude elevada geralmente espera mais tempo para cozinhar um alimento em panela aberta do que uma pessoa que mora em uma cidade litorânea? Esse fato está relacionado à diferença na pressão atmosférica entre esses locais.

Ao considerar microscopicamente a água que se encontra na panela, percebe-se que ela irá ferver quando sua agitação térmica for capaz de superar a força de ligação entre as moléculas. Contudo, o aumento da pressão externa dificulta a ebulição. Do mesmo modo, a redução da pressão externa facilita a ebulição da água.

A influência da pressão no ponto de fusão e de ebulição de um material é um dos motivos pelos quais os termômetros possuem o bulbo selado. Essa influência também rege o funcionamento da panela de pressão.

Nas panelas de pressão, a saída de vapor é controlada por meio de uma válvula. Dessa forma, a pressão interna pode alcançar até o dobro do valor da pressão atmosférica. À medida que a pressão aumenta, a força que mantém as moléculas coesas no estado líquido também aumentam, elevando a temperatura de ebulição da água de 100 °C para 120 °C, diminuindo assim o tempo de cozimento dos alimentos.

Para melhor compreender a influência da pressão nas mudanças de estado físico, utilizamos a representação gráfica conhecida como diagrama de estados, que mostra o estado físico da substância para cada valor de pressão e de temperatura. Esse diagrama é caracterizado por curvas que delimitam as mudanças de estado físico decorrentes de variações nos valores de pressão ou temperatura.

Curva de fusão

Assim como o aumento da pressão faz a temperatura necessária para a ebulição subir, a variação da pressão também influencia a temperatura de fusão e solidificação das substâncias. Definimos como curva de fusão de uma substância os valores de temperatura e pressão no qual a substância permanece em equilíbrio entre os estados sólido e líquido.

Para a maioria das substâncias, o fato de serem mais densas enquanto sólidas faz com que o aumento de pressão favoreça a permanência no estado sólido, requisitando uma maior temperatura para que o corpo sofra fusão. Isso é indicado no gráfico por uma inclinação positiva, como mostra o diagrama abaixo para a substância dióxido de carbono (CO_2). Contudo, substâncias que possuem comportamento anômalo, semelhantes à água, em altas pressões sofrem uma ligeira diminuição na temperatura necessária para sofrer fusão, como mostra o diagrama da água abaixo.

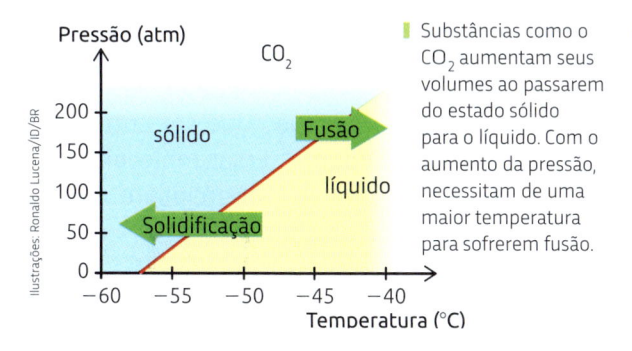

Substâncias como o CO_2 aumentam seus volumes ao passarem do estado sólido para o líquido. Com o aumento da pressão, necessitam de uma maior temperatura para sofrerem fusão.

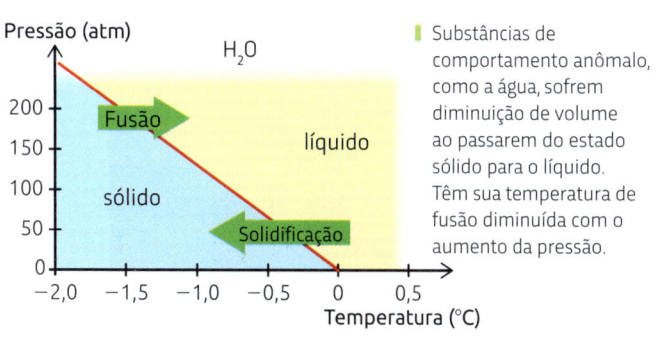

Substâncias de comportamento anômalo, como a água, sofrem diminuição de volume ao passarem do estado sólido para o líquido. Têm sua temperatura de fusão diminuída com o aumento da pressão.

A variação na temperatura de solidificação e fusão de uma substância devido à variação de pressão é sutil, motivo pelo qual foi utilizado como ponto fixo na elaboração das escalas termométricas. Contudo, ainda que a variação seja pequena para ser mensurada em um termômetro analógico, gera efeitos que podem ser observados no cotidiano.

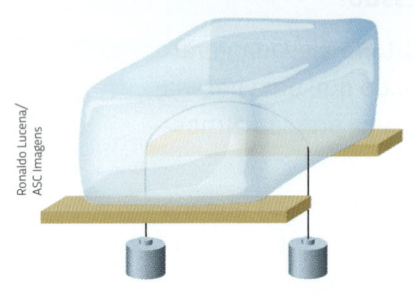

No caso da água, um aumento de 1 atm na pressão faz com que sua temperatura de fusão diminua 0,007 °C, enquanto a diminuição de 1 atm na pressão eleva a temperatura de fusão também em 0,007 °C, como visto no gráfico da página anterior. Podemos verificar essa variação por meio do experimento demonstrativo indicado ao lado.

Ao apoiar pesos fixados às pontas de um fio de cobre sobre um bloco de gelo, aplicamos uma força peso sobre uma pequena região do bloco, aumentando a pressão neste ponto. O fio de cobre passa a descer lentamente pelo gelo porque o aumento da pressão exercida pelo fio faz com que o gelo sofra fusão. Contudo, à medida que o fio passa pelo bloco, a pressão em excesso deixa de existir, permitindo que o gelo volte a solidificar acima do fio metálico.

▌ O aumento na pressão sobre o bloco de gelo diminui sua temperatura de fusão, fazendo com que o gelo logo abaixo do fio derreta. Esse efeito desaparece assim que a pressão retorna ao valor atmosférico, fazendo com que a água congele novamente.

 O fenômeno acima, no qual o gelo sofre fusão e volta a solidificar devido a uma mudança de pressão, foi batizado pelo físico irlandês John Tyndall (1820-1893) como regelo, ocorrendo apenas para substâncias de comportamento anômalo, como a água. Utilizando o fenômeno do regelo, é possível explicar o movimento de escoamento de gelo em uma geleira.

Apesar de estar a temperaturas abaixo de 0 °C, por conta de a camada de gelo possuir diversas toneladas, a força peso da coluna de gelo faz com que ocorra um aumento considerável de pressão em sua base, acarretando a diminuição da temperatura de fusão da água nesses pontos.

Comumente se relaciona o fenômeno do regelo ao fato de os patins deslizarem durante a patinação no gelo. Porém, experimentos e cálculos demonstram que a "fusão por pressão" tem pouco ou até mesmo nenhum efeito sobre a patinação no gelo.

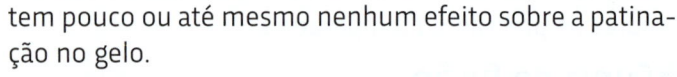

Um patim desliza devido a uma lubrificação da superfície causada pela água já existente ou formada pelo atrito entre o gelo e o patim em movimento. Esse atrito aquece a lâmina e o gelo por onde ela passa. Assim, forma-se água líquida que é espalhada para os lados quando a lâmina se movimenta.

Acreditava-se que a pressão exercida pela fina lâmina do patim reduzia o ponto de fusão do gelo e causava, por isso, o derretimento de uma camada superficial, que se congelava novamente após a passagem do patim. Investigações revelaram que a influência da pressão causada pela lâmina é desprezível.

As moléculas de água que compõem a superfície da camada de gelo estão fixadas de forma menos intensa ao restante das moléculas, em um estado designado pré-fusão ou fusão superficial, que pode ser entendido como um estado de "quase líquido". Essas moléculas não formam uma camada uniforme, e proporcionam menos atrito à passagem da lâmina do patim.

▌ Geleira no Parque Nacional Jasper, em Alberta, Canadá, 2015.

▌ Pessoa praticando patinação no gelo.

Curva de ebulição

Como comentamos anteriormente, um líquido pode passar para o estado gasoso de duas formas: uma mais lenta (evaporação) e outra mais rápida, com formação de bolhas no interior do líquido (ebulição).

Ao ceder calor para um líquido, a agitação térmica de suas moléculas aumenta até que ele atinge a temperatura de ebulição, processo em que bolhas de vapor se formam dentro do líquido e são empurradas até a superfície pelo empuxo. O vapor no interior das bolhas exerce pressão em suas paredes, chamada pressão de vapor. As bolhas só conseguem se formar se a pressão do vapor for igual ou superior à pressão externa, exercida pelo líquido e pela atmosfera. Em temperaturas abaixo do ponto de ebulição, a pressão de vapor é insuficiente para a formação de bolhas.

Se a pressão externa aumentar, a pressão de vapor terá de ser maior para formar bolhas no líquido, implicando aumento em sua temperatura de ebulição. É o que ocorre nas panelas de pressão, nas quais a água ferve a 120 °C, pois a pressão externa à água e interna à panela é de 2 atm.

O gráfico ao lado mostra a pressão de vapor em relação à temperatura, para a água. A linha do gráfico é chamada curva de ebulição e indica pontos nos quais o líquido e o vapor estão em equilíbrio. Se o ponto do gráfico passa do líquido para o vapor, ocorre a vaporização; se a passagem ocorre no sentido contrário, tem-se a condensação. Assim, notamos que um líquido pode sofrer ebulição se aumentar sua temperatura até o ponto de ebulição a uma dada pressão, ou diminuir a pressão fazendo com que o ponto de ebulição abaixe até o valor da temperatura do corpo.

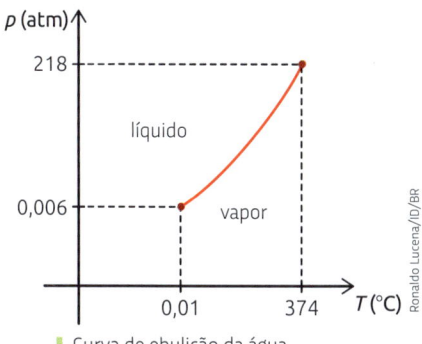

Curva de ebulição da água.

Sabemos que, a 1 atm de pressão, a água entra em ebulição à temperatura de 100 °C. Considerando uma pressão atmosférica de 0,65 atm, que corresponde à pressão em La Paz, na Bolívia, a temperatura de ebulição da água é 87 °C. À altitude de 11 000 m, na qual alguns aviões comerciais voam, a pressão é tão baixa que a água ferve a 67 °C, por isso as cabines dos aviões devem ser pressurizadas. No mar, em profundidades superiores a 2 000 m, existem fontes hidrotermais que expelem água, a mais de 200 °C, sem estar em ebulição, pois a pressão é superior a 200 atm.

Curva de sublimação

As substâncias podem passar diretamente do estado sólido para o estado gasoso e vice-versa, pela sublimação. É o caso do gelo-seco, dióxido de carbono (CO_2) sólido: à pressão de 1 atm ele não possui estado líquido, passando do estado sólido diretamente para o gasoso. Por isso o nome seco.

gelo seco

Assim como nas outras mudanças de estado, é possível montar um gráfico da pressão em relação à temperatura. A linha do gráfico é chamada curva de sublimação e indica os pontos de equilíbrio entre sólido e vapor.

Notamos que uma substância pode sofrer sublimação tendo sua temperatura aumentada à pressão constante ou tendo sua pressão variada à temperatura constante. Se atravessada da esquerda para a direita, ocorre a sublimação do sólido para vapor se a passagem ocorre no sentido contrário, tem-se a sublimação do vapor para o sólido.

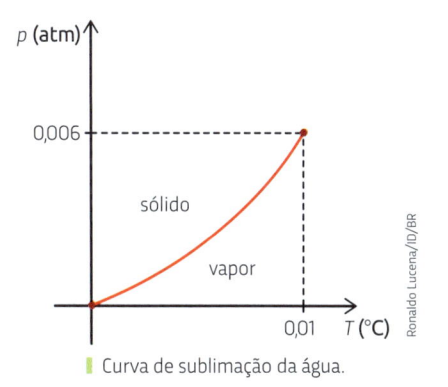

Curva de sublimação da água.

●Diagrama de estados físicos

Como já vimos, o estado físico de uma substância é determinado por uma combinação de valores relativos a pressão e temperatura, que definem as curvas de fusão, de ebulição e de sublimação. Ao juntar as três curvas em um mesmo gráfico, temos o diagrama de estados físicos. Cada substância possui um diagrama de estados próprio.

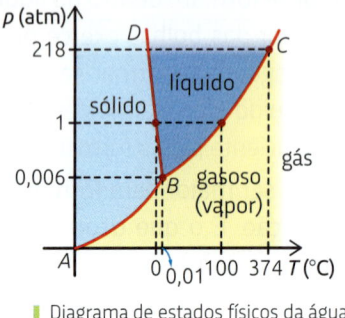

Diagrama de estados físicos da água.

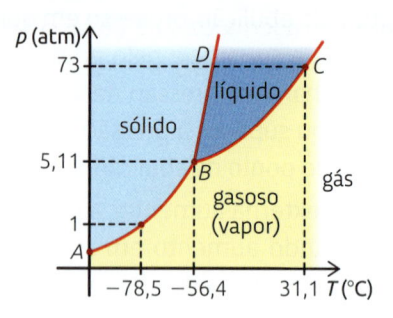

Diagrama de estados físicos para o dióxido de carbono (CO_2).

Nos dois diagramas a curva AB é a curva de sublimação em que estão apresentadas as pressões e temperaturas nas quais os estados sólido e gasoso coexistem. A curva BC, curva de ebulição, indica as pressões e temperaturas em que os estados líquido e gasoso coexistem em equilíbrio. A curva BD, curva de fusão, indica as condições de pressão e temperatura em que os estados sólido e líquido coexistem em equilíbrio.

O ponto B é o ponto triplo de uma substância e representa uma combinação de pressão e temperatura na qual os três estados físicos coexistem em equilíbrio. Para a água, o ponto triplo é atingido quando a pressão vale 0,006 atm à temperatura 0,01 °C. Para o CO_2 o ponto triplo ocorre com a combinação de 5,11 atm de pressão e temperatura de −56,4 °C.

O ponto C é o ponto crítico, sendo definido por uma pressão crítica (p_c) e uma temperatura crítica (T_c). A uma pressão maior que p_c, um líquido não pode ser vaporizado a qualquer temperatura. Se uma substância no estado gasoso tem temperatura maior que T_c, dizemos que ela é um gás e não pode ser liquefeita apenas com o aumento da pressão. Para liquefazer um gás é necessário levá-lo até uma temperatura abaixo da temperatura crítica, ou seja, transformá-lo em vapor. Em uma combinação na qual temperatura e pressão estão acima do ponto crítico, as substâncias se encontram em uma forma conhecida como fluido supercrítico, na qual a linha que separa o líquido do gás desaparece, pois a densidade dos dois estados é quase igual.

Uma aplicação do conhecimento do diagrama de fases é a liofilização de alimentos e de vacinas. A liofilização é um processo de secagem no qual as amostras são resfriadas, para que a água congele, e colocadas em um ambiente de baixa pressão, para que o gelo formado no congelamento passe para o estado gasoso por sublimação. Retirando toda a água da amostra, sem perda de propriedades, os alimentos mantêm seu aroma e sabor, conservando-se por mais tempo. As vacinas também duram por mais tempo quando são liofilizadas.

O processo de liofilização ocorre quando a amostra é levada do ponto **1** para o **2**, por resfriamento, e depois para o ponto **3**, por diminuição de pressão.

Morangos após serem liofilizados.

15. É comum soprar sobre uma sopa muito quente para que ela se resfrie. Explique em seu caderno por que isso funciona.

16. Explique no caderno como é possível fazer a água entrar em ebulição sem alterar sua temperatura.

17. O ventilador elétrico é muito utilizado em salas quentes, mas o seu papel não é resfriar o ambiente, diferentemente do aparelho de ar-condicionado. Explique a real utilidade de um ventilador.

18. Uma das maiores regiões hidrotermais é chamada de "Luck Strike" e fica localizada ao sul do arquipélago dos Açores, na dorsal meso-atlântica. Possui vinte e uma chaminés ativas situadas numa profundidade de 1700 m. Apesar de descarregarem água muito quente, numa temperatura superior a 300 °C, a água não está em ebulição. Apresente uma explicação para o fato.

19. Por que a água contida numa panela entra em ebulição mais rapidamente quando se tampa a panela, e mantê-la fechada após a água estar fervendo diminui ligeiramente o tempo de cozimento dos alimentos?

20. De acordo com a mudança de estado físico, julgue as afirmações a seguir como verdadeiras ou falsas, justificando as falsas no caderno.

   I) Quando o estado físico das substâncias se modifica, está sendo alterada a disposição dos átomos e das moléculas que constituem o corpo.

   II) Quando se aquece uma substância, é dada energia para as partículas e, como consequência, elas passam a se agitar mais, afastando-se umas das outras. Neste momento tem-se um aumento de pressão ou um aumento de volume, ou até mesmo um aumento da pressão e do volume.

   III) A maior parte das substâncias aumenta seu volume durante a solidificação e diminui durante o processo de fusão.

   IV) Durante a fusão da água, o volume diminui e sua pressão aumenta. Assim, a temperatura de fusão diminui, facilitando a mudança de fase do sólido para o líquido.

21. Explique como uma patinadora no gelo tem o atrito entre a lâmina dos patins e o gelo reduzido, facilitando o seu deslizamento. Isso pode ser relacionado ao experimento de Tyndall? Justifique.

Pessoa patinando no gelo.

22. Um montanhista, em uma de suas escaladas, percebeu que a água fervia em um menor intervalo de tempo no topo de uma alta montanha do que ao nível do mar. Explique a causa desse efeito.

23. As avalanches ocorrem quando um bloco de neve fofa e pouco densa se desprende do restante da camada gelada de uma montanha. Elas ocorrem devido a vários fatores, como mudanças climáticas, terremotos e a baixa pressão. Explique qual a influência da pressão na formação de avalanches.

24. Explique por que, de acordo com a figura abaixo, que representa dois blocos de gelo sendo comprimidos fortemente, um contra o outro, depois de soltos, verifica-se que eles ficam grudados.

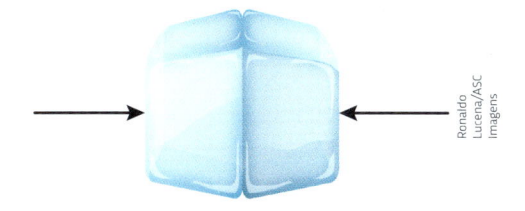

25. Observe o diagrama de fase apresentado abaixo e classifique os pontos A, B, C, D e E de acordo com os estados físicos da matéria: sólido, líquido, gasoso e gás. Indique também o que representam os pontos F e G.

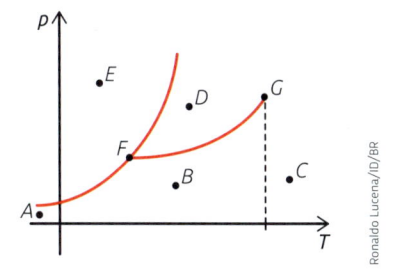

Humanidade consciente preservando o planeta

O filme *O dia depois de amanhã*, lançado em 2004, retrata o planeta Terra passando por alterações drásticas em seu clima, que resultam na interrupção de algumas correntes oceânicas essenciais para a manutenção da temperatura nos países do hemisfério Norte do planeta, ocasionando uma era glacial. Desconsiderando alguns erros técnicos, o filme é uma forma positiva de destacar o problema das mudanças climáticas que o planeta pode enfrentar.

O gráfico a seguir mostra os níveis de dióxido de carbono (CO_2) atmosférico ao longo de milhares de anos, medidos em amostras de gelo dos polos e em medições diretas atuais.

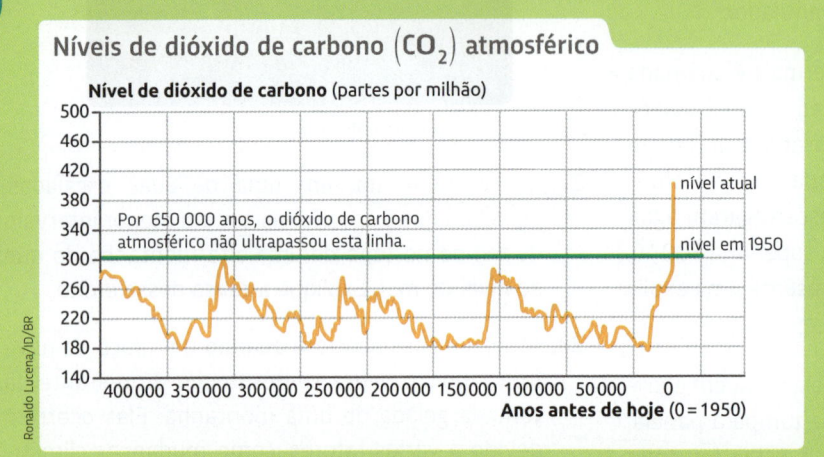

Níveis de dióxido de carbono (CO_2) atmosférico

Nível de dióxido de carbono (partes por milhão)

Por 650 000 anos, o dióxido de carbono atmosférico não ultrapassou esta linha.

nível atual

nível em 1950

Anos antes de hoje (0 = 1950)

Fonte de pesquisa: Climate change: how do we know? *Nasa – Global Climate Change*: vital signs of the planet. Disponível em: <http://climate.nasa.gov/evidence>. Acesso em: 7 dez. 2015.

Note que a partir de 1950 os níveis de (CO_2) ultrapassaram limites nunca antes alcançados, devido à intensa utilização das máquinas térmicas que surgiram na chamada Revolução Industrial.

De acordo com alguns estudos, o acúmulo de gases em uma camada em torno do planeta pode atuar como um cobertor térmico, aprisionando parte da radiação infravermelha que deveria ser emitida para o espaço, o que agrava o efeito estufa e ocasiona aquecimento global. Já outros estudos revelam que esse excesso de gases pode formar uma barreira à radiação emitida pelo Sol, causando um resfriamento no planeta ao longo de milhares de anos.

Seja qual for o efeito, as mudanças climáticas que o planeta vem enfrentando são uma séria realidade, e a alteração desse quadro é responsabilidade de todos. Um acordo internacional entre países industrializados, assinado na 21ª Conferência do Clima (COP21), em Paris, em 2015, teve como principal objetivo a estabilização e redução da emissão de gases do efeito estufa.

A sociedade atual executa muitas atividades que geram a emissão de gases e produção de lixo, que devem ser analisadas, aprimoradas e, se necessário, substituídas por outras que possibilitem o equilíbrio entre o desenvolvimento da humanidade e a preservação do planeta. O consumo consciente é a melhor saída.

A O efeito estufa natural é um fenômeno essencial para a vida no planeta. Por que a emissão excessiva de gases pode causar seu agravamento?

B Faça uma pesquisa sobre as principais consequências ambientais do aumento na temperatura média do planeta.

C Cite alguns exemplos de atitudes que cada cidadão pode ter para minimizar a emissão de gases do efeito estufa e o aquecimento global.

D Reúna-se a quatro colegas e elaborem cartazes em cartolina apresentando as principais consequências da intensificação do efeito estufa e exemplos de mudanças de hábitos cotidianos que podemos realizar para combater a intensificação do efeito estufa. Exponham os cartazes no corredor da escola, com o auxílio do professor.

Ronaldo Lucena/ID/BR

Aerossol

Aerossol é o nome dado a um aparato que pode designar um conjunto de partículas suspensas num gás com alta mobilidade e sujeito à alta pressão, conhecido também como *spray*. O primeiro modelo de uma lata aerossol foi proposto por volta de 1929. Apesar das evoluções tecnológicas, os modelos atuais, geralmente utilizados em *sprays* para cabelos, desodorantes, inseticidas, entre outros, ainda se baseiam nas primeiras propostas.

Trata-se de um frasco geralmente metálico contendo dois líquidos: o produto a ser utilizado e outro, denominado propelente, responsável por impulsionar o produto para fora.

O aumento da pressão no interior da embalagem mantém o propelente no estado líquido e misturado ao produto. Produto e propelente são lançados para fora da embalagem com o acionamento da válvula. Nesse momento, é possível notar um resfriamento da embalagem.

O que o acionamento da válvula altera no interior da embalagem de aerossol?

Materiais

- álcool
- água
- rolha
- bomba de ar para encher bola, com a sua agulha
- garrafa plástica transparente

Desenvolvimento

A Passe a agulha da bomba de ar pelo centro da rolha, de modo que a ponta da agulha atravesse completamente a rolha, como mostrado na fotografia.

agulha da bomba de ar — rolha

B Coloque uma pequena quantidade (equivalente a uma tampa da garrafa plástica) de álcool e água na garrafa plástica.

C Chacoalhe a garrafa por cerca de 30 segundos.

D Tampe a garrafa plástica com a rolha. Uma pessoa deve segurar a garrafa com as duas mãos e outra pessoa deve bombear ar para dentro da garrafa, como mostrado na fotografia.

bomba de ar
rolha
garrafa plástica

Fotos: José Vitor Elorza/ASC Imagens

E A pessoa que está segurando a garrafa deve evitar que ela se movimente e também notar mudanças em sua sensação térmica.

F Destampe a garrafa e observe o que acontece.

G Repita os itens **D**, **E** e **F** observando novamente o que acontece.

Análise

1. O que foi observado ao realizar o item **F**, quando a garrafa foi destampada?
2. Quais alterações de sensação térmica foram notadas pela pessoa que segurava a garrafa?
3. A partir da resposta às questões anteriores, relacione as observações ao realizar o item **F** e as alterações na sensação térmica notadas pela pessoa que segurava a garrafa.
4. Relacione o que foi observado nesta prática ao funcionamento de um frasco aerossol e verifique o que o acionamento da válvula altera no interior do frasco.
5. Elabore um relatório que contenha: nome da atividade, objetivo, materiais utilizados, descrição do desenvolvimento, análise e suas conclusões.

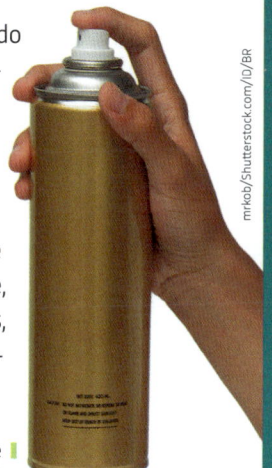

mrkob/Shutterstock.com/ID/BR

frasco de *spray* aerossol

Física no dia a dia

Assando barro

Os tijolos são elementos comuns no cotidiano, sendo muito usados em construções. A principal matéria-prima empregada em sua fabricação é a argila, comumente chamada de barro.

Nas fábricas que produzem tijolos, conhecidas como cerâmicas ou olarias, o processo de produção envolve, basicamente, as etapas de formação da peça, secagem e queima. Cada uma delas exige cuidados e conhecimentos para proporcionar ao final uma peça resistente e simétrica.

As informações apresentadas resumem alguns detalhes dessas etapas e dos cuidados necessários. Atualmente, existem muitas tecnologias de automação para esse processo, mas grande parte é baseada nas mesmas etapas.

1 A argila é misturada com água para obter melhor textura; na etapa de formação, retiram-se o ar e a água, obtendo assim um tijolo razoavelmente rígido, mas ainda úmido, com aspecto de barro molhado.

2 A próxima etapa é a de secagem, para eliminar a água ainda existente na peça. Esse processo é geralmente desenvolvido dentro de secadoras. Elas funcionam como uma estufa, com chão vazado, por onde entra o ar quente proveniente dos fornos de queima.

3 A secagem é um processo delicado, pois o tijolo deve secar de maneira uniforme, de dentro para fora. Por isso o ar quente lançado na secadora deve ser controlado. Peças que ficam na parte de cima da secadora tendem a entortar-se e trincar devido ao calor e à umidade.

4 Peças que ficam mais ao meio secam da maneira desejada, saindo primeiro da secadora.

5 Peças que ficam mais embaixo se mantêm úmidas após certo tempo de secagem.

A Durante a etapa de secagem, quais tijolos geralmente deformam-se e quais levam mais tempo para secar? Por que isso ocorre?

B Na etapa de queima em um forno abóbada, o ar quente é inserido por cima do forno, não por baixo. Por que essa etapa é feita assim?

C Por que é necessário usar bombas de sucção para lançar o ar quente para a secadora ou para a chaminé?

D Quando o ar quente chega à chaminé, é necessário haver outra bomba de sucção para que ele suba e seja eliminado? Justifique sua resposta.

chaminé

6 Após a secagem, os tijolos são encaminhados para o forno, para receber o tratamento térmico, na etapa da queima. É usado um tipo de forno conhecido como abóbada, onde o ar aquecido entra por uma abertura superior, permanecendo ali por mais tempo.

7 Abaixo do forno há tubulações que podem encaminhar o ar aquecido para a secadora ou para as chaminés. Esse deslocamento de ar quente para baixo é feito por meio de bombas de sucção.

bomba de sucção

Ilustranet/ASC Imagens

1. (PUC-PR) Dona Maria do Desespero tem um filho chamado Pedrinho, que apresentava os sintomas característicos da gripe causada pelo vírus H_1N_1: tosse, dor de garganta, dor nas articulações e suspeita de febre. Para saber a temperatura corporal do filho, pegou seu termômetro digital, entretanto, a pilha do termômetro tinha se esgotado. Como segunda alternativa, resolveu utilizar o termômetro de mercúrio da vovó, porém, constatou que a escala do termômetro tinha se apagado com o tempo, sobrando apenas a temperatura mínima da escala 35 °C e a temperatura máxima de 42 °C. Lembrou-se, então, de suas aulas de Termometria do Ensino Médio. Primeiro ela mediu a distância entre as temperaturas mínima e máxima e observou $h = 10$ cm. Em seguida, colocou o termômetro embaixo do braço do filho, esperou o equilíbrio térmico e, com uma régua, mediu a altura da coluna de mercúrio a partir da temperatura de 35 °C, ao que encontrou $h = 5$ cm. Com base no texto, assinale a alternativa **CORRETA**.

a) Pedrinho estava com febre, pois sua temperatura era de 38,5 °C.

b) Pedrinho não estava com febre, pois sua temperatura era de 36,5 °C.

c) Uma variação de 0,7 °C corresponde a um deslocamento de 0,1 cm na coluna de mercúrio.

d) Se a altura da coluna de mercúrio fosse $h = 2$ cm a temperatura correspondente seria de 34 °C.

e) Não é possível estabelecer uma relação entre a altura da coluna de mercúrio com a escala termométrica.

2. A temperatura de uma estrela é estimada de acordo com sua cor, prática desenvolvida pelo astrônomo americano Henry Norris Russel (1877-1957). De acordo com sua equação, a temperatura de uma estrela de cor azul é de, aproximadamente, 50 000 K.

a) Qual o valor da temperatura na escala Fahrenheit?

b) Qual o valor da temperatura na escala Celsius?

3. Dizer que um objeto varia sua temperatura com maior facilidade é dizer que possui um grande calor específico? É dizer que possui uma grande capacidade térmica? É dizer que possui uma grande condutividade térmica? Justifique.

4. Considere dois corpos sólidos que, quando recebem a mesma quantidade de calor, sofrem a mesma variação de temperatura. Sabendo disso, podemos afirmar que os corpos possuem a mesma:

a) massa.

b) densidade.

c) calor específico.

d) capacidade térmica.

e) volume.

5. (Enem/Inep) Um sistema de pistão contendo um gás é mostrado na figura. Sobre a extremidade superior do êmbolo, que pode movimentar-se livremente sem atrito, encotra-se um objeto.

Através de uma chapa de aquecimento é possível fornecer calor ao gás e, com auxílio de um manômetro, medir sua pressão. A partir de diferentes valores de calor fornecido, considerando o sistema como hermético, o objeto elevou-se em valores Δh, como mostrado no gráfico. Foram estudadas, separadamente, quantidades equimolares de dois diferentes gases, denominados M e V.

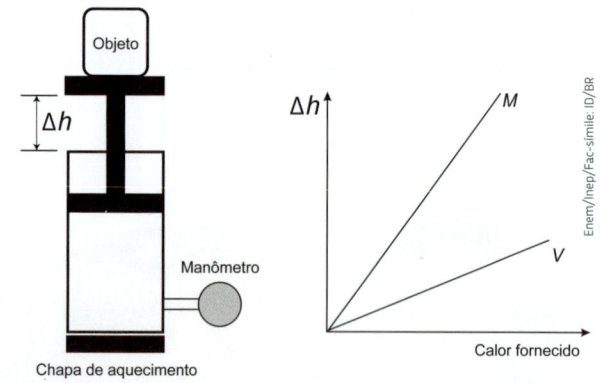

A diferença no comportamento dos gases no experimento decorre do fato de o gás M, em relação ao V, apresentar

a) maior pressão de vapor.

b) menor massa molecular.

c) maior compressibilidade.

d) menor energia de ativação.

e) menor capacidade calorífica.

6. Em um calorímetro contendo 150 g de água numa temperatura de 20 °C, é colocado um bloco de alumínio de 100 g numa temperatura de 100 °C. Depois de um determinado intervalo de tempo, o sistema entra em equilíbrio térmico à de temperatura de 28 °C. Calcule a quantidade de energia perdida para o ambiente. Considere $c_{água} = 1$ cal/g · °C, $c_{alumínio} = 0,215$ cal/g · °C e a capacidade térmica do calorímetro igual a 10 cal/°C.

7. (Enem/Inep) Em um experimento foram utilizadas duas garrafas PET, uma pintada de branco e a outra de preto, acopladas cada uma a um termômetro. No ponto médio da distância entre as garrafas, foi mantida acesa, durante alguns minutos, uma lâmpada incandescente. Em seguida a lâmpada foi desligada. Durante o experimento, foram monitoradas as temperaturas das garrafas: a) enquanto a lâmpada permaneceu acesa e b) após a lâmpada ser desligada e atingirem equilíbrio térmico com o ambiente.

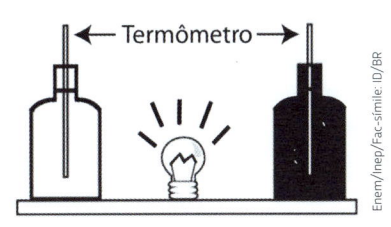

A taxa de variação da temperatura da garrafa preta, em comparação à da branca, durante todo experimento, foi

a) igual no aquecimento e igual no resfriamento.

b) maior no aquecimento e igual no resfriamento.

c) menor no aquecimento e igual no resfriamento.

d) maior no aquecimento e menor no resfriamento.

e) maior no aquecimento e maior no resfriamento.

8. (Enem/Inep) Em nosso cotidiano, utilizamos as palavras "calor" e temperatura de forma diferente de como elas são usadas no meio científico.

Na linguagem corrente, calor é identificado como "algo quente" e "tempertura" mede a "quantidade de calor de um corpo". Esses significados, no entanto, não conseguem explicar diversas situações que podem ser verificadas na prática.

Do ponto de vista científico, que situação prática mostra a limitação dos conceitos corriqueiros de calor e temperatura?

a) A temperatura da água pode ficar constante durante o tempo em que estiver fervendo.

b) Uma mãe coloca a mão na água da banheira do bebê para verificar a temperatura da água.

c) A chama de um fogão pode ser usada para aumentar a temperatura da água em uma panela.

d) A água quente que está em uma caneca é passada para outra caneca a fim de diminuir sua temperatura.

e) Um forno pode fornecer calor para uma vasilha de água que está em seu interior com menor temperatura do que a dele.

9. (Enem/Inep) Com o objetivo de se testar a eficiência de fornos de micro-ondas, planejou-se o aquecimento em 10 °C de amostras de diferentes substâncias, cada uma com determinada massa, em cinco fornos de marcas distintas. Nesse teste, cada forno operou à potência máxima. O forno mais eficiente foi aquele que

a) forneceu a maior quantidade de energia às amostras.

b) cedeu energia à amostra de maior massa em mais tempo.

c) forneceu a maior quantidade de energia em menos tempo.

d) cedeu energia à amostra de menor calor específico mais lentamente.

e) forneceu a menor quantidade de energia às amostras em menos tempo.

10. Ao preparar um alimento, o cozinheiro necessita de água a 40 °C para misturar ao molho de seu preparo. Seu ajudante coletou água de um filtro que estava a 25 °C e colocou em um recipiente graduado para aquecer. Quando percebeu, a água estava em seu ponto de ebulição e atingia o nível 8 do recipiente. Para que ele obtenha água na temperatura desejada, ele deverá colocar água do filtro até o nível de: (Dados: $c_{água} = 1$ cal/g · °C)

a) 30   b) 52   c) 25   d) 40   e) 32

Verificando rota

A Retome sua resposta à questão **B** da página **39**. Se necessário, complemente-a de acordo com o que você estudou nesta unidade.

B Qual a diferença entre os conceitos físicos de temperatura e calor?

C O que pode ocorrer com um copo de vidro quando se coloca nele um líquido muito quente? Por quê?

D Por que a temperatura de um líquido é mantida por mais tempo se ele for colocado dentro de uma garrafa térmica?

E Por que o calor específico pode ser pensado como uma espécie de "inércia térmica"?

F É possível um corpo receber ou ceder calor sem que haja variação da temperatura? Em que situação?

G Uma porção de água ferve sempre a 100 °C? Por quê?

Estudos dos gases e leis da Termodinâmica

As locomotivas a vapor são máquinas que se movem a partir da queima de um combustível, como lenha, carvão ou óleo *diesel*. Elas transformam o calor em movimento, podendo então transportar pessoas e produtos.

A evolução e aperfeiçoamento destas máquinas pioneiras levou ao surgimento dos motores a combustão interna, utilizados atualmente nos veículos.

Usinas termelétricas também são exemplos de máquinas que transformam o calor em outras formas de energia. Nelas, o calor liberado pela queima de combustíveis fósseis, como o gás natural, o carvão mineral e o óleo, é convertido em energia mecânica para mover os geradores de energia elétrica.

Essas máquinas citadas têm algo em comum: transformam o calor em outro tipo de energia. Por isso, são conhecidas como máquinas térmicas.

Nesta unidade, estudaremos alguns conceitos relacionados às transformações gasosas e às máquinas térmicas.

Nos veículos com motores a combustão interna, um combustível é injetado em uma câmara, onde é queimado. A energia da explosão causa o movimento de pistões, que é transmitido por engrenagens até as rodas. Devido ao aquecimento, esses motores são equipados com sistemas de resfriamento.

northallertonman/Shutterstock.com/ID/BR

Nas locomotivas a vapor, o calor liberado pela queima do carvão aquece a água, gerando um vapor com alta pressão. Esse vapor aciona um conjunto de peças móveis conectadas às rodas da locomotiva, fazendo-a se mover. Parte do calor produzido pela combustão não é aproveitado, sendo dissipado para o ambiente. A fotografia apresenta uma antiga locomotiva em movimento na Inglaterra, em 2016.

Iniciando rota

A O que é necessário para que o motor a combustão interna de um veículo funcione?

B Cite algumas vantagens e desvantagens do surgimento das máquinas térmicas.

C Qual a principal diferença entre o funcionamento de uma locomotiva a vapor e do motor a combustão interna de um veículo?

Paulo Fridman/Pulsar Imagens

■ Usina termelétrica em Valparaíso, no estado de São Paulo, em 2014. Nas usinas termelétricas, o calor proveniente da queima dos combustíveis fósseis provoca a mudança de estado físico da água, gerando vapor de água em alta pressão. Esse vapor faz girar as turbinas, que, por sua vez, geram energia elétrica.

6

Termodinâmica dos gases

◢Transformações gasosas

> *Durante a inspiração, o que leva o ar a entrar nos pulmões?*

Jan Baptista van Helmont (1579-1644) foi um médico e químico belga que realizou experimentos com gases produzidos pela combustão de sólidos e fluidos. Helmont foi quem primeiro utilizou a palavra gás, derivada do grego *chaos*, significando espaço vazio. Ele mostrou que o ar era constituído de diferentes gases e identificou o gás carbônico.

▐ Jan Baptista van Helmont.

Existem alguns planetas do Sistema Solar que são constituídos principalmente por gases, sendo conhecidos como gigantes gasosos. O maior deles é Júpiter, que possui massa de $1,9 \cdot 10^{27}$ kg, sendo que aproximadamente 71% dela é hidrogênio, 24% é hélio, 1% são elementos mais pesados e somente 4% é matéria telúrica. Essa quantidade gasosa produz uma aceleração gravitacional de 24,79 m/s² e uma pressão perto do centro do planeta de aproximadamente 70 milhões de atm.

Júpiter ▼

139 822 quilômetros de diâmetro.

▐ Imagem do planeta Júpiter, obtida por meio do telescópio espacial Hubble.

Telúrica: relativo à Terra, ao solo; o que é feito de silicatos (rochas).

Apesar de parecerem invisíveis, leves e imperceptíveis, gases como os que encontramos na atmosfera são de grande importância em vários sistemas. Lembre-se de que na Terra, ao nível do mar, a coluna de ar sobre uma área de 1 cm² tem um 1 kg de massa.

O físico irlandês William Thomson (Lorde Kelvin), o mesmo da escala térmica absoluta, foi o primeiro a formular uma definição para **Termodinâmica**, palavra de origem grega que significa "movimento do calor". Kelvin escreveu que um dos assuntos da Termodinâmica eram os efeitos produzidos no trabalho com fluidos. Ele também considerou que o movimento pode gerar calor, e o calor pode produzir movimento, por meio de forças que agem entre partes de corpos adjacentes.

A Termodinâmica, que estuda o efeito do calor sobre os gases, desenvolveu-se numa época em que os conhecimentos sobre o átomo ainda eram básicos, e outras partículas, como o elétron, eram desconhecidas. Os estudos sobre gases baseavam-se em modelos que utilizavam o trabalho mecânico, a pressão e a temperatura. Porém, já acreditava-se que a energia se conservava e que o calor fluía do corpo com maior temperatura para o corpo com menor temperatura.

No estudo dos gases, utilizamos um modelo simplificado chamado **gás perfeito** ou **gás ideal**, que apresenta as seguintes propriedades:

- é formado por uma quantidade grande de partículas idênticas;
- o tamanho das partículas é desprezível se comparado com a distância entre elas;
- as partículas do gás estão em constante movimento, em todas as direções;
- as forças de interação entre as partículas têm curto alcance e atuam somente nas colisões, tendo duração desprezível;
- tanto as colisões entre partículas quanto entre as partículas e as paredes do recipiente são perfeitamente elásticas, ou seja, a energia cinética total é conservada.

Apesar de os gases ideais não existirem, os gases reais presentes na atmosfera, como o gás oxigênio $\left(O_2\right)$, o gás nitrogênio $\left(N_2\right)$ e o gás carbônico $\left(CO_2\right)$, podem se comportar como gases ideais em determinadas condições. Todos os gases reais se comportam como gases ideais quando estão em baixa concentração, ou seja, quando a distância entre suas partículas é grande e elas não interagem entre si. Essa condição pode ser obtida colocando o gás em baixa pressão e alta temperatura, em relação à temperatura crítica.

Considerando um gás confinado em um recipiente, com comportamento equivalente ao de um gás ideal, seu estado termodinâmico, que não deve ser confundido com o estado físico, pode ser definido por meio de um modelo macroscópico a partir das variáveis de estado: **volume** (V), **temperatura** (T) e **pressão** (p).

Como as partículas do gás se movimentam de forma aleatória, ele ocupa todo o espaço interior do recipiente que o contém. Portanto o volume do gás é o volume do próprio recipiente.

Além disso, as partículas, em movimento constante, colidem com as paredes do recipiente, imprimindo força sobre elas. Isso resulta na pressão exercida pelo gás.

A temperatura do gás, conforme estudado, está relacionada com a agitação de suas partículas. Quanto maior for a agitação, maior será a temperatura.

Devemos considerar que as variáveis de estado que determinam o estado termodinâmico de um gás referem-se a uma quantidade constante de gás, ou seja, não há entrada de gás no recipiente nem vazamento.

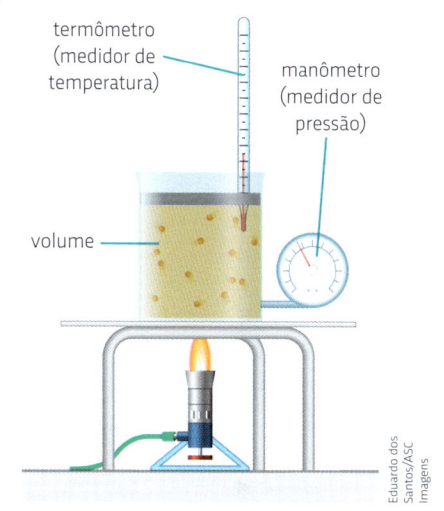

Eduardo dos Santos/ASC Imagens

▌ Representação de um gás confinado em um recipiente com manômetro e termômetro acoplados.

Estado termodinâmico: conjunto de propriedades físicas de um sistema, como temperatura, pressão, volume, massa, entre outras.

Há um estado termodinâmico especial chamado **estado normal** ou **condições normais de temperatura e pressão** (CNTP). Isso acontece quando o gás encontra-se a 0 °C (273 K) e à pressão de 1 atm $\left(10^5 \text{ Pa}\right)$. Muitas propriedades dos gases são tabeladas de acordo com as CNTP.

Podemos estudar as transformações sofridas por uma porção constante de gás confinada em um recipiente. Para tanto, analisamos a influência de cada variável de estado sobre as demais, mantendo uma delas constante e observando a relação de dependência entre as duas outras variáveis.

Sabendo que as variáveis de estado são temperatura, pressão e volume, destacamos as seguintes transformações gasosas.

- **Isotérmica**: transformação gasosa à temperatura constante; possibilita a verificação da dependência entre pressão e volume.

- **Isobárica**: transformação gasosa à pressão constante; possibilita a verificação da dependência entre volume e temperatura.

- **Isométrica**, **isovolumétrica** ou **isocórica**: transformação gasosa a volume constante; possibilita a verificação da dependência entre pressão e temperatura.

- **Adiabática**: ocorre quando o gás está termicamente isolado, ou seja, sem que ocorram trocas de calor com o meio externo. Nesta transformação ocorre a alteração das três variáveis de estado do gás.

Transformação isotérmica

As transformações gasosas nas quais os valores de pressão e volume de um gás mudam sem que ocorra variação na sua temperatura são chamadas de **transformações isotérmicas**. As relações entre as grandezas da pressão e do volume decorrentes dessa análise são também conhecidas como **Lei de Boyle-Mariotte**.

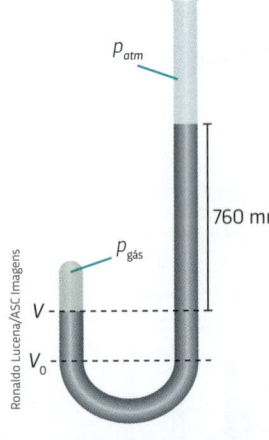

A pressão adicional exercida pela coluna de mercúrio é transmitida à outra ponta, comprimindo o gás contido na extremidade fechada.

Os primeiros estudos analíticos das propriedades dos gases foram conduzidos pelo físico e químico irlandês Robert Boyle (1627–1691). No seu experimento, publicado em 1660, Boyle utilizou um tubo em formato de letra J com a extremidade inferior fechada e a superior aberta. Na calibragem do experimento, colocamos mercúrio no tubo enquanto o ar flui entre as extremidades e nivelamos a altura da coluna de mercúrio em ambas as pontas, o que garante que a pressão na extremidade fechada seja igual à pressão atmosférica.

Ao adicionar lentamente mercúrio à extremidade aberta, observamos que a pressão excedente exercida pelo desnível da coluna de mercúrio aumenta a pressão sobre a extremidade fechada, que, por sua vez, comprime o gás aprisionado.

Com isso, Boyle atestou que, diferentemente de um sólido ou um líquido, um gás pode sofrer compressão ou expansão à medida que a pressão exercida sobre ele aumenta ou diminui.

Considere a força peso exercida por uma massa sobre um êmbolo móvel como equivalente à pressão atmosférica. Segundo os dados de Boyle, ao aumentar o valor da pressão de 1 atm para 2 atm, comprimimos o gás, que terá seu volume reduzido pela metade.

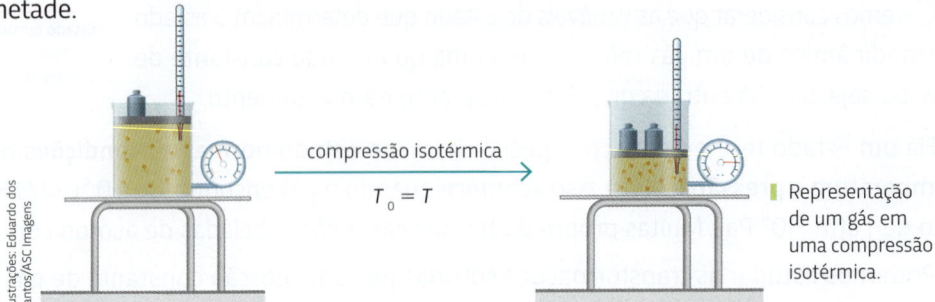

compressão isotérmica

$T_0 = T$

Representação de um gás em uma compressão isotérmica.

Em 1676, o físico francês Edme Mariotte (1620-1684) apresentou uma série de experimentos semelhantes aos de Boyle, porém mantendo a temperatura do gás constante durante o experimento e repetindo-o em várias temperaturas. Mariotte verificou que existe uma proporção linear direta entre a pressão e o volume de um gás quando sua temperatura não se altera.

A variação de pressão sobre o gás pode ser verificada utilizando uma seringa com uma pequena bexiga em seu interior. O trabalho realizado pela pessoa para empurrar o êmbolo da seringa causa um aumento na pressão interna, verificado pela redução no volume da bexiga. Quando o êmbolo é puxado, o aumento de volume causa uma redução da pressão interna, que pode ser verificada pelo aumento do volume da bexiga.

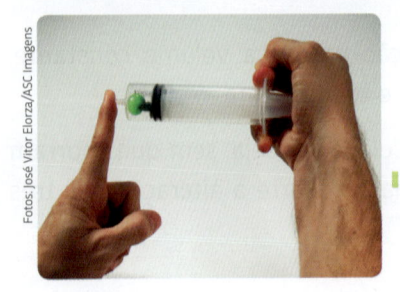

Pessoa empurrando êmbolo da seringa.

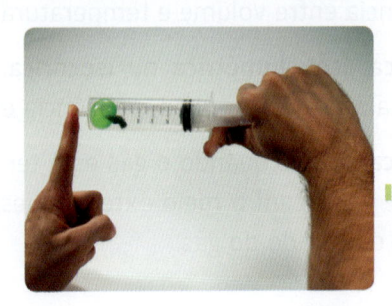

Pessoa puxando êmbolo da seringa.

À medida que uma força externa empurra o êmbolo da seringa, as partículas do gás em seu interior passam a colidir com maior frequência sobre suas paredes, aumentando a pressão interna. Quando solto, o êmbolo do recipiente ficará estável quando houver um equilíbrio entre as pressões interna e externa.

Esse processo ocorre durante a ventilação pulmonar, na respiração. A contração de músculos como o diafragma, abaixo dos pulmões, e os intercostais, entre as costelas, aumenta o volume interno do tórax. Essa expansão diminui a pressão interna, favorecendo a entrada de ar nos pulmões durante a inspiração.

Sendo a temperatura relacionada à velocidade média de translação das partículas do gás, para verificar a influência direta da pressão sobre o volume é necessário permitir que o recipiente e o gás permaneçam em equilíbrio térmico com o meio externo.

Considerando que não ocorra variação de temperatura, um gás pode sofrer uma compressão ou uma expansão isotérmica à medida que sobre ele é exercida maior ou menor pressão. A partir disso, enuncia-se a **Lei de Boyle-Mariotte**:

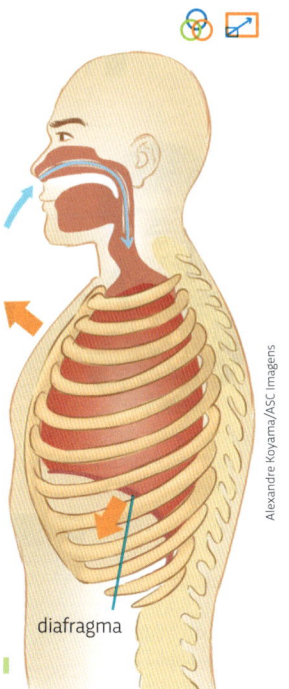

diafragma

Representação do movimento dos músculos diafragma e intercostais na inspiração.

> Em um processo termodinâmico no qual a temperatura absoluta de um gás é mantida constante, a pressão e o volume do gás são inversamente proporcionais.

A relação entre pressão e volume pode ser escrita da seguinte forma.

$$p_0 \cdot V_0 = p \cdot V \Rightarrow p \cdot V = \text{constante}$$

O produto da pressão pelo volume é sempre constante em uma transformação isotérmica, ou seja, o produto da pressão inicial (p_0) pelo volume inicial (V_0) é igual ao produto da pressão final (p) pelo volume final (V).

Os valores das variáveis de estado podem ser utilizados para compor gráficos ou diagramas, como o diagrama da pressão em função do volume mostrado ao lado, conhecido como diagrama pV, no qual estão representadas algumas transformações isotérmicas.

Nesse diagrama, uma transformação isotérmica é caracterizada por uma curva chamada **hipérbole**. Nela, temos que, ao dobrar o valor da pressão, o volume do gás diminui pela metade, e vice-versa. Cada valor de temperatura origina diferentes hipérboles.

Transformações isotérmicas, sendo $T_4 > T_3 > T_2 > T_1$.

Considere um amortecedor a gás que possui volume interno de 750 mL quando submetido à pressão atmosférica. Se a pressão exercida sobre o êmbolo do amortecedor for aumentada cinco vezes (5 atm), sem que o gás em seu interior sofra variação de temperatura, o volume ocupado pelo gás passará a ser $\frac{1}{5}$ do volume inicial, ou seja, 150 mL.

$$p_0 \cdot V_0 = p \cdot V \Rightarrow 1 \cdot 750 = 5 \cdot V \Rightarrow V = 150 \therefore \boxed{V = 150 \text{ mL}}$$

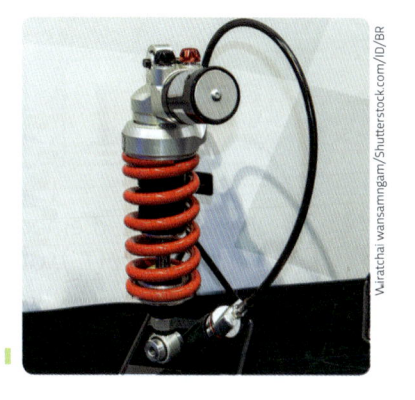

Amortecedor a gás de automóvel, com a mola instalada.

■Transformação isobárica

Gravura de Jacques Alexandre César Charles, produzida em 1820.

Litografia de Gay-Lussac, data desconhecida.

A transformação gasosa na qual a pressão se mantém constante e as grandezas volume e temperatura variam é denominada **transformação isobárica**. Ela pode ocorrer por meio de uma compressão ou expansão do gás.

A transformação isobárica foi estudada independentemente e em épocas diferentes, por dois físico-químicos franceses, Jacques Alexandre César Charles (1746-1823) e Joseph Louis Gay-Lussac (1778-1850).

No ano de 1783, ao encher balões, Charles observou que, variando a mesma quantidade de temperatura para diferentes gases, o resultado era uma mesma variação de volume. Assim, foi o primeiro a relacionar as grandezas termodinâmicas volume e temperatura. A partir da proposta do balonismo de Charles, Gay-Lussac complementou seus estudos, obtendo assim a chamada **lei de Charles e Gay-Lussac** para um processo isobárico.

Garrafa com uma bexiga presa em sua extremidade mergulhada em um recipiente contendo água quente; a bexiga infla, revelando que o aumento da temperatura do ar gera aumento de volume.

A relação entre o volume e a temperatura de um gás pode ser verificada quando uma garrafa contendo ar e uma bexiga em sua extremidade é colocada em um recipiente contendo água quente, como mostrado na fotografia ao lado. Conforme o gás no interior da garrafa aquece, ocorre um aumento de volume, revelado pela bexiga, que infla, mantendo assim sua pressão constante.

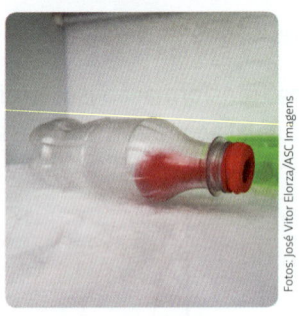

A bexiga entra na garrafa quando o ar em seu interior é resfriado, mostrando que a redução de sua temperatura causa diminuição de seu volume.

De maneira análoga, quando o ar dentro da garrafa é resfriado, ao colocarmos a garrafa em um congelador, por exemplo, ocorre também uma redução do volume ocupado por ele. A redução momentânea de pressão é equilibrada pela bexiga, que entra na garrafa devido à diferença entre a pressão interna e externa, como mostra a fotografia ao lado.

A imagem abaixo representa um gás contido em um êmbolo sofrendo uma expansão à pressão constante.

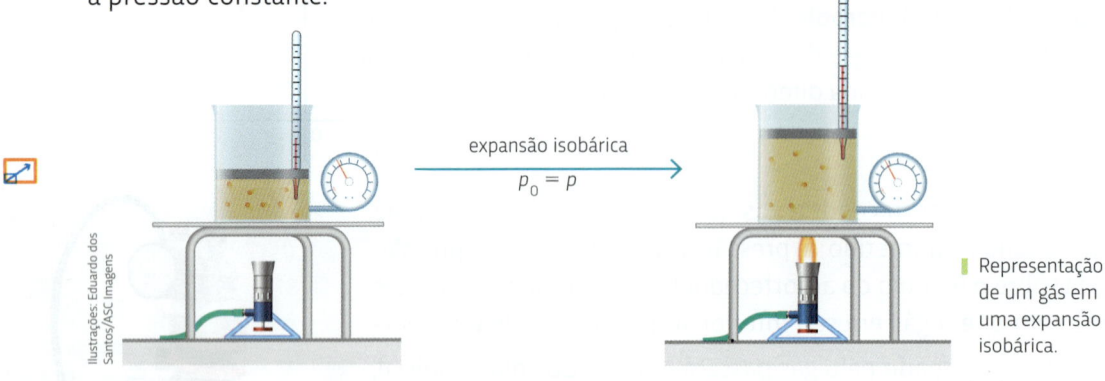

expansão isobárica

$p_0 = p$

Representação de um gás em uma expansão isobárica.

Inicialmente, o êmbolo estava em equilíbrio sobre o gás a certa pressão (p_0), volume (V_0) e temperatura (T_0). Quando o gás foi aquecido, o aumento de temperatura levou à maior agitação das partículas, o que causou aumento do volume do gás e a elevação do êmbolo. Observamos que a grandeza volume varia proporcionalmente com o aumento de temperatura do gás, ou seja, se a temperatura passa a valer $2 \cdot T_0$, o volume passa a ser $2 \cdot V_0$.

Observando a relação de dependência, em que o aumento de uma grandeza provoca o aumento de outra, na mesma proporção, a Lei de Charles e Gay-Lussac pode ser expressa como:

> Em um processo termodinâmico em que a pressão de um gás é mantida constante, o volume e a temperatura absoluta do gás são diretamente proporcionais.

A relação entre o volume e a temperatura absoluta pode ser escrita da seguinte forma.

$$\frac{V_0}{T_0} = \frac{V}{T} \Rightarrow \frac{V}{T} = \text{constante}$$

A razão obtida entre volume e temperatura é sempre constante em uma transformação isobárica, ou seja, a razão entre o volume inicial (V_0) e a temperatura inicial (T_0) é igual à razão entre o volume final (V) e a temperatura final (T).

Considerando que a substância continue em sua fase gasosa com valores abaixo de 0 °C, ao atingir o valor de -273 °C, zero absoluto, obteríamos um valor nulo de volume. Isso não é possível, pois ao se aproximar de -273 °C todo gás se liquefaz. Essa relação direta de proporcionalidade só é válida para as temperaturas medidas na escala kelvin.

Para um processo isobárico, no qual a pressão permanece constante, o gráfico, ou diagrama, da pressão em função do volume ($p \times v$) ocupado por um gás ideal corresponde a uma função constante, representada a seguir.

Pela relação definida acima, existe uma dependência linear entre volume e temperatura, conforme representado no diagrama do volume em função da temperatura ($V \times T$) abaixo, para uma transformação isobárica.

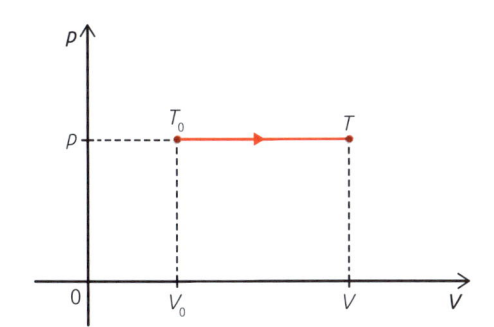

| Diagrama da pressão em função do volume para uma transformação isobárica.

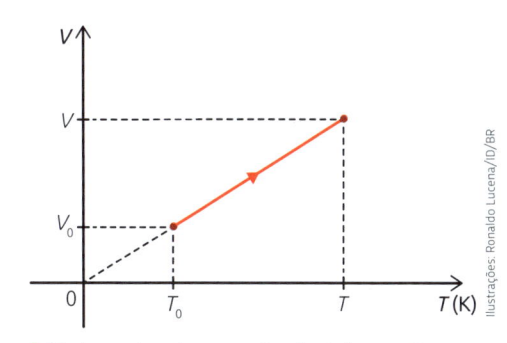

| Diagrama do volume em função da temperatura para uma transformação isobárica.

Considere uma quantidade de massa de gás ideal aprisionada no interior de um cilindro vedado por um êmbolo que pode se mover livremente na direção vertical. Esse gás ideal, em condições normais de pressão, tem seu volume igual a 200 cm³, quando submetido à temperatura 10 °C. Quando o seu volume passa a ser 500 cm³, esperamos que, por relação direta, a temperatura também seja maior.

Antes de utilizar a relação de proporcionalidade de Charles e Gay-Lussac, é necessário transformar a unidade de medida da temperatura de °C para K.

$$T_K = T_C + 273 = 10 + 273 = 283 \therefore \boxed{T_K = 283 \text{ K}}$$

$$\frac{V_0}{T_0} = \frac{V}{T} \Rightarrow \frac{200}{283} = \frac{500}{T} \Rightarrow T = \frac{500 \cdot 283}{200} \Rightarrow T = 707,5 \therefore \boxed{T = 707,5 \text{ K}}$$

Assim, temos que o aumento de 2,5 vezes no volume foi acompanhado por um aumento de 2,5 vezes na temperatura.

●Transformação isométrica

A transformação gasosa na qual o volume mantém-se constante, variando as grandezas pressão e temperatura, é denominada **transformação isométrica**, **isovolumétrica** ou **isocórica**.

Você já percebeu que tentar abrir a porta de uma geladeira ou *freezer* imediatamente após fechá-la exige um esforço físico maior do que quando abrimos após um longo período em que ela ficou fechada? Isso ocorre porque o ar que entrou na geladeira enquanto ela estava aberta sofre uma transformação isométrica. Como o volume do interior da geladeira é constante, o ar que foi aprisionado sofre uma redução de temperatura. Logo, a velocidade de translação das suas partículas diminui, levando à redução das colisões com as partes internas da geladeira, ou seja, a pressão no interior do aparelho diminui, ficando menor que a pressão externa. Dessa diferença de pressão surge uma força resultante, contrária à abertura da porta. Após certo intervalo de tempo, o valor da pressão interna se iguala ao da pressão externa, devido a um mecanismo de entrada de ar na geladeira.

A situação anterior representa uma transformação isométrica, que também foi estudada por Jacques Charles.

Representação de uma pessoa tentando abrir uma geladeira, logo após fechá-la.

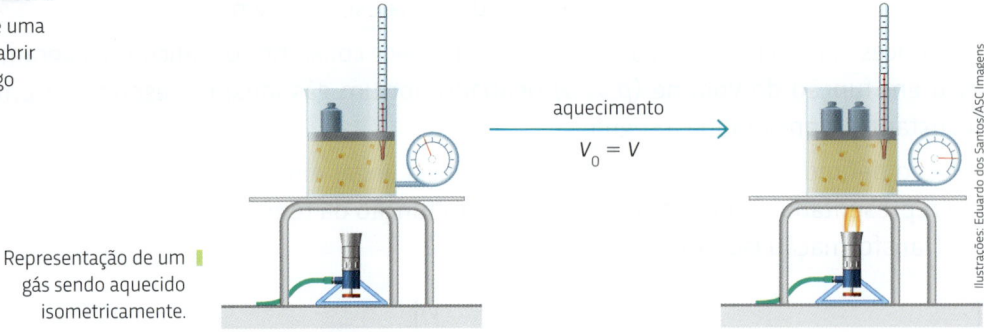

aquecimento

$V_0 = V$

Representação de um gás sendo aquecido isometricamente.

Na ilustração acima, o êmbolo estava em equilíbrio com um gás em determinado volume, temperatura e pressão. Quando o gás foi aquecido, o aumento da temperatura fez aumentar a agitação das partículas, elevando assim a intensidade das colisões. Porém o êmbolo não se moveu, por causa do acréscimo de massa sobre ele. Isso fez o volume do gás manter-se constante, o que aumentou a pressão no interior do recipiente. A partir desse experimento, chegamos à **Lei de Charles**:

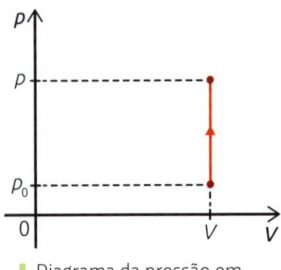

Diagrama da pressão em função do volume para uma transformação isométrica.

> Em um processo termodinâmico no qual o volume de um gás é mantido constante, a pressão e a temperatura absoluta do gás são diretamente proporcionais.

A relação entre a pressão e a temperatura absoluta pode ser escrita da seguinte forma.

$$\frac{p_0}{T_0} = \frac{p}{T} \Rightarrow \frac{p}{T} = \text{constante}$$

A razão obtida entre pressão e temperatura é sempre constante em uma transformação isométrica, ou seja, a razão entre a pressão inicial (p_0) e a temperatura inicial (T_0) é igual à razão entre a pressão final (p) e a temperatura final (T).

Ao lado estão representados dois diagramas para uma transformação isométrica da pressão em função do volume e da pressão em função da temperatura, o qual mostra a dependência linear entre essas grandezas, definida pela Lei de Charles.

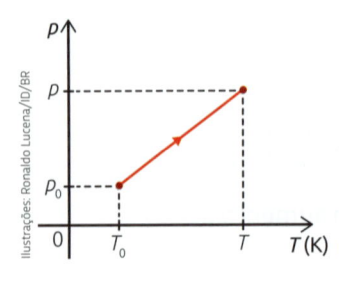

Diagrama da pressão em função da temperatura para uma transformação isométrica.

Lei geral dos gases

Quando as três variáveis de estado de gás (pressão, volume e temperatura) variam em uma transformação gasosa, devemos considerar as relações de proporcionalidade entre elas definidas empiricamente nas transformações estudadas anteriormente. A pressão exercida por um gás é inversamente proporcional ao volume ocupado e diretamente proporcional à temperatura. Já a temperatura de um gás é diretamente proporcional ao volume ocupado.

Assim, se um gás sofrer uma transformação de estado variando sua pressão, seu volume e sua temperatura, devemos considerar essas proporções.

$$\frac{p_0 \cdot V_0}{T_0} = \frac{p \cdot V}{T} \Rightarrow \frac{p \cdot V}{T} = \text{constante}$$

> Lembre-se de que a grandeza T é a temperatura absoluta do gás, sendo necessário expressá-la em kelvin.

Essa relação é denominada **lei geral dos gases perfeitos**, válida quando a quantidade de gás dentro do recipiente é constante. A transformação gasosa leva determinado gás de um estado inicial (p_0, V_0, T_0) para um estado final (p, V, T), porém essas grandezas se relacionam de maneira constante.

Imagine que certa quantidade de um gás considerado perfeito seja mantida em um recipiente de 6 L a 27 °C (300 K), sendo a pressão exercida por ele igual a 4 atm. Quando o volume do recipiente é elevado para 8 L, e a temperatura para 87 °C (360 K), a pressão exercida passa a ser 3,6 atm:

$$\frac{p_0 \cdot V_0}{T_0} = \frac{p \cdot V}{T} \Rightarrow \frac{4 \cdot 6}{300} = \frac{p \cdot 8}{360} \Rightarrow \frac{24}{300} = \frac{p}{45} \Rightarrow p = 3,6 \therefore \boxed{p = 3,6 \text{ atm}}$$

Equação de Clapeyron

A lei geral dos gases ideais expressa a relação entre as variáveis pressão, volume e temperatura para um gás em certo estado termodinâmico. Como vimos, pela relação de proporcionalidade entre essas grandezas, chegamos sempre ao mesmo valor, ou seja, a uma constante.

$$\frac{p \cdot V}{T} = \text{constante}$$

Essa relação é válida apenas se a quantidade de gás for constante. Entretanto, quantidades diferentes de um mesmo gás geram resultados diferentes no cálculo acima.

A quantidade de um gás em dado recipiente é geralmente expressa pela sua quantidade de matéria, uma das sete grandezas básicas do SI, medida na unidade **mol**.

Balões cheios de mesmo gás (hélio), em quantidades diferentes

HandMadeFont.com/Shutterstock.com/ID/BR

O mol foi definido experimentalmente a partir da quantidade de átomos de carbono-12 $\left(^{12}C\right)$ em uma amostra de 12 g dessa substância. O valor encontrado foi de aproximadamente $6,023 \cdot 10^{23}$, chamado de **número de Avogadro** $\left(N_A\right)$, em homenagem ao cientista italiano Amedeo Avogadro (1776-1856), primeiro a propor que o volume de um gás é proporcional ao número de partículas (átomos ou moléculas), independentemente das propriedades desse gás. Assim:

$$N_A = 1 \text{ mol} = 6,023 \cdot 10^{23} \text{ partículas (átomos ou moléculas)}$$

A quantidade de 1 mol corresponde sempre à mesma quantidade de partículas. Entretanto, 1 mol de substâncias diferentes tem massas diferentes. A massa em gramas de 1 mol de uma substância, isto é, a massa em gramas por mol (g/mol) é chamada de **massa molar** (M). Por exemplo, 1 mol de oxigênio contém 16 g, ou seja, a massa molar do oxigênio é $M = 16$ g/mol.

Conhecendo a massa (m) e a massa molar (M) de uma amostra de substância, é possível determinar sua quantidade de mols, ou número de mols (n), da seguinte forma.

$$n = \frac{m}{M}$$

Como exemplo, considere uma porção de 520,5 g de cloreto de bário $\left(BaC\ell_2\right)$, que possui massa molar igual a 208,2 g/mol. Qual o número de mols dessa porção?

$$n = \frac{m}{M} = \frac{520,5}{208,2} = 2,5 \therefore \boxed{n = 2,5 \text{ mol}}$$

Em condições normais de temperatura e pressão (CNTP), ou seja, à temperatura 0 °C (273 K) e pressão 1 atm, 1 mol de qualquer gás perfeito sempre ocupa um volume de 22,4 L/mol, valor denominado **volume molar** $\left(V_{molar}\right)$.

Pela lei geral dos gases, com esses valores para as variáveis de estado de 1 mol ($n = 1$ mol) de um gás perfeito qualquer, é possível definir o valor da **constante universal dos gases (R)**.

$$R = \frac{p \cdot V}{T} = \frac{1 \cdot 22,4}{273} \cong 0,082 \therefore \boxed{R \cong 0,082 \text{ atm} \cdot \text{L/mol} \cdot \text{K}}$$

Para expressar o valor da constante no SI, devemos considerar a pressão em pascal $\left(p = 1 \text{ atm} = 1,013 \cdot 10^5 \text{ Pa}\right)$ e o volume em metros cúbicos $\left(V = 22,4 \text{ L} = 22,4 \cdot 10^{-3} \text{ m}^3\right)$.

$$R = \frac{p \cdot V}{T} = \frac{\left(1,013 \cdot 10^5\right) \cdot \left(22,4 \cdot 10^{-3}\right)}{273} = 8,31 \therefore \boxed{R = 8,31 \text{ Pa} \cdot \text{m}^3\text{/mol} \cdot \text{K}}$$

> É comum considerar 1 atm $= 10^5$ Pa, porém, neste caso, é necessário considerar o valor exato.

Como 1 Pa $= 1$ N/m^2 e 1 J $= 1$ N $\cdot$ m, a constante universal dos gases também pode ser escrita da seguinte forma, no SI.

$$R = 8,31 \frac{\text{Pa} \cdot \text{m}^3}{\text{mol} \cdot \text{K}} = 8,31 \frac{\frac{\text{N}}{\text{m}^2} \cdot \text{m}^3}{\text{mol} \cdot \text{K}} = 8,31 \frac{\text{N} \cdot \text{m}}{\text{mol} \cdot \text{K}} \therefore \boxed{R = 8,31 \text{ J/mol} \cdot \text{K}}$$

Para 2 mol de gás ($n = 2$ mol), o cálculo com as variáveis de estado resulta em $2 \cdot R$; para 3 mol ($n = 3$ mol), o cálculo resulta em $3 \cdot R$; e assim por diante. Dessa forma, ao tratar das variáveis de estado de certa quantidade de um gás perfeito, temos que:

$$n \cdot R = \frac{p \cdot V}{T} \Rightarrow p \cdot V = n \cdot R \cdot T$$

Essa relação é conhecida por **equação de Clapeyron**, em homenagem ao engenheiro e físico-químico francês Benoit Paul Émile Clapeyron (1799-1864), que formulou a equação e determinou o valor da constante R dos gases ideais. Com ela é possível obter o valor de qualquer variável de estado de um gás, conhecendo as outras variáveis e a quantidade de mols do gás que está no recipiente. A temperatura deve sempre ser expressa em kelvin, e as unidades de medida de pressão e volume devem ser compatíveis com as unidades de medida da constante universal dos gases, conforme apresentado anteriormente.

1. Analise as afirmações abaixo e julgue como verdadeiras ou falsas, justificando as falsas no caderno.

  I) Em uma transformação isobárica, o volume de um determinado gás ideal não sofre alteração.

  II) Transformação isocórica ocorre quando o volume permanece constante e as grandezas pressão e temperatura sofrem variações.

  III) Em um processo adiabático, o sistema não troca calor com o meio exterior.

  IV) Na transformação isotérmica, as grandezas pressão e volume são grandezas diretamente proporcionais.

2. Um gás ideal confinado em um recipiente com volume inicial de 15 cm^3 e temperatura de 10 °C sofre uma expansão isobárica quando recebe calor e tem a sua temperatura elevada até 65 °C. Qual o volume final ocupado pelo gás?

3. Em um experimento com gases ideais, um aluno obteve o gráfico do volume em função da temperatura em uma transformação isobárica representado abaixo. Determine a temperatura T em kelvin.

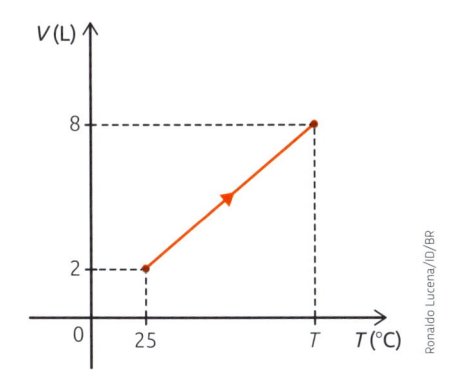

Ronaldo Lucena/ID/BR

4. Em uma determinada transformação gasosa, um gás perfeito inicialmente ocupa um volume de 10 L e é submetido a uma pressão de 2 atm. Ao sofrer uma expansão isotérmica, seu volume passou para 30 L. Calcule a nova pressão, em Pascal.

5. Em uma viagem, os pneus de um carro foram calibrados igualmente quando a temperatura era de 14 °C. Chegando à cidade de destino, a temperatura dos pneus aumentou para 57 °C. Supondo que não houve variação do volume, calcule a pressão interna dos pneus ao chegar ao destino em função da pressão inicial p.

6. Um recipiente com êmbolo fixo contendo 15 L de gás ideal numa temperatura de 23 °C sofre uma transformação e tem sua pressão reduzida a $\frac{1}{3}$ de p_0. Qual a temperatura T do gás?

7. (UFG-GO) O processo contínuo da respiração consiste na expansão e contração de músculos da caixa torácica. Sendo um sistema aberto, quando a pressão intra-alveolar é menor que a atmosférica, ocorre a entrada do ar, e os pulmões expandem-se. Após as trocas gasosas, a pressão intra-alveolar aumenta, ficando maior que atmosférica. Assim, com a contração da caixa torácica, os gases são expirados. Considerando a temperatura interna do corpo humano constante e igual a 37,5 °C, o gráfico que representa os eventos descritos é:

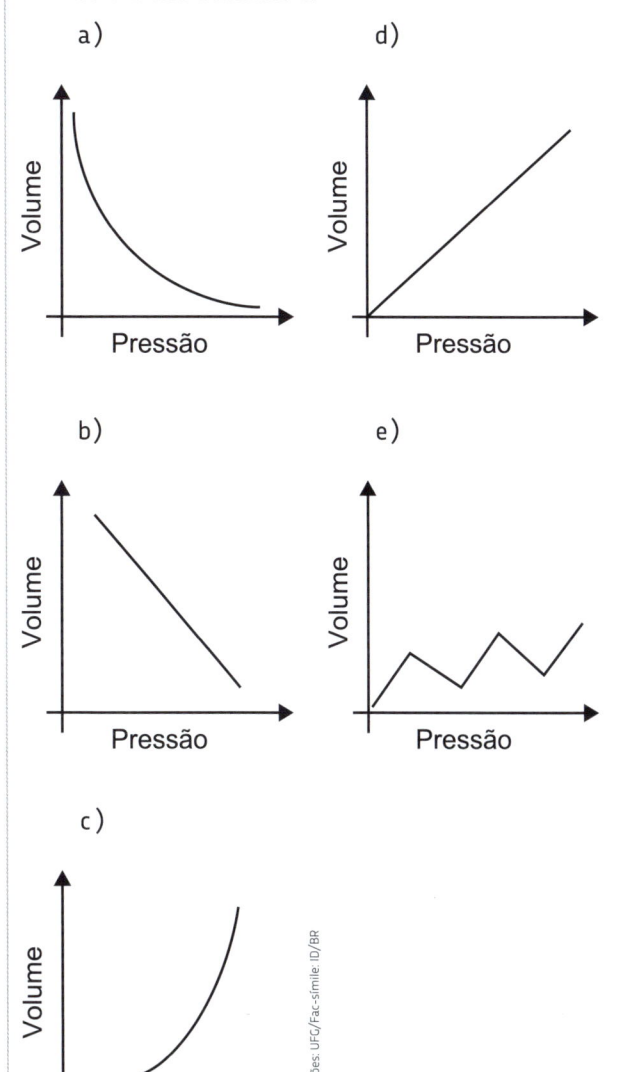

Ilustrações: UFG/Fac-símile ID/BR

8. De acordo com o gráfico de uma transformação isotérmica, representado a seguir, calcule o valor de V.

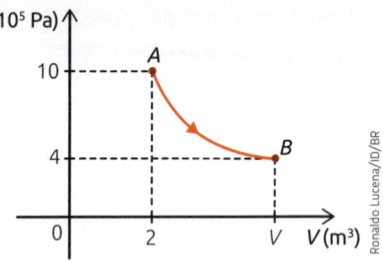

R1. Determinada quantidade de gás ideal ocupava um volume de 2 cm³ quando submetida a uma pressão de 2 atm e temperatura 30 °C. Em seguida, a temperatura desse gás foi elevada para 180 °C, e o volume do recipiente foi reduzido para 6 cm³. Calcule a nova pressão do gás, em pascal.

⬀ Resolução

Nas transformações gasosas a temperatura deve estar expressa na escala absoluta (kelvin):

$$T_0 = 30 + 273 = 303 \therefore T_0 = 303 \text{ K}$$

$$T = 180 + 273 = 453 \therefore T = 453 \text{ K}$$

Assim, aplicando a lei geral dos gases, temos:

$$\frac{p_0 \cdot V_0}{T_0} = \frac{p \cdot V}{T} \Rightarrow \frac{2 \cdot 2}{303} = \frac{p \cdot 6}{453} \Rightarrow$$

$$\Rightarrow p = \frac{1\,812}{1\,818} \cong 1 \therefore \boxed{p \cong 1 \text{ atm}}$$

Sabendo que 1 atm = 10⁵ Pa, a nova pressão do gás é de 10⁵ Pa.

9. Em condições em que um gás é considerado perfeito, as variáveis de estado assumem os valores $p_0 = 2$ atm, $V_0 = 2$ L e $T_0 = 293$ K. Ao sofrer uma determinada transformação, as variáveis passam a ter valores de $p = 1,5$ atm, $V = 4$ L e T. Calcule o valor de T, em °C.

10. Em um recipiente fechado um gás ideal sofre uma expansão isotérmica numa temperatura de 27 °C, de acordo com o gráfico abaixo. Determine a pressão p e o número de mols do gás. Utilize $R = 0,082$ atm · L/mol · K.

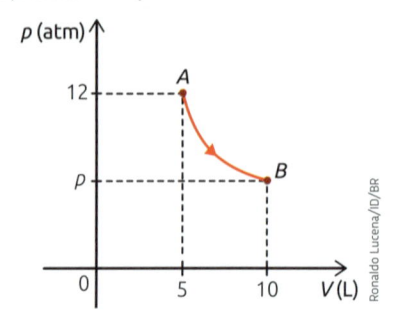

R2. Qual o número de mols presente numa amostra de gás carbônico (CO_2) com massa de 924 g? Utilize a massa molar do carbono e do oxigênio como $M_C = 12$ g/mol e $M_O = 16$ g/mol.

⬀ Resolução

A massa molar da molécula de gás carbônico (CO_2) é:

$$M_{CO_2} = M_C + 2 \cdot M_O \Rightarrow$$

$$\Rightarrow M_{CO_2} = 12 + 2 \cdot 16 = 44 \therefore M_{CO_2} = 44 \text{ g/mol}$$

Utilizando a equação para determinar o número de mols, temos:

$$n = \frac{m}{M_{CO_2}} = \frac{924}{44} = 21 \therefore n = 21 \text{ mols}$$

11. Qual a massa de argônio contida em um recipiente com 10 litros de volume, sob uma pressão de 3 atm e temperatura de 33 °C? Utilize $R = 0,082$ atm · L/mol · K e $M_{Ar} = 40$ g/mol.

R3. Numa transformação isobárica, 3 mol de um gás ideal expandem de 7 L para 9 L. Sabendo que a temperatura inicial do gás era de 293 K, qual a temperatura final e a pressão em que ocorre a transformação? Utilize $R = 0,082$ atm · L/mol · K.

⬀ Resolução

Utilizando a equação de Charles e Gay-Lussac, para uma transformação isobárica, temos:

$$\frac{V_0}{T_0} = \frac{V}{T} \Rightarrow \frac{7}{293} = \frac{9}{T} \Rightarrow T \cong 376,71 \therefore T \cong 376,71 \text{ K}$$

Aplicando a equação de Clapeyron, obtemos:

$$p \cdot V = n \cdot R \cdot T \Rightarrow p \cdot 9 = 3 \cdot 0,082 \cdot 376,71 \Rightarrow$$

$$\Rightarrow p \cong \frac{92,671}{9} \cong 10,3 \therefore \boxed{p \cong 10,3 \text{ atm}}$$

12. A atmosfera terrestre é composta por cinco camadas, separadas de acordo com a altitude em relação ao nível do mar. A camada mais próxima, denominada troposfera, vai do nível do mar até uma altitude de 12 km. Nessa camada formam-se os fenômenos climáticos, como chuvas, nuvens e relâmpagos, e sua temperatura pode variar de 40 °C até −60 °C. Supondo que um balão, preenchido completamente o seu volume de 10 L, a 1 atm e 27 °C, com gás hélio, suportasse alcançar o topo da troposfera, onde a temperatura é cerca de −50 °C e a pressão é de 0,25 atm, qual o seria o volume do balão?

Bolhas e pressão

Em 1902, na inauguração do Greenwich Foot Tunnel, túnel que passa por baixo do rio Tâmisa, em Londres, Inglaterra, a champanhe com a qual as autoridades brindaram não borbulhou como de costume, para a surpresa de todos. Isso ocorreu porque o túnel estava pressurizado para evitar a infiltração de água do rio, e a pressão impediu que as bolhas aumentassem e saíssem do líquido. Sendo assim, os presentes beberam uma grande quantidade de gás diluída na bebida.

Parte interna do Greenwich Foot Tunnel, Londres, 2014.

Quando as autoridades deixaram o túnel e foram expostas a uma pressão menor, o gás aumentou de volume e saiu do líquido, causando a dilatação de alguns órgãos internos e desconforto no estômago e na bexiga. Um dos presentes teve de ser levado de volta ao túnel para ser pressurizado novamente.

Da mesma forma, mergulhadores e operários que ficam por muito tempo em ambientes cuja pressão é maior que a atmosférica podem sofrer a formação de bolhas de gás no sangue. Sob pressão, o nitrogênio entra na corrente sanguínea e, quando o mergulhador ou o operário volta à pressão normal, esse gás se expande no sangue, podendo levar o indivíduo a ter sequelas ou até morrer.

Materiais

- 1 seringa de 20 mL com tampa
- 3 potes plásticos (tipo embalagem de sorvete)
- 1 termômetro de álcool de escala −10 a 100 °C
- cola instantânea
- cubos de gelo
- caneca de alumínio para aquecer a água
- fogão

Desenvolvimento

A Deixe o êmbolo da seringa na posição 10 mL, coloque um pouco de cola instantânea na tampa e vede a ponta da seringa.

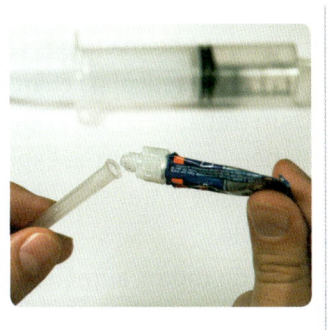

B Encha dois potes com água à temperatura ambiente e coloque os cubos de gelo em um deles.

C Aqueça a água e coloque-a no outro pote.

D Coloque a seringa e o termômetro ao mesmo tempo no pote com água e gelo. Observe o que acontece e anote em um quadro os valores da temperatura e do volume.

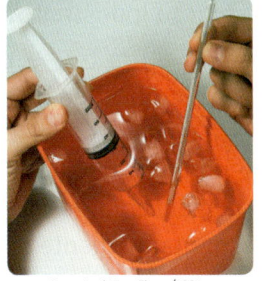

Fotos: José Vitor Elorza/ASC Imagens

E Repita o item **D** para o pote com água à temperatura ambiente e para o pote com água quente.

Análise

1. O que aconteceu com o êmbolo da seringa ao realizar os itens **D** e **E**? Explique por que isso ocorreu.

2. Que relação é possível estabelecer entre os dados anotados no quadro? Que tipo de transformação gasosa está acontecendo?

3. No desenvolvimento do experimento, faz-se a medida do volume e da temperatura do ar no interior da seringa, como se determina a pressão no gás? (densidade do ar d_{ar} = 1,2 kg/m³, massa molar do ar = 29,96 g/mol, constante dos gases ideais R = 0,082 atm · L/mol · K).

4. De que maneira é possível relacionar o experimento com o texto de introdução?

5. Elabore um relatório que contenha: nome da atividade, objetivo, materiais utilizados, descrição do desenvolvimento, análise e suas conclusões.

Investigue

7

Leis da Termodinâmica

De onde vem a energia cinética de um veículo movido a gasolina?

Veículo trafegando em uma rodovia do Espírito Santo, em 2016.

No processo conhecido como combustão, a reação química de determinada substância com o gás oxigênio libera energia.

[...]

A combustão, como qualquer outra reação química, produz substâncias (moléculas) diferentes das originais. Esse processo difere do processo de mudança de estado, onde ocorre apenas uma reorganização das moléculas. As substâncias produzidas pela combustão são formadas durante o processo de reação, através de um novo arranjo dos átomos que constituíam as moléculas da substância combustível e do oxigênio. Para tanto é preciso que as moléculas, durante o processo, se "quebrem", separando seus átomos.

[...]

GREF – Grupo de Reelaboração do Ensino de Física. *Física 2*: Física Térmica / Óptica. 5. ed. 4. reimp. São Paulo: Edusp, 2007. p. 62.

Essa reação química começa com o aumento da temperatura do combustível, geralmente causada por uma faísca elétrica. O calor de combustão produzido depende do combustível utilizado. A gasolina, por exemplo, libera 11 000 cal/g, enquanto o etanol hidratado libera 6 000 cal/g.

Esses motores a combustão interna são exemplos de máquinas térmicas, em que a produção de movimento se inicia com a queima de um combustível na chamada câmara de combustão. Os gases produzidos na combustão realizam trabalho sobre os pistões, que são empurrados para baixo após a explosão. Por causa da inércia e de outras explosões, os pistões se movimentam para cima e para baixo, movimento que é transmitido às rodas por engrenagens, resultando assim na energia cinética no veículo.

Essa explosão também causa aquecimento do motor, aumentando assim sua temperatura, o que indica que parte da energia obtida não é utilizada.

pistão

câmara de combustão

Parte de um motor a combustão interna, em corte longitudinal, mostrando a câmara de combustão e os pistões.

O surgimento e o desenvolvimento das máquinas térmicas foram importantes para o progresso da sociedade europeia durante os séculos XVIII e XIX, desencadeando uma série de transformações socioculturais e econômicas que marcaram a chamada Revolução Industrial.

Termodinâmica é um termo proposto por Lorde Kelvin que deriva do grego, significando "movimento de calor". Essa área de estudo da Física teve um papel importante no desenvolvimento da sociedade no início do século XIX. Seus estudos baseiam-se no princípio da conservação da energia e no fato de o calor ser transferido espontaneamente dos corpos mais quentes para os corpos mais frios.

Trabalho em uma transformação gasosa

Vimos que o calor é uma forma de energia em trânsito entre dois ou mais corpos com diferentes temperaturas, que ocorre como um fluxo espontâneo do corpo de maior temperatura para o de menor temperatura. Por isso dizemos que os corpos não possuem calor. De modo análogo, o trabalho corresponde à transferência de energia de um corpo ou sistema para outro, de modo que nenhum corpo possui trabalho. No motor a combustão interna, quando ocorre a explosão do combustível, o pistão do motor se desloca para baixo, ou seja, ocorre realização de trabalho sobre ele.

Vamos considerar um gás cujo comportamento equivale ao de um gás ideal, confinado em um recipiente cilíndrico com êmbolo móvel. O gás, em um estado termodinâmico inicial definido pelas grandezas pressão (p_0), volume (V_0) e temperatura (T_0), passa por uma transformação isobárica até outro estado termodinâmico definido por $p = p_0$, V e T.

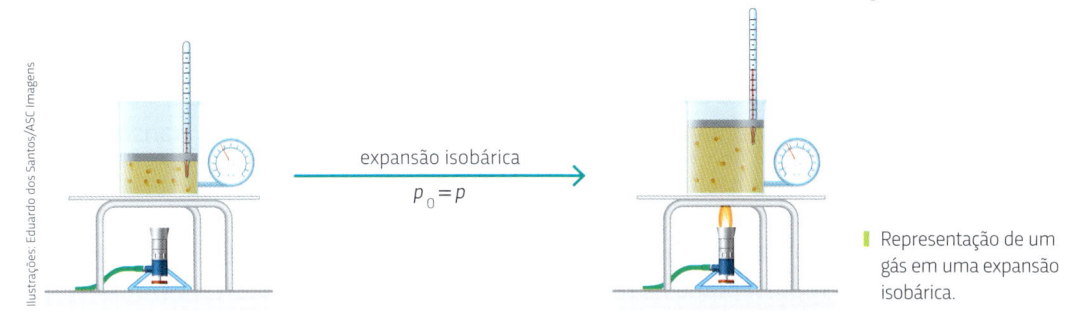

expansão isobárica
$p_0 = p$

Representação de um gás em uma expansão isobárica.

Como o sistema recebeu calor, a temperatura do gás aumentou $(T_0 < T)$, fazendo o êmbolo se deslocar para cima $(V_0 < V)$, ou seja, o gás realizou trabalho sobre o êmbolo. Esse trabalho termodinâmico pode ser determinado a partir da definição mecânica de trabalho, considerando a força aplicada e o deslocamento provocado.

$$\tau = F \cdot \Delta s \cdot \cos \theta$$

Como o deslocamento do êmbolo tem mesmo sentido da força aplicada, $\theta = 0°$ e $\cos 0° = 1$. A pressão é definida pela razão entre a força aplicada e a área. Assim, a força aplicada pelo gás pode ser expressa pelo produto entre pressão e a área do êmbolo.

$$p = \frac{F}{A} \Rightarrow \boxed{F = p \cdot A}$$

Como o recipiente é cilíndrico, o deslocamento do êmbolo pode ser relacionado com a variação do volume da seguinte forma:

$$\Delta V = A \cdot \Delta s \Rightarrow \boxed{\Delta s = \frac{\Delta V}{A}}$$

Assim, o trabalho termodinâmico em uma transformação isobárica pode ser escrito como:

Representação da variação de volume de um cilindro de área A.

$$\tau = F \cdot \Delta s \cdot \cos \theta \Rightarrow \tau = p \cdot A \cdot \frac{\Delta V}{A} \cdot 1 \Rightarrow \boxed{\tau = p \cdot \Delta V}$$

No esquema ilustrado, considere que o gás ocupava um volume de 2 L, à temperatura 67 °C (340 K), quando recebeu calor da fonte e sofreu uma expansão isobárica a pressão constante de 4 atm, até a temperatura 322 °C (595 K). Para calcular o trabalho realizado pelo gás é necessário conhecer a pressão e a variação do volume. O volume final ocupado pelo gás pode ser determinado pela lei de Charles e Gay-Lussac, lembrando que a temperatura deve ser expressa em kelvin.

$$\frac{V_0}{T_0} = \frac{V}{T} \Rightarrow \frac{2}{340} = \frac{V}{595} \Rightarrow V = 3,5 \therefore \boxed{V = 3,5 \, L}$$

Assim, na expansão isobárica, o volume do gás sofreu variação de 1,5 L. Para calcular o trabalho realizado em joule, unidade de medida do SI, a pressão deve ser expressa em pascal (Pa) e o volume em metro cúbico (m^3). Como $1\ atm = 1 \cdot 10^5$ Pa e $1\ m^3 = 1 \cdot 10^3$ L, temos que a pressão do gás foi constante e igual a $4 \cdot 10^5$ Pa e a variação de volume sofrida foi de $1,5 \cdot 10^{-3}\ m^3$. Assim, o trabalho realizado pelo gás foi de 600 J.

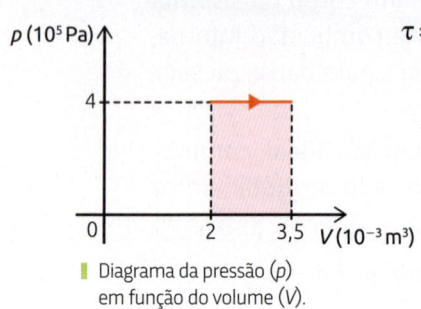

$$\tau = p \cdot \Delta V = \left(4 \cdot 10^5\right) \cdot \left(1,5 \cdot 10^{-3}\right) = 600 \therefore \boxed{\tau = 600\ J}$$

O diagrama da pressão em função do volume $(p \times V)$ ao lado representa essa situação. Geralmente o sentido dado à transformação é representado por um sinal de orientação sobre o gráfico.

A região delimitada entre a reta e o eixo do volume, no intervalo de 1,5 L, corresponde a um retângulo cuja área é dada pela multiplicação do comprimento pela largura. Assim, em um gráfico $p \times V$:

Diagrama da pressão (p) em função do volume (V).

$$\tau \overset{N}{=} \acute{a}rea$$

O trabalho realizado por um gás depende da variação de volume. Em uma expansão, o gás realiza trabalho; em uma compressão ele recebe trabalho; e em uma transformação isométrica o trabalho é nulo.

A propriedade gráfica pode ser utilizada em qualquer diagrama da pressão em função do volume, e não apenas em transformações isobáricas. Veja a seguir outros exemplos de transformações gasosas representadas em diagramas $p \times V$, nas quais é possível verificar se o gás realizou trabalho $(\tau > 0)$, se o gás recebeu trabalho $(\tau < 0)$ ou se o trabalho foi nulo $(\tau = 0)$.

Expansão isobárica: o gás realiza trabalho $(\tau > 0)$, pois $V_0 < V$ e $\Delta V > 0$.

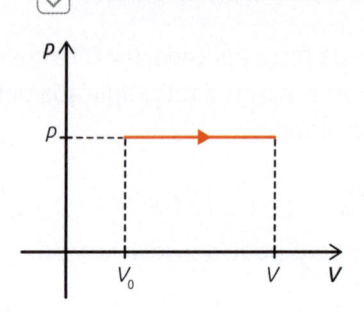

Compressão isobárica: o gás recebe trabalho $(\tau < 0)$, pois $V_0 > V$ e $\Delta V < 0$.

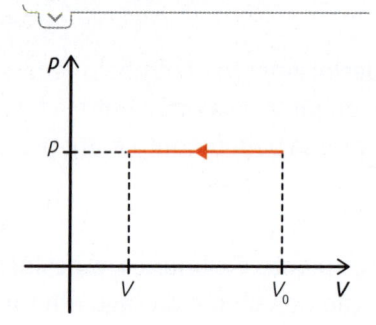

Transformação isométrica: o trabalho é nulo $(\tau = 0)$, pois $V_0 = V$ e $\Delta V = 0$.

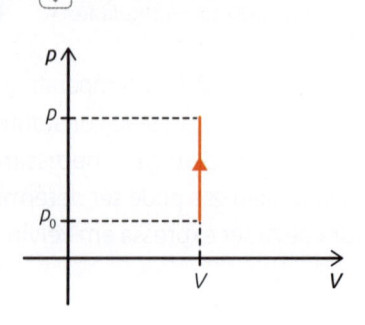

Expansão gasosa qualquer: o trabalho deve ser calculado pela análise da área do gráfico, pois há variação da pressão.

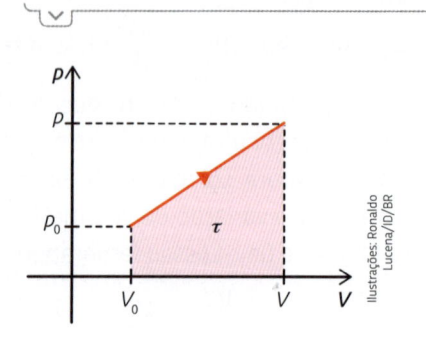

Ilustrações: Ronaldo Lucena/ID/BR

Energia interna de um gás ideal

Sabemos que a temperatura é uma grandeza relacionada ao grau de movimentação das partículas que constituem um corpo, mais especificamente à energia cinética de translação da partícula. O calor é uma forma de energia que flui devido à diferença de temperatura. Essa energia que se transfere corresponde à energia térmica.

Além da energia cinética de translação, relacionada com a temperatura da substância, as partículas constituintes da matéria podem se mover das mais variadas maneiras, podendo executar translação, rotação e vibração, por exemplo, e possuindo assim outras formas de energia. Existe também energia potencial associada a elas, devido às interações químicas.

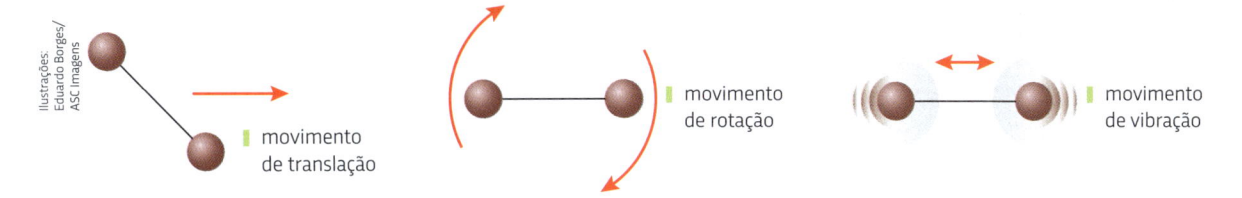

movimento de translação

movimento de rotação

movimento de vibração

Todos esses modos de energia de movimento, mais a energia potencial, constituem a energia total interna de uma substância, definida como **energia interna** (U). Quando uma substância absorve ou cede calor, a sua energia interna correspondente aumenta ou diminui.

Como a energia interna corresponde à soma de todas as energias do interior de uma substância, é possível haver um corpo ou substância com mais energia interna que outro, apesar de estar com menor temperatura. Por exemplo, uma piscina contendo água a 25 °C pode ter mais energia interna que um pequeno pedaço de metal muito quente. Se o pedaço de metal for jogado na piscina, o calor será transferido

A água de uma piscina a temperatura ambiente pode ter mais energia interna que uma pequena peça de metal a alta temperatura.

espontaneamente do metal (maior temperatura) para a água (menor temperatura), pois as trocas de calor dependem da temperatura, e não da energia interna.

Considerando inicialmente uma situação mais simples, para um gás perfeito monoatômico (formado por um único átomo), ilustrado ao lado, o movimento realizado é apenas o de translação. A partir da teoria cinética dos gases, que relaciona conceitos de Mecânica clássica e Termodinâmica, a energia interna (U), determinada a partir da energia cinética média das partículas, depende apenas da temperatura do gás. Essa energia pode ser escrita na forma:

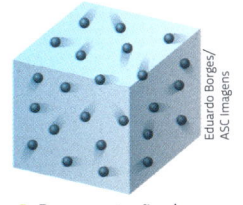

Representação de um gás perfeito monoatômico.

$$U = \frac{3 \cdot n \cdot R \cdot T}{2}$$

Na relação acima, n é o número de mols do gás ideal monoatômico, R é a constante universal dos gases perfeitos ($R = 8,31\,J/mol \cdot K$) e T é a temperatura absoluta. Essa relação é válida para gases monoatômicos que possuem três graus de liberdade de translação, que são as três dimensões do recipiente. Em gases que não sejam monoatômicos, chegamos também a uma dependência apenas da temperatura, mas com fatores relacionados a maior quantidade de graus de liberdade.

Assim como para outras formas de energia, a unidade de medida da energia interna no SI é o joule.

Primeira lei da Termodinâmica

Por que motores a combustão precisam de um sistema de resfriamento?

Pessoa colocando água no sistema de resfriamento de um veículo.

Conforme vimos, a energia cinética de um veículo provém da energia liberada pela explosão do combustível. Essa explosão gera gases que realizam trabalho sobre o pistão, mas também produz aquecimento no motor.

Sendo assim, uma parte da quantidade de calor (Q) produzida na combustão é convertida em trabalho (τ), e a outra é convertida em variação da energia interna (ΔU) nas peças que compõem o motor, causando aumento de temperatura e troca de calor com o ambiente.

Consideramos como situação padrão um gás sendo aquecido e sofrendo uma expansão isobárica (pressão constante).

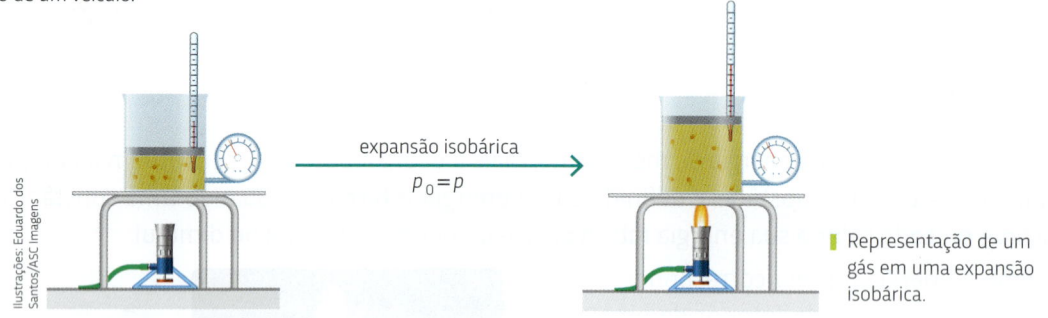

expansão isobárica
$$p_0 = p$$

Representação de um gás em uma expansão isobárica.

A primeira lei da Termodinâmica é baseada no princípio de conservação de energia, segundo o qual a energia não é criada nem perdida, apenas pode ser transmitida ou transformada. Independentemente dos valores das variáveis de estado de um sistema térmico, a quantidade de calor (Q) adicionada poderá causar aumento da energia interna do sistema (ΔU) ou possibilitar que o sistema realize trabalho (τ). Dessa forma, a primeira lei da Termodinâmica pode ser assim escrita.

$$Q = \tau + \Delta U$$

A primeira lei da Termodinâmica consiste de uma versão para o princípio da conservação de energia, de modo que as grandezas quantidade de calor, trabalho e variação de energia interna devem ser expressas na mesma unidade de medida (joule, no SI).

Na figura acima, o recipiente contendo gás recebe calor ($Q > 0$) da fonte térmica, e o gás aumenta de temperatura ($\Delta U > 0$), aumentando também seu volume e realizando trabalho sobre o êmbolo ($\tau > 0$).

O físico britânico James Prescott Joule (1818-1889) e o médico alemão Robert Mayer (1814-1878) estabeleceram a relação entre energia térmica e trabalho mecânico.

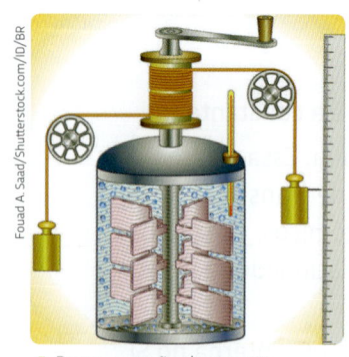

Representação do aparato montado por Joule.

Em 1843, Joule montou um experimento no qual um bloco pendurado a certa altura descia, fazendo girar algumas pás em contato com a água de um recipiente termicamente isolado. A variação da energia potencial do bloco era transmitida ao eixo com as pás imersas na água. O atrito das pás com a água provocou um leve aquecimento da água.

Com esse experimento, Joule notou que praticamente toda a energia potencial do bloco foi transformada em calor por causa do movimento da água, ou seja, existe equivalência entre energia mecânica e energia térmica. Esse equivalente mecânico do calor teve papel importante na elaboração conceitual do princípio de conservação de energia e no desenvolvimento da Termodinâmica.

Vários pesquisadores trabalharam experimentalmente, de forma independente, sobre o equivalente mecânico do calor. Um dos pesquisadores que se destacou foi o médico e físico alemão Robert Mayer (1814-1878), que, um ano e meio antes da publicação de Joule, enunciou o princípio da equivalência entre calor e trabalho. No entanto, ele obteve menor reconhecimento do que Joule, que teve seu nome associado à unidade de medida de energia no SI.

Veja a seguir uma análise da primeira lei da Termodinâmica para cada tipo de transformação gasosa.

Transformação isotérmica

Como a variação de temperatura é nula $(\Delta T = 0)$, não há variação da energia interna $(\Delta U = 0)$, e a conservação da energia ocorre entre a quantidade de calor e o trabalho.

$$Q = \tau + \Delta U = \tau + 0 \Rightarrow \boxed{Q = \tau}$$

- Se $Q > 0$, $\tau > 0$: o gás recebe certa quantidade de calor e realiza trabalho, ocorrendo uma expansão.
- Se $Q < 0$, $\tau < 0$: o gás cede certa quantidade de calor e recebe trabalho, ocorrendo uma compressão.

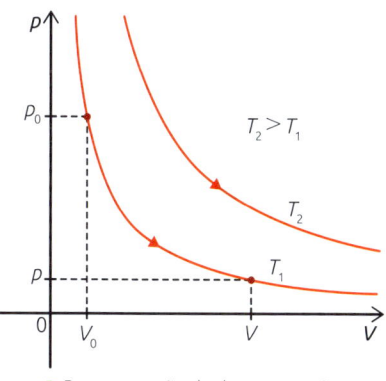

Representação de duas expansões isotérmicas, sendo $T_2 > T_1$.

Transformação isométrica

Como a variação de volume é nula $(\Delta V = 0)$, não há trabalho realizado nem recebido pelo gás $(\tau = 0)$, e a conservação de energia ocorre entre a quantidade de calor e a variação da energia interna, entre duas temperaturas.

$$Q = \tau + \Delta U = 0 + \Delta U \Rightarrow \boxed{Q = \Delta U}$$

- Se $Q > 0$, $\Delta U > 0$: o gás recebe certa quantidade de calor e aumenta sua energia interna, aquecendo.
- Se $Q < 0$, $\Delta U < 0$: o gás cede certa quantidade de calor e diminui sua energia interna, esfriando.

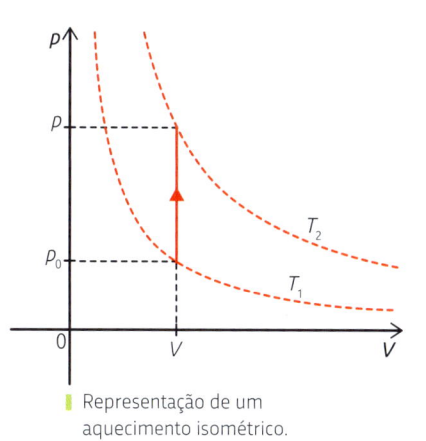

Representação de um aquecimento isométrico.

Transformação isobárica

Nesta transformação a conservação da energia ocorre entre quantidade de calor, trabalho e variação de energia interna, entre duas temperaturas.

$$\boxed{Q = \tau + \Delta U}$$

Utilizando a lei de Charles e Gay-Lussac $\left(\dfrac{V}{T} = \text{constante} \right)$, temos que, para uma transformação isobárica:

- Se $\Delta U > 0$, $\Delta V > 0$ e $\tau > 0$: o gás esquenta quando ele realiza trabalho e expande, isso significa que recebeu quantidade de calor $(Q > 0)$.
- Se $\Delta U < 0$, $\Delta V < 0$ e $\tau < 0$: o gás esfria quando recebe trabalho e comprime, isso significa que cedeu quantidade de calor $(Q < 0)$.

Representação de uma expansão isobárica.

Transformação adiabática

Transformação adiabática é aquela que ocorre sem trocas de calor com o meio externo ($Q = 0$), de modo que a energia interna (ΔU) é alterada quando o gás realiza ou recebe trabalho (τ). A conservação da energia ocorre entre o trabalho e a variação de energia interna, entre duas temperaturas.

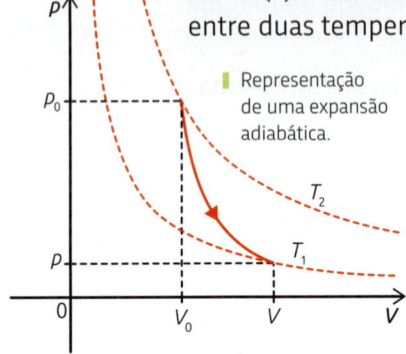

Representação de uma expansão adiabática.

$$Q = \tau + \Delta U \Rightarrow 0 = \tau + \Delta U \Rightarrow \boxed{\tau = -\Delta U}$$

Pela conclusão da primeira lei temos que, para uma transformação adiabática:

- Se $\tau > 0$, $\Delta U < 0$: o gás realiza trabalho e nesta expansão adiabática ele esfria.

- Se $\tau < 0$, $\Delta U > 0$: o gás recebe trabalho e nesta compressão adiabática ele esquenta.

Transformação cíclica

Transformação cíclica é aquela que ocorre em um ciclo fechado, no qual, após uma série de transformações termodinâmicas, o gás ideal retorna ao estado termodinâmico inicial. Dessa forma, em uma transformação cíclica não ocorre variação da energia interna, pois o gás inicia com certa temperatura e finaliza o ciclo com a mesma temperatura. De acordo com a primeira lei da Termodinâmica:

$$Q = \tau + \Delta U \Rightarrow Q = \tau + 0 \Rightarrow \boxed{Q = \tau}$$

Dessa forma, se o gás recebe uma quantidade de calor ($Q > 0$) ele realiza trabalho ($\tau > 0$), e se ele cede uma quantidade de calor ($Q < 0$) ele recebe trabalho ($\tau < 0$). Em um diagrama da pressão em função do volume ($p \times V$), a partir do sentido em que o ciclo termodinâmico ocorre, é possível concluir se o gás realizou ou recebeu trabalho.

Veja o exemplo a seguir, de uma transformação cíclica que ocorre em sentido horário. Nesse ciclo, temos:

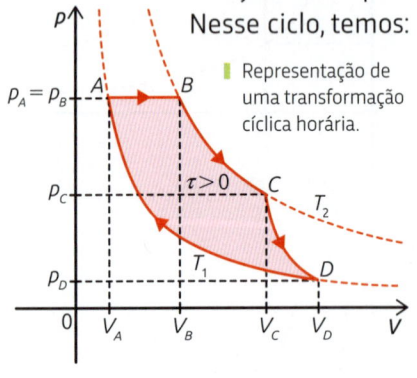

Representação de uma transformação cíclica horária.

- $A \rightarrow B$ (transformação isobárica): o gás expande mantendo pressão constante, indicando que recebeu calor, se aqueceu e realizou trabalho.

- $B \rightarrow C$ (transformação isotérmica): o gás expande mantendo sua temperatura constante, indicando que recebeu calor e realizou trabalho.

- $C \rightarrow D$ (transformação adiabática): o gás expande sem trocar calor com o meio externo, indicando que realizou trabalho e esfriou.

- $D \rightarrow A$ (transformação isotérmica): o gás é comprimido mantendo sua temperatura constante, indicando que recebeu trabalho e cedeu calor.

No ciclo termodinâmico que ocorre no sentido horário, ao final o gás recebeu calor e realizou trabalho, dado pela área delimitada pelo ciclo. Este é o tipo de ciclo que ocorre nos motores.

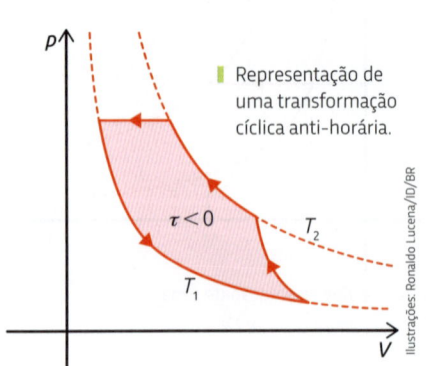

Representação de uma transformação cíclica anti-horária.

Se o ciclo se dá em sentido anti-horário, como mostrado ao lado, ao final o gás recebeu trabalho e cedeu calor. Esse é o tipo de ciclo que ocorre nos refrigeradores.

Atividades

1. É possível aquecer uma determinada quantidade de gás sem que seja fornecido calor ao sistema? Justifique.

2. Um gás ideal sofre uma transformação isométrica variando sua pressão de 1 atm para 3 atm. Determine o trabalho termodinâmico realizado pelo gás e explique o resultado obtido.

R1. Calcule o trabalho realizado por um gás que sofre uma transformação de acordo com o diagrama abaixo.

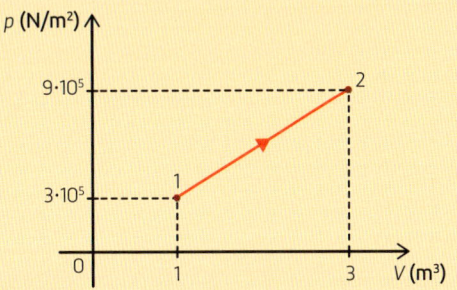

⊃ Resolução

Como o trabalho termodinâmico é numericamente igual à região delimitada no diagrama $p \times V$, seu valor pode ser obtido dividindo essa região em duas partes, com formas equivalentes a um triângulo e um retângulo.

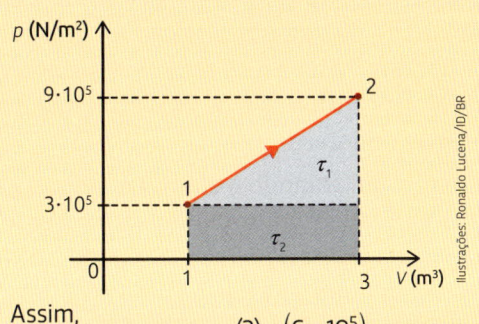

Assim,

$$\tau_1 \stackrel{N}{=} \text{área} = \frac{b \cdot h}{2} = \frac{(2) \cdot (6 \cdot 10^5)}{2} \Rightarrow$$

$$\Rightarrow \tau_1 = 6 \cdot 10^5 \therefore \tau_1 = 6 \cdot 10^5 \text{ J}$$

$$\tau_2 \stackrel{N}{=} \text{área} = b \cdot h = (2) \cdot (3 \cdot 10^5) \Rightarrow$$

$$\Rightarrow \tau_2 = 6 \cdot 10^5 \therefore \tau_2 = 6 \cdot 10^5 \text{ J}$$

$$\tau_{total} = \tau_1 + \tau_2 = 6 \cdot 10^5 + 6 \cdot 10^5 \Rightarrow$$

$$\Rightarrow \tau_{total} = 12 \cdot 10^5 \therefore \boxed{\tau_{total} = 12 \cdot 10^5 \text{ J}}$$

3. Se a energia em forma de calor flui de forma espontânea do corpo de maior temperatura para outro, com menor temperatura, é correto dizer que isso ocorre do corpo de maior energia interna para outro de menor energia interna? Explique.

4. O diagrama abaixo mostra uma transformação gasosa de um gás ideal.

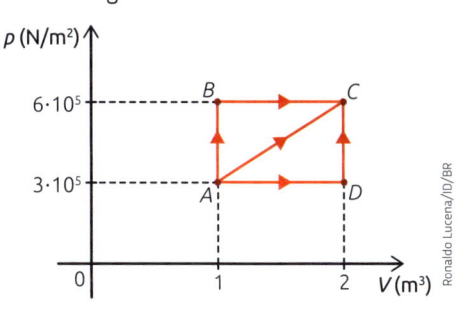

a) Calcule o trabalho se a transformação fosse realizada pelo caminho *ABC*.

b) Calcule o trabalho se a transformação fosse realizada pelo caminho *ADC*.

c) Calcule o trabalho se a transformação fosse realizada pelo caminho *AC*.

5. De acordo com o conceito de energia interna, julgue as afirmações a seguir como verdadeiras ou falsas, justificando as falsas em seu caderno.

I) A energia interna de um gás diminui em uma expansão livre.

II) A energia interna de uma massa gasosa aumenta em uma expansão isobárica.

III) A energia interna diminui em uma transformação isotérmica.

IV) A energia interna de um gás aumenta numa expansão adiabática.

6. Um gás monoatômico, inicialmente a uma temperatura de 20 °C, está confinado em um recipiente cilíndrico fechado, de êmbolo móvel e base com área de 200 cm². O recipiente é colocado sobre uma fonte calorífica e o gás recebe 400 J de energia na forma de calor. Considerando que dentro do recipiente estão contidos 4 mol do gás e $R = 8,3$ J/mol · K, determine:

a) a variação da energia interna do gás quando ele recebe 80 J de trabalho junto com o calor da fonte.

b) a temperatura final do gás se ele realiza 120 J de trabalho ao receber o calor da fonte.

c) o trabalho realizado pelo gás ao elevar o êmbolo do recipiente em 5 cm em uma transformação isobárica a 3 atm de pressão.

d) a temperatura final do gás se o êmbolo for impedido de se mover enquanto o gás recebe calor da fonte.

luminaimages/Shutterstock.com/ID/BR

Segunda lei da Termodinâmica

Os gases ocupam o volume do recipiente que os contém. Por isso, quando abrimos um frasco de perfume o gás da evaporação desse líquido se espalha pelo ambiente. Esse é um processo espontâneo de expansão do gás, em que partículas do perfume que estavam presas no frasco se distribuem pelo ambiente.

Pessoas sentido o odor de perfumes.

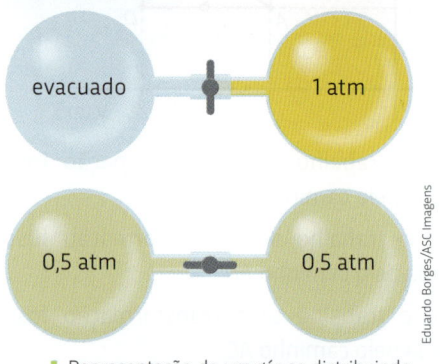
Eduardo Borges/ASC Imagens

Representação de um gás se distribuindo espontaneamente entre dois frascos.

Considere um gás ideal confinado em um frasco de 2 L a 1 atm de pressão, conectado por uma válvula fechada a outro frasco de 2 L, no qual se fez vácuo, como mostra a figura ao lado. Se a válvula for aberta e a temperatura for mantida constante, o gás sofrerá uma expansão espontânea e ocupará o segundo frasco até que a pressão em cada um deles seja 0,5 atm.

Na expansão do gás para o frasco com vácuo não há realização de trabalho ($\tau = 0$) nem variação de temperatura, portanto a energia interna do gás é constante ($\Delta U = 0$).

Note que não é possível ocorrer o processo inverso, no qual o gás igualmente distribuído nos dois frascos se move espontaneamente para o interior de somente um dos frascos.

Podemos imaginar a expansão espontânea do gás como resultado do movimento aleatório de seus átomos ou moléculas. Quando a válvula é aberta, há uma maior probabilidade de que os átomos ou as moléculas saiam do lado direito e ocupem igualmente os dois frascos, em um arranjo mais desordenado. Também há a possibilidade de que todos os átomos ou moléculas ocupem somente um dos lados do aparelho, ou que as partículas de perfume voltem para dentro do recipiente, mas a probabilidade de que essas situações aconteçam é muito pequena. Para que o gás ocupe somente um dos frascos (um arranjo mais ordenado) é necessária uma influência externa. Portanto podemos concluir que os processos que aumentam a desordem de um sistema ocorrem espontaneamente.

A ordem de um sistema está associada à sua energia útil. Quando a energia é utilizada, ela se degrada em formas não úteis, ou seja, energia desorganizada. Por exemplo, quando a gasolina é queimada no motor de um carro, sua energia organizada é desorganizada, tornando-se incapaz de realizar o mesmo trabalho novamente, ou seja, mover outro motor. A grandeza que mede a desordem ou a "degradação" de energia de um sistema é chamada entropia (S), termo criado pelo físico alemão Rudolf Clausius (1822-1888). Assim, quanto maior a desordem de um sistema, maior sua entropia.

Como a energia tende a se degradar, ou seja, como os sistemas tendem à desordem, a entropia total do Universo sempre aumenta. Para organizar um sistema é necessário haver a realização de trabalho sobre ele. Por exemplo, quando a água passa pelo processo de solidificação em um refrigerador, trabalho é realizado sobre ela a cada ciclo de refrigeração. Se o refrigerador for desligado, o gelo espontaneamente tenderá a derreter.

O conceito de entropia permite estudar por que certos processos são espontâneos e também formular a segunda lei da Termodinâmica, que diz:

> Em processos naturais (espontâneos), a ordem tende para a desordem, isto é, a entropia sempre aumenta.

A segunda lei da Termodinâmica relaciona-se ao sentido natural dos processos. Observando as duas imagens ao lado, sabemos que a ordem das etapas do processo é do ovo inteiro para o ovo quebrado, e que esse processo é irreversível, pois, por mais que o tempo passe, o ovo quebrado nunca voltará a ficar inteiro por conta própria.

Ovo de galinha inteiro.

Ovo de galinha quebrado.

Existem outras maneiras de interpretar e expressar a segunda lei da Termodinâmica. Dizemos que a ordem tende à desordem porque o calor se transfere naturalmente do corpo de maior temperatura para o corpo de menor temperatura, aumentado a entropia. Se o calor se transferisse do corpo de menor temperatura para o de maior temperatura, o corpo mais frio ficaria cada vez mais frio, ou seja, com energia mais organizada. Seria como colocar uma pedra de gelo em um copo de água, e a temperatura da água subir enquanto a do gelo diminuiria ainda mais.

Portanto a segunda lei também pode ser escrita a seguinte maneira.

Em um copo com água e gelo, o calor é transferido naturalmente da água líquida para a água no estado sólido (gelo).

> O calor jamais passa espontaneamente de um corpo com menor temperatura para um corpo com maior temperatura.

Nos ciclos termodinâmicos já estudados, o trabalho foi obtido quando o calor foi transferido de um corpo de maior temperatura (chamado fonte quente) para um corpo de menor temperatura (fonte fria). Os equipamentos que realizam a transformação de calor em trabalho são chamados **máquinas térmicas**.

A primeira máquina térmica

Algumas máquinas térmicas foram idealizadas ainda na Antiguidade, como a eolípila de Heron, que era formada por uma esfera metálica com dois pequenos canos contendo água em seu interior. Ao aquecer a água, o vapor que saía dos canos levava a esfera a realizar um movimento de rotação.

Em 1698, cerca de 2 mil anos após a máquina de Heron, o engenheiro militar inglês Thomas Savery desenvolveu a primeira máquina térmica de interesse industrial. Ela era utilizada para retirar água de poços das minas de carvão. Porém seu rendimento era muito baixo. Por volta de 1712, o inventor inglês Thomas Newcomen aperfeiçoou a máquina de Savery, idealizando uma máquina capaz de retirar água de poços mais profundos, com mais segurança.

No entanto, o grande destaque dessas máquinas ocorreu na Revolução Industrial do final do século XVIII e início do XIX, com o aperfeiçoamento da máquina a vapor por James Watt e a popularização das máquinas em diversos setores da produção industrial.

Réplica da eolípila criada por Heron de Alexandria, por volta do séc. I d.C.

O desenvolvimento teórico sobre as máquinas térmicas veio somente depois do seu desenvolvimento prático. Nessa fase percebeu-se que uma máquina térmica deve ser equipada com uma fonte quente e uma fonte fria, para que assim ocorra fluxo espontâneo de calor. A fonte quente, à temperatura T_1, fornece uma quantidade de calor Q_1 à máquina, e a fonte fria, à temperatura T_2, com $T_2 < T_1$, recebe a quantidade de calor Q_2 que não foi aproveitada, como representado ao lado. O trabalho realizado pela máquina é dado pela diferença entre as duas quantidades de calor.

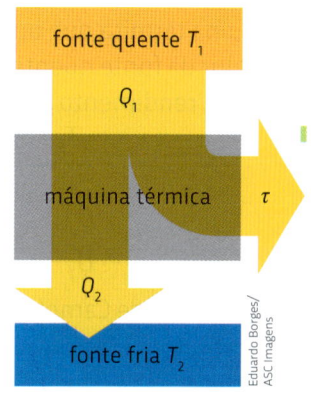
fonte quente T_1 — Q_1 — máquina térmica — τ — Q_2 — fonte fria T_2

Ilustração esquemática de uma máquina térmica. Notamos que o calor recebido pela máquina é equivalente à soma do trabalho realizado e do calor cedido para o meio.

$$\tau = Q_1 - Q_2$$

● Rendimento de uma máquina térmica e ciclo de Carnot

Como as máquinas térmicas dependem de uma fonte quente e de uma fonte fria para que o calor seja transferido espontaneamente, elas não convertem toda a energia recebida em trabalho. Uma parte dessa energia é transferida para a fonte fria, que geralmente é o ambiente. Isso quer dizer que as máquinas térmicas apresentam um rendimento, representado pelo símbolo η (lê-se ni), que indica quanto da energia recebida é transformada em trabalho.

> Note que, quanto menor for a quantidade de calor dissipada para o ambiente (Q_1), maior será o rendimento da máquina térmica (η), ou seja, maior será sua eficiência.

$$\eta = \frac{\tau}{Q_1}$$

Como em uma máquina térmica o trabalho é dado pela diferença entre as quantidades de calor da fonte quente e da fonte fria, $(\tau = Q_1 - Q_2)$. Assim, o rendimento de uma máquina térmica, de acordo com a segunda lei da Termodinâmica, é:

$$\eta = \frac{\tau}{Q_1} \Rightarrow \eta = \frac{Q_1 - Q_2}{Q_1} \Rightarrow \boxed{\eta = 1 - \frac{Q_2}{Q_1}}$$

Os motores a gasolina apresentam rendimento entre 22% e 30%, e os motores a *diesel* têm rendimento entre 30% e 38%. Note que máquinas térmicas sempre rejeitam uma quantidade significativa do calor recebido. Vários pesquisadores buscaram melhorar o rendimento das máquinas térmicas, e a contribuição teórica mais importante foi feita pelo físico francês Sadi Carnot (1796-1832).

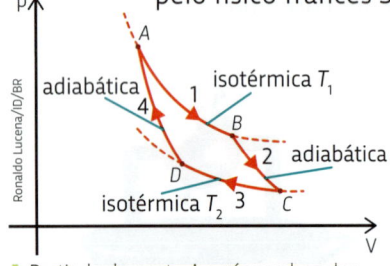

Partindo do ponto *A*, o gás recebe calor da fonte quente e sofre uma expansão isotérmica (curva 1). Na curva 2 o gás sofre uma expansão adiabática, entrando em contato com a fonte fria no ponto *C*. O gás então sofre uma compressão isotérmica (curva 3) e uma compressão adiabática, recomeçando o ciclo em *A* novamente.

Ao analisar o funcionamento das máquinas térmicas, Carnot elaborou um ciclo, conhecido como ciclo de Carnot, que apresenta o rendimento teórico máximo que uma máquina térmica pode ter, independentemente do combustível utilizado. O rendimento dessa máquina ideal depende somente da diferença de temperatura entre a fonte quente e a fonte fria.

Para obter seu rendimento máximo, a máquina térmica deveria operar em um ciclo reversível com duas transformações isotérmicas e duas adiabáticas, ou seja, a troca de calor se dá somente entre o gás (ou substância de operação) e as fontes quente e fria, não havendo perdas de calor devido às forças de atrito. O gráfico ao lado representa o ciclo de Carnot em um diagrama da pressão em relação ao volume.

Portanto, uma máquina térmica que funciona entre duas temperaturas tem o rendimento real dado pela relação apresentada acima. Seu rendimento máximo é dado pelo ciclo de Carnot, calculado em relação às temperaturas.

$$\eta = \frac{T_1 - T_2}{T_1} \Rightarrow \boxed{\eta = 1 - \frac{T_2}{T_1}}$$

Uma máquina térmica que opera entre as temperaturas $T_1 = 900$ K e $T_2 = 300$ K, recebendo 1 000 J de calor da fonte quente e rejeitando 650 J de calor para a fonte fria, teria rendimento ideal de 67% e rendimento real de apenas 35%, como mostrado abaixo.

$$\eta_{ideal} = 1 - \frac{T_2}{T_1} = 1 - \frac{300}{900} = 1 - 0,33 = 0,67 \therefore \boxed{\eta_{ideal} = 0,67 \text{ ou } 67\%}$$

$$\eta_{real} = 1 - \frac{Q_2}{Q_1} = 1 - \frac{650}{1\ 000} = 1 - 0,65 = 0,35 \therefore \boxed{\eta_{real} = 0,35 \text{ ou } 35\%}$$

A partir do estudo de Carnot, obtemos outro enunciado para a segunda lei da Termodinâmica.

> Nenhuma máquina operando em ciclos pode ter rendimento de 100%, isto é, nenhuma máquina térmica pode transformar totalmente o calor recebido em trabalho.

Pela equação de Carnot, um rendimento de 100% só pode ser conseguido se a fonte fria estiver na temperatura de 0 K.

O ciclo de Carnot é um ciclo teórico ideal, mas existem outros ciclos que são utilizados até hoje em máquinas térmicas e motores a combustão, como o ciclo Otto e o Diesel.

Em 1876, o engenheiro alemão Nikolaus August Otto (1832-1891) desenvolveu um motor a combustão interna mais silencioso e com melhor rendimento que os motores da época. Atualmente, os motores de ciclo Otto funcionam com gasolina e etanol.

A queima da gasolina ou do etanol em um motor a combustão acontece dentro dos cilindros. O resultado da combustão é a movimentação dos pistões transmitida por engrenagens até as rodas, gerando energia para o automóvel se movimentar. Algumas motocicletas possuem motores de 1 cilindro, mas os carros geralmente apresentam de 3 a 12 cilindros. Veja a seguir mais informações sobre um motor de ciclo Otto conhecido como "motor de quatro tempos".

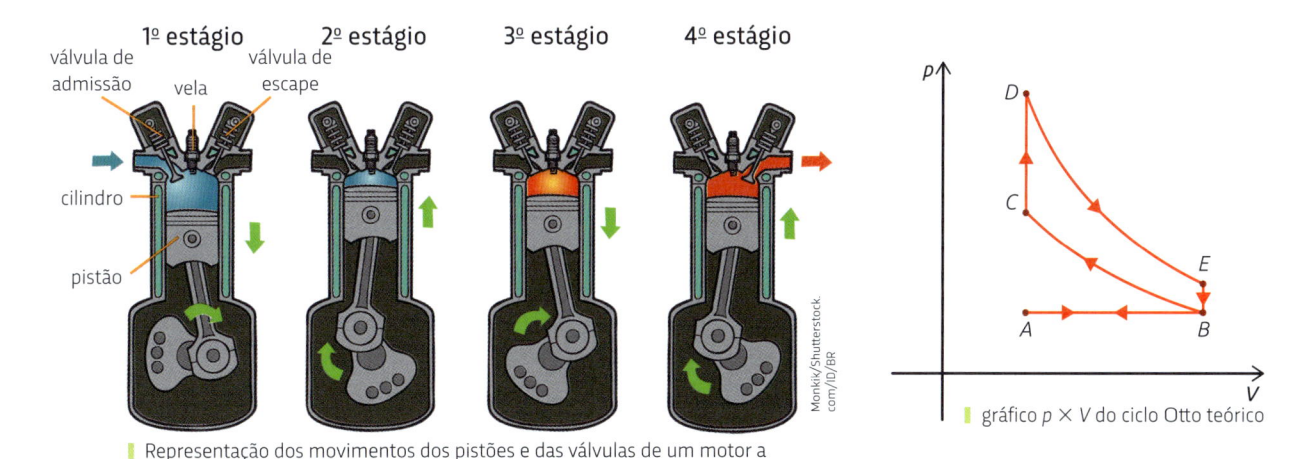

Representação dos movimentos dos pistões e das válvulas de um motor a combustão de "quatro tempos".

gráfico $p \times V$ do ciclo Otto teórico

- 1º estágio (admissão): o pistão desce com a válvula de admissão aberta e uma mistura de ar e combustível entra no cilindro ($A \to B$).
- 2º estágio (compressão): com as válvulas fechadas, o pistão sobe e comprime a mistura de ar e combustível, aumentando a temperatura ($B \to C$).
- 3º estágio (explosão e expansão): o pistão atinge o ponto de compressão máxima e uma faísca elétrica produzida pela vela provoca a explosão do combustível ($C \to D$). O pistão desce rapidamente, e tanto a pressão como a temperatura diminuem ($D \to E$).
- 4º estágio (exaustão): a válvula de escape abre e varia a massa e a pressão da mistura, sem variar o volume ($E \to B$). No trecho ($B \to A$) os produtos da queima do combustível são expulsos do cilindro, e o ciclo recomeça.

Outro motor, patenteado em 1893 pelo engenheiro francês Rudolf Diesel (1858-1913), utiliza como combustível um óleo vegetal. Em sua homenagem, o motor ficou conhecido como motor a *diesel*. O cilindro de um motor a *diesel* é quase igual ao de um motor a gasolina, sendo que no lugar da vela fica o bico injetor de combustível.

No 1º estágio do ciclo Diesel entra apenas ar no cilindro, e a mistura de combustível é feita somente no 3º estágio. O óleo diesel entra na câmara do pistão e encontra uma temperatura alta, resultado da compressão rápida do ar, explodindo sem a necessidade de faíscas.

O rendimento dos motores também é diferente. Enquanto os motores Otto, a gasolina ou etanol, têm rendimento entre 22% e 30%, o rendimento dos motores a *diesel* fica entre 30% e 38%. O primeiro carro a gasolina, com motor integrado ao chassi, como os carros atuais, foi fabricado entre 1885 e 1886, pelo engenheiro alemão Carl Benz (1844-1929).

Gráfico que representa o ciclo Diesel teórico.

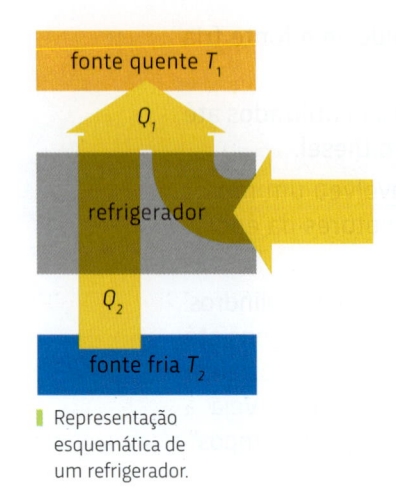

Representação esquemática de um refrigerador.

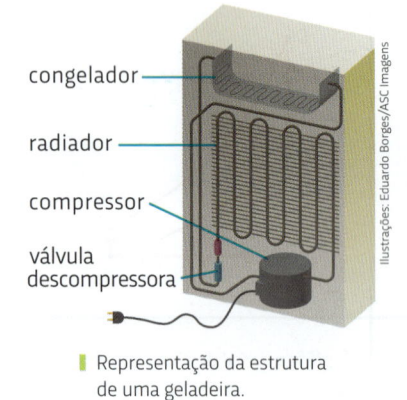

congelador

radiador

compressor

válvula descompressora

Ilustrações: Eduardo Borges/ASC Imagens

Representação da estrutura de uma geladeira.

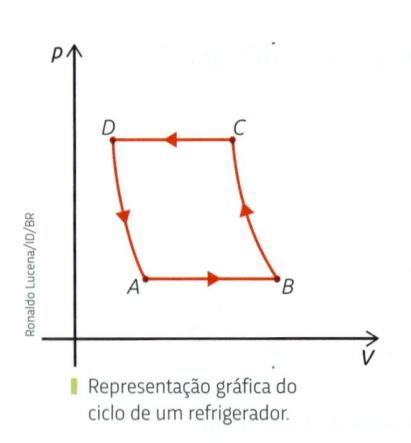

Ronaldo Lucena/ID/BR

Representação gráfica do ciclo de um refrigerador.

Outras máquinas térmicas importantes são os refrigeradores. Eles funcionam por um ciclo inverso, ou seja, retiram calor de uma fonte fria e rejeitam calor para uma fonte quente, fato que parece contrariar a segunda lei da Termodinâmica. Mas essa transferência de calor, da temperatura menor para a maior, não é espontânea; ela ocorre devido à realização de um trabalho externo, como mostra o esquema ao lado.

Um bom exemplo de refrigerador é a geladeira doméstica. Seu sistema de refrigeração é composto por tubos metálicos que interligam o compressor, o radiador, a válvula descompressora e o congelador. No interior dos tubos circula um fluido refrigerante, responsável pelas trocas de calor dentro e fora da geladeira. Muitas geladeiras antigas utilizam fluidos refrigerantes que têm como base os CFCs (clorofluorcarbonos), prejudiciais à camada de ozônio e que estão sendo substituídos por gases menos prejudiciais, como os HCFCs (hidroclorofluorcabonos) e os HFCs (hidrofluorcarbonos).

No funcionamento da geladeira, o fluido refrigerante, no congelador, troca calor com a parte interna da geladeira; nesse momento o fluido esquenta e se vaporiza enquanto o interior da geladeira é resfriado $(A \rightarrow B)$. Do congelador, o fluido (gás) desce para o compressor, que realiza trabalho sobre ele, aumentando sua pressão e sua temperatura $(B \rightarrow C)$. O gás entra no radiador e troca calor com o ambiente, resfriando e condensando $(C \rightarrow D)$. Ao passar pela válvula descompressora o líquido tem seu volume aumentado rapidamente, resfria ainda mais e volta ao congelador, recomeçando o ciclo $(D \rightarrow A)$.

Os refrigeradores são equipados com termostatos que medem sua temperatura interna e controlam o funcionamento do motor (compressor). Portanto, para um melhor aproveitamento, devemos evitar colocar alimentos quentes dentro da geladeira ou deixá-la com a porta aberta por muito tempo, a fim de consumir menos energia elétrica e aumentar sua eficiência. Outra recomendação para um melhor funcionamento das geladeiras é não pendurar roupas no radiador, pois elas dificultam a troca de calor com o ambiente, fazendo com que o interior da geladeira demore mais para ser resfriado.

A ideia básica dos refrigeradores é aumentar a vida útil dos alimentos, diminuindo a ação das bactérias que os torna inadequados ao consumo. Atualmente, a refrigeração e o congelamento dos alimentos são a forma mais comum de conservá-los frescos por mais tempo. Por exemplo, o leite a temperatura ambiente se tornará inadequado ao consumo em poucas horas, mas dentro de uma geladeira ele pode se manter fresco por mais tempo.

Assim como as outras máquinas térmicas, os refrigeradores também apresentam um rendimento, chamado aqui de eficiência do refrigerador (e) e obtido pela relação entre o calor retirado da fonte fria $\left(Q_2\right)$.

$$e = \frac{Q_2}{\tau} \Rightarrow e = \frac{Q_2}{Q_1 - Q_2}$$

7. A sequência de imagens abaixo ilustra grãos de milho estourando e virando pipoca em um sistema fechado.

A grão do milho de pipoca

B grão do milho de pipoca estourando

C pipoca estourada

Fotos: Coffeemill/Shutterstock.com/ID/BR

Julgue as afirmações a seguir como verdadeiras ou falsas, justificando as falsas em seu caderno.

I) Na imagem **A**, a ordem do sistema é maior que em **C**, portanto, durante o processo, a entropia do sistema aumenta.

II) Na imagem **C**, a desordem do sistema é maior que em **A**, assim, durante o processo, a entropia do sistema diminui.

III) A ordem do sistema é maior no início, portanto o processo é reversível.

IV) A variação da entropia do sistema é nula, pois se trata de um processo reversível e adiabático.

8. Qual a relação entre a entropia, compreendida como uma medida da desordem de um sistema, e a impossibilidade da existência de uma máquina térmica que apresente 100% de rendimento? Exemplifique esta lei com situações do cotidiano.

9. Qual a relação entre o rendimento de um automóvel em relação à temperatura do motor e do ambiente no qual está inserido? Explique.

> **R2.** Considere que uma máquina térmica cuja fonte quente esteja à temperatura de 373 K cede 1 200 J à sua fonte fria, que está a 273 K. Calcule o rendimento e o trabalho realizado por esta máquina.
>
> **⟩ Resolução**
>
> Para o cálculo do rendimento, levamos em conta as temperaturas das fontes.
>
> $$\eta = 1 - \frac{T_2}{T_1} = 1 - \frac{273}{373} \cong 0{,}27$$
>
> $$\therefore \eta \cong 0{,}27 \text{ ou } 27\%$$
>
> O trabalho realizado é dado por:
>
> $$\eta = \frac{\tau}{Q_1} \Rightarrow 0{,}27 = \frac{\tau}{1200} \Rightarrow \tau = 324 \therefore \boxed{\tau = 324\text{J}}$$

10. Uma máquina térmica opera entre duas fontes com as seguintes temperaturas: 480 °C e 30 °C, respectivamente. A cada ciclo termodinâmico, a máquina retira da fonte quente 2 000 J de energia em forma de calor e realiza 800 J de trabalho.

a) Calcule o rendimento real da máquina térmica.

b) Qual a quantidade de calor rejeitado pela máquina a cada ciclo?

c) Calcule o rendimento máximo dessa máquina térmica.

11. (Enem/Inep) No nosso dia a dia deparamo-nos com muitas tarefas pequenas e problemas que demandam pouca energia para serem resolvidos e, por isso, não consideramos a eficiência energética de nossas ações. No global, isso significa desperdiçar muito calor que poderia ainda ser usado como fonte de energia para outros processos. Em ambientes industriais, esse reaproveitamento é feito por um processo chamado de cogeração. A figura a seguir ilustra um exemplo de cogeração na produção de energia elétrica.

Cogeração de energia elétrica

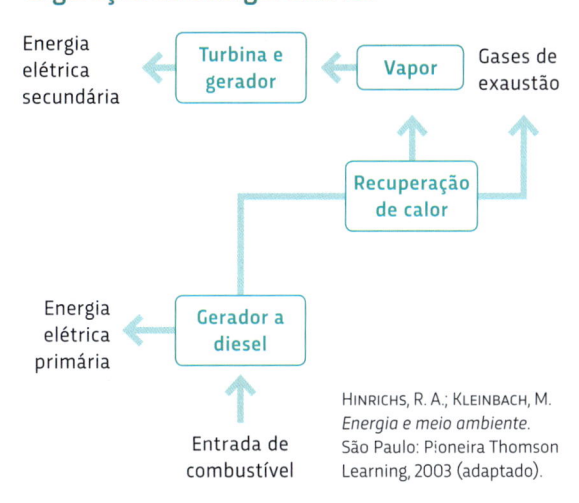

HINRICHS, R. A.; KLEINBACH, M. *Energia e meio ambiente.* São Paulo: Pioneira Thomson Learning, 2003 (adaptado).

Em relação ao processo secundário de aproveitamento de energia ilustrado na figura, a perda global de energia é reduzida por meio da transformação de energia

a) térmica em mecânica.

b) mecânica em térmica.

c) química em térmica.

d) química em mecânica.

e) elétrica em luminosa.

A Revolução Industrial e a revolução social

Hoje muitas máquinas fazem parte do nosso dia a dia e seria difícil imaginar a vida sem elas. No ramo industrial, de tecnologia e comunicações, ou até mesmo na rotina diária, elas se tornaram indispensáveis.

Com o surgimento das máquinas a vapor, as locomotivas foram um dos símbolos da Revolução Industrial. Uma viagem de Londres, Inglaterra, até Glasgow, Escócia, que antes levava até 12 dias, passou a ser feita em cerca de 3 dias. Na tela ao lado podemos ter uma ideia desse momento, retratando uma estação em Paris, França, em 1877.

MONET, Claude. Interior da estação Saint-Lazare, 1877. Óleo sobre tela, 54,3 cm x 73,6 cm. National Gallery, Londres.

A Revolução Industrial teve inúmeros aspectos e fatores, tanto positivos quanto negativos. Com a mecanização rápida de diversos setores produtivos, como extração de carvão, metalurgia, fiação, cultivo agrícola, construção, ferrovias e indústria naval, passou-se a produzir muito mais em menos tempo, favorecendo assim as vendas no comércio e a diversificação dos produtos. Outras áreas profissionais também foram impulsionadas por essa mudança social, como engenharia, arquitetura e medicina.

O surgimento das máquinas trouxe uma nova maneira de organização social, pois a atividade artesanal doméstica foi progressivamente substituída pela produção em série nas fábricas e indústrias. Nesse novo cenário, há patrões e empregados, que trabalham por um salário.

A mão de obra era, em sua grande maioria, formada por camponeses que perderam suas terras e aqueles que buscavam melhores oportunidades de vida, pois haviam perdido seu ofício diante das máquinas. O aumento populacional das cidades fez com que muitas pessoas passassem a viver de forma miserável, em cômodos pequenos, sujos, sem nenhum tipo de infraestrutura nem saneamento.

Mulheres trabalhando em uma indústria têxtil, em 1910.

Indivíduos que antes exerciam suas habilidades em grupos pequenos e familiares passaram a trabalhar com centenas de pessoas, em um ritmo ditado pelas máquinas, em jornadas de dez a doze horas diárias em troca de baixos salários. Homens, mulheres e até mesmo crianças se viam na necessidade de trabalhar até o limite de suas forças, com medo de perderem seus empregos.

Surgiu um dilema social relacionado ao progresso econômico, que, ao mesmo tempo em que possibilita avanços econômicos, traz pobreza e aumento da desigualdade social. Essa discussão permanece até hoje, já que o cenário econômico se mantém na grande maioria dos países, principalmente os capitalistas.

O progresso é importante e essencial para uma nação, podendo proporcionar benefícios para todos. Porém, muitas vezes a ganância e a desonestidade fazem surgir inúmeras injustiças sociais. Diante dessa realidade, todos devem se conscientizar e se dedicar em prol de uma sociedade menos desigual.

A De que forma a Ciência está relacionada com as questões sociais destacadas no texto?

B Converse com seus colegas sobre o porquê de o progresso econômico, que deveria ser benéfico, provocar em certos momentos injustiças para a sociedade.

Transformando calor em movimento

Mesmo com o advento e a popularização das máquinas elétricas, as máquinas térmicas mantêm sua importância para a humanidade. Elas estão presentes em geradores elétricos de usinas termelétricas, nos mais variados meios de transporte, nos refrigeradores, entre outras utilidades.

Até mesmo alguns meios de transporte aquáticos funcionam com base nas máquinas térmicas.

Nesta atividade você montará uma máquina térmica, verificando seu princípio de funcionamento.

Materiais

- caldeira fornecida pelo professor
- tesoura de pontas arredondadas
- bacia com água
- embalagem longa vida de 1 L
- 1 vela
- cola quente
- régua

⌐Algumas etapas desta atividade deverão ser realizadas por um adulto.⌐

Investigue

Desenvolvimento

A Retire uma das laterais da embalagem longa vida de 1 L. Na lateral oposta, faça um furo retangular de 1 cm por 0,5 cm. Passe pelo furo os canudos que estão colados na caldeira fornecida pelo professor. Cole-os no fundo da caixa e vede o furo da caixa com a cola. Veja a fotografia ao lado.

B Dobre os canudos de modo que a parte sem cola da lata de alumínio forme uma angulação de aproximadamente 45° com o interior da caixa. Cole, logo abaixo da lata, a vela, ajustando o tamanho da vela para que não toque na lata.

C Preencha o canudo com água e coloque o aparato sobre a água. Peça ao adulto que acenda a vela e observe o que acontece.

lateral oposta à parte recortada da caixa

canudos da caldeira

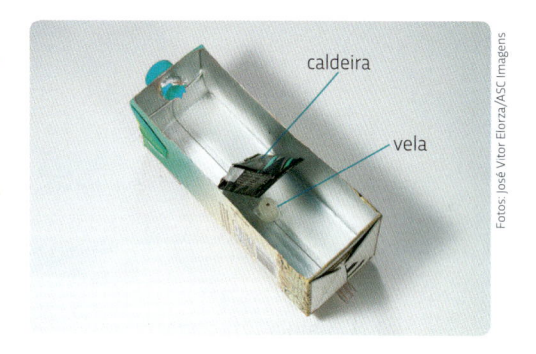

caldeira

vela

Fotos: José Vitor Elorza/ASC Imagens

Análise

1. O que ocorre com o aparato após o item **C**? Explique por que isso acontece.

2. A partir do som produzido pelo funcionamento do aparato, elabore hipóteses sobre seu funcionamento.

3. Relacione essa atividade com o texto apresentado no início desta seção.

4. Elabore um relatório que contenha: nome da atividade, objetivo, materiais utilizados, descrição do desenvolvimento, análise e suas conclusões.

PominOz/Shutterstock.com/ID/BR

O *jet ski* utiliza um motor de combustão interna.

Calibração segura

Os pneus de um veículo precisam ser revisados e trocados periodicamente, garantindo assim a segurança dos usuários.

A estrutura dos pneus é capaz de suportar altas pressões internas quando estão em condições de uso e calibrados de acordo com a recomendação do fabricante. Ignorar essas orientações pode causar diversos imprevistos, além de graves acidentes ou até explosões do pneu.

Veja a seguir a representação de um estabelecimento que presta serviços de troca e manutenção de pneus.

Automóvel suspenso por um elevador hidráulico.

"Gaiola" utilizada para manuseio e calibração de pneus com segurança.

Mangueira de ar comprimido.

Pneu de um automóvel sendo inflado até a pressão de 33 psi, conforme as recomendações do fabricante. A calibração de um pneu pode variar de acordo com suas características.

A Um profissional que trabalha com manutenção e trocas de pneus deve manter os pneus inflados em local isolado ou em "gaiolas" de segurança. Que risco um pneu inflado pode oferecer?

B Por que é possível utilizar o instrumento tipo "caneta" para medir a pressão de um pneu inflado?

C De que forma um recipiente com água é útil para verificar vazamentos em pneus?

D Por que alguns pneus de bicicleta, como aqueles finos utilizados em bicicletas de corrida, suportam pressão maior do que os pneus de alguns automóveis?

E Por que é importante que pneus sejam calibrados à temperatura ambiente?

Para verificar se a pressão no pneu está adequada, os profissionais geralmente utilizam um instrumento de verificação conhecido como "caneta". Ao pressioná-lo na válvula do pneu, uma haste graduada se desloca para fora, registrando o valor da pressão interna do pneu.

O pneu de uma bicicleta, mesmo tendo menor volume em relação ao pneu de um automóvel, pode exigir pressões de calibração de até 120 psi.

Recipiente com água, onde o pneu cheio é mergulhado para verificar se existem vazamentos.

Ilustranet/ASC Imagens

1. (Enem/Inep) Aumentar a eficiência na queima de combustível dos motores a combustão e reduzir suas emissões de poluentes é a meta de qualquer fabricante de motores. É também o foco de uma pesquisa brasileira que envolve experimentos com plasma, o quarto estado da matéria e que está presente no processo de ignição. A interação da faísca emitida pela vela de ignição com as moléculas de combustível gera o plasma que provoca a explosão liberadora de energia que, por sua vez, faz o motor funcionar.

Disponível em: www.inovacaotecnologica.com.br.
Acesso em: 22 jul. 2010 (adaptado).

No entanto, a busca da eficiência referenciada no texto apresenta como fator limitante

a) o tipo de combustível, fóssil, que utilizam. Sendo um insumo não renovável, em algum momento estará esgotado.

b) um dos princípios da Termodinâmica, segundo o qual o rendimento de uma máquina térmica nunca atinge o ideal.

c) o funcionamento cíclico de todos os motores. A repetição contínua dos movimentos exige que parte da energia seja transferida ao próximo ciclo.

d) as forças de atrito inevitável entre as peças. Tais forças provocam desgastes contínuos que com o tempo levam qualquer material à fadiga e ruptura.

e) a temperatura em que eles trabalham. Para atingir o plasma, é necessária uma temperatura maior que a de fusão do aço com que se fazem os motores.

2. O diagrama abaixo representa a transformação de 100 mol de um gás ideal quando recebe $2 \cdot 10^6$ J de calor. Considere $R = 8,31$ J/mol $\cdot$ K.

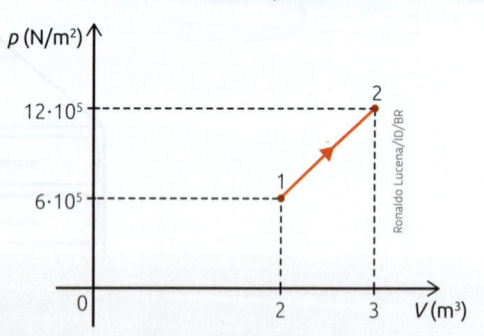

a) Calcule o trabalho realizado pelo gás.

b) Calcule a variação de energia interna.

c) Qual a temperatura no estado 2?

3. (Enem/Inep) Um motor só poderá realizar trabalho se receber uma quantidade de energia de outro sistema. No caso, a energia armazenada no combustível é, em parte, liberada durante a combustão para que o aparelho possa funcionar. Quando o motor funciona, parte da energia convertida ou transformada na combustão não pode ser utilizada para a realização de trabalho. Isso significa dizer que há vazamento da energia em outra forma.

CARVALHO, A. X. Z. *Física Térmica*.
Belo Horizonte: Pax, 2009 (adaptado).

De acordo com o texto, as transformações de energia que ocorrem durante o funcionamento do motor são decorrentes de a

a) liberação de calor dentro do motor ser impossível.

b) realização de trabalho pelo motor ser incontrolável.

c) conversão integral de calor em trabalho ser impossível.

d) transformação de energia térmica em cinética ser impossível.

e) utilização de energia potencial do combustível ser incontrolável.

4. (AFA-SP) O diagrama abaixo representa um ciclo realizado por um sistema termodinâmico constituído por n mols de um gás ideal.

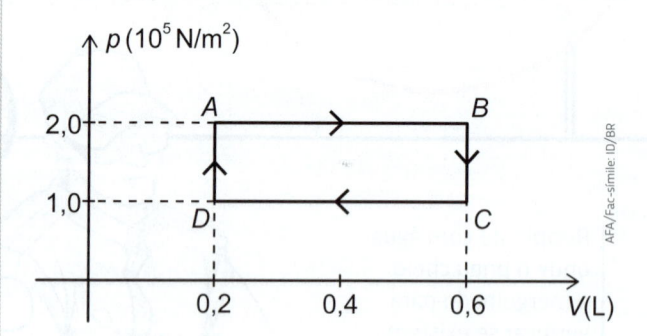

Sabendo-se que em cada segundo o sistema realiza 40 ciclos iguais a este, é correto afirmar que a(o)

a) potência desse sistema é de 1 600 W.

b) trabalho realizado em cada ciclo é −40 J.

c) quantidade de calor trocada pelo gás com o ambiente em cada ciclo é nula.

d) temperatura do gás é menor no ponto C.

5. (Enem/Inep) A invenção da geladeira proporcionou uma revolução no aproveitamento dos alimentos, ao permitir que fossem armazenados e transportados por longos períodos. A figura apresentada ilustra o processo cíclico de funcionamento de uma geladeira, em que um gás no interior de uma tubulação é forçado a circular entre o congelador e a parte externa da geladeira. É por meio dos processos de compressão, que ocorre na parte externa, e de expansão, que ocorre na parte interna, que o gás proporciona a troca de calor entre o interior e o exterior da geladeira.

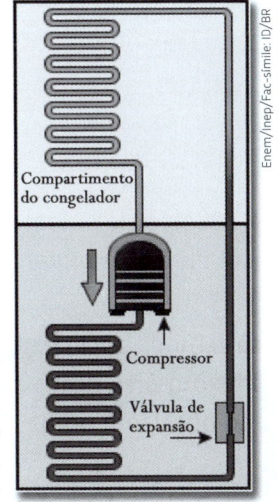

Disponível em: http://home.howstuff works.com. Acesso em: 19 out. 2008 (adaptado).

Nos processos de transformação de energia envolvidos no funcionamento da geladeira,

a) a expansão do gás é um processo que cede a energia necessária ao resfriamento da parte interna da geladeira.

b) o calor flui de forma não espontânea da parte mais fria, no interior, para a mais quente, no exterior da geladeira.

c) a quantidade de calor cedida ao meio externo é igual ao calor retirado da geladeira.

d) a eficiência é tanto maior quanto menos isolado termicamente do ambiente externo for o seu compartimento interno.

e) a energia retirada do interior pode ser devolvida à geladeira abrindo-se a sua porta, o que reduz seu consumo de energia.

6. Um dispositivo recebe 5 000 cal de energia em forma de calor e realiza um trabalho termodinâmico de 2 000 cal.

a) Qual a variação da energia interna do gás?

b) Se a temperatura inicial do sistema contendo 1,5 mol é 295 K, calcule sua temperatura final.

7. Uma empresa publica o funcionamento de duas máquinas de acordo com o quadro abaixo.

Máquina	τ (J)	Q_1 (J)	Q_2 (J)
A	30	50	40
B	200	5 000	4 800

De acordo com os dados fornecidos pelo fabricante, julgue as afirmações a seguir em verdadeiras ou falsas, justificando as falsas em seu caderno.

I) A máquina **A** obedece a conservação de energia, ao contrário de **B**.

II) O rendimento da máquina **B** é 4%.

III) Na máquina **A**, o trabalho realizado deve ser de 10 J, e o rendimento, maior que **B**.

IV) O rendimento da máquina **A** é 60%.

8. O diagrama abaixo representa um ciclo de uma máquina térmica que absorve $4 \cdot 10^5$ J de calor da fonte quente. Calcule:

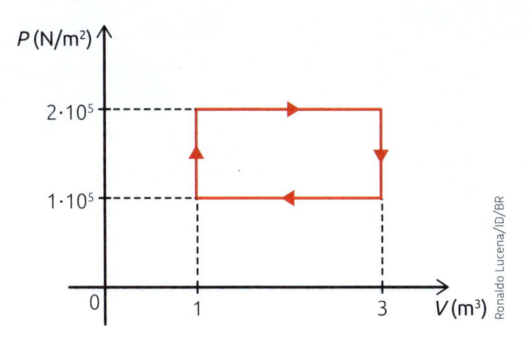

a) o trabalho realizado;

b) o rendimento da máquina;

c) a quantidade de calor rejeitada para o ambiente.

Verificando rota

A Retome sua resposta à questão **B** da página **87**. Se necessário, complemente-a de acordo com o que você estudou nesta unidade.

B Quais são as variáveis de estado de um gás e como elas se relacionam?

C Qual é a relação entre o calor, a variação da energia interna e o trabalho em um sistema termodinâmico?

D De acordo com a primeira lei da Termodinâmica é possível construir uma máquina com rendimento de 100%? E de acordo com a segunda lei?

Óptica geométrica

A luz, essencial para a visão, sempre despertou interesses e curiosidades. Entender a natureza da luz e como ocorre a formação de imagens e outros fenômenos, como a cor do céu e o arco-íris, foram alguns dos interesses que levaram pensadores e cientistas a estudá-la.

Alguns dos fenômenos que envolvem luz estão presentes nas obras de alguns artistas, como o holandês M. C. Escher.

Os avanços nos estudos sobre a luz levaram a várias interpretações e também ao desenvolvimento tecnológico, que hoje tem importante papel em áreas como Astronomia, Medicina, Engenharia e Telecomunicações, como as fibras ópticas, por exemplo, utilizadas como uma forma de transmissão de informações.

Nesta unidade estudaremos conceitos relacionados à reflexão e à refração da luz, assim como a formação de imagens.

A fibra óptica é composta por vidro maleável de alta pureza, envolto em uma capa protetora. Ela é utilizada como um meio de transmissão de informações ópticas. Sinais de áudio, vídeo e dados podem ser transmitidos por cabos de fibras ópticas. Na transmissão de um ponto a outro, esses sinais sofrem múltiplas reflexões, com pouca perda de informação.

Arco-íris que se formou na Praia Mole, localizada em Florianópolis, em 2014. O arco-íris é um fenômeno natural que ocorre quando a luz do Sol interage com gotículas de água suspensas na atmosfera. O tipo de arco-íris mais frequente surge quando a luz branca penetra na gota d'água e se dispersa em algumas cores, que são refletidas dentro da gota e retornam ao ambiente. Sua visualização depende do posicionamento do observador em relação ao Sol e às gotículas de água.

ESCHER, Maurits Cornelis. *Mão com esfera refletora*, 1935. Litografia, 32 cm x 21,5 cm. Coleção particular.

■ Maurits Cornelis Escher (1898-1972) foi um artista gráfico holandês que criou inúmeras obras baseadas em construções impossíveis e também fazendo uso dos efeitos da luz. A imagem mostra uma de suas obras, conhecida como *Mão com a esfera refletora*, na qual é possível notar um autorretrato de Escher a partir da reflexão da luz em uma superfície espelhada esférica.

Iniciando rota

A De onde provêm as cores que observamos num arco-íris? Cite outra situação em que podemos visualizar as cores do arco-íris.

B Observe novamente a fotografia das fibras ópticas. O que acontece com a luz que é emitida em uma das extremidades de cada fibra óptica?

C Na obra de Escher, por que a imagem refletida na superfície espelhada parece deformada se ele está usando um espelho?

D Cite alguns exemplos de contribuição do estudo da Óptica para outras áreas e para o dia a dia.

8 A luz

[*Quais as condições necessárias para enxergar um corpo?*

A visão é um sentido humano que depende, além dos olhos, de nervos que encaminham as informações até o cérebro e de partes do cérebro dedicadas à interpretação das imagens.

Pesquisas científicas relacionadas à luz, à visão e à formação de imagens são importantes, pois, além de aumentar a compreensão da natureza da luz, possibilitam auxiliar pessoas com dificuldade de visão, criando equipamentos e procedimentos para corrigir certos defeitos da visão humana. Além disso, algumas pesquisas possibilitam criar equipamentos para visualizar imagens impossíveis de serem vistas a olho nu, como microscópios e telescópios, por exemplo.

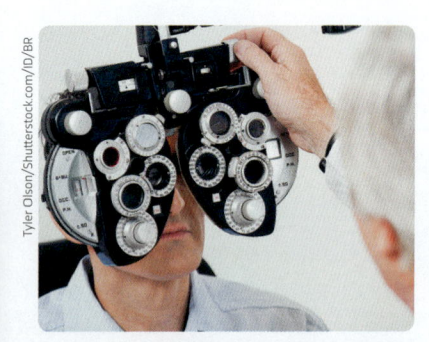

▮ Paciente realizando um exame de visão. A utilização de lentes permitiu que pessoas com alguns problemas de visão pudessem enxergar corretamente.

▮ Os telescópios possuem lentes e espelhos que captam a luz emitida por corpos celestes distantes, possibilitando sua visualização.

▮ Existem espelhos que formam imagens com características diferentes das do corpo à sua frente, como o espelho esférico mostrado na fotografia, que produz imagens maiores.

Hoje sabemos que, para um corpo ser visto, é necessário que a luz emitida ou refletida por ele chegue até os olhos do observador. Porém, nem sempre se teve essa concepção.

Discussões sobre como ocorre a visão não são recentes. Alguns filósofos da Grécia antiga, como os pitagóricos e Empédocles, acreditavam que o olho emitia uma energia vital que tocava os corpos e retornava com informações sobre seu formato e suas cores. Outros filósofos, como Demócrito, Epicuro e Lucrécio, usando analogias com o olfato, entendiam a visão como um efeito da absorção, pelos olhos, de pequenos pedaços desprendidos dos corpos.

A compreensão de que a luz é um elemento essencial para a visão foi intuída por Aristóteles. Seu pensamento levava em consideração o fato de que nenhum dos corpos esgota sua capacidade de observar ou ser observado.

O entendimento de que os olhos servem como receptores de feixes luminosos oriundos de uma fonte luminosa (não dos corpos) foi também encontrado nos textos do matemático, astrônomo e físico árabe Ibn al-Haytham (965-1040), também conhecido como Alhazen.

Unindo elementos de diversas abordagens e conhecimentos anatômicos e fisiológicos sobre os olhos, al-Haytham produziu uma teoria sobre a visão. De acordo com ela, todos os pontos de um corpo produzem ou refletem feixes luminosos em todas as direções, sendo alguns deles absorvidos pelos olhos daquele que o enxerga.

▮ A visão ocorre quando a luz dos corpos alcança os olhos.

Os textos de al-Haytham foram traduzidos para o latim e influenciaram os pensadores europeus a partir de meados do século XII. Com isso, os conhecimentos sobre lentes e espelhos se tornaram o principal campo da Óptica, de modo que poucos anos depois surgem relatos de fabricação e utilização de lentes corretivas de visão pela Europa, o que possibilitou inclusive o advento dos microscópios e telescópios no século XVI.

Dessa forma, saber que o sentido da visão depende da luz emitida ou refletida por um corpo torna necessário compreender a natureza da luz, o modo como ela se propaga e como ela interage com os meios materiais, assuntos que são estudados na Óptica física. Já a Óptica geométrica estuda as propagações da luz, por meio da noção de raios de luz e das leis que regem seu comportamento.

Entre inúmeros estudos sobre a natureza da luz, destacam-se os realizados por Newton. Em sua experiência de 1672 em que fez luz branca incidir em um prisma, observando assim a formação de cores, Newton afirmou que a luz pode ser constituída de diversas partículas, cada qual com cores características. Essas partículas, que são transmitidas independentemente em um meio, podem ser absorvidas individualmente, dando origem às cores primárias, ou absorvidas simultaneamente, dando origem às demais cores. Esse modelo ficou conhecido como **modelo corpuscular da luz** e foi predominante até o início do século XIX.

Coleção particular Fotografia: Everett Historical/Shutterstock.com/ID/BR

❚ Gravura de Isaac Newton examinando a dispersão da luz.

Paralelamente ao modelo corpuscular, o físico e astrônomo holandês Christiaan Huygens (1629-1695), entre outros de sua época, divulgou um modelo ondulatório, no qual afirmava que a luz seria uma pressão exercida sobre o meio, devido à vibração de cada parte do corpo.

Esse modelo era capaz de explicar por que um feixe luminoso se divide ao passar de um material para outro. Da mesma forma, possibilitava compreender por que, havendo dois feixes de luz colorida passando por um mesmo ponto, os raios continuam independentes um do outro, sem interagir, como ocorreria com partículas. Porém não existiam subsídios que explicassem por que o corpo teria vibrações independentes em cada parte de si.

concept w/Shutterstock.com/ID/BR

❚ Canhões de luz montados em um palco.

O modelo ondulatório ganhou espaço com os trabalhos do físico inglês Thomas Young (1773-1829) e do engenheiro francês Augustin Jean Fresnel (1788-1827), nas duas primeiras décadas do século XIX. Vários dos fenômenos observados por eles somente podiam ser compreendidos se interpretassem a luz como um processo ondulatório. Ao final do mesmo século, as equações propostas pelo físico escocês James Clerk Maxwell (1831-1879) mostraram que a luz consiste em uma onda de origem eletromagnética.

Atualmente, com a Mecânica quântica, compreendemos a luz visível, assim como as demais ondas eletromagnéticas, a partir da chamada dualidade onda-partícula, proposta pelo físico francês Louis de Broglie (1892-1987).

Os fótons, nome dado aos pacotes de energia que compõem a luz, podem estabelecer características próprias de partículas, como definir uma quantidade de movimento e trocas de energia quando incidem em um meio físico, mas também de ondas, como frequência e comprimento de onda de propagação, que definem a luz com uma onda eletromagnética.

Ronaldo Lucena/ASC Imagens

Representação quântica da luz por pacotes de ❚ energia com frequências diferentes.

Fontes de luz

Como a visão depende da incidência de luz nos olhos do observador, um corpo só pode ser visto se emitir luz própria ou refletir a luz que incide sobre ele. Por esse motivo, todo corpo que pode ser visto é tratado como uma fonte de luz, diferenciando-se entre os que emitem luz própria ou não.

Fonte primária e secundária

Nascer do Sol no Rio de Janeiro, em 2014.

Fonte primária de luz é aquela que emite luz própria, ou seja, são os corpos luminosos. O Sol e outras estrelas, a chama de uma vela ou uma lâmpada acesa são exemplos de fontes primárias de luz.

Fonte secundária de luz é aquela que não emite luz própria, ou seja, são corpos iluminados que refletem a luz que incide sobre eles. A grande maioria dos corpos são fontes secundárias, pois são vistos devido à luz de outras fontes. Alguns exemplos são: uma caneta, um caderno, um livro, automóveis, pessoas, entre vários outros.

A Lua é um curioso exemplo de fonte secundária de luz, pois, apesar de ser vista no céu, não possui luz própria. Assim como os planetas e os meteoros, por exemplo, é iluminada pelo Sol, que é uma fonte de luz primária.

Lua cheia

Fonte pontual ou extensa

Também podemos classificar as fontes de luz a partir da distância a que se encontram do objeto ou do observador, podendo ser consideradas pontuais ou extensas.

No céu noturno, observamos a luz de estrelas muito distantes da Terra, em muitos casos bem maiores do que o Sol. Porém, devido a distância da Terra, elas parecem pequenos pontos luminosos, chamadas por isso de fontes pontuais. Lâmpadas pequenas de decoração também são exemplos de fontes pontuais.

céu noturno

lâmpadas decorativas

lâmpadas fluorescentes

Quando as dimensões da fonte não podem ser desprezadas em relação à distância a que ela está em relação ao corpo que está sendo por ela iluminada, ela é considerada uma fonte extensa, sendo a luz emitida por toda sua extensão. O Sol, devido ao seu tamanho e distância em relação à Terra, é considerado uma fonte extensa, assim como uma lâmpada fluorescente em uma sala.

Propagação da luz

Observando a luz do Sol entrando pela fresta de uma janela, é possível ter uma ideia de como a luz se propaga. Independentemente de sua natureza, a luz se propaga em linha reta e utilizamos um elemento geométrico denominado raio de luz para representar graficamente essa propagação.

Os raios de luz podem ser representados por retas orientadas que indicam a trajetória, a direção e o sentido da propagação da luz. Na ilustração ao lado, por exemplo, foram representados apenas dois raios de luz emitidos pela lâmpada: um que se propagou diretamente ao observador e outro que refletiu em uma bola de gude, possibilitando que o observador a veja.

raios de luz

Um conjunto de raios de luz pode ser chamado feixe ou pincel de luz, diferenciados por sua forma.

Se os raios de luz se propagam paralelamente, dizemos que o feixe de luz é cilíndrico ou paralelo.

Canhões de luz montados em um palco.

feixe cilíndrico (paralelo)

Se os raios de luz se distanciam uns dos outros durante a propagação, o feixe é divergente, como ocorre na luz emitida por uma luminária de mesa.

luminária acesa

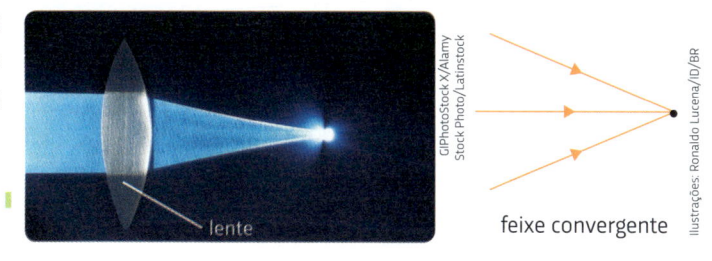

feixe divergente

Se os raios de luz se aproximam uns dos outros durante a propagação, o feixe é convergente, como ocorre quando um feixe cilíndrico passa por uma lente.

Feixe de luz incidindo em uma lente convergente. As lentes convergentes podem ser utilizadas em lupas.

feixe convergente

Como a luz se propaga de uma fonte primária até um objeto ou observador, sua propagação ocorre em certo intervalo de tempo.

Na Mecânica, a velocidade é uma grandeza definida em relação a um referencial. Porém, a velocidade da luz é uma constante e vale $3 \cdot 10^8$ m/s no vácuo.

O físico alemão Albert Einstein imaginou como seria viajar lado a lado com um raio de luz, afirmando que não seria possível vê-lo imóvel por causa de sua natureza eletromagnética. Esse é um dos postulados da teoria da relatividade de Einstein e define que a velocidade da luz em relação a qualquer referencial é uma constante (c) que vale $3 \cdot 10^8$ m/s.

De fato, a luz leva certo intervalo tempo para se propagar de um lugar para outro. Isso se torna mais evidente em distâncias astronômicas: por exemplo, a luz emitida pelo Sol leva cerca de 8 min e 20 s (500 s) para percorrer os $1,5 \cdot 10^{11}$ m de distância até a Terra.

$$v = \frac{\Delta s}{\Delta t} \Rightarrow c = \frac{\Delta s}{\Delta t} \Rightarrow 3 \cdot 10^8 = \frac{1,5 \cdot 10^{11}}{\Delta t} \Rightarrow \Delta t = 500 \therefore \boxed{\Delta t = 500 \text{ s}}$$

Meios físicos

De acordo com o comportamento da luz, os meios físicos nos quais ela incide podem ser classificados como transparentes, translúcidos ou opacos.

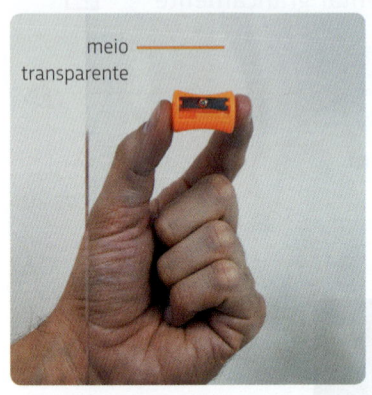
meio transparente

Os meios **transparentes** são aqueles que permitem a passagem da luz em uma trajetória regular ou ordenada. Nesses meios a maior parte da luz que incide é transmitida regularmente, de modo que é possível observar nitidamente objetos através deles.

Alguns meios materiais, como o ar, a água limpa, um vidro polido, por exemplo, quando possuem espessuras finas, podem ser considerados meios transparentes. Como a luz que incide em um meio transparente é praticamente toda transmitida, meios transparentes sólidos, como uma porta de vidro, podem não ser enxergados por um observador. Assim, é comum a colocação de uma fita adesiva ou alguma inscrição nas divisórias de vidro, para que sejam facilmente visualizadas.

Apontador visto através de um vidro transparente.

meio translúcido

Os meios **translúcidos** são aqueles que permitem a propagação da luz, mas em uma trajetória irregular ou desordenada. Assim, não é possível ver com nitidez através deles; observamos apenas contornos ou temos uma visão borrada dos objetos. Esses meios se comportam dessa forma devido à presença de impurezas na substância que compõe o material ou ao acabamento.

Meios como vidro fosco (utilizado em cozinhas, janelas e boxe de banheiros), alguns plásticos e papel vegetal são exemplos de meios translúcidos.

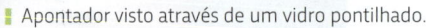
Apontador visto através de um vidro pontilhado.

meio opaco

Os meios **opacos** são aqueles que impedem a passagem de luz incidente, de modo que ela é absorvida ou refletida. Dessa forma, não é possível ver corpos através deles.

A maior parte dos meios físicos é opaca, como a madeira, superfícies metálicas, pedaços de ferro, o próprio corpo humano, entre outros.

A porta de madeira é um meio opaco e não permite a visualização através dela.

A classificação dos meios em transparente, translúcido e opaco foi feita aqui de maneira simples, destacando apenas as interações com a luz visível e a possibilidade ou não de enxergar corpos através deles. Alguns meios transparentes, por exemplo, podem ter comportamento translúcido de acordo com algumas características, como a água, que é transparente quando em uma camada fina e limpa, mas pode se tornar translúcida ou até mesmo opaca de acordo com a espessura da camada e a quantidade de impurezas.

Essa classificação de meios físicos também pode ser feita de acordo com outras radiações, e não apenas para a luz. O vidro polido, por exemplo, é transparente à luz visível e a outras radiações emitidas pelo Sol, como a ultravioleta, mas é opaco à radiação infravermelha, emitida pelos corpos devido à sua temperatura. Por esse motivo, o interior de veículos estacionados sob o Sol sofre um aumento de temperatura.

1. Observe a ilustração abaixo.

a) Esboce em seu caderno a situação apresentada representando os raios de luz que possibilitam o observador enxergar a lâmpada e o carrinho de brinquedo.

b) Quais são as fontes primária e secundária de luz na imagem?

2. Explique por que se pode dizer que todo corpo pode ser chamado de uma fonte de luz.

3. Julgue as afirmações abaixo como verdadeiras ou falsas, justificando as falsas em seu caderno.

I) O Sol, pelo fato de possuir luz própria, é uma fonte secundária.

II) As estrelas, pelo fato de não possuírem luz própria, são fontes primárias.

III) A Lua, por não possuir luz própria, é considerada uma fonte secundária.

IV) Alguns dos planetas do Sistema Solar, por possuírem luz própria, são considerados fontes primárias.

4. Que significado e que distância em quilômetros correspondem à medida de ano-luz?

5. De acordo com a classificação dos meios físicos, julgue as afirmações abaixo como verdadeiras ou falsas, justificando as falsas em seu caderno.

I) Os únicos meios transparentes são o vácuo e o vidro de grande espessura.

II) O meio opaco absorve e reflete toda a quantidade de luz sobre ele incidida, como exemplo a madeira, o papelão, entre outros.

III) Nos meios translúcidos, a luz se propaga com mais facilidade que nos meios transparentes.

IV) A água, quando sua espessura é relativamente pequena, é considerada um meio transparente.

6. O sistema Alpha Centauri é o mais próximo do planeta Terra. É um sistema composto por três estrelas, Alpha Centauri A e B, localizadas a aproximadamente 4,37 anos-luz da Terra, e a Alpha Centauri C, localizada a aproximadamente 4,24 anos-luz da Terra.

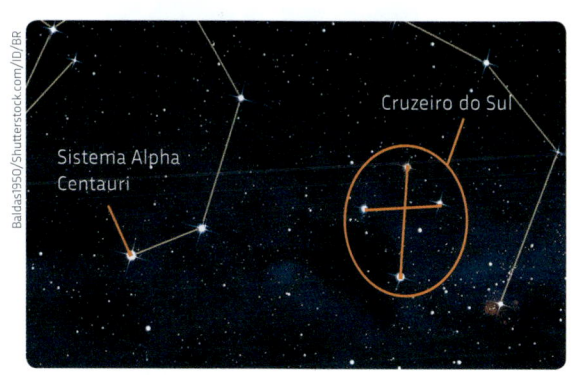

Sistema Alpha Centauri, localizado próximo ao Cruzeiro do Sul.

a) Qual o intervalo de tempo em dias que a luz da Alpha Centauri A e B leva para chegar até a Terra?

b) Um observador localizado na Terra está olhando realmente para a estrela? Explique.

7. Considerando o sistema Terra, Lua e Sol, de acordo com o esquema abaixo, se a luz da Lua leva aproximadamente 1,27 s para chegar até a Terra, calcule:

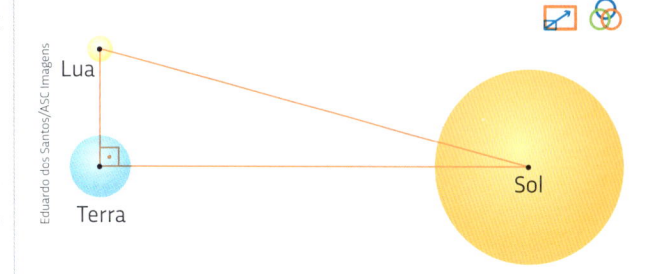

a) Qual a distância entre a Lua e o Sol?

b) Qual o tempo total para que o feixe de luz que sai do Sol e incide sobre a Lua chegue até o observador localizado na Terra?

> Dados: distância *Terra-Sol* $\cong 1,50 \cdot 10^{11}$ m e a velocidade da luz no vácuo: $c = 300\,000$ km/s.

8. (Fuvest-SP) Admita que o Sol subitamente "morresse", ou seja, sua luz deixasse de ser emitida. 24 horas após este evento, um eventual sobrevivente, olhando para o céu, sem nuvens, veria:

a) a Lua e estrelas.

b) somente a Lua.

c) somente estrelas.

d) uma completa escuridão.

e) somente os planetas do Sistema Solar.

Princípios da Óptica geométrica

Os estudos da Óptica geométrica são feitos de acordo com três princípios: princípio da propagação retilínea, princípio da independência dos raios de luz e princípio da reversibilidade da luz.

Cultura RM/Ben Pipe/Diomidia

Princípio da propagação retilínea dos raios de luz

Nesse princípio, a luz se propaga sempre em linha reta em meios <u>homogêneos</u>, <u>isotrópicos</u> e transparentes.

Além disso, a luz não contorna obstáculos, o que possibilita a formação de sombras.

Cânion Antelope, localizado nos Estados Unidos, em 2013.

Homogêneo: meio de composição uniforme, com todas as partes de mesma natureza.

Isotrópico: meio com as mesmas propriedades físicas, independentemente da direção.

Princípio da independência dos raios de luz

Um raio de luz não interfere na propagação de outro, quando o intercepta de acordo com esse princípio. Cada raio ou feixe de luz, após cruzar outro, mantém suas propriedades e direção de propagação, conservando sua trajetória retilínea.

LeksusTuss/Shutterstock.com/ID/BR

No local onde os raios se interceptam ocorre a interferência da luz, fenômeno relacionado à natureza ondulatória da luz que causa aumento da intensidade luminosa no local. Esse assunto será tratado posteriormente.

Feixes de luz no palco de uma apresentação musical.

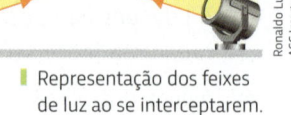

Ronaldo Lucena/ ASC Imagens

Representação dos feixes de luz ao se interceptarem.

Princípio da reversibilidade dos raios de luz

Esse princípio afirma que a trajetória percorrida por um raio de luz independe do sentido de propagação. A trajetória da luz não muda quando a posição da fonte e do observador se invertem, como representado na ilustração abaixo.

Se o motorista de um veículo é capaz de ver pelo espelho retrovisor o reflexo do rosto de uma pessoa que está no banco de trás, essa pessoa, ao olhar para o mesmo retrovisor, também vê o reflexo do rosto do motorista.

g-stockstudio/Shutterstock.com/ID/BR

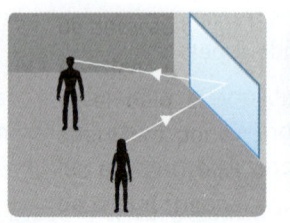 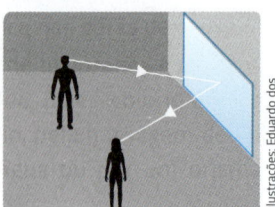

Ilustrações: Eduardo dos Santos/ASC Imagens

Homem olhando pelo retrovisor para o passageiro localizado no banco de trás de um veículo.

● Sombra

A formação de sombras é uma evidência da propagação retilínea da luz, que não contorna obstáculos. Assim, quando a luz incide em um corpo opaco ocorrendo a formação de uma sombra na região atrás do corpo, onde a luz não incidiu.

As características das sombras dependem da fonte luminosa e da posição relativa entre a fonte, o corpo e o anteparo onde a sombra é projetada.

Uma fonte primária de luz pontual próxima ao corpo opaco proporciona a projeção de uma sombra nítida. Considere uma fonte primária de luz pontual, como uma pequena lâmpada iluminando um disco, conforme ilustrado ao lado.

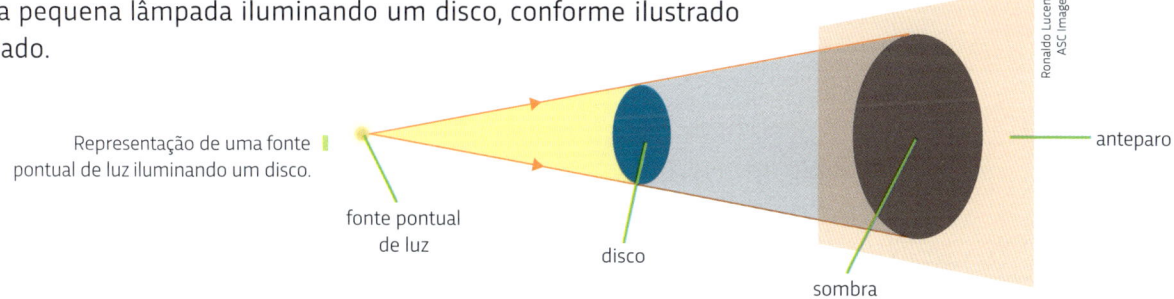

Representação de uma fonte pontual de luz iluminando um disco.

fonte pontual de luz

disco

sombra

anteparo

Devido ao bloqueio causado pelo corpo opaco, existe uma região no anteparo que não recebe nenhum raio de luz, formando assim uma sombra.

Já quando um corpo recebe luz solar, as bordas da sombra projetada são mais nítidas quando o corpo está próximo ao anteparo no qual a sombra está projetada, como mostrado na fotografia, já que o Sol está distante.

Se o corpo que está sendo iluminado pelo Sol se afastar do anteparo, sua sombra se tornará menos nítida, já que outros raios de luz passam a incidir no local. Esse efeito ocorre quando um corpo opaco é iluminado por uma fonte primária de luz extensa, como uma lâmpada fluorescente, relativamente próxima a ele.

Formação da sombra de um homem encostado em uma parede.

Em alguns casos forma-se uma região mais interna na sombra, mais nítida, denominada **umbra**, e uma região ao longo das bordas da sombra, menos nítida, denominada **penumbra**.

Considere uma fonte primária de luz extensa iluminando um disco, conforme ilustrado abaixo.

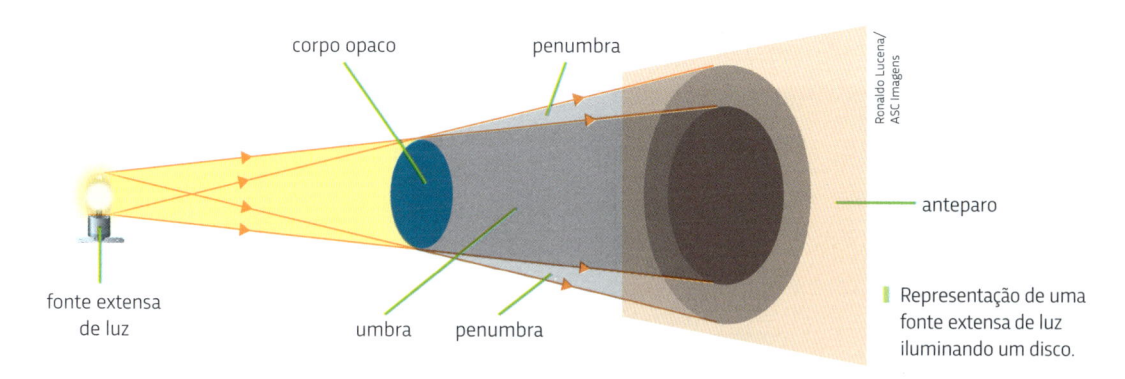

corpo opaco

penumbra

anteparo

fonte extensa de luz

umbra

penumbra

Representação de uma fonte extensa de luz iluminando um disco.

Na sombra projetada, a umbra é a região que não recebe nenhum raio de luz, e a penumbra é a região na qual incide apenas parte dos raios luminosos, ou seja, apesar de parte da luz ser bloqueada, no local ainda incidem outros raios luminosos.

Tanto a Terra quanto a Lua projetam sombras quando são iluminadas pela luz solar. Quando a trajetória de um desses astros passa pela sombra projetada pelo outro ocorre um eclipse, fenômeno óptico natural no qual a visualização do Sol ou da Lua feita por um observador na Terra é total ou parcialmente obstruída.

Os eclipses não ocorrem com tanta frequência porque a órbita da Terra ao redor do Sol e a órbita da Lua ao redor da Terra não estão no mesmo plano. A órbita da Lua em torno da Terra está inclinada cerca de 5° em relação à órbita da Terra em torno do Sol. Chamamos linha dos nodos a linha ao longo da qual esses planos se interceptam. Veja representação dessas órbitas na imagem ao lado.

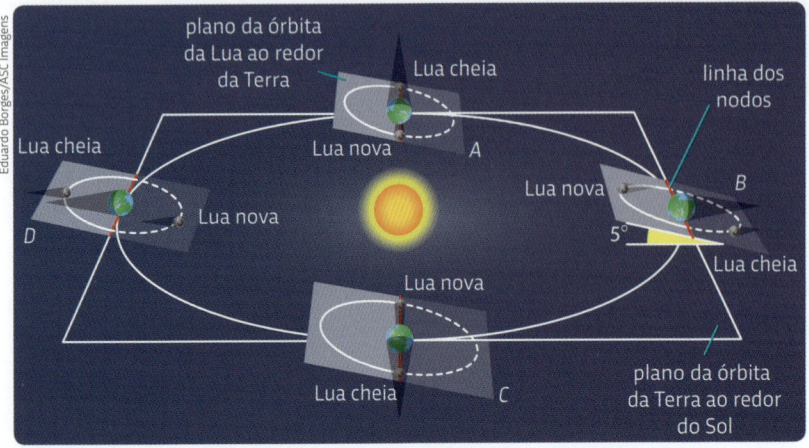

Os eclipses ocorrem quando a Lua passa pela linha dos nodos em fase nova ou cheia, configurações indicadas pelas letras *A* e *C*. Não há possibilidade da ocorrência de eclipses em outras configurações, como as indicadas por *B* e *D*.

▌ Plano da órbita da Terra ao redor do Sol.

No eclipse lunar, a Terra coloca-se entre o Sol e a Lua, ou seja, a trajetória da Lua passa pela sombra causada pela Terra. Esse eclipse é observado durante a noite, sendo a visualização da Lua parcial ou totalmente obstruída pela Terra. Veja a seguir um esquema representando um eclipse lunar.

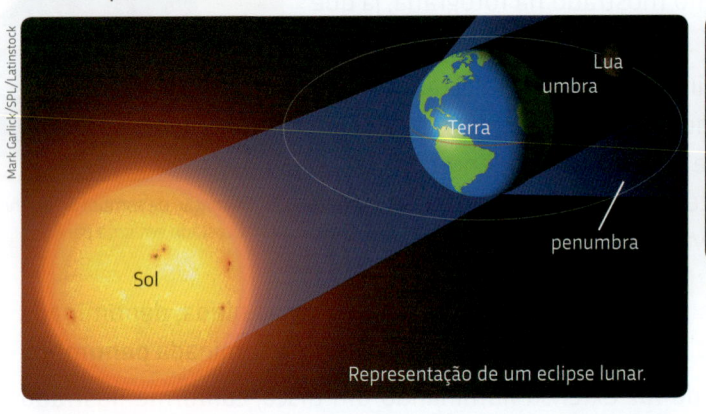

Representação de um eclipse lunar.

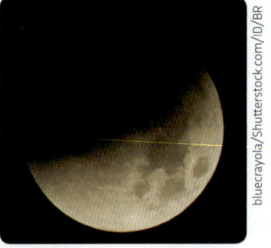

◀ Lua
3 475 quilômetros de diâmetro

▌ Eclipse lunar ocorrido em 28 de setembro de 2015, registrado na Alemanha. Essa fotografia foi obtida por meio de um telescópio.

Já no eclipse solar, a Lua coloca-se entre o Sol e a Terra, ou seja, a trajetória da Terra passa pela sombra causada pela Lua. Esse eclipse é observado durante o dia, sendo a visualização do Sol parcial ou totalmente obstruída pela Lua.

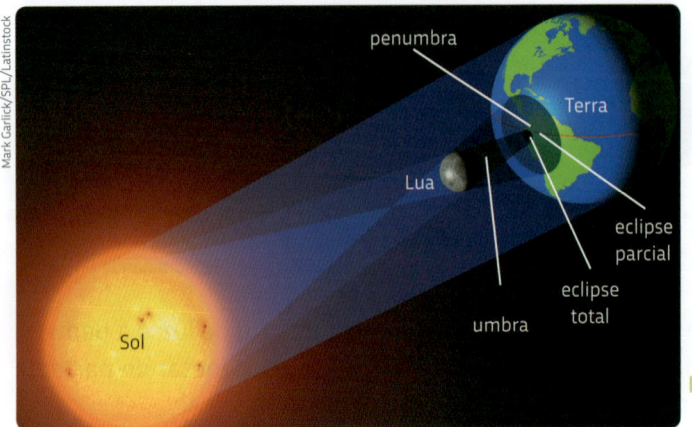

Veja ao lado um esquema geométrico representando um eclipse solar.

O eclipse total do Sol é observado na Terra no local onde é formada a umbra; já o eclipse parcial é observado na Terra no local onde é formada a penumbra.

▌ Representação de um eclipse solar.

Câmara escura

A câmera fotográfica é um equipamento capaz de registrar uma imagem a partir da luz recebida. O que diferencia as câmeras é a forma e a sofisticação com que a luz é capturada e a imagem é registrada.

Nas câmeras analógicas, a luz capturada incide em um filme fotográfico fotossensível, ou seja, sensibilizado de acordo com a intensidade luminosa a partir de processos químicos, registrando assim a imagem.

Nas câmeras digitais, a luz capturada incide em um dispositivo eletrônico formado basicamente por uma tabela com milhares de linhas e colunas. Cada lacuna dessa tabela corresponde a um ponto no qual a intensidade da luz recebida é convertida em um sinal elétrico e registrada em valores digitais. Quanto mais pontos compõem uma imagem, melhor é sua resolução. Geralmente, a resolução de uma câmera digital é dada em pixel, que corresponde à menor unidade da imagem. Uma câmera de 12 megapixels, por exemplo, tem maior resolução do que uma câmera de 8 megapixels.

Independentemente de a câmera ser digital ou analógica, a luz proveniente do objeto ou da cena que queremos registrar deve ser captada e projetada em um anteparo. A forma como a luz incide na câmera e a imagem é formada no anteparo pode ser representada de maneira simples utilizando uma câmara escura. Esse dispositivo é formado por uma caixa com laterais opacas e com um pequeno orifício em uma delas.

A luz emitida ou refletida pelo objeto (corpo luminoso ou iluminado) em direção à câmara escura incide passando pelo orifício. Devido à forma como a luz incide no orifício, a imagem é projetada invertida. Veja na ilustração uma representação de como a imagem é projetada em uma câmara escura.

Se na lateral onde a imagem é projetada for colocado algum dispositivo sensível à luz, como ocorre nas câmeras fotográficas, a imagem pode ser registrada.

Na ilustração, p é a distância do objeto ao orifício da câmara, p' é a distância da imagem ao orifício, que corresponde à profundidade da câmara, o é a altura do objeto e i é a altura da imagem. Assim, analisando a imagem, é possível determinar uma relação entre essas medidas utilizando a semelhança entre os triângulos ABO e $A'B'O$.

$$\frac{o}{p} = \frac{i}{p'} \text{ ou } \frac{o}{i} = \frac{p}{p'}$$

Na análise da geometria da câmara escura, temos que os raios provenientes da extremidade do corpo, que delimitam o tamanho i da imagem, formam um determinado ângulo α, chamado **ângulo visual**. Quanto maior o ângulo α, maior a imagem projetada, pois mais próximo está o corpo; quanto menor esse ângulo, menor a imagem projetada, pois mais distante está o corpo. Na outra ilustração mostrada, como $\beta > \alpha$, a imagem projetada é maior.

> Como a fotografia mostrada ao lado foi registrada? Por que há ilusão nas proporções de tamanho?

Câmera fotográfica analógica, destacando a parte posterior da câmera onde é colocado o filme fotográfico.

Câmera fotográfica digital, destacando seu *display* digital na parte de trás.

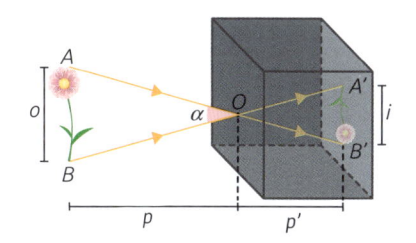

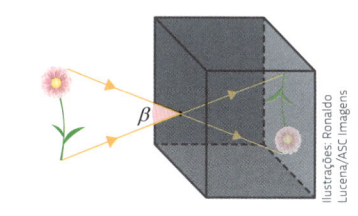

Ilustrações: Ronaldo Lucena/ASC Imagens

Torre localizada em Pisa, na Itália.

9. Analise as imagens abaixo e julgue as afirmações, de acordo com os princípios da Óptica geométrica, como verdadeiras ou falsas, justificando as falsas em seu caderno.

Sombra de uma pessoa na calçada.

Feixes de luz provenientes de canhões intalados em um palco.

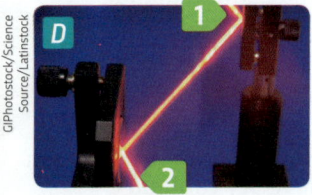

Reflexo de uma pessoa registrando uma fotografia no espelho retrovisor de um veículo.

Laser vermelho passando por duas reflexões.

I) A imagem *B* ilustra o princípio da independência dos raios de luz, ou seja, dois ou mais feixes de luz que se interceptam não sofrem mudança na sua direção de propagação.

II) De acordo com a imagem *C*, se é observada uma pessoa pelo espelho retrovisor de um veículo, essa mesma pessoa não pode te observar.

III) A fonte de luz da imagem *D* está próxima da posição **1**. Se essa fonte for colocada na posição **2**, o caminho do feixe de luz não será mais o mesmo.

IV) A imagem *A* ilustra a sombra criada no chão por uma pessoa. Isso ocorre pelo fato da propagação retilínea dos raios de luz, que não contornam os obstáculos colocados em seu caminho.

10. (OBF) A *The London Eye* é uma roda-gigante de 135 m de altura, que foi inaugurada em Londres no ano 2000. Em dias claros, a distância máxima que se pode observar no horizonte do alto da roda-gigante é cerca de:

a) 25 km   c) 43 km   e) 41 km
b) 29 km   d) 37 km

11. Objetos que não deixam os raios de luz atravessá-los são denominados opacos. Isso se dá pelo fato de que todo feixe de luz incidido sobre eles é absorvido ou refletido, um dos efeitos que se obtém é a sombra. A partir disso, pode-se dizer que todos os planetas projetam sombras? Cite exemplos.

12. Por que um avião, quando no seu ponto mais alto, não projeta sua sombra no solo, diferentemente de quando está voando numa baixa altitude?

13. Um objeto circular é colocado entre duas fontes pontuais de luz e uma parede, de acordo com o esquema representado abaixo.

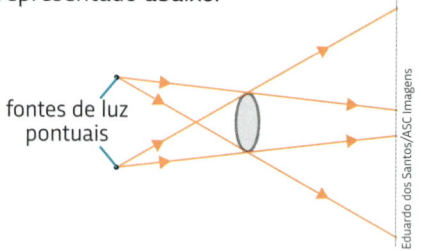

fontes de luz pontuais

A imagem que melhor representa a sombra do objeto sobre a parede é:

a)
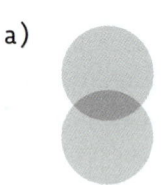

d)

b)
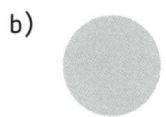

e)

c)
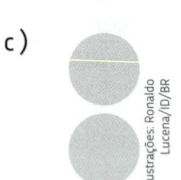

14. Durante um eclipse lunar, é obtida a seguinte configuração da Terra, Lua e Sol, representada na imagem abaixo:

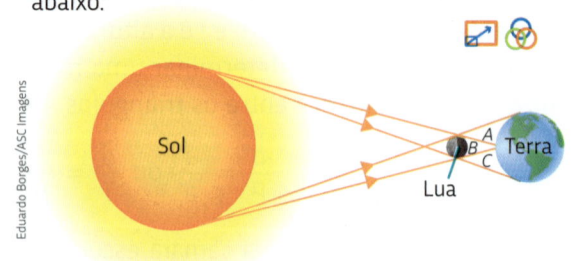

Sol   Terra   Lua

Julgue as afirmações abaixo como verdadeira ou falsa justificando as falsas em seu caderno.

I) Sobre a região *A* será obtido o efeito de sombra pelo fato de os feixes de luz se cruzarem.

II) Na região *B* será observada uma região de penumbra causada pela Terra.

III) As regiões *A* e *C* são regiões de penumbra.

IV) A região *B* é uma região de umbra.

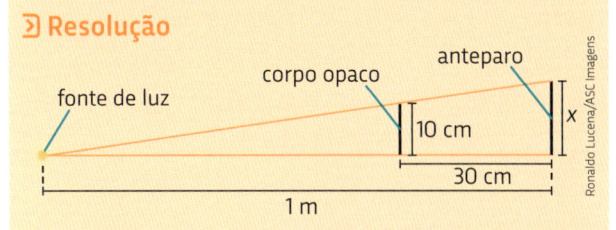
15. Em um dia de Sol, um pintor precisa saber qual a altura de um prédio a fim de realizar um cálculo para a quantidade de tinta que irá utilizar. Mas, para realizar esse feito, o pintor possui apenas uma corda com 1 m de comprimento. De acordo com o seu conhecimento sobre o conteúdo de Óptica geométrica, descreva como seria possível ajudar o pintor.

16. (Enem/Inep) A sombra de uma pessoa que tem 1,80 m de altura mede 60 cm. No mesmo momento, a seu lado, a sombra projetada de um poste mede 2,00 m. Se, mais tarde, a sombra do poste diminuiu 50 cm, a sombra da pessoa passou a medir:

a) 30 cm

b) 45 cm

c) 50 cm

d) 80 cm

e) 90 cm

17. Considere a imagem do Sol projetada em uma câmara escura da seguinte maneira:

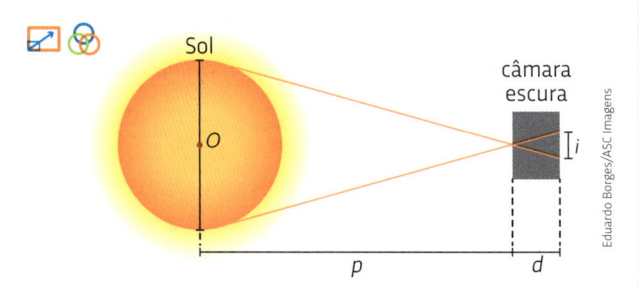

Onde $d = 1,0$ m, $i = 9,0$ mm, e considere a distância do Sol à Terra $1,50 \cdot 10^{11}$ m. Estime o diâmetro do Sol.

18. Explique por que um eclipse solar não é observado igualmente por todas as pessoas que estão no lado em que é dia na Terra.

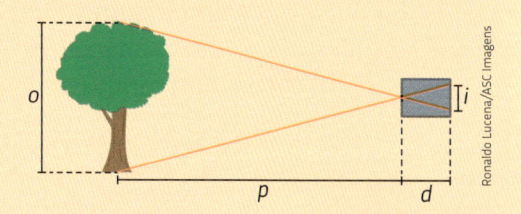
19. Uma lâmpada colocada a 2,5 m do solo é usada para iluminar uma mesa de 1 m de altura. Uma pessoa observa que a sombra da mesa sobre o solo apresenta 3,0 m de comprimento. Qual o comprimento real da mesa?

20. (UEA-AM) Um professor de Física construiu uma câmara escura de 15 cm de comprimento (distância entre a face do orifício até a face onde está o anteparo) para realizar um experimento sobre o Princípio da Propagação Retilínea da Luz. Com esse dispositivo ele conseguiu focalizar, perfeitamente, uma árvore distante 3,0 m do orifício da câmara escura. Sabendo-se que a altura da projeção da árvore no anteparo da câmara escura foi de 10 cm, a altura da árvore, em m, era de

a) 0,5.

b) 1,0.

c) 1,5.

d) 2,0.

e) 2,5.

◢Fenômenos ópticos

Reflexo de um cachorro em um lago.

> *A fotografia mostrada ao lado tem uma curiosidade. Qual é?*

A luz, interagindo com o meio no qual ela se propaga, ou com a superfície na qual ela incide, pode provocar a ocorrência de alguns fenômenos ópticos, como reflexão, refração, absorção e dispersão.

Geralmente ocorre mais de um fenômeno simultaneamente, mas, para compreendê-los melhor, trataremos cada um individualmente.

●Reflexão da luz

A maioria dos corpos são fontes secundárias de luz, sendo visíveis porque refletem a luz proveniente de outras fontes. Quando a luz que se propaga em um meio atinge uma superfície e retorna ao meio de onde veio, dizemos que ocorreu a reflexão da luz, que pode acontecer de duas formas: reflexão regular e reflexão difusa.

Reflexo de um homem em um espelho plano.

A reflexão regular ocorre em espelhos e superfícies polidas. Os raios que incidem nessas superfícies não são refletidos em todas as direções, mantendo a mesma organização dos raios incidentes. Por exemplo, se um feixe de luz formado por raios paralelos incide em um espelho plano, os raios refletidos também serão paralelos.

Dessa forma, é possível observar uma imagem de um corpo idêntica a ele refletida num espelho plano.

A fotografia mostrada no início da página foi propositalmente aplicada de forma invertida, de cabeça para baixo, por esse motivo. Nesse caso, a luz que é refletida pelo cachorro chegou diretamente à câmera fotográfica, e a luz que foi refletida na água também, formando assim uma imagem praticamente idêntica, ou seja, os raios refletidos mantiveram a mesma organização. Veja ao lado a mesma fotografia, mas em orientação correta.

Fotografia do reflexo de um cachorro em um lago, mas agora orientada corretamente.

Já a reflexão difusa ocorre em superfícies irregulares, quando a luz que incide é refletida em todas as direções. O papel da folha de um livro, por exemplo, apresenta várias irregularidades, invisíveis a olho nu, que refletem a luz incidente em todas as direções, sendo assim possível observá-la de qualquer posição ao redor do livro.

As cores dos objetos também estão relacionadas à reflexão difusa.

Objetos sobre uma mesa visíveis por reflexão difusa.

Absorção da luz

A absorção da luz ocorre quando parte da energia da luz incidente é retida no objeto, transformando-se de energia luminosa em térmica. Geralmente, os fenômenos da reflexão e da absorção ocorrem simultaneamente.

A luz branca é chamada de policromática, pois é composta de todas as cores do espectro visível, mostrado na imagem ao lado. A luz monocromática é aquela que apresenta apenas uma cor, como um *laser* vermelho, por exemplo.

As cores que se observam em corpos sólidos, por exemplo, são determinadas pela luz que é absorvida e a luz que é espalhada pela reflexão difusa. No caso de um corpo azul, quando iluminado com luz branca ele reflete em maior quantidade a luz azul e absorve em maior quantidade a luz de outras cores.

Por que as pétalas de uma rosa são vermelhas, enquanto o caule e as folhas são verdes? Quando iluminadas por luz branca, as pétalas refletem a luz vermelha e absorvem as outras cores, enquanto as folhas e o caule refletem a luz verde e absorvem as outras.

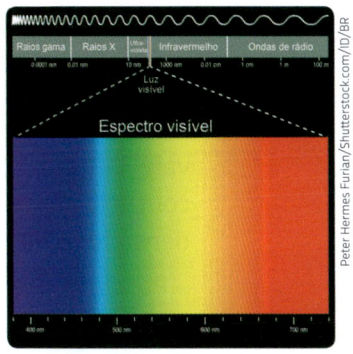
Espectro eletromagnético da luz visível.

Representação de uma rosa vermelha sendo iluminada por luz branca.

Se um corpo se mostra branco, isso significa que toda a luz branca que incide sobre ele é refletida, como ocorre com uma folha de papel, por exemplo. Nessa folha, todas as cores são refletidas. Já se um corpo se mostra preto, isso significa que todas as cores do espectro visível são absorvidas, não havendo assim reflexão.

Esquema representando uma folha de papel branca sendo iluminada por um feixe de luz branca, quando todo o feixe é praticamente refletido.

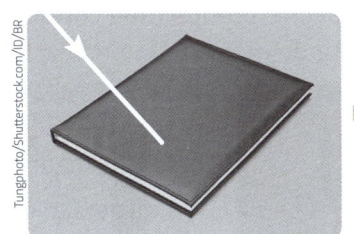
Esquema representando uma agenda de capa preta sendo iluminada por um feixe de luz branca, quando todo o feixe é praticamente absorvido.

Caso a folha que se mostrava branca seja iluminada com luz monocromática amarela, ela se mostrará amarela, pois continuará refletindo essa cor. Assim, corpos coloridos quando iluminados por uma luz que não seja branca podem ter sua aparência modificada.

Na fotografia abaixo, à esquerda, a esfera vermelha é iluminada com luz branca e reflete apenas a cor vermelha, absorvendo outras cores, como o verde. Assim, se a mesma esfera for iluminada por uma luz monocromática verde ela se mostrará preta, pois nenhuma cor será refletida, como podemos ver na fotografia abaixo à direita.

Bola vermelha iluminada com luz branca.

A mesma bola vermelha iluminada com luz verde aparenta ter cor preta.

a De acordo com o que foi exposto acima, com que cor veremos uma camiseta branca iluminada com luz azul?

b Qual cor será vista se uma camiseta preta for iluminada com luz azul?

Refração da luz

A luz pode se propagar em diversos meios e também passar de um meio para outro, como a luz do Sol que incide na água de uma piscina, passando do ar para a água.

A velocidade da luz depende do meio no qual ela se propaga. No vácuo, essa velocidade vale $3 \cdot 10^8$ m/s, valor muito próximo da velocidade da luz no ar. Já na água a luz se move com velocidade de $2,25 \cdot 10^8$ m/s. Isso de deve à densidade do material, ou seja, quanto mais denso for o meio, menor será a velocidade da luz que passa por ele.

Portanto, quando a luz passa de um meio para outro, tem sua velocidade alterada. Essa variação de velocidade é chamada de refração. De acordo com o ângulo de incidência da luz na superfície, a refração pode ser evidenciada por um desvio na trajetória da luz.

Quando a luz que se propaga pelo ar e pela água atinge os olhos do observador, a imagem formada é distorcida devido à refração da luz.

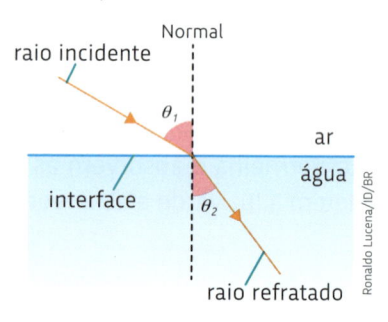

Dispersão da luz

Foi Isaac Newton quem demonstrou que a luz branca do Sol é composta por luz de várias cores, deixando que a luz solar atravessasse um prisma de vidro. Esse fenômeno é chamado dispersão cromática, pois se refere à separação da luz nas cores que a compõem, por meio da refração.

A dispersão ocorre porque cada cor que constitui a luz branca tem uma velocidade diferente no interior do material do prisma. Então, cada uma sofre um desvio diferente em sua trajetória, separando-se em uma faixa de cores, como no arco-íris. Já um feixe de luz monocromática não se decompõe em um prisma, pois é formado por somente uma cor de luz.

A dispersão da luz pode ser observada naturalmente, quando a luz do Sol incide em gotas de água suspensas na atmosfera, sofrendo refração e se decompondo nas cores do arco-íris.

A luz branca se decompõe nas cores do arco-íris ao passar pelo prisma devido ao fenômeno da refração.

Outro fenômeno relacionado com a luz é o seu espalhamento pelos átomos e pelas moléculas presentes na atmosfera. Quando a luz do Sol incide em um átomo, ela pode aumentar o movimento oscilatório dos elétrons do átomo, que reemitem luz em todas as direções. Nesse caso, dizemos que a luz foi espalhada.

Por causa da composição da atmosfera, em dias em que o céu está sem nuvens e o Sol encontra-se bem acima do horizonte, as cores que sofrem os maiores espalhamentos são o violeta e o azul, nessa ordem. E como os olhos humanos são mais sensíveis ao azul do que ao violeta, um observador na Terra perceberá mais luz azul, conferindo ao céu essa cor característica. Se houver grande concentração de poeira e umidade na atmosfera, o céu será visto mais esbranquiçado, pois outras cores também serão espalhadas, chegando assim ao observador.

Arco-íris formado pelas gotículas de água suspensas no ar provenientes das Cataratas do Iguaçu, localizadas no Paraná, em 2015.

21. Um feixe de luz incide perpendicularmente em uma superfície polida e obtém um feixe de luz, refletido também perpendicularmente ao plano da superfície. O tipo de reflexão sofrida pelo feixe de luz é:

a) difusa.

b) irregular.

c) regular.

d) espalhada.

e) emergente.

22. A reflexão pode ocorrer de duas maneiras, pois o plano no qual um feixe de luz irá incidir pode ser polido ou irregular, produzindo uma reflexão regular ou difusa, respectivamente. Quais as diferenças entre a reflexão regular e a reflexão difusa de um feixe de luz?

23. Se a luz proveniente do Sol fosse monocromática verde, qual cor do tecido de roupa seria mais aconselhável utilizar para que possibilitasse uma melhor sensação de conforto térmico em um dia quente? E em um dia muito frio?

24. Qual das alternativas abaixo contém apenas fontes primárias de luz?

a) Fósforo, Lua e Sol.

b) Pilha de lanterna, Sol e lanterna.

c) Lâmpada, Sol e fósforo.

d) Estrela, Sol e lâmpada acesa.

e) Lanterna acesa, estrela e Lua.

25. De acordo com o conteúdo de absorção da luz, julgue as afirmações abaixo como verdadeiras ou falsas, justificando as falsas em seu caderno.

I) Identifica-se um objeto de cor preta quando este reflete todos os raios de luz incidentes sobre ele.

II) Identifica-se um objeto de cor branca quando este reflete todos os raios de luz incidentes sobre ele.

III) Identifica-se um objeto de cor vermelha quando este absorve o vermelho e reflete todas as outras cores que constituem o feixe de luz incidente.

IV) A cor de um objeto depende da cor da luz que o ilumina.

26. Explique por que, em dias cuja temperatura é muito elevada, vestir roupas de cores claras nos possibilita uma sensação de conforto térmico.

27. Quando uma lâmpada é apagada e colocada no escuro, não podemos mais enxergá-la, por quê:

a) ela não é uma fonte primária de luz mesmo quando está acesa.

b) a lâmpada é uma fonte secundária de luz.

c) a lâmpada é uma fonte primária de luz.

d) ela é um meio transparente.

28. Julgue as afirmações a seguir como verdadeiras ou falsas, justificando as falsas em seu caderno.

I) Em um palco, a roupa de cor verde dos atores fica amarela quando é iluminada por uma luz de cor vermelha.

II) Uma pessoa, vestindo uma camisa com o tecido de cor azul, quando iluminada por uma lâmpada que emite luz na cor amarela, sua camisa é observada na cor preta.

III) Uma lâmpada que emite a luz azul é utilizada para iluminar um corpo branco e outro vermelho. O corpo branco se mostrará azul e o corpo vermelho se mostrará preto.

IV) Um feixe de luz vermelha incide sobre uma parede branca. No local da incidência vemos a cor vermelha.

29. (UFRN) Ana Maria, modelo profissional, costuma fazer ensaios fotográficos e participar de desfiles de moda. Em trabalho recente, ela usou um vestido que apresentava cor vermelha quando iluminado pela luz do Sol. Ana Maria irá desfilar novamente usando o mesmo vestido. Sabendo-se que a passarela onde Ana Maria vai desfilar será iluminada agora com luz monocromática verde, podemos afirmar que o público perceberá seu vestido como sendo

a) verde, pois é a cor que incidiu sobre o vestido.

b) preto, porque o vestido só reflete a cor vermelha.

c) de cor entre vermelha e verde devido à mistura das cores.

d) vermelho, pois a cor do vestido independe da radiação incidente.

30. Considere dois objetos, um de cor vermelha e outro azul. Se ambos forem iluminados por luz monocromática vermelha, qual dos objetos terá um maior aumento de sua temperatura? Explique.

31. Uma pessoa argumenta que a velocidade de propagação da luz em qualquer meio será sempre menor que a velocidade de propagação da luz no vácuo. Você concorda ou discorda da pessoa? Explique.

32. De acordo com o fenômeno de refração observado na fotografia abaixo, julgue as afirmações a seguir como verdadeiras ou falsas, justificando as falsas em seu caderno.

■ O canudo aparenta estar quebrado por causa do efeito da refração da luz.

I) O efeito de refração acontece pelo fato de a velocidade da luz mudar ao passar de um meio de propagação para outro.

II) A luz, ao atravessar do ar para a água, sofre um aumento de sua velocidade pelo fato de a água ser mais densa que o ar.

III) Na refração a velocidade da luz diminui quando passa de um meio de menor densidade para um meio de maior densidade.

IV) Se em vez de água fosse colocado álcool, o efeito de refração deixaria de ser observado.

33. Imagine se não existisse mais a atmosfera em torno da Terra. De acordo com o conceito de refração, é correto afirmar que veríamos:

a) o Sol nascer mais cedo no horizonte, obtendo dias mais logos.

b) o nascer e o pôr do Sol mais tarde, obtendo dias mais longos.

c) o Sol se pôr no horizonte mais cedo.

d) o nascer e o pôr do Sol acontecer no mesmo tempo de quando havia atmosfera.

e) o Sol nascer mais cedo e se pôr mais tarde, pois não haverá refração da luz.

34. Ao observar a profundidade de uma piscina, tem-se a impressão de que ela é sempre menos profunda do que a realidade, como mostra a fotografia abaixo.

■ Escada de uma piscina.

Esse efeito é causado pela refração dos feixes de luz. A alternativa que melhor explica a causa desse efeito é:

a) A luz sofre o efeito de reflexão ao passar do ar para a água.

b) A luz que é refletida pelo fundo da piscina sofre reflexão total na superfície da água.

c) A luz refletida pelo fundo da piscina sofre refração ao passar da água para o ar.

d) A luz refletida pelo fundo da piscina é perturbada pela luz refletida na superfície da água.

35. (UEL-PR) A partir do século XIII, iniciando com o pensador Robert Grosseteste, os estudos em Óptica avançaram sistemática e positivamente, dando origem às explicações científicas a respeito das produções de fenômenos e imagens, como é o caso dos estudos sobre o arco-íris e as lentes.

Sobre o fenômeno de formação de arco-íris, considere as afirmativas a seguir.

I) O arco-íris primário é causado por uma refração e uma reflexão dos raios de Sol nas gotas de chuva.

II) O arco-íris aparece quando os raios de luz branca incidem em gotículas de água presentes no ar e pode ocorrer naturalmente ou ser produzido artificialmente.

III) O fenômeno arco-íris é decorrente do processo de difração da luz branca nas gotas de chuva.

IV) A dispersão dos raios de luz branca é responsável pelo espectro de luzes coloridas que aparecem, por exemplo, pela passagem dessa luz por gotículas de água ou por um prisma de cristal trigonal.

Estão corretas apenas as afirmativas:

a) I e III.　　　c) I, II e III.　　　e) II, III e IV.

b) II e IV.　　　d) I, II e IV.

Registrando momentos

As câmeras fotográficas digitais possuem princípio de funcionamento básico equivalente às câmeras analógicas, que funcionam com filmes fotográficos. De modo semelhante ao que ocorre no olho humano, a luz deve incidir na câmera por um orifício e ser projetada em algum anteparo.

No caso das câmeras analógicas, a imagem é projetada no filme fotográfico. Quando revelado, o filme torna possível notar que as imagens foram registradas invertidas, diferentemente do que acontece em nossos olhos ou nas câmeras digitais, onde as imagens invertidas são corrigidas pelo cérebro e pelo sistema da câmera digital, respectivamente.

Mas qual seria o motivo de as imagens serem formadas invertidas?

Materiais

- caixa de sapato
- uma folha de papel vegetal
- fita-crepe
- tesoura
- vela

Desenvolvimento

A Recorte um retângulo em uma das laterais menores da caixa, como mostrado na imagem.

B Fixe o papel vegetal, utilizando fita-crepe, cobrindo o buraco feito.

papel vegetal

C Faça um pequeno orifício no centro da lateral oposta de onde foi fixado o papel vegetal.

orifício

Fotos: José Vitor Eilorza/ASC Imagens

D Coloque a tampa da caixa e fixe-a bem com fita adesiva. Certifique-se de que a caixa está bem lacrada, de modo que a luz entre em seu interior apenas pelo orifício.

E Vá para um cômodo escuro e peça a um adulto que acenda a vela. Posicione a caixa no mesmo nível da vela, com o orifício voltado para ela, e observe pelo papel vegetal. Ajuste a distância entre a caixa e vela, se necessário.

F Ainda no cômodo escuro, posicione agora a caixa com o orifício voltado para algum local iluminado e observe novamente pelo papel vegetal. Se necessário, posicione-se em diferentes locais no cômodo escuro.

Análise

1. O que você observou ao realizar o item **E** e o item **F**?

2. Faça uma descrição de como ocorreu a formação das imagens observadas.

3. Quais características da imagem observada é possível alterar? Como isso pode ser feito?

4. Qual o nome do aparato que foi elaborado nesta atividade? Qual a relação desse aparato com as câmeras fotográficas?

5. Elabore um relatório que contenha: nome da atividade, objetivo, materiais utilizados, descrição do desenvolvimento, análise e suas conclusões.

Filme fotográfico sensível utilizado em câmeras analógicas. Seu material é sensibilizado pela luz que recebe, registrando assim uma imagem.

Olga Miltsova/Shutterstock.com/ID/BR

Espelhos planos

Banheiro de um escritório.

> *Quais itens são possíveis identificar no ambiente mostrado na fotografia?*

Quando enxergamos um corpo ou objeto, isso significa que a luz proveniente dele atingiu nossos olhos, independentemente de o corpo ser luminoso ou iluminado.

A **reflexão** é o fenômeno no qual a luz incidente em uma superfície retorna ao meio de onde veio. Dessa forma, a reflexão não ocorre apenas em espelhos, mas em qualquer corpo observado que não emite luz própria, como os itens do ambiente mostrado na fotografia.

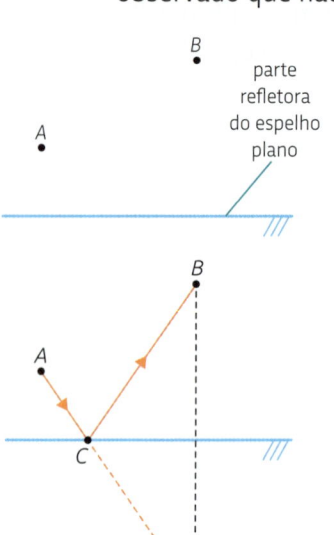

Podemos entender a reflexão e a lei que a rege a partir do **Princípio de Fermat do mínimo tempo**, proposto em 1657 por Pierre de Fermat (1601-1665), advogado e matemático francês. Para verificar esse princípio, considere dois pontos A e B e um espelho plano, como mostrado na ilustração ao lado. Qual seria o caminho mais rápido para a luz ir de A para B, passando pelo espelho?

Como a velocidade da luz é constante, o caminho mais rápido é aquele mais curto. Fazendo uso da Geometria, é possível encontrar o menor trajeto localizando um ponto B', simétrico a B em relação ao espelho. Como a menor distância entre A e B' é uma linha reta que intercepta o espelho em um ponto C, a distância de C a B', "dentro do espelho", é a mesma distância de C a B. Assim, o menor caminho da luz é o raio luminoso que sai de A, reflete em C e chega em B.

A partir das conclusões anteriores e pela simetria mostrada nas imagens, temos a **lei da reflexão**, válida para qualquer reflexão regular ou difusa.

> Os raios de luz incidente e refletido estão sempre no mesmo plano, sendo o ângulo de incidência igual ao ângulo de reflexão.
>
> $$\hat{i} = \hat{r}$$

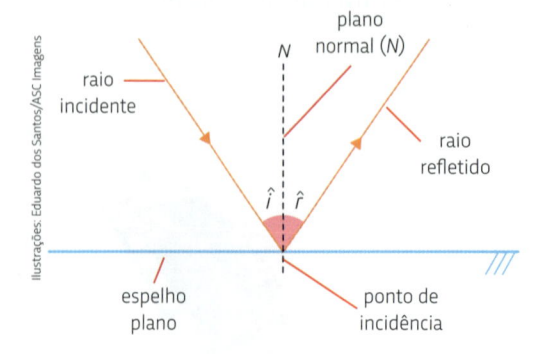

O ângulo da luz incidente $(\hat{i})$ é o mesmo ângulo da luz refletida $(\hat{r})$. Esses ângulos são geralmente medidos entre o raio luminoso e um plano imaginário normal (ou perpendicular) ao espelho, designado por N e traçado no ponto de incidência, local onde ocorre a reflexão.

Espelho plano

Os espelhos são superfícies onde a luz sofre reflexão regular, não sendo assim refletida em todas as direções, pois a organização dos feixes incidentes é mantida após a reflexão. Já na reflexão difusa, a luz é refletida em todas as direções, possibilitando que um corpo ou objeto seja visto de qualquer posição ao redor dele. Mesmo tendo efeitos diferentes, tanto a reflexão regular quanto a difusa obedecem às leis da reflexão.

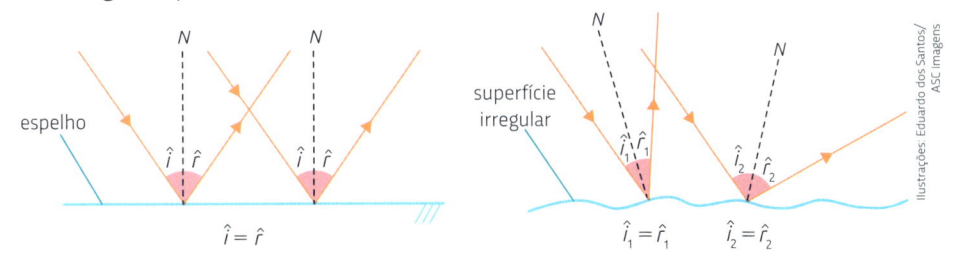

Os primeiros espelhos eram feitos de metais polidos com areia e não formavam imagens nítidas. Espelhos de vidro surgiram no século XIV, mas eram caros e tinham um processo de fabricação perigoso. Os espelhos atuais, com revestimento à base de prata, surgiram no século XIX.

Na fabricação de um espelho, aplica-se nitrato de prata $(AgNO_3)$ sobre uma das faces de uma chapa de vidro, misturado a outros metais, como o estanho, que auxiliam na fixação. Camadas de tinta são aplicadas sobre a camada de nitrato de prata para evitar corrosão e entrada de luz por trás do espelho.

Operário manuseando uma chapa de espelho em uma fábrica de espelhos localizada na França, em 2013.

Construção de imagens em espelhos planos

Diante de um espelho plano, uma pequena lâmpada emite luz em todas as direções. Na ilustração ao lado foram representados somente três raios de luz que saem de determinado ponto da lâmpada. O feixe de luz emitido é divergente e, após refletir no espelho, mantém essa organização, de modo que aparenta ter sido emitido de uma região atrás do espelho. A parte de trás do espelho, ou seja, a superfície não refletora, é identificada com pequenas franjas paralelas.

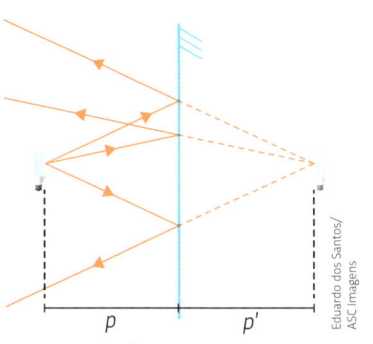

Enquanto as linhas contínuas que partem da lâmpada representam os raios de luz, as linhas pontilhadas são imaginárias e representam os prolongamentos dos raios no espelho, mostrando geometricamente o trajeto imaginário que a luz percorreria se o corpo estivesse na parte de trás do espelho.

Para o observador, a interpretação dessa situação é que a imagem da lâmpada está exatamente no ponto de encontro das linhas pontilhadas, isto é, o observador vê a imagem da lâmpada "atrás" do espelho. Como a luz não vem realmente desse ponto, dizemos que a imagem formada é uma imagem virtual.

A distância entre a imagem da lâmpada e o espelho (p') é igual à distância do corpo ao espelho (p), existindo assim uma simetria entre o corpo e sua imagem conjugada por um espelho plano.

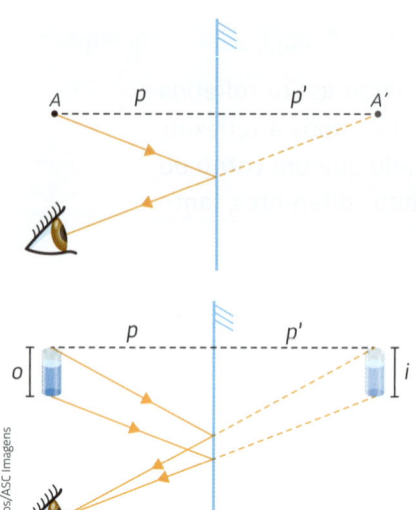

Ilustrações: Eduardo dos Santos/ASC Imagens

Se um ponto luminoso *A* for colocado diante de um espelho, um observador verá a imagem desse ponto *A′* localizada simetricamente "atrás" do espelho. O raio de luz indicado mostra a trajetória da luz que chega ao olho do observador, de acordo com a lei da reflexão.

Quando se trata de um corpo extenso diante de um espelho plano, de comprimento *o*, a imagem observada será, de comprimento *i*, formada pelo espelho apenas se a luz que ilumina todo o corpo estiver incidindo no espelho. Na ilustração ao lado estão representados os raios de luz que saíram da parte inferior e superior do corpo e chegaram ao observador por reflexão, revelando assim que o observador consegue ver o reflexo de toda a extensão do corpo.

Costumamos caracterizar as imagens formadas pelos espelhos segundo sua natureza, orientação e tamanho em relação ao corpo diante do espelho. De acordo com a natureza, as imagens podem ser reais, quando formadas pelo encontro efetivo de raios refletidos, e virtuais, quando formadas pelo encontro de prolongamentos dos raios refletidos. As imagens são direitas quando têm a mesma orientação do corpo e invertidas quando têm orientação contrária, ou seja, ficam de cabeça para baixo. Quanto às dimensões, as imagens podem ser menores, maiores ou iguais ao corpo.

Em um espelho plano, as imagens conjugadas são virtuais, direitas e de mesmo tamanho ($o = i$). Imagens com outras características serão tratadas nos estudos dos espelhos e lentes esféricas, nos próximos capítulos.

Um objeto e sua imagem conjugada em um espelho são enantiomorfos, ou seja, simétricos ao plano do espelho, mas não se sobrepõem. A simetria é observada quando comparamos as partes que estão próximas e as que estão distantes do espelho. Notamos que a imagem da tampa da caneta na figura abaixo está mais próxima do espelho, e a imagem da outra extremidade está mais distante do espelho, da mesma maneira como a caneta está disposta diante do espelho. Notamos também que, se a imagem for colocada sobre o objeto, eles não se sobrepõem.

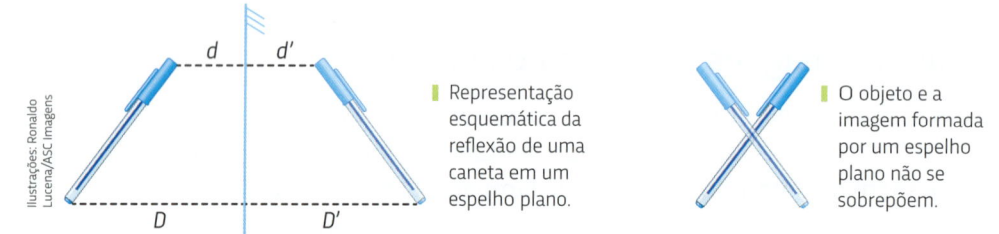

Ilustrações: Ronaldo Lucena/ASC Imagens

▍ Representação esquemática da reflexão de uma caneta em um espelho plano.

▍ O objeto e a imagem formada por um espelho plano não se sobrepõem.

Quando uma pessoa se coloca em frente a um espelho plano, a imagem formada tem as mesmas características da pessoa, ou seja, mesmo tamanho e mesma distância em relação ao espelho. Na pessoa mostrada na fotografia ao lado, o dedo médio de sua mão esquerda está direcionado para a direita, assim como a imagem desse dedo. O mesmo ocorre com o polegar, pois tanto o dedo da pessoa quanto sua imagem apontam para cima. Porém, enquanto seu dedo indicador aponta para o espelho, sua imagem aponta para a pessoa, ou seja, é invertida em profundidade.

Ronaldo Lucena/ID/BR

José Vitor Elorza/ASC Imagens

▍ O reflexo do eixo vertical (*y*) de baixo para cima e do horizontal (*x*) direita-esquerda mantêm suas orientações. O reflexo do eixo *z*, eixo da profundidade, é invertido.

Se o espelho plano não inverte horizontalmente, por que as palavras escritas invertidas em alguns carros oficiais são vistas corretamente em espelhos?

Quando olhamos diretamente para um caminhão de bombeiros, percebemos que a palavra BOMBEIROS está invertida (SOЯIEBMOB). Quando um motorista vê o reflexo desse caminhão no espelho retrovisor de seu carro, ele enxerga a palavra BOMBEIROS de forma correta. O espelho reflete a imagem da palavra exatamente como ela está. Mas o motorista encontra-se de costas para o caminhão, por isso seu eixo horizontal está invertido em relação ao caminhão. Dessa forma, o começo da palavra que está do lado esquerdo do caminhão (letra **B**) passa a estar também do lado esquerdo do motorista, possibilitando que ele enxergue o reflexo da palavra corretamente. O espelho apenas possibilita a visualização da palavra.

Podemos perceber essa inversão que os espelhos planos provocam quando observamos, em um espelho, uma palavra que foi escrita na ordem correta. Apesar de termos a impressão de o reflexo da palavra estar invertido, o espelho está conjugando a imagem exata do que está na frente dele. Ao se posicionar para mostrar a palavra na frente do espelho, o observador inverte o papel em relação a ele, ou seja, a palavra já está invertida. Podemos perceber essa situação quando, por exemplo, observamos uma palavra escrita em papel-manteiga pela parte de trás do papel, como mostra a fotografia ao lado.

Caminhão de bombeiro em uma rua de Campinas, no estado de São Paulo, em 2016.

Ao girar o papel para mostrá-lo ao espelho, a palavra estará invertida em relação ao observador. O espelho conjuga a imagem do que lhe for mostrado.

Campo visual de um espelho plano

Quando nos posicionamos diante de um espelho plano, enxergamos o reflexo de somente parte do ambiente. No entanto, quando nos movimentamos diante do espelho, passamos a enxergar o reflexo de outras partes do ambiente que antes não conseguíamos enxergar e deixamos de observar o reflexo de algumas partes que estávamos vendo inicialmente.

Ao mudarmos nossa posição em relação ao espelho, vemos o reflexo de diferentes partes do ambiente.

A região na qual um observador pode ver imagens refletidas por um espelho é chamada campo visual e depende do tamanho do espelho e da posição relativa entre ele e o observador.

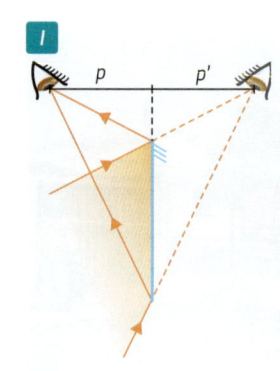

Para determinar o campo visual de um espelho plano para certo observador, considere raios de luz que refletem nos limites do espelho e chegam aos olhos do observador. Uma forma de obter o campo visual é considerar o observador em um ponto simétrico atrás do espelho e traçar os raios de luz passando pelos limites do espelho e chegando a ele.

Na situação da figura *I* para determinar quais pontos o observador consegue ver refletidos no espelho, devemos determinar seu campo visual. Considerando na figura *III* um ponto simétrico do observador atrás do espelho e traçando seu campo visual, é possível verificar que ele vê o reflexo dos pontos *B*, *C* e *D*. O reflexo dos pontos *A* e *E* não é observado, pois eles estão fora de seu campo visual.

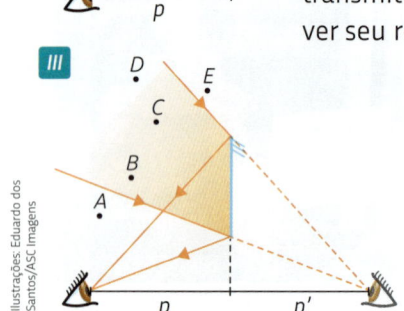

A reflexão da luz é um dos fenômenos que pode ocorrer quando a luz interage com um corpo ou meio físico. Geralmente, ocorre mais de um fenômeno simultaneamente, como reflexão e absorção ou refração. Quando um observador está em um cômodo com janelas de vidro liso e transparente, por exemplo, durante o dia, ele enxerga o ambiente externo ao olhar para o vidro, pois a luz está sendo transmitida mais intensamente que refletida. Já durante a noite, o observador irá ver seu reflexo no vidro, pois a luminosidade externa foi reduzida.

Esse efeito é utilizado em apresentações de teatro e de circo baseadas apenas nos fenômenos ópticos, como números em que uma mulher se transforma em um gorila na frente dos espectadores. Esse número baseia-se na reflexão e na transmissão da luz em uma placa vidro, a partir da diferença de luminosidade entre dois ambientes. Em uma das montagens, há dois compartimentos perpendiculares entre si e separados por uma placa de vidro posicionada em um ângulo de 45° em relação a ambos. No primeiro compartimento, com a luz apagada, está uma pessoa vestida de gorila. No segundo compartimento, com a luz acesa, está a mulher. A luz emitida por seu compartimento é refletida pela placa de vidro e chega aos telespectadores, já que o compartimento do gorila está escuro.

Conforme diminui a luminosidade do ambiente onde está a mulher, aumenta a luminosidade de onde está a pessoa vestida de gorila, de modo que a reflexão e a transmissão da luz passam a ocorrer simultaneamente, e os espectadores começam a receber a luz proveniente da mulher e refletida pelo vidro e a luz proveniente da pessoa vestida de gorila e transmitida pelo vidro. As imagens observadas se sobrepõem, causando a ilusão da transformação, até que a luz onde está a mulher é apagada, e a luz onde está o gorila é acesa. No instante da transformação, a mulher e a pessoa vestida de gorila ficam em posições combinadas.

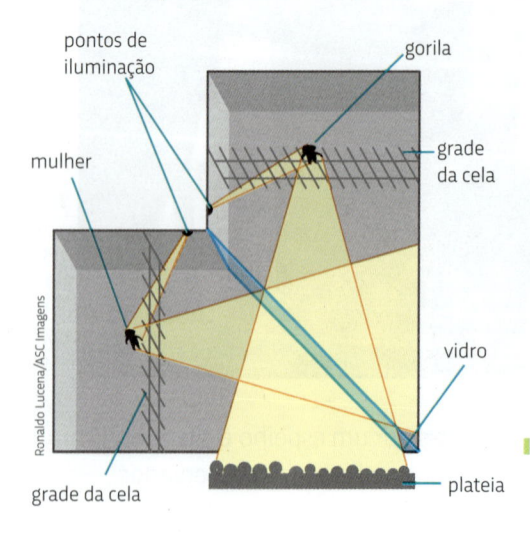

grade da cela

plateia

a O que diferencia um espelho de um vidro transparente?

b Em quais condições é possível observar uma imagem refletida em um vidro liso e transparente? Cite situações de seu cotidiano em que isso ocorre.

Visão superior do esquema descrito, com os dois ambientes e o jogo de luzes sendo refletidas e transmitidas pelo vidro para a plateia.

Associação de espelhos planos

Associação de espelho é uma montagem em que a luz refletida em um espelho atinge ao menos um segundo espelho, de modo que é possível observar a formação de mais de uma imagem refletida.

Na fotografia mostrada ao lado, por exemplo, temos dois espelhos perpendiculares conjugando cada um uma imagem do objeto. Nos espelhos é possível verificar uma terceira imagem, formada por uma segunda reflexão, ou seja, a terceira imagem surge a partir do reflexo das outras imagens.

Peça "cavalo" do jogo de xadrez em frente a dois espelhos perpendiculares.

Ao analisar os raios que incidem diretamente no espelho E_1, representados na cor alaranjada, vemos que seus prolongamentos formam a imagem I_1. O mesmo ocorre com os raios incidentes sobre o espelho E_2, representados na cor vermelha, que formam a imagem I_2. Pela segunda reflexão que cada raio sofre no outro espelho, forma-se a terceira imagem, I_3.

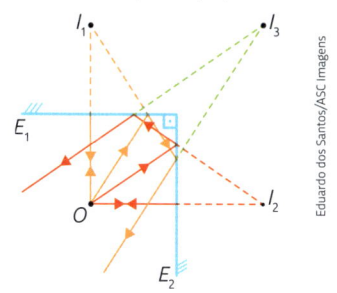

Quanto menor a angulação entre os dois espelhos, maior será o número de imagens formadas pelo conjunto, pois cada vez mais os raios refletidos em um espelho irão incidir sobre o outro.

No esquema mostrado, as três imagens mais o objeto estão localizados em quatro setores. Assim, desconsiderando o setor onde o objeto está, que é observado diretamente, o número de imagens (N) formadas em uma associação de espelhos é dado por:

$$N = \frac{360°}{\alpha} - 1$$

Na relação acima, 360° representa o ângulo interno de uma circunferência, α corresponde ao ângulo entre os espelhos, de modo que a razão entre esses dois ângulos define a quantidade de setores em que haverá a formação de imagens, subtraída de 1, que é onde o objeto está.

Para $\alpha = 90°$, o número de imagens projetadas é igual a 3, ou seja, cada espelho reflete uma imagem e meia.

$$N = \frac{360°}{90°} - 1 = 4 - 1 = 3 \therefore \boxed{N = 3}$$

Para $\alpha = 72°$, o número de imagens projetadas é igual a 4.

$$N = \frac{360°}{72°} - 1 = 5 - 1 = 4 \therefore \boxed{N = 4}$$

Nesse caso, cada espelho formará duas imagens completas. As quatro imagens apenas irão se formar se o objeto estiver em uma posição equidistante dos espelhos, no chamado plano bissetor do ângulo de abertura. Caso contrário, as imagens formadas pelas segundas reflexões serão parciais, formando apenas três imagens.

Quando a razão $\frac{360°}{\alpha}$ resultar em um número par, independentemente da posição do objeto, a última imagem será formada parcialmente por cada espelho, totalizando um número ímpar de imagens, de acordo

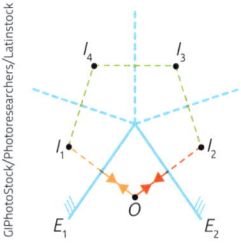

Peça "cavalo" do jogo de xadrez em frente a dois espelhos formando um ângulo de 72°. Quando o número de setores criados for ímpar, o número de imagens formadas pelos espelhos dependerá da posição do objeto.

com a relação matemática apresentada. Caso a razão resultar em um número ímpar, o número de imagens será par, de acordo com a relação matemática, apenas se o objeto estiver equidistante de ambos os espelhos, ou seja, sobre o plano bissetor do ângulo α.

1. Um feixe de luz incide sobre um espelho formando um ângulo de 30° de acordo com o esquema:

Determine:

a) O ângulo de incidência.

b) O ângulo de reflexão.

c) O ângulo entre o raio incidente e o refletido.

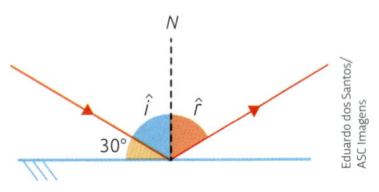

2. (Unaerp-SP) A figura mostra uma residência com um prédio ao lado.

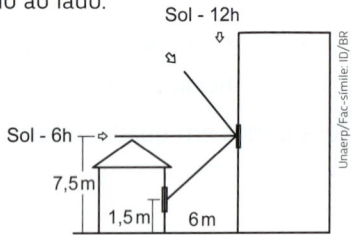

A janela de vidro do prédio tem seu centro no alinhamento do cume do telhado da residência. A janela da residência tem seu centro a 1,5 m do chão na parede oposta à do prédio. Considerando que às 6 h da manhã a luz do Sol incide perpendicularmente à janela do prédio e, às 12 h, a incidência de luz do Sol é vertical, a luz refletida na janela do prédio entrará pela janela da residência às:

a) 7 h.

b) 8 h.

c) 9 h.

d) 10 h.

e) 11 h.

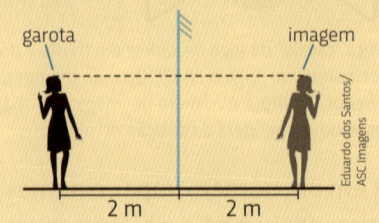
3. De acordo com a imagem a seguir, qual a distância entre a pessoa e a imagem formada do vaso?

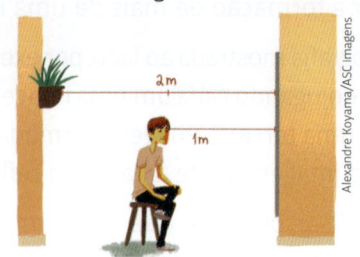

4. (Fuvest-SP – adaptado) Uma jovem está parada em *A*, diante de uma vitrine, cujo vidro, de 3 m de largura, age como uma superfície refletora plana vertical. Ela observa a vitrine e não repara em um amigo, que no instante t_0 está em *B*, se aproximando, com uma velocidade constante de 1 m/s, como indicado na figura, vista de cima.

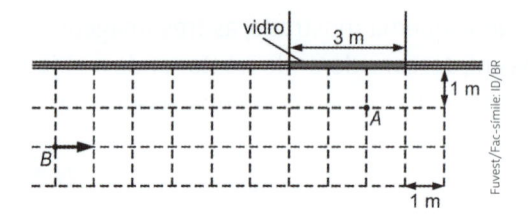

Se continuar observando a vitrine, a jovem poderá começar a ver a imagem do amigo, refletida no vidro, após um intervalo de tempo, aproximadamente, de:

a) 2 s

b) 3 s

c) 4 s

d) 5 s

e) 6 s

5. A tela a seguir é a última grande obra de Édouard Manet (1832-1883). Nela, Manet representa uma garçonete, chamada Suzon, em um grande e movimentado salão de música de Paris, Folies-Bergère. Muitos consideram que Manet fez uso de um espelho plano em sua obra.

Identifique a localização desse espelho e analise se a imagem refletida corresponde ao que seria a imagem refletida que Manet observaria nesse espelho.

MANET, Édouard. *Um bar em Folies-Bergère*, 1882. Óleo sobre tela, 96 cm x 130 cm. Courtauld Institute of Art, Londres.

6. A imagem abaixo ilustra a reflexão de um raio de luz que vai de uma fonte no ponto *A* para o observador no ponto *O* utilizando um ponto imaginário *A'*. Mostre que, ao inverter a posição da fonte de luz e do observador, o ponto que a luz deve incidir sobre o espelho continua em *C*. Qual o princípio da propagação de um feixe de luz que melhor se encaixa nesse caso?

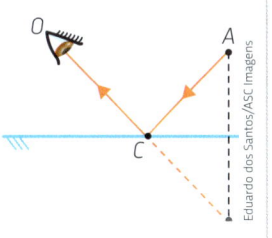

Eduardo dos Santos/ASC Imagens

7. Um estudante localizado no ponto *O* tenta observar as cartas letradas com o auxílio de um espelho plano, como mostra a figura a seguir.

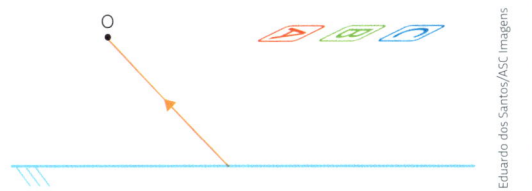

Eduardo dos Santos/ASC Imagens

Qual a letra da carta que o estudante poderá ver refletida no espelho?

8. Jonas está em uma sala de formato quadrado e suas paredes possuem as dimensões de lado iguais a 3 m e altura de 2,2 m, em frente a um espelho plano de 1 m de largura e 2,2 m de altura, fixo e centrado em uma das paredes. Quando Jonas se move paralelamente ao espelho, por reflexão, visualizará:

a) metade da parede, estando no centro da sala.

b) toda a parede oposta, estando no centro da sala.

c) toda a parede oposta, independentemente da posição.

d) metade da parede, se estiver na parede oposta.

e) somente 1,5 m da parede oposta, independentemente da posição.

9. Qual deve ser o mínimo tamanho de um espelho plano para que uma pessoa possa ter uma visão por completo de si mesma?

10. Duas irmãs gêmeas separadas igualmente uma da outra em relação a uma fina parede entre elas. Suponha que essa parede será cortada para ser colocada uma janela, tal que cada gêmea deve ter uma visão completa da outra. Sabendo que as gêmeas possuem a mesma altura, de 1,80 m, e estão igualmente separadas de 4 m da parede, qual deve ser o menor tamanho e a localização que essa janela deve possuir?

11. Explique por que ambulâncias costumam trazer a palavra **ambulância** escrita como na fotografia abaixo.

Luciana Whitaker/Pulsar Imagens

Ambulância se deslocando em uma rua de Curitiba, no Paraná, em 2015.

12. (UFRRJ) Dois sistemas ópticos, representados abaixo, usam espelhos planos, ocorrendo as reflexões indicadas.

Após as reflexões, suas imagens finais são:

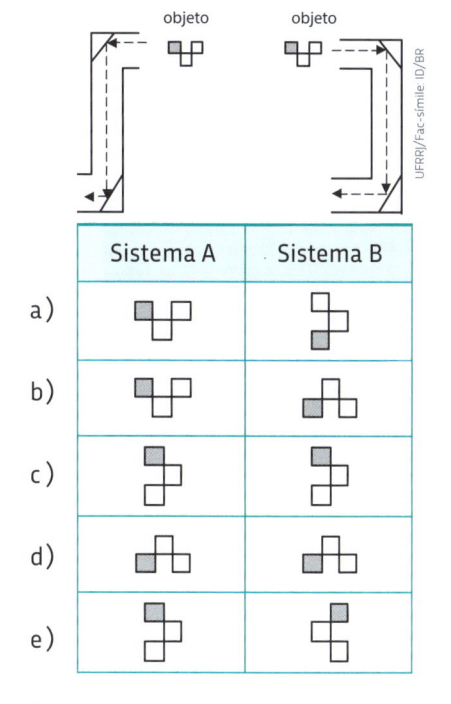

UFRRJ/Fac-símile ID/BR

	Sistema A	Sistema B
a)		
b)		
c)		
d)		
e)		

13. (PUC-SP) Um aluno colocou um objeto em "O" entre as superfícies refletoras de dois espelhos planos associados e que formam entre si um ângulo *θ*, obtendo *n* imagens. Quando reduziu o ângulo entre os espelhos para *θ*/4, passou a obter *m* imagens. A relação entre *m* e *n* é:

a) $m = 4 \cdot n + 3$

b) $m = 4 \cdot n - 3$

c) $m = 4 \cdot (n + 1)$

d) $m = 4 \cdot (n - 1)$

e) $m = 4 \cdot n$

PUC-SP/Fac-símile ID/BR

Reflexo social

O termo "reflexão" não é exclusivo da Física, possuindo outros significados pertinentes a outras áreas, como Psicologia, Psicanálise, Arte, Literatura e Ciências Sociais. De acordo com o dicionário, esse termo também pode corresponder ao ato ou efeito de refletir mentalmente, voltar a consciência para si mesmo, meditar ou pensar.

Devido a esses outros significados, os espelhos também são relacionados a diferentes conotações, além de superfícies reflexivas capazes de formar imagens. De forma poética, por exemplo, os olhos correspondem ao espelho das essências e sentimentos de uma pessoa, de modo que uma conversa séria e honesta é aquela feita quando um olha nos olhos do outro.

O espelho também pode ser visto como o símbolo da vaidade física humana, quando nos preocupamos mais com a aparência do que com pensamentos e atitudes.

Galleria Nazionale d'Arte Antica, Roma (Itália). Fotografia: ID/BR

▌ CARAVAGGIO, Michelangelo Merisi. *Narciso na fonte*, 1597-1599. Óleo sobre tela, 113 cm x 95 cm. Galleria Nazionale d'Arte Antica, Roma.

A tela *Narciso*, do pintor italiano Michelangelo Merisi Caravaggio (1571-1610), retrata o jovem personagem da mitologia grega Narciso que se apaixonou por sua própria imagem refletida nas águas de um lago e, de tanto admirar-se, acabou morrendo nessas águas. Dessa lenda surgiu o termo "narcisismo" na Psicanálise, que se refere a indivíduos que admiram exageradamente sua própria imagem, extrapolando os limites saudáveis, o que torna a pessoa dependente da vaidade.

Claro que as pessoas devem se gostar, se admirar, se cuidar, o que inclui cuidados físicos e mentais, mas dentro de um limite saudável, de modo que não se tornem narcisistas. Além disso, a busca pela beleza não precisa ser pautada em padrões criados pela sociedade, mas definida por escolhas e gostos pessoais.

O verdadeiro padrão deve ser um reflexo do interior do ser humano, da felicidade honesta que transparece. Cuidar-se é importante, mas é fundamental se aceitar, buscando sempre tomar as melhores atitudes para si e para o mundo em que vivemos.

Com relação às ações humanas, existe outra conotação para o termo "reflexão", já que o mundo em que vivemos é um reflexo de nossos atos. Dizemos popularmente que "aqui se faz, aqui se paga" ou que "cada um colhe aquilo que planta", sendo esses dizeres relacionados aos reflexos das ações das pessoas. Assim como um raio luminoso que se reflete, retornando ao meio de onde veio, qualquer ação feita hoje causará consequências amanhã.

Considerando assim, a beleza de uma pessoa está mais relacionada com sua felicidade do que com suas qualidades físicas, e uma sociedade feliz e honesta é um reflexo de pessoas felizes e honestas.

A Converse com seus colegas sobre os padrões de beleza criados pela sociedade e de que forma eles podem influenciar a vida das pessoas.

B Que tipo de atitude de um indivíduo pode refletir no futuro de uma sociedade?

C Reúna-se com quatro colegas e pesquisem boas ações que podemos realizar no dia a dia e quais os reflexos dessas ações na vida de outras pessoas. Em seguida, criem personagens e elaborem histórias em quadrinhos com essas personagens, retratando as ações pesquisadas. No final do trabalho, exponham-nas para a comunidade escolar.

Observador oculto

Submarinos são capazes de se mover submersos na água. Essas embarcações são geralmente equipadas com periscópios, que possibilitam observar a superfície do mar mesmo quando submersos.

A luz que incide em um periscópio é refletida em um sistema de espelhos e/ou prismas e conduzida até os olhos do observador.

Como você acha que são as imagens observadas em um periscópio?

Comandante do submarino brasileiro Tikima visualizando o exterior do submarino por um periscópio, na base militar de Niterói, em 2014.

Yasuyoshi Chiba/AFP/Getty Images

Materiais

- caixa longa vida de 1 L
- régua
- transferidor
- caneta
- estilete
- dois espelhos planos quadrados, com 6 cm de lado

Desenvolvimento

A Utilizando o transferidor e a caneta, marque um ângulo de 45° em uma das laterais da caixa.

Com estilete, cuidadosamente, faça um corte de 5,5 cm de comprimento ao longo desse ângulo, a partir do vértice da caixa. Desse mesmo vértice, faça outro corte de 5,5 cm de comprimento ao longo da aresta frontal da caixa.

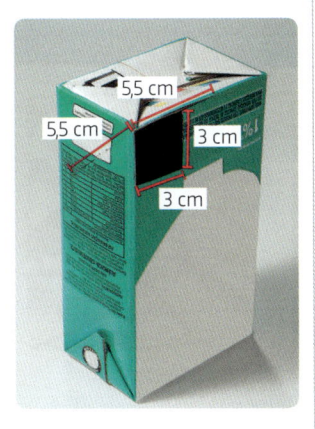

B Meça um quadrado de lado 3 cm no canto da face maior da caixa e recorte com cuidado, utilizando o estilete.

C Inverta verticalmente a caixa e repita os itens **A** e **B** no mesmo lado da caixa, como mostrado na imagem.

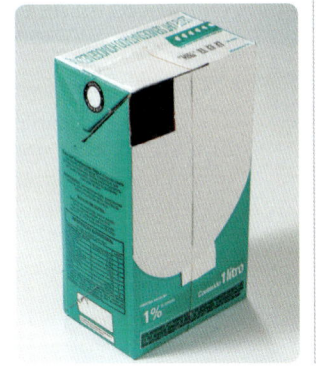

D Encaixe os espelhos nos dois recortes feitos, com a região espelhada voltada para os quadrados de 3 cm de lado, como mostrado na imagem.

Fotografias: José Vitor Elorza/ASC imagens

E Segurando a caixa na posição vertical, com um espelho acima do outro, observe pelo espelho inferior.

Análise

1. As imagens observadas pelo periscópio são direitas ou invertidas?

2. Por que os espelhos foram posicionados sob um ângulo de 45° na caixa? Faça um esboço em seu caderno dos raios luminosos que incidem no periscópio e chegam aos olhos do observador após as duas reflexões.

3. Em que situação o periscópio construído pode ter utilização semelhante à do periscópio do submarino?

4. Elabore um relatório que contenha: nome da atividade, objetivo, materiais utilizados, descrição do desenvolvimento, análise e suas conclusões.

capítulo 10 Espelhos esféricos

◢ Características dos espelhos curvos

Operário em frente a um dos espelhos do telescópio espacial Hubble, que tem 2,5 metros de diâmetro. O telescópio espacial Hubble foi lançado ao espaço em 1990.

Espelho curvo utilizado em um estacionamento na Rússia, em 2016.

> *Na fotografia ao lado, a imagem refletida pelo espelho é idêntica ao rosto da pessoa à sua frente?*

Alguns espelhos curvos conjugam imagens maiores quando o corpo ou objeto está próximo a ele. Existem também espelhos curvos que produzem imagens menores que o objeto, geralmente utilizados em estabelecimentos comerciais e em saídas de estacionamento, pois aumentam o campo de visão do local.

As características das imagens formadas pelos espelhos curvos são determinadas pela forma como eles direcionam a luz refletida. Espelhos curvos são comuns em diferentes situações, por exemplo, quando desejamos observar imagens maiores de um corpo ou objeto ou quando queremos ter uma visão mais ampla de um local, como no caso dos dentistas, para a observação dos dentes, e dos espelhos retrovisores dos automóveis. Também quando queremos direcionar um feixe luminoso, como ocorre em telescópios refletores, faróis de carro, lanternas e fornos solares, entre outros.

O espelho utilizado pelo dentista aumenta a imagem, possibilitando ver os dentes com mais detalhes.

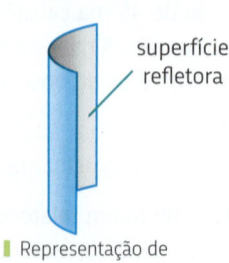

Os retrovisores dos carros permitem um campo de visão maior, pois as imagens formadas são menores que os objetos.

Nos telescópios refletores os espelhos curvos são utilizados para direcionar a luz que incide em sua superfície.

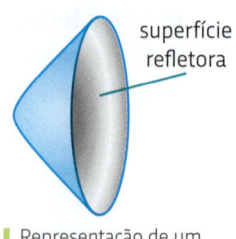

A forma do forno solar permite que os raios de luz sejam direcionados para a panela, cozinhando os alimentos.

De acordo com suas características e formato, os espelhos curvos podem ser esféricos, cilíndricos, parabólicos e hiperbólicos, por exemplo. Em alguns parques de diversão e salões de festas infantis é comum observar espelhos cilíndricos ou de curvatura variável que produzem imagens distorcidas e engraçadas.

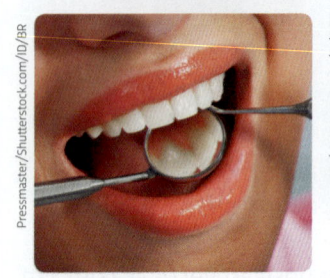

superfície refletora

Representação de um espelho esférico.

superfície refletora

Representação de um espelho cilíndrico.

superfície refletora

Representação de um espelho parabólico.

superfície refletora

Representação de um espelho hiperbólico.

Telescópios refletores geralmente possuem espelhos curvos parabólicos que focalizam os raios luminosos provenientes dos astros celestes. Essa propriedade refletora faz com que refletores parabólicos tenham outras utilizações, como em holofotes, faróis de carro e lanternas, por exemplo, em que uma fonte luminosa é colocada em seu foco ou próxima a ele, refletindo e organizando a luz em um feixe de raios paralelos ou levemente convergentes.

O formato parabólico é também utilizado em antenas receptoras, que refletem grande parte da radiação recebida (o sinal de televisão, rádio ou celular, por exemplo), em direção ao receptor localizado em seu foco.

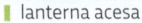 lanterna acesa

Neste capítulo trataremos com mais detalhes os espelhos curvos esféricos.

Elementos geométricos de um espelho esférico

Podemos obter espelhos esféricos a partir de uma calota esférica, isto é, uma região de uma esfera delimitada por um plano, como mostrado ao lado.

Um **espelho côncavo** é obtido quando a calota tem a região interna espelhada (lisa e polida), e um **espelho convexo** é obtido quando a calota possui sua região externa espelhada, conforme as imagens a seguir.

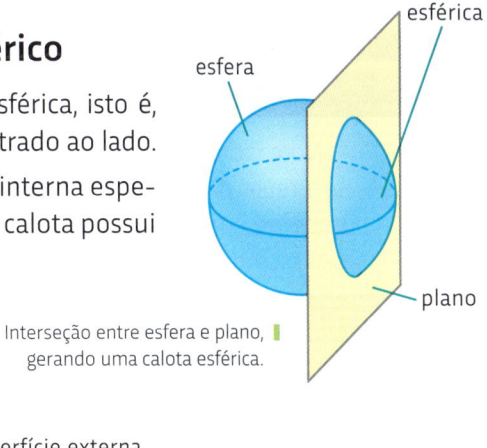

Interseção entre esfera e plano, ▌ gerando uma calota esférica.

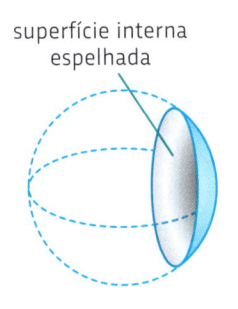

▌ Espelho com curvatura côncava é obtido quando a região espelhada é a interna de uma calota esférica.

▌ Representação esquemática de um espelho côncavo.

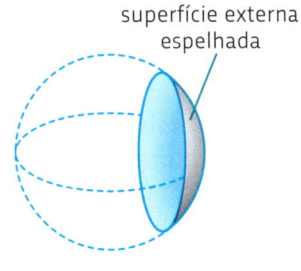

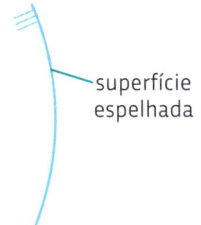

▌ Espelho com curvatura convexa é obtido quando a região espelhada é a externa de uma calota esférica.

▌ Representação esquemática de um espelho convexo.

Veja a seguir os principais elementos geométricos de um espelho esférico.

- **Centro de curvatura** (C): centro da esfera que originou o espelho.
- **Raio de curvatura** (R): raio da esfera que originou o espelho.
- **Vértice** (V): polo da calota esférica.
- **Eixo principal**: reta que passa pelo centro de curvatura (C) e pelo vértice (V).
- **α**: **ângulo de abertura** do espelho.

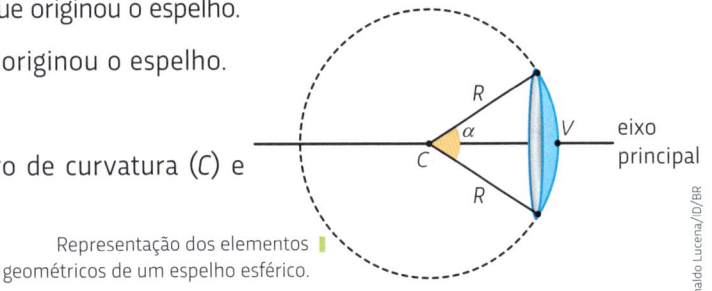

▌ Representação dos elementos geométricos de um espelho esférico.

A lei da reflexão também é válida para a reflexão da luz nos espelhos esféricos, de modo que os ângulos de incidência e de reflexão em relação ao plano normal ao espelho são iguais. Um espelho curvo comporta-se como se fosse composto por inúmeros espelhos planos posicionados de forma diferente, de maneira que, em cada ponto do espelho o ângulo de incidência é igual ao ângulo de reflexão.

● Foco principal e distância focal de espelhos esféricos

Outro elemento geométrico importante em um espelho esférico é o **foco principal** (*F*), que pode ser designado apenas de **foco**, verificado quando um feixe de luz paralelo ao eixo principal incide no espelho.

No caso de um espelho côncavo, o feixe de luz paralelo ao eixo principal reflete e forma um feixe convergente, com os raios refletidos se encontrando no foco (*F*) do espelho, por isso o foco do espelho côncavo é denominado foco real.

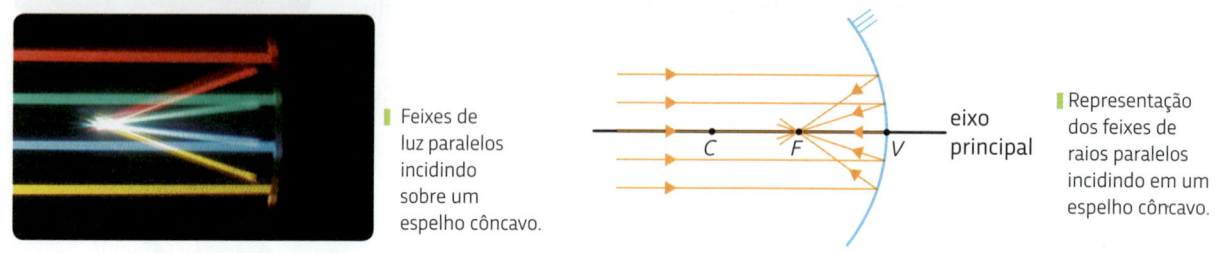

▌ Feixes de luz paralelos incidindo sobre um espelho côncavo.

▌ Representação dos feixes de raios paralelos incidindo em um espelho côncavo.

No caso de um espelho convexo, o feixe de luz paralelo ao eixo principal reflete e forma um feixe divergente, com os raios de luz se distanciando uns dos outros. O foco (*F*) desse espelho corresponde ao ponto onde os prolongamentos dos raios refletidos se encontram, por isso o foco do espelho convexo é classificado como virtual.

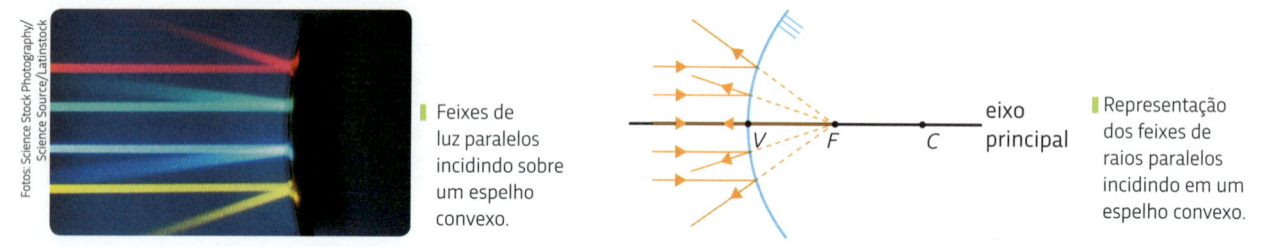

▌ Feixes de luz paralelos incidindo sobre um espelho convexo.

▌ Representação dos feixes de raios paralelos incidindo em um espelho convexo.

O foco (*F*) de um espelho esférico está sempre localizado geometricamente no ponto médio entre o centro de curvatura (*C*) e o vértice (*V*) do espelho. Como a distância entre *C* e *V* corresponde ao raio da esfera (*R*) que originou o espelho, a distância entre o foco e o vértice, chamada distância focal *f*, é dada por:

$$f = \frac{\overline{CV}}{2} \Rightarrow f = \frac{R}{2}$$

O foco de um espelho esférico pode também ser obtido geometricamente encontrando-se o ponto médio do raio da esfera que originou o espelho.

Na prática, observamos que quando um feixe de luz paralelo ao eixo principal incide em um desses espelhos, nem todos os raios convergem ou divergem da mesma forma, de modo que um espelho esférico pode não formar imagens nítidas. Esse fenômeno é conhecido como aberração esférica.

Para diminuir o efeito da aberração esférica destacam-se duas condições de nitidez que garantem que o espelho esférico reflita corretamente os raios incidentes, formando imagens nítidas. Essas condições são conhecidas como **condições de nitidez de Gauss**, devido aos trabalhos de Karl Friedrich Gauss (1777-1855), que desenvolveu teorias sobre lentes esféricas, úteis também para os espelhos esféricos: o ângulo de abertura de um espelho esférico deve ser igual ou inferior a 10° ($\alpha < 10°$); os raios de luz incidentes devem ser próximos ou pouco inclinados em relação ao eixo principal.

Representação de um feixe de luz incidindo em um espelho côncavo. ▌

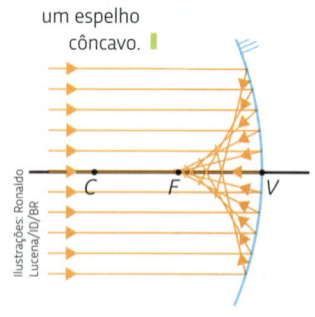

Assim, em espelhos côncavos, por exemplo, para raios incidentes paralelos ao eixo principal, apenas os mais próximos a esse eixo serão refletidos para o foco.

Construção geométrica de imagens em espelho esférico

Conforme já foi estudado, um espelho plano conjuga sempre imagens virtuais de um corpo ou objeto à sua frente, ou seja, a imagem estará sempre "atrás" do espelho. Além disso, a imagem tem sempre o mesmo tamanho do objeto e é simétrica em relação ao espelho.

Nesses espelhos a imagem pode ser determinada geometricamente utilizando dois raios de luz, como mostrado na ilustração ao lado.

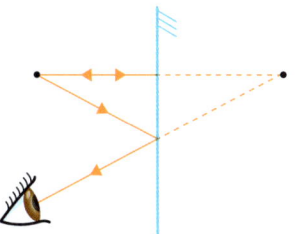

Representação de uma imagem formada por um espelho plano.

Nos espelhos esféricos o procedimento para obtermos geometricamente a imagem refletida é o mesmo, sendo necessário ao menos dois raios de luz. Porém, cada raio incide no espelho com ângulo diferente. Por esse motivo, os espelhos esféricos não configuram imagens iguais e simétricas ao objeto.

Devido à dificuldade em determinar exatamente a direção dos raios refletidos em um espelho esférico, baseando-se apenas na lei da reflexão, usamos, na construção geométrica das imagens, quatro raios incidentes, cuja reflexão tem trajetória conhecida. Esses raios são comumente denominados **raios particulares** ou **raios notáveis** e estão apresentados a seguir.

- Raio de luz que incide no espelho paralelamente ao eixo principal é refletido de modo que a sua direção cruza o foco (*F*), seja ele real ou virtual.

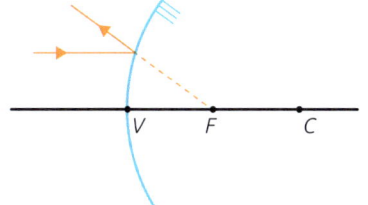

- Raio de luz que incide no espelho cuja direção cruza o foco (*F*), seja ele real ou virtual, é refletido paralelamente ao eixo principal.

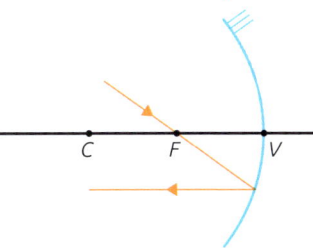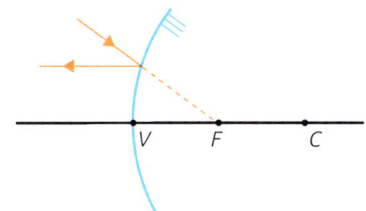

- Raio de luz que incide no espelho passando pelo centro de curvatura (*C*) é refletido sobre a mesma trajetória.

- Raio de luz que incide no espelho pelo seu vértice (*V*) é refletido, de modo que o ângulo de incidência e o de reflexão em relação ao eixo principal são os mesmos. Nesse caso, o eixo principal corresponde ao plano normal ao espelho.

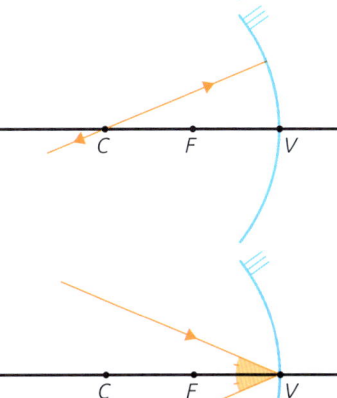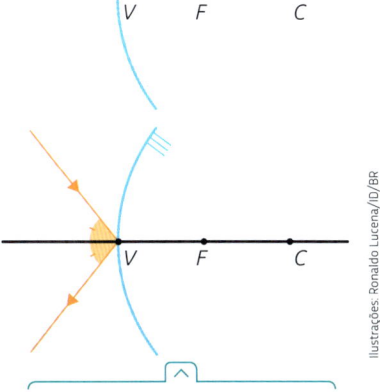

Representações de raios de luz incidindo em espelhos côncavos, em diferentes situações.

Representações de raios de luz incidindo em espelhos convexos, em diferentes situações.

Ilustrações: Ronaldo Lucena/ID/BR

Como o foco e o centro de curvatura do espelho convexo são virtuais, deve ser feito o prolongamento dos raios incidentes e refletidos na direção desses pontos.

Espelho esférico côncavo

Uma das formas de determinar a imagem de um objeto produzida por um espelho esférico é representá-lo por uma seta e traçar dois dos raios notáveis que saem de sua ponta. A partir da imagem desse ponto é possível determinar a imagem completa do objeto e suas características.

O espelho côncavo produz imagens com caraterísticas diferentes dependendo da distância (*p*) a que o objeto se encontra do espelho. Abaixo estão descritas cincos situações.

Objeto além do centro de curvatura

Colocando um objeto de comprimento (*o*) sobre o eixo principal de um espelho côncavo, em uma posição além do centro de curvatura (como mostra a ilustração), a imagem formada será real, invertida e menor que o objeto. As imagens reais são formadas pelo encontro efetivo dos raios refletidos por um espelho, que, por sua natureza, podem ser projetadas em um anteparo, diferentemente das imagens virtuais, que não podem ser projetadas.

Na determinação da imagem a seguir, utilizou-se o raio que incide no espelho paralelamente ao eixo principal e que reflete, passando pelo foco e o raio que incide pelo foco e reflete paralelamente ao eixo principal.

▋ Imagem de um rapaz formada na parte côncava de uma colher. A imagem se forma à frente da colher, é real, menor e invertida.

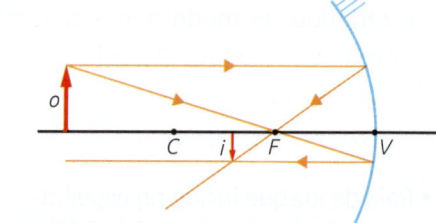

▋ Representação da formação da imagem com o objeto além do centro de curvatura.

Objeto sobre o centro de curvatura

Colocando o objeto sobre o centro de curvatura do espelho, a imagem formada é real, invertida e tem o mesmo tamanho que o objeto (*i* = *o*). Na determinação da imagem a seguir, foram utilizados os mesmos raios notáveis da situação anterior.

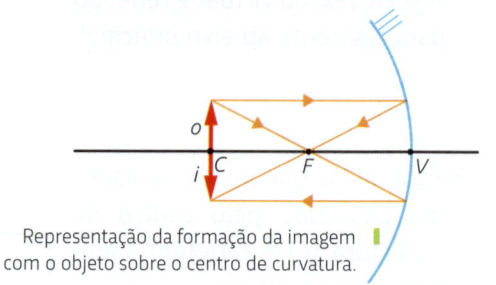

▋ Representação da formação da imagem com o objeto sobre o centro de curvatura.

Objeto entre o centro de curvatura e o foco

Colocando o objeto entre o centro de curvatura e o foco do espelho, a imagem formada é real, invertida e maior que o objeto. Na determinação da imagem a seguir, foram utilizados os mesmos raios notáveis das situações anteriores.

▋ Uma pessoa entre o centro de curvatura e o foco de um espelho côncavo tem imagem real, maior que o objeto e invertida.

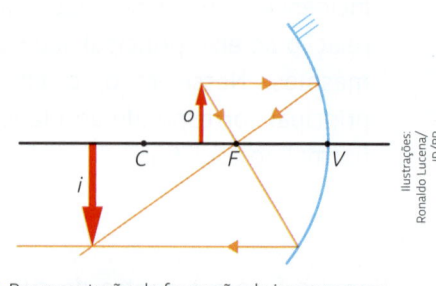

▋ Representação da formação da imagem com o objeto entre o foco e o centro de curvatura.

Objeto sobre o foco

Colocando o objeto no foco do espelho, temos uma imagem imprópria. Utilizando o raio que incide no espelho paralelamente ao eixo principal e reflete, passando pelo foco, e o raio que incide pelo vértice, temos que tanto os raios refletidos quanto seus prolongamentos são paralelos entre si, não ocorrendo formação de imagem.

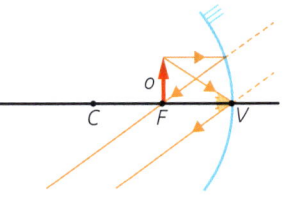

Representação de um objeto no foco de um espelho côncavo.

Os holofotes utilizam espelhos côncavos para direcionar a luz emitida. Para emitir um feixe de raios paralelos, como mostrado na fotografia abaixo, a fonte luminosa é instalada no foco do espelho, conforme esquema ao lado da fotografia. Geralmente usa-se um segundo espelho côncavo, menor que o primeiro e instalado em frente ao espelho maior, com a lâmpada em seu centro de curvatura. Assim, a luz que incide nesse espelho é refletida sobre a mesma trajetória, incidindo no espelho maior e aumentando assim a intensidade luminosa emitida pelo holofote.

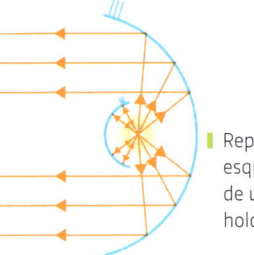

Holofotes instalados em um palco.

Representação esquemática de um holofote.

Objeto entre o foco e o vértice

Colocando o objeto entre o foco e o vértice do espelho, a imagem formada é virtual, direita e maior que o objeto. Utilizando o raio que incide no espelho pelo centro de curvatura e o raio que incide pelo vértice, temos que os raios refletidos divergem, de modo que a imagem formada é virtual, determinada pelo prolongamento dos raios refletidos.

Representação da formação da imagem com o objeto entre o foco e o vértice.

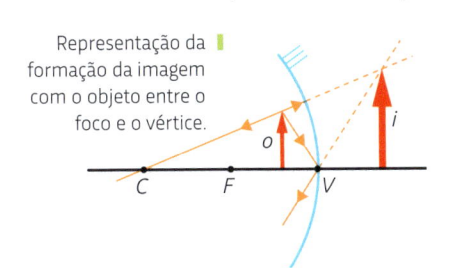

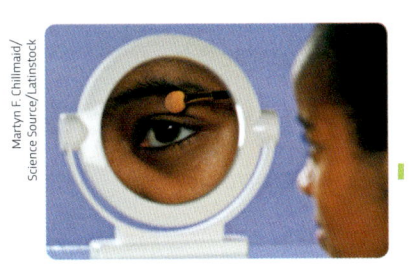

Mulher utilizando um espelho de maquiagem, posicionada entre o foco e o espelho.

Note que essa é a única configuração em que um espelho côncavo forma uma imagem virtual e direita.

Espelho esférico convexo

Os espelhos convexos conjugam somente um tipo de imagem, independentemente da posição do objeto. Utilizando o raio que incide pelo centro de curvatura e o raio que incide paralelamente ao eixo principal, verificamos que a imagem formada é virtual, direita e menor que o objeto. Espelhos convexos são utilizados em estabelecimentos comerciais, ônibus, cruzamentos de ruas e retrovisores de carro, pois aumentam o campo de visão de um local.

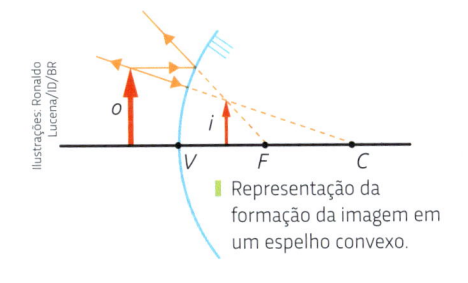

Representação da formação da imagem em um espelho convexo.

O espelho convexo instalado em uma livraria. Esse espelho possibilita aumento do campo de visão do local.

1. A respectiva imagem conjugada de um objeto real, quando colocado entre o foco principal e o centro de curvatura de um espelho esférico côncavo, terá as seguintes características:

a) real, invertida e maior que o objeto.

b) real, invertida e menor que o objeto.

c) real, direita e maior que o objeto.

d) virtual, invertida e maior que o objeto.

e) virtual, direita e menor que o objeto.

2. As usinas térmicas solares utilizam a luz do Sol para aquecer a água. Em um de seus esquemas de funcionamento são utilizados espelhos convergentes programados para acompanhar a movimentação do Sol durante o dia, conforme esquema que segue.

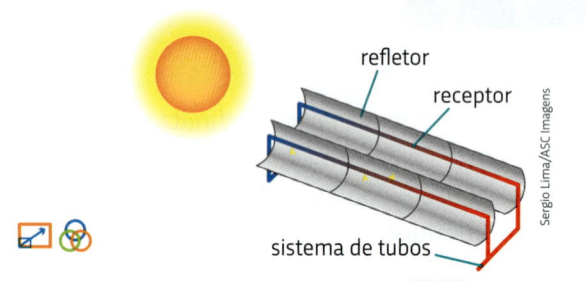

Explique qual o melhor local para a instalação da tubulação, em relação ao espelho.

3. Considere o ponto *O*, situado em frente a um espelho côncavo de distância focal *f*, centro de curvatura *C* e vértice *V*.

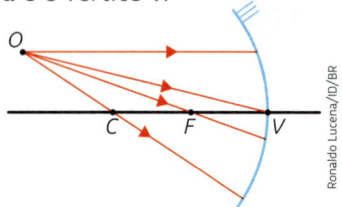

Esboce em seu caderno os raios refletidos e encontre a posição da imagem de *O*.

4. Com relação aos raios notáveis, julgue as seguintes afirmações como verdadeiras ou falsas, justificando as falsas em seu caderno.

ı) Raio de luz que incide pelo centro de curvatura de um espelho esférico é refletido e passa pelo foco.

ıı) Raio de luz que incide pelo foco é refletido para o centro de curvatura.

ııı) O raio de luz incidente, paralelo ao eixo principal, é refletido para o foco.

R1. Um feixe de luz, paralelo e próximo ao eixo principal, incide em um espelho esférico côncavo com raio de curvatura igual a 60 cm, conforme mostrado na imagem.

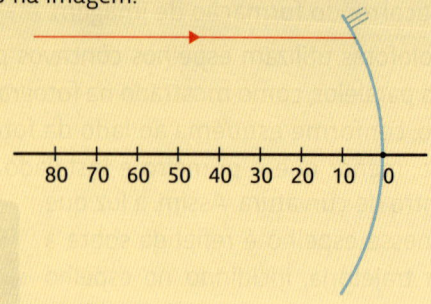

A que distância do vértice do espelho o raio refletido toca o eixo principal?

⟩ Resolução

O raio refletido irá passar pelo foco do espelho. A distância focal vale metade do raio.

$$f = \frac{R}{2} = \frac{60}{2} = 30 \therefore \boxed{f = 30 \text{ cm}}$$

O raio refletido deve passar a 30 cm do vértice.

5. Holofote é um dispositivo de luz utilizado em festas, em faróis para localização de navegadores e até mesmo em guerras para a localização de aviões inimigos. É composto por uma lâmpada e dois espelhos esféricos, como mostra a figura:

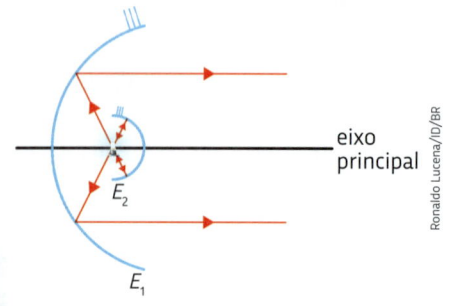

Em qual posição sob o eixo principal deve ser colocada a lâmpada em relação a cada espelho, E_1 e E_2, para que os raios de luz tenham os caminhos descritos acima?

6. (UFRGS-RS) Assinale a alternativa que preenche corretamente as lacunas do enunciado abaixo, na ordem em que aparecem. Para que os seguranças possam controlar o movimento dos clientes, muitos estabelecimentos comerciais instalam espelhos convexos em pontos estratégicos das lojas. A adoção desse procedimento deve-se ao fato de que esses espelhos aumentam o campo de visão do observador. Isto acontece porque a imagem de um objeto formada por esses espelhos é ■, ■ e ■ objeto.

a) virtual – direta – menor que o

b) virtual – invertida – maior que o

c) virtual – invertida – igual ao

d) real – invertida – menor que o

e) real – direta – igual ao

7. A imagem formada por um espelho côncavo com o objeto posicionado sobre o centro de curvatura é:

a) virtual, maior e invertida

b) virtual, menor e invertida

c) real, menor e direita

d) real, igual e direita

e) real, igual e invertida

8. (Unicamp-SP) Espelhos esféricos côncavos são comumente utilizados por dentistas porque, dependendo da posição relativa entre objeto e imagem, eles permitem visualizar detalhes precisos dos dentes do paciente. Na figura abaixo, pode-se observar esquematicamente a imagem formada por um espelho côncavo. Fazendo uso dos raios notáveis, podemos dizer que a flecha que representa o objeto:

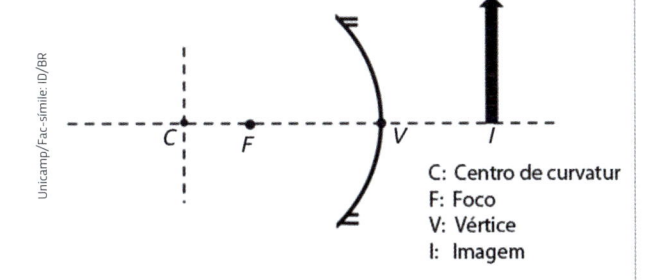

C: Centro de curvatur
F: Foco
V: Vértice
I: Imagem

Unicamp/Fac-símile. ID/BR

a) se encontra entre *F* e *V* e aponta na direção da imagem.

b) se encontra entre *F* e *C* e aponta na direção da imagem.

c) se encontra entre *F* e *V* e aponta na direção oposta à imagem.

d) se encontra entre *F* e *C* e aponta na direção oposta à imagem.

9. Analise as fotografias a seguir e julgue as afirmações como verdadeiras ou falsas, justificando as falsas em seu caderno.

a)

▌ Peça "cavalo" do jogo de xadrez diante de um espelho convexo (1) e de um espelho côncavo (2).

b)

▌ Peça "cavalo" do jogo de xadrez diante de um espelho convexo.

c)

Fotos: GIPhotoStock/ Science Source/Latinstock

▌ Peça "cavalo" do jogo de xadrez diante de um espelho côncavo.

I) Na fotografia **a**, de acordo com a reflexão, o objeto está localizado antes do foco do espelho côncavo (2).

II) Na fotografia **a**, o espelho (1) conjuga uma imagem virtual, direita e menor.

III) A peça da fotografia **b** possui uma imagem real, direita e do mesmo tamanho.

IV) A peça da fotografia **c** foi colocada atrás do centro de curvatura do espelho côncavo, pois sua imagem é real, invertida e maior.

Estudo analítico dos espelhos esféricos

No método geométrico, para obter a imagem conjugada por um espelho esférico estudado anteriormente, temos que, a partir de alguns raios luminosos com comportamentos conhecidos, podemos determinar a imagem e suas características. Neste método a proporção entre os comprimentos f, p, p', i e o deve ser respeitada corretamente em cada representação gráfica.

As mesmas características da imagem formada podem ser obtidas de modo analítico, ou seja, a partir de determinações numéricas que possuem um referencial adequado.

Esse referencial, designado como referencial de Gauss, consiste de um plano cartesiano adotado com origem no vértice do espelho esférico e o eixo das abcissas (eixo x) coincidente com o eixo principal, sendo a região virtual do espelho corresponde ao semieixo negativo de x. Veja a seguir dois exemplos.

- Espelho côncavo com foco real, localizado no semieixo x positivo ($f > 0$). Um objeto localizado além do centro de curvatura tem formada uma imagem real, localizada no semi-eixo x positivo ($p' > 0$), e invertida, orientada em sentido contrário ao eixo y ($i < 0$).

- Espelho convexo com foco virtual, localizado no semieixo x negativo ($f < 0$). Um objeto à frente desse espelho tem formada uma imagem virtual, localizada no semieixo x negativo ($p' < 0$), e direita, orientada no mesmo sentido do eixo y ($i > 0$).

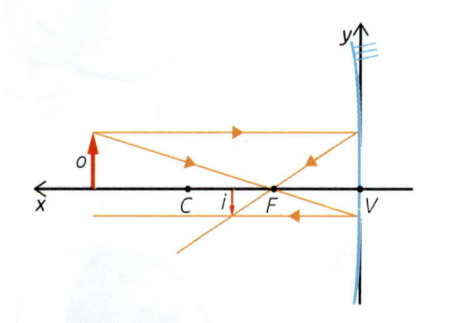

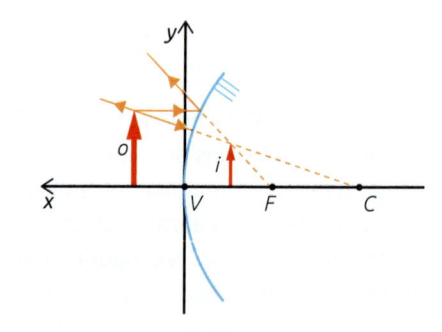

Assim, definindo um referencial de Gauss, a distância focal de um espelho côncavo e de um espelho convexo pode ser diferenciada pelo sinal positivo ou negativo.

- $f > 0$: foco real de um espelho côncavo
- $f < 0$: foco virtual de um espelho convexo

Nas características de uma imagem como real ou virtual e direita ou invertida é possível seguir da mesma forma.

- $p' > 0$: imagem real
- $p' < 0$: imagem virtual

- $i > 0$: imagem direita
- $i < 0$: imagem invertida

Equação de Gauss

Analisando a representação geométrica na formação de imagens, é possível determinar uma relação entre a posição do objeto (p), a distância focal do espelho (f) e a posição da imagem (p'), considerando os sinais que foram determinados anteriormente. Considere como exemplo no esquema ao lado um objeto diante de um espelho côncavo, representado pelo eixo y.

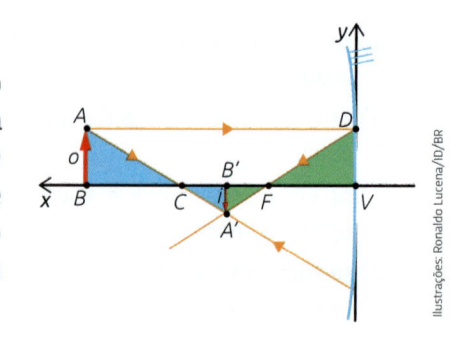

- Pela semelhança entre os triângulos ABC e $A'B'C$, temos que:

$$\frac{\overline{AB}}{\overline{A'B'}} = \frac{\overline{BC}}{\overline{B'C}} \Rightarrow \frac{\overline{AB}}{\overline{A'B'}} = \frac{p - 2 \cdot f}{2 \cdot f - p'}$$

- Pela semelhança entre os triângulos DVF e $A'B'F$, temos que:

$$\frac{\overline{DV}}{\overline{A'B'}} = \frac{\overline{VF}}{\overline{B'F}} \Rightarrow \frac{\overline{AB}}{\overline{A'B'}} = \frac{f}{p' - f}$$

Igualando as duas relações e realizando as simplificações necessárias, temos que:

$$\frac{p - 2 \cdot f}{2 \cdot f - p'} = \frac{f}{p' - f} \Rightarrow p \cdot p' = p' \cdot f + p \cdot f$$

Dividindo a relação obtida por $p \cdot p' \cdot f$, chegamos na chamada **equação de Gauss**, válida tanto para espelhos côncavos como para espelhos convexos.

$$\frac{1}{f} = \frac{1}{p} + \frac{1}{p'}$$

Aumento linear transversal

O **aumento linear transversal** (A) corresponde à razão entre o comprimento da imagem (i) e o comprimento do objeto (o), ou seja, expressa a proporção entre os dois comprimentos.

$$A = \frac{i}{o}$$

Pela análise do aumento linear transversal é possível verificar se a imagem tem comprimento maior, menor ou igual ao objeto.

- $A = 1 \Rightarrow i = o$: imagem tem mesmo comprimento que o objeto.
- $A > 1 \Rightarrow i > o$: imagem maior que o objeto.
- $A < 1 \Rightarrow i < o$: imagem menor que o objeto.

Outra forma de determinar o aumento linear transversal de uma imagem pode ser obtida analisando o esquema que segue, que representa um espelho côncavo conjugando a imagem de um objeto. Pela semelhança entre os triângulos ABV e $A'B'V$ temos que:

$$\frac{\overline{AB}}{\overline{A'B'}} = \frac{\overline{BV}}{\overline{B'V}} \Rightarrow \frac{o}{-i} = \frac{p}{p'} \Rightarrow \frac{i}{o} = \frac{-p'}{p}$$

Assim:

$$A = \frac{i}{o} = \frac{-p'}{p}$$

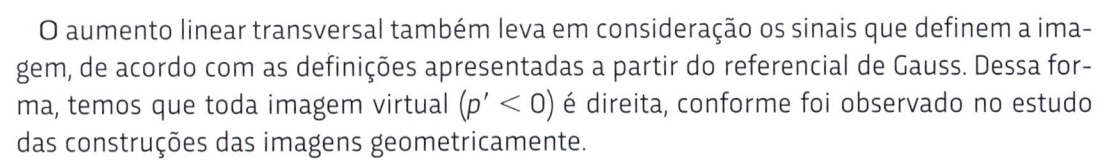

Ronaldo Lucena/ID/BR

O aumento linear transversal também leva em consideração os sinais que definem a imagem, de acordo com as definições apresentadas a partir do referencial de Gauss. Dessa forma, temos que toda imagem virtual ($p' < 0$) é direita, conforme foi observado no estudo das construções das imagens geometricamente.

Como exemplo, considere um espelho côncavo de distância focal igual a 40 cm e um objeto de 10 cm de altura colocado a 30 cm dele. Pela equação de Gauss, temos que:

$$\frac{1}{f} = \frac{1}{p} + \frac{1}{p'} \Rightarrow \frac{1}{40} = \frac{1}{30} + \frac{1}{p'} \Rightarrow \frac{1}{p'} = \frac{1}{40} - \frac{1}{30} \Rightarrow p' = -120 \therefore \boxed{p' = -120 \text{ cm}}$$

A imagem é virtual, pois $p' < 0$. Pelo aumento linear transversal, temos que:

$$\frac{i}{o} = \frac{-p'}{p} \Rightarrow \frac{i}{10} = \frac{-(-120)}{30} \Rightarrow i = 40 \therefore \boxed{i = 40 \text{ cm}}$$

A imagem é direita, pois $i > 0$, e maior que o objeto, pois $i > o$, correspondendo assim com a imagem obtida pela construção geométrica das imagens.

10. Um vaso de flores de 30 cm de altura é colocado a 2 m de distância de um espelho côncavo obtido a partir de uma esfera de raio 80 cm. Determine qual a distância entre a imagem e o espelho, o tamanho da imagem e suas características.

R2. Em uma feira científica foi colocado um espelho esférico. Quando uma pessoa se colocava a 70 cm de distância de seu vértice, o aumento linear era igual a 3. Qual a distância focal e as características da imagem formada pelo espelho?

⏵ Resolução

Utilizando a relação do aumento linear transversal e a equação de Gauss temos:

$$A = -\frac{p'}{p} \Rightarrow 3 = -\frac{p'}{70} \Rightarrow p' = -210 \therefore \boxed{p' = -210 \text{ cm}}$$

$$\frac{1}{f} = \frac{1}{p} + \frac{1}{p'} = \frac{1}{70} - \frac{1}{210} = \frac{3-1}{210} = \frac{2}{210} \Rightarrow$$

$$\Rightarrow f = 105 \therefore \boxed{f = 105 \text{ cm}}$$

A distância focal do espelho mede 105 cm; por ser um valor positivo, o espelho é côncavo.

A imagem é maior e direita, pois A é positivo e maior que 1, e virtual, pois p' é negativo.

11. A dona de um salão de beleza precisa de dois espelhos para seu estabelecimento. Um deles é para a segurança da loja, portanto deve ampliar o campo visual, e o outro é para que suas clientes possam se ver maiores, com mais detalhes.

a) Qual o tipo de espelho recomendado para a segurança do salão?

b) Qual espelho possibilita que as clientes se vejam aumentadas?

c) A dona do salão comprou um espelho que aumentava a imagem das clientes em 2 vezes quando elas se colocavam a 40 cm do espelho. Qual é a distância focal desse espelho?

12. Uma aranha de altura (o) desce do teto pendurada em sua teia e passa em frente a um espelho esférico com distância focal de módulo 90 cm. Sabendo que a imagem da aranha, conjugada pelo espelho, tem altura $i = 0,4 \cdot o$ e a mesma orientação que o objeto, determine:

a) a natureza da imagem e se ela está à frente ou atrás do espelho;

b) o tipo de espelho, côncavo ou convexo, e a distância a que a aranha encontra-se do espelho.

13. Observe a ilustração a seguir e, no caderno, determine graficamente a imagem formada pelo espelho esférico.

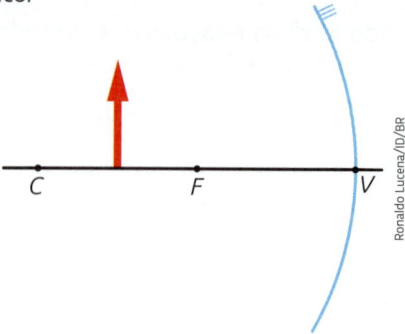

Ronaldo Lucena/ID/BR

Sabendo que a distância focal do espelho mede 60 cm, que o objeto tem 40 cm de altura e está a 90 cm do espelho, determine o tamanho e a posição da imagem pela equação de Gauss e compare com a imagem obtida anteriormente.

14. (OBF) A cobertura do centro aquático dos jogos de Londres é parecida com uma cela coberta por um material refletor. Supondo que a cobertura possa ser tratada como dois espelhos esféricos, um côncavo de raio de curvatura $R_1 = 20$ m, e outro convexo de raio $R_2 = 100$ m, a distância entre as duas imagens formadas pelos espelhos de um helicóptero que sobrevoa o local a uma altura de cerca de 50 m é dada por:

a) 12,5 m   c) 37,5 m   e) 50 m

b) 25 m   d) 42 m

15. O espelho convexo de um ônibus tem distância focal $f = -20$ cm. Considerando que uma pessoa de 1,80 m de altura encontra-se a 2,5 m de espelho, determine:

a) a distância da imagem ao espelho.

b) o tamanho da imagem da pessoa.

16. De posse de um espelho esférico côncavo de distância focal de 1 m tenta-se projetar a imagem do Sol, onde a distância entre o Sol e a Terra é aproximadamente 250 vezes maior que o diâmetro do próprio Sol. O diâmetro da imagem que se formará no espelho é:

a) cerca de 4 m de comprimento.

b) aproximadamente $4 \cdot 10^{-1}$ m.

c) aproximadamente $4 \cdot 10^{-3}$ m.

d) aproximadamente 250 m.

e) aproximadamente 40 m.

17. Um objeto é posicionado primeiramente sobre o eixo principal de um espelho esférico côncavo e depois em frente a um espelho esférico convexo, conforme mostram as ilustrações. Para ambos, determine a altura da imagem e sua distância em relação ao espelho.

a) $p = 90$ cm, $|f| = 40$ cm e $o = 30$ cm.

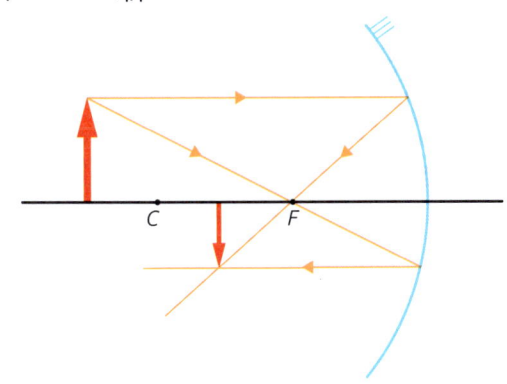

b) $p = 40$ cm, $|f| = 15$ cm e $o = 30$ cm

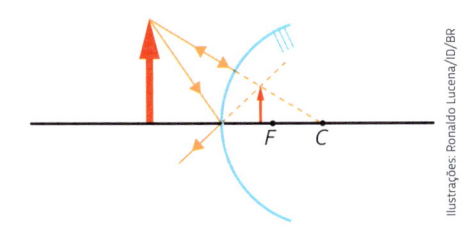

Ilustrações: Ronaldo Lucena/ID/BR

18. (PUC-SP) Um estudante de Física resolve brincar com espelhos esféricos e faz uma montagem, utilizando um espelho esférico côncavo de raio de curvatura igual a 80 cm e outro espelho convexo de raio de curvatura cujo módulo é igual a 40 cm. Os espelhos são cuidadosamente alinhados de tal forma que foram montados coaxialmente, com suas superfícies refletoras se defrontando e com o vértice do espelho convexo coincidindo com a posição do foco principal do espelho côncavo. O aluno, então, colocou cuidadosamente um pequeno objeto no ponto médio do segmento que une os vértices desses dois espelhos. Determine, em relação ao vértice do espelho convexo, a distância, em centímetros, da imagem formada por esse espelho ao receber os raios luminosos que partiram do objeto e foram refletidos pelo espelho côncavo, e classifique-a.

a) 16 cm, virtual e direita

b) 16 cm, virtual e invertida

c) 40 cm, real e direita

d) 40 cm, virtual e direita

e) 13,3 cm, virtual e invertida

19. (PUC-SP) Um objeto é inicialmente posicionado entre o foco e o vértice de um espelho esférico côncavo, de raio de curvatura igual a 30 cm, e distante 10 cm do foco. Quando o objeto for reposicionado para a posição correspondente ao centro de curvatura do espelho, qual será a distância entre as posições das imagens formadas nessas duas situações?

a) 37,5 cm **b)** 22,5 cm **c)** 7,5 cm **d)** 60 cm **e)** zero

20. (PUC-SP) Um objeto é colocado a 30 cm de um espelho esférico côncavo perpendicularmente ao eixo óptico deste espelho. A imagem que se obtém é classificada como real e se localiza a 60 cm do espelho. Se o objeto for colocado a 10 cm do espelho, sua nova imagem.

a) será classificada como virtual e sua distância do espelho será 10 cm.

b) será classificada como real e sua distância do espelho será 20 cm.

c) será classificada como virtual e sua distância do espelho será 20 cm.

d) aumenta de tamanho em relação ao objeto e pode ser projetada em um anteparo.

e) diminui de tamanho em relação ao objeto e não pode ser projetada em um anteparo.

21. (ITA) Um espelho esférico convexo reflete uma imagem equivalente a $\dfrac{3}{4}$ da altura de um objeto dele situado a uma distância p_1. Então, para que essa imagem seja refletida com apenas $\dfrac{1}{4}$ da sua altura, o objeto deverá se situar a uma distância p_2 do espelho, dada por:

a) $p_2 = 9 \cdot p_1$.

b) $p_2 = \dfrac{9 \cdot p_1}{4}$.

c) $p_2 = \dfrac{9 \cdot p_1}{7}$.

d) $p_2 = \dfrac{15 \cdot p_1}{7}$.

e) $p_2 = \dfrac{-15 \cdot p_1}{7}$.

22. Para se barbear, um rapaz procura um espelho que produza uma imagem de seu rosto que seja 5 vezes maior que o normal quando estiver a 30 cm do espelho. Então ele deve comprar:

a) um espelho côncavo com raio de curvatura de 150 cm.

b) um espelho convexo com raio de curvatura de 75 cm.

c) um espelho convexo com distância focal de 150 cm.

d) um espelho côncavo com raio de curvatura de 75 cm.

e) um espelho côncavo com distância focal de 75 cm.

A utilidade dos espelhos esféricos

Investigue

Arquimedes de Siracusa foi um filósofo grego da Antiguidade que fez importantes contribuições para o conhecimento humano, principalmente nas áreas da Hidrostática, Mecânica e Matemática.

Entre algumas histórias sobre os filósofos da Antiguidade, há uma na qual Arquimedes auxiliou na resistência imposta pela cidade de Siracusa contra a invasão romana em 212 a.C., posicionando alguns espelhos planos de forma a concentrarem os raios solares refletidos sobre as embarcações invasoras atracadas, a ponto de incendiá-las.

Caso esse fato tenha realmente ocorrido, o posicionamento dos espelhos planos deveria formar um espelho côncavo ou convexo? Um posicionamento esférico seria a melhor opção para concentrar todos os raios solares sobre apenas uma embarcação inimiga?

Arquimedes colocando fogo nos navios romanos do cônsul Marcellus com um espelho incendiário, de Cherubino Cornienti, c. 1855. Óleo sobre tela, 22,5 cm × 31 cm. Veneranda Biblioteca Ambrosiana.

Materiais

- papelão
- papel-alumínio
- fita adesiva
- régua
- lápis
- tesoura de pontas arredondadas
- 5 clipes de metal
- compasso
- papel sulfite
- lanterna
- pente de cabelo

Desenvolvimento

A Corte o papelão em cinco pedaços quadrados com 3 cm de lado cada um.

B Encape ao menos uma face de cada pedaço de papelão com o papel-alumínio, de modo que a superfície espelhada fique voltada para o meio externo. O papel-alumínio deve ficar bem esticado e liso, conforme imagem.

superfície espelhada do papel-alumínio

papelão

C Abra os clipes de metal formando uma base e uma haste na vertical.

clipe

D Usando fita adesiva, fixe cada pedaço de papelão encapado na haste vertical do clipe. Cuide para que os pedaços de papelão fiquem posicionados na vertical e rentes à superfície de apoio.

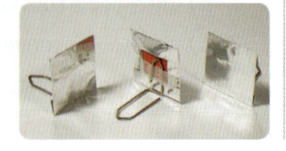

E Faça um traço na folha sulfite ao longo de seu maior comprimento, dividindo-a ao meio.

F Nessa folha sulfite, trace um arco de circunferência com 20 cm de raio. Caso o compasso não seja do tamanho adequado, meça 10 cm a partir da extremidade da folha e marque um ponto sobre a linha feita. Abra o compasso num comprimento de 10 cm, coloque a ponta fixa sobre o ponto marcado e trace o arco de circunferência, que terá 20 cm em relação à extremidade da folha, como mostrado na imagem.

G Coloque a folha sulfite sobre uma mesa plana e horizontal. Posicione os cinco pedaços de papelão encapados lado a lado, exatamente acima da linha do arco de circunferência, com a face espelhada voltada para o centro do arco de circunferência, como mostrado na imagem.

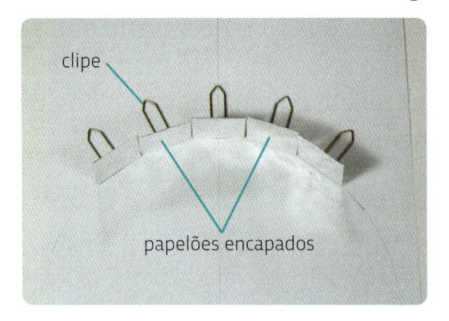
clipe
papelões encapados

H Acenda a lanterna e posicione-a sobre a mesa, à frente das partes espelhadas. Coloque o pente na frente da lanterna para criar feixes luminosos, como mostrado na imagem. Faça ajustes na posição da lanterna e do pente de modo que os feixes incidentes e refletidos sejam observados sobre a folha sulfite.

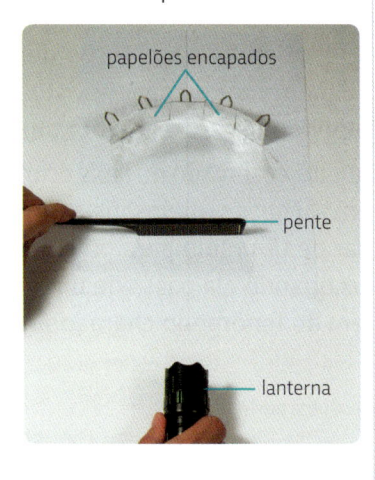
papelões encapados
pente
lanterna

I Observe o que ocorre com os feixes refletidos e verifique o que deve ser respondido na **Análise**.

J Vire os papelões encapados de modo que a parte espelhada fique voltada para o lado oposto. Mantenha os papelões ainda sobre a linha do arco de circunferência, como mostrado na imagem.

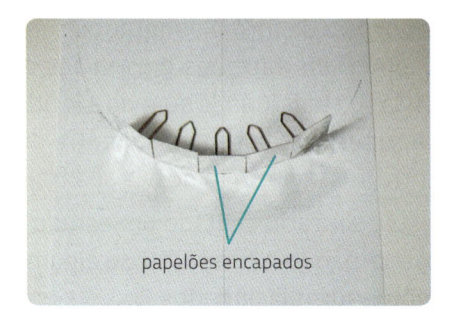
papelões encapados

K Posicione novamente a lanterna e o pente à frente da parte espelhada e faça os ajustes necessários, conforme item **G**.

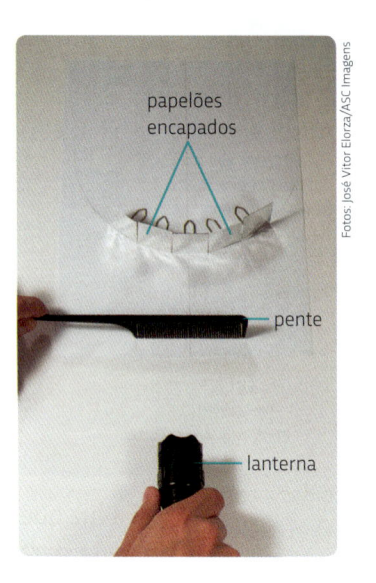
papelões encapados
pente
lanterna

L Observe o que ocorre com os feixes refletidos e trace-os na folha de sulfite, utilizando um lápis. Verifique o que deve ser respondido na **Análise**.

Análise

1. Os espelhos planos posicionados de acordo com o item **G** fariam parte de um espelho esférico côncavo ou convexo? Justifique sua resposta.

2. Calcule a distância focal do espelho curvo que foi simulado no item **G** e verifique se esse ponto corresponde ao ponto observado. O foco desse espelho é real ou virtual?

3. Os espelhos planos posicionados de acordo com o item **J** fariam parte de um espelho côncavo ou convexo? Justifique sua resposta.

4. Calcule a distância focal do espelho curvo que foi simulado no item **J** e verifique se esse ponto corresponde ao ponto observado. Para isso, utilize os raios que você traçou no papel sulfite. O foco desse espelho é real ou virtual?

5. Caso a lenda de Arquimedes tivesse ocorrido, qual possível armação ele poderia ter feito, a do item **G** ou do item **J**? Justifique sua resposta.

6. Todos os raios luminosos que incidiram nos espelhos curvos simulados nos itens **G** e **J** convergiram ou divergiram a luz da mesma forma? Explique.

7. Elabore um relatório que contenha: nome da atividade, objetivo, materiais utilizados, descrição do desenvolvimento, análise e suas conclusões.

capítulo 11

Refração da luz

O que aconteceu com o lápis mostrado na fotografia, ao ser colocado dentro do copo com água?

Para enxergarmos um corpo ou objeto, é necessário que a luz refletida ou emitida por ele chegue aos nossos olhos. No caso, a luz que incide na parte do lápis que está no ar reflete em direção aos olhos, de modo que o lápis é observado exatamente como ele é.

❚ Lápis parcialmente imerso em um copo com água.

Já a luz que incide na parte do lápis que está submersa na água é refletida e deve passar da água para o vidro e do vidro para o ar antes de alcançar nossos olhos. Devido a essa passagem da luz de um meio para outro, os feixes luminosos assumem outra organização, configurando uma imagem do lápis diferente do que ele realmente é, ou seja, temos a impressão de que a luz refletida pela parte submersa pertence a um lápis mais largo e com outra inclinação.

Por esse motivo, um corpo dentro da água observado por alguém fora da água é visto com algumas deformações, podendo parecer menor ou mais largo, por exemplo.

O efeito observado no lápis ocorre porque a luz se propaga em diversos meios físicos transparentes, podendo passar de um meio para outro. A variação na velocidade da luz quando ela passa de um meio físico para outro dá origem ao fenômeno chamado **refração**.

❚ Casal em uma piscina.

No vácuo, a velocidade da luz é máxima e vale $3 \cdot 10^8$ m/s, valor bem próximo da sua velocidade no ar. Quando a luz passa para outro meio físico sua velocidade varia de acordo com a densidade do material. Quanto mais denso for o meio físico, menor será a velocidade de propagação da luz nele. Na água, por exemplo, a velocidade da luz é cerca de $2{,}25 \cdot 10^8$ m/s; no vidro, é aproximadamente $2 \cdot 10^8$ m/s.

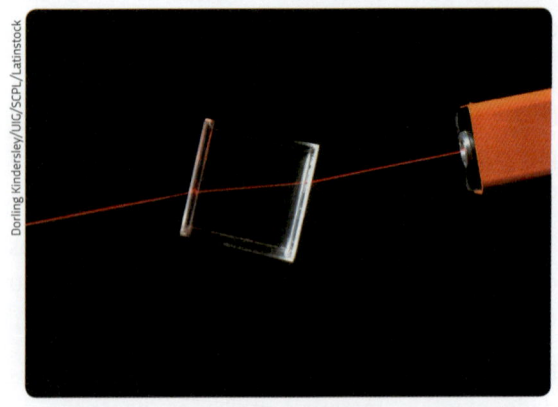

A passagem da luz de um meio para outro pode ser evidenciada por um desvio em sua trajetória, como mostrado na imagem ao lado.

Quando a incidência da luz na interface que delimita os meios físicos ocorre de forma oblíqua, ou seja, formando um ângulo com a interface dos dois meios diferente de 90°, a luz desvia sua trajetória. Já quando a incidência é perpendicular à superfície de separação entre dois meios, a refração ocorre, mas a luz não desvia sua trajetória.

Neste capítulo será apresentado um estudo geométrico da refração, abordando a formação de algumas imagens e alguns fenômenos relacionados.

❚ O feixe de luz que incide obliquamente na superfície do bloco de vidro é refratado, desviando sua trajetória.

O estudo geométrico da refração

Como ocorreu na reflexão da luz, a refração será estudada considerando a luz como um raio retilíneo, independentemente de sua natureza, descrevendo a formação de imagens por refração por meio de argumentos geométricos.

Índice de refração

A velocidade da luz depende do meio físico no qual ela se propaga. Consideramos que a luz se propaga em meios físicos transparentes, homogêneos (com composição uniforme) e isotrópicos (com as mesmas propriedades físicas), pois dessa forma sua velocidade é a mesma em todas as direções.

Podemos caracterizar um meio físico pela sua refringência, ou seja, sua capacidade em reduzir a velocidade da luz em relação à velocidade da luz no vácuo (c)onde ela tem valor máximo de $3 \cdot 10^8$ m/s. Em um meio diferente do vácuo, a velocidade da luz será menor que c, valor representado por v ($v < c$). Essa propriedade do meio é determinada pelo **índice de refração absoluto** (n), que apresenta a relação entre a velocidade máxima da luz no vácuo (c) e a velocidade da luz no meio (v).

$$n = \frac{c}{v}$$

Como o índice de refração (n) é determinado pela razão entre duas velocidades, seu valor numérico é adimensional, isto é, sem unidade de medida.

Quanto maior o índice de refração, menor é a velocidade da luz nesse meio. Na água pura, por exemplo, a luz se move com velocidade de aproximadamente $2,25 \cdot 10^8$ m/s, portanto seu índice de refração é cerca de 1,33.

$$n = \frac{c}{v} = \frac{3 \cdot 10^8}{2,25 \cdot 10^8} \cong 1,33 \therefore \boxed{n \cong 1,33}$$

Veja na tabela ao lado o índice de refração de alguns meios. Note que o menor índice de refração é para o vácuo $\left(n_{vácuo} = 1\right)$, pois nesse caso a velocidade da luz é igual a c. Na prática consideramos o índice de refração do ar também igual a 1 $\left(n_{ar} = 1\right)$.

Índice de refração de alguns meios	
Meio	Índice de refração
vácuo	1
ar (CNTP)	1,00029
água	1,33
álcool etílico	1,36
vidro (baixa dispersão)	1,52
safira	1,77
diamante	2,42

Fonte de pesquisa: HALLIDAY, David et al. *Fundamentos de Física*: Óptica e Física Moderna. 9. ed. Trad. e rev. Ronaldo Sérgio de Biasi. Rio de Janeiro: LTC, 2012. v. 4. p. 18.

O índice de refração absoluto de um meio pode ser interpretado como o índice de refração relativo entre o vácuo (valor mínimo de referência) e o meio, indicando quantas vezes a velocidade da luz é maior no vácuo do que no meio considerado. Podemos comparar dois meios quaisquer, determinando o índice de refração relativo entre eles. Isso é feito pela razão entre os índices de refração absolutos de cada meio. Por exemplo, o índice de refração de um meio A em relação a um meio B é determinado por:

$$n_{AB} = \frac{n_A}{n_B}$$

Considerando as velocidades da luz nos meios A e B, o índice de refração relativo entre A e B também pode ser escrito na forma mostrada ao lado:

$$n_{AB} = \frac{n_A}{n_B} = \frac{\dfrac{c}{v_A}}{\dfrac{c}{v_B}} = \frac{v_B}{v_A} \Rightarrow n_{AB} = \frac{v_B}{v_A}$$

O índice de refração relativo entre o vidro $\left(n_A = 1,52\right)$ e o diamante $\left(n_B = 2,42\right)$ é $n_{AB} = 0,62$, o que quer dizer que a velocidade da luz no diamante é 0,62 vezes a velocidade da luz no vidro.

$$n_{AB} = \frac{n_A}{n_B} = \frac{1,52}{2,42} = 0,62 \therefore \boxed{n_{AB} = 0,62}$$

Lei da refração

Quando um raio de luz incide obliquamente em uma superfície que separa dois meios homogêneos e transparentes diferentes, a refração da luz, ou seja, a variação de sua velocidade de propagação, é evidenciada por um desvio em sua trajetória.

O raio que chega à superfície é denominado **raio incidente**, e o raio que atravessou a superfície e teve sua velocidade alterada é o **raio refratado**. Tanto o ângulo de incidência $\left(\hat{i}\right)$ quanto o ângulo de refração $(\hat{r})$ devem ser medidos em relação ao plano normal à superfície de separação dos meios, considerado no local da incidência. Se essa superfície for plana, dizemos que o conjunto corresponde a um dioptro plano, que será abordado mais adiante.

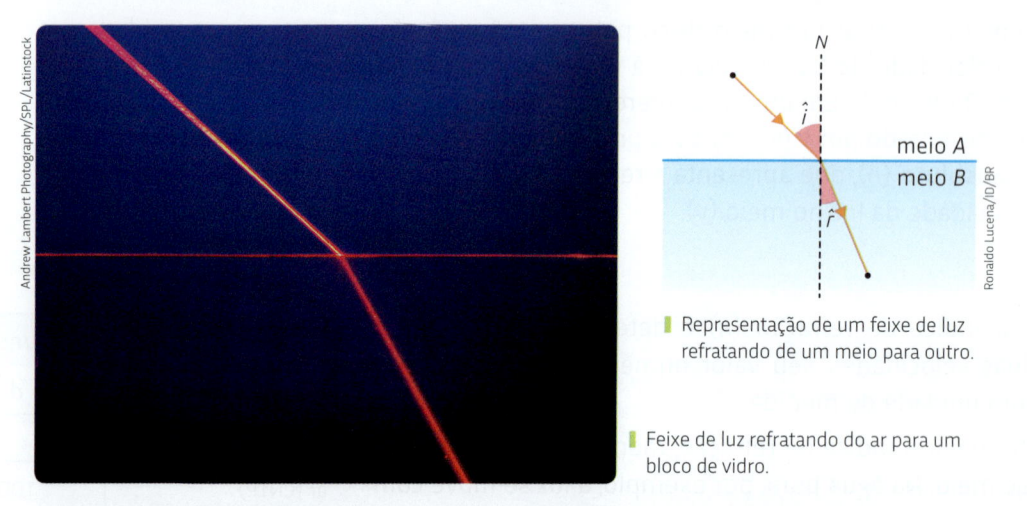

Feixe de luz refratando do ar para um bloco de vidro.

Representação de um feixe de luz refratando de um meio para outro.

Na refração, o princípio do mínimo tempo de Fermat também pode ser considerado, ou seja, a luz se propagará de um ponto no meio A para um ponto no meio B percorrendo o caminho mais rápido. Porém, o caminho mais rápido, por causa da variação da velocidade da luz, pode não ser a linha reta que liga os dois pontos, diferentemente do que ocorre na reflexão.

A partir da aplicação do princípio do mínimo tempo, é possível obter a **lei da refração**, que relaciona os índices de refração dos meios e os senos dos ângulos de incidência e refração.

Essa lei também é conhecida como lei de Snell-Descartes, por ter sido desenvolvida pelo matemático holandês Willebrord Snellius (Snell) (1580-1626) e pelo filósofo e matemático René Descartes (1596-1650).

> Os raios de luz incidente e refratado estão sempre no mesmo plano, sendo o ângulo de incidência, o ângulo de refração e os índices de refração dos meios envolvidos A e B relacionados da seguinte forma:
>
> $$n_A \cdot \operatorname{sen}\hat{i} = n_B \cdot \operatorname{sen}\hat{r}$$

Descartes publicou a lei da refração, demonstrando-a matematicamente em 1637 em seu livro *Dioptrique*. Snell era professor de Matemática e em 1617 publicou o livro *Eratosthenes batavus*, no qual apresentou um método de triangulações para medir a Terra, considerado como o marco do início da geodesia. Também descobriu a lei da refração experimentalmente, antes de Descartes, mas não a publicou. O crédito por sua descoberta só ficou conhecido depois que o físico holandês Christiaan Huygens (1620-1695) a publicou em um de seus livros, provando-a.

Geodesia: ciência que estuda a forma e as dimensões da Terra ou de uma parte da sua superfície.

Pela lei da refração de Snell-Descartes é possível determinar o desvio da trajetória de um raio de luz emitido em certo ponto do meio *A* para outro ponto do meio *B*.

O raio refratado não sofrerá desvio na trajetória se o raio incidente atingir perpendicularmente a superfície de separação entre os meios, ou seja, se o ângulo de incidência em relação à normal for 0°. De acordo com o princípio do mínimo tempo, nesse caso, a luz chega mais rápido ao ponto do meio *B* percorrendo uma reta, mesmo que sua velocidade varie.

Para os raios incidentes oblíquos, com ângulos de incidência diferentes de zero, temos que:

• o raio refratado se aproxima da normal quando passa de um meio menos refringente para um meio mais refringente, ou seja, $\hat{i} > \hat{r}$, devido à redução da velocidade da luz. Pelo princípio do mínimo tempo, temos que a luz deve percorrer um caminho maior no meio menos refringente *A* (maior velocidade) e um caminho menor no meio mais refringente *B* (menor velocidade). Assim, se $n_B > n_A$, pela lei da refração temos que sen $\hat{i} >$ sen $\hat{r}$ e $\hat{i} > \hat{r}$;

• o raio refratado se afasta da normal quando passa de um meio mais refringente para um meio menos refringente, ou seja, $\hat{i} < \hat{r}$, devido ao aumento da velocidade da luz. Pelo princípio do mínimo tempo, temos que a luz deve percorrer um caminho menor no meio mais refringente (menor velocidade) e um caminho maior no meio menos refringente (maior velocidade). Assim, se $n_B < n_A$, pela lei da refração temos que sen $\hat{i} <$ sen $\hat{r}$ e $\hat{i} < \hat{r}$.

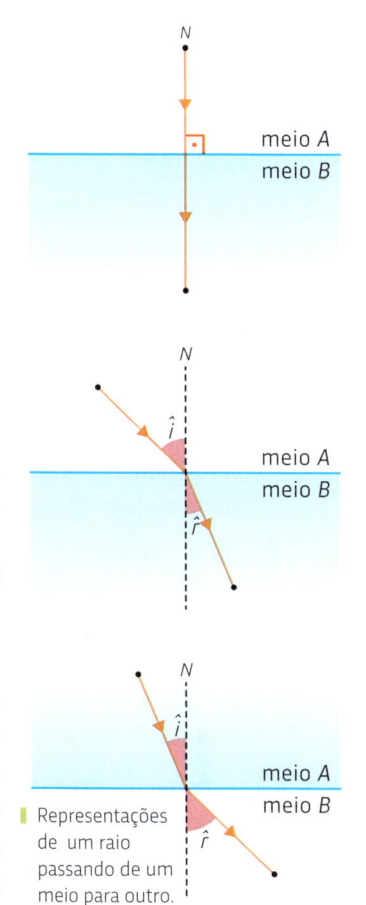

Representações de um raio passando de um meio para outro.

A seguir são apresentadas situações nas quais a luz passa do ar para diferentes meios, lembrando que, quanto menor a velocidade da luz naquele meio, maior seu índice de refração e, consequentemente, mais o raio refratado se aproxima da normal.

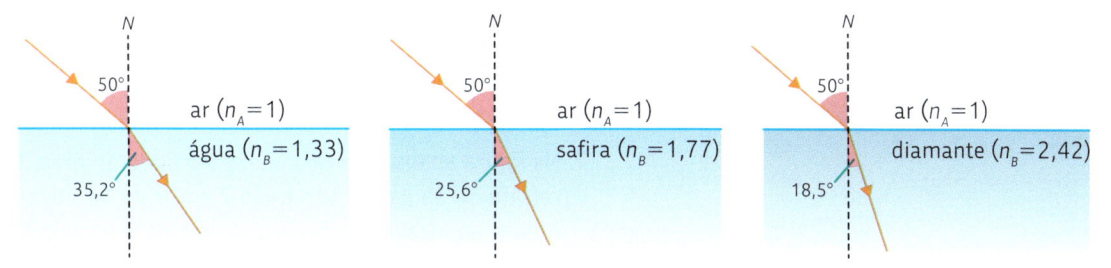

Esquemas ilustrando a luz incidindo com o mesmo ângulo de 50° e refratando para meios diferentes.

Devido ao princípio da reversibilidade, caso a luz se propagasse do meio *B* para o *A*, o trajeto seria o mesmo, pois, com o aumento da velocidade da luz, o raio refrata, afastando-se da normal.

Suponha que um raio de luz que se propaga pelo ar incida na superfície de um meio físico transparente desconhecido, segundo um ângulo $\hat{i} = 65°$, e seja refratado segundo um ângulo $\hat{r} = 42°$, como mostra a figura ao lado. Uma maneira de determinar o material desconhecido é obtido seu índice de refração pela lei Snell-Descartes. Considere sen 65° = 0,91 e sen 42° = 0,67.

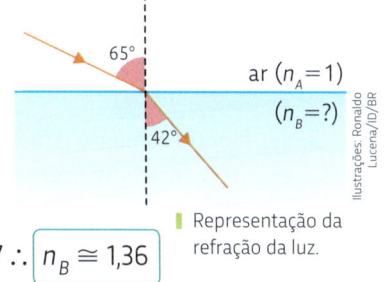

Representação da refração da luz.

$$n_A \cdot \text{sen } \hat{i} = n_B \cdot \text{sen } \hat{r} \Rightarrow 1 \cdot \text{sen } 65° = n_B \cdot \text{sen } 27° \Rightarrow 1 \cdot 0,91 = n_B \cdot 0,67 \therefore \boxed{n_B \cong 1,36}$$

Pela tabela da página **165**, temos que o meio físico desconhecido é o álcool etílico.

1. Qual a causa física para que ocorra o efeito da refração da luz?

2. De acordo com a velocidade da luz nos diferentes meios materiais, julgue as afirmações a seguir como verdadeiras ou falsas, justificando as falsas em seu caderno.

   I) A velocidade de propagação da luz depende do meio material no qual está inserida.

   II) O feixe de luz, ao atravessar de um meio mais refringente para um meio menos refringente, sofre o efeito de refração e vice-versa.

   III) Ao incidir sobre uma superfície de separação de meios, o feixe de luz sofre alteração na sua velocidade de propagação, que diminui quando passa para um meio de maior refringência.

   IV) A velocidade da luz em qualquer meio sempre será maior que a velocidade da luz no vácuo.

3. A luz se propaga mais rapidamente no ar rarefeito ou em um meio no qual o ar é mais denso?

4. Um salva-vidas, ao observar que um banhista pede socorro em uma posição dentro do mar, corre para realizar o socorro. O salva-vidas consegue atingir maior velocidade quando está na areia, se comparada a sua velocidade na água. O tracejado do esquema abaixo representa o caminho do salva-vidas (*A*) até o banhista (*B*).

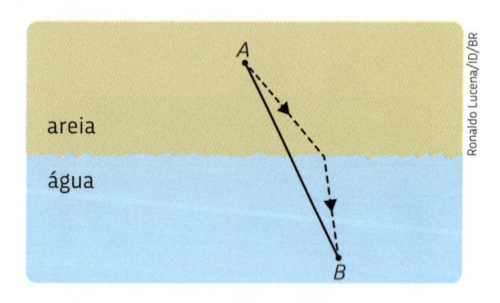

areia

água

Ronaldo Lucena/ID/BR

a) Por que o salva-vidas não foi pelo menor caminho?

b) Relacione a trajetória do salva-vidas com o mínimo tempo.

c) Relacione o exemplo do salva-vidas com o efeito da refração.

5. Se, hipoteticamente, trocarmos o salva-vidas do exercício anterior por uma foca, esboce o percurso que seria adotado por ela, já que a foca possui maior velocidade na água que na areia. Qual a relação com o efeito de refração de acordo com o mínimo tempo?

6. (UFRGS-RS) Na figura abaixo, um raio luminoso *i*, propagando-se no ar, incide radialmente sobre uma placa semicircular de vidro.

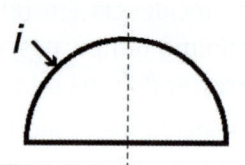

Assinale a alternativa que melhor representa a trajetória dos raios r_1 e r_2 refratados, respectivamente, no vidro e no ar.

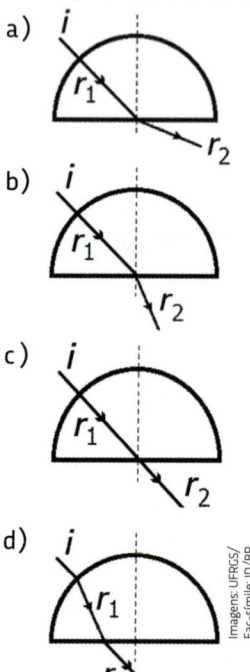

a)

b)

c)

d)

Imagens: UFRGS/Fac-símile: ID/BR

7. Na figura abaixo, um raio de luz partindo do meio **1** refrata-se ao penetrar o meio **2** e refrata-se novamente ao atravessar mais uma vez para o meio **1**. Os ângulos $\hat{x}$, $\hat{y}$ e $\hat{z}$ são ângulos retos. Qual a opção que melhor representa o caminho ou a trajetória do raio de luz após a segunda refração sofrida?

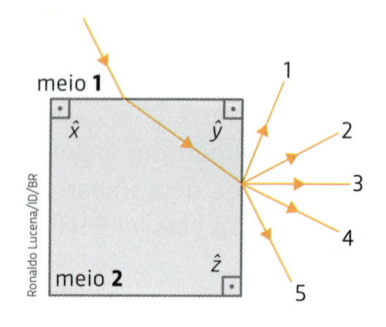

meio **1**

meio **2**

Ronaldo Lucena/ID/BR

a) 1   b) 2   c) 3   d) 4   e) 5

8. O que significa dizer que o índice de refração de um meio material é igual a 2, ou seja, $n = 2$?

9. Qual a velocidade da luz no silício, sabendo que a velocidade da luz no gelo é $2{,}3 \cdot 10^8$ m/s e que o índice de refração do gelo em relação ao silício é aproximadamente 0,39? Qual o índice de refração do silício? Qual o índice de refração do gelo?

10. O raio de luz, ao atravessar do ar para o meio de uma pedra de safira, tem sua velocidade reduzida cerca de 57%. Determine o índice de refração e a velocidade de propagação da luz na safira, sabendo que a velocidade da luz no ar é aproximadamente a mesma do vácuo, com $3 \cdot 10^8$ m/s.

11. (Enem/Inep) Uma proposta de dispositivo capaz de indicar a qualidade da gasolina vendida em postos e, consequentemente, evitar fraudes, poderia utilizar o conceito de refração luminosa. Nesse sentido, a gasolina não adulterada, na temperatura ambiente, apresenta razão entre os senos dos raios incidente e refratado igual a 1,4. Desse modo, fazendo incidir o feixe de luz proveniente do ar com um ângulo fixo e maior que zero, qualquer modificação do ângulo do feixe refratado indicará adulteração no combustível.

Em uma fiscalização rotineira, o teste apresentou o valor de 1,9. Qual foi o comportamento do raio refratado?

a) Mudou de sentido.

b) Sofreu reflexão total.

c) Atingiu o valor do ângulo limite.

d) Direcionou-se para a superfície de separação.

e) Aproximou-se da normal à superfície de separação.

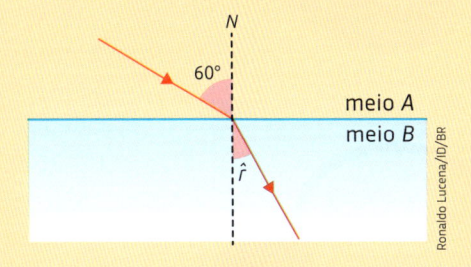
12. (UFRGS-RS) Um estudante, para determinar a velocidade da luz num bloco de acrílico, fez incidir um feixe de luz sobre o bloco. Os ângulos de incidência e refração medidos foram, respectivamente, 45° e 30°.

(Dado: $\operatorname{sen} 30° = \dfrac{1}{2}$; $\operatorname{sen} 45° = \dfrac{\sqrt{2}}{2}$)

Sendo c a velocidade de propagação da luz no ar, o valor obtido para a velocidade de propagação da luz no bloco é:

a) $\dfrac{c}{2}$ b) $\dfrac{c}{\sqrt{2}}$ c) c d) $\sqrt{2} \cdot c$ e) $2 \cdot c$

13. Um raio de luz propagando-se do meio material z para o ar é descrito na imagem abaixo.

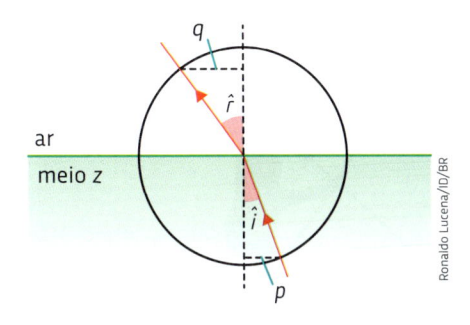

Ronaldo Lucena/ID/BR

Foram medidas as distâncias $p = 30$ cm e $q = 50$ cm. Calcule o índice de refração no meio z.

Imagens em um dioptro plano

I Caneca com uma moeda em seu interior. A moeda não pode ser vista.

I Moeda visível, após a caneca ser preenchida com água.

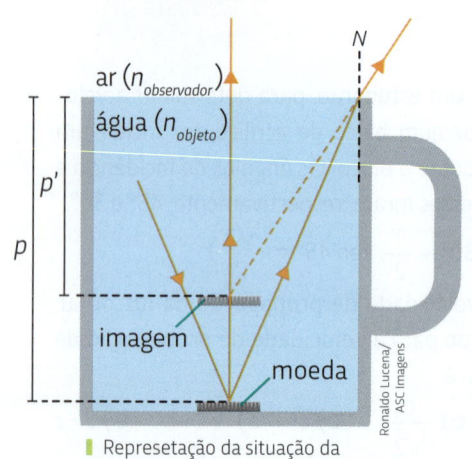

I Represetação da situação da moeda no interior da caneca com água.

As fotografias ao lado foram registradas com a câmera fotográfica e a caneca nas mesmas posições. A primeira fotografia mostra a caneca com uma moeda em seu interior, embora ela não esteja visível. Na segunda fotografia, quando água foi adicionada à caneca, foi possível observar a região da moeda. Se a moeda não mudou de posição, por que isso ocorreu?

Quando água foi adicionada, a luz que estava refletindo na moeda passou a alcançar a câmera fotográfica. Como o índice de refração da água é maior que o do ar, a luz refletida na moeda aumenta de velocidade ao passar da água para o ar, afastando-se do plano normal na refração, possibilitando a visualização da moeda.

Na situação mostrada, é possível tocar a moeda colocando um cabo de colher diretamente sobre ela, verificando assim que a imagem da moeda observada não está deslocada lateralmente, mas deslocada para cima em relação à própria moeda, que se mantém no fundo da caneca.

A água e o ar configuram um **dioptro plano**, dois meios transparentes e homogêneos separados por uma superfície plana. Esse tipo de configuração é utilizada para representar os desvios da trajetória da luz causados pela refração.

Para verificar como ocorre a formação de imagens em um dioptro plano, veja a ilustração ao lado, que representa a situação da caneca contendo água e uma moeda.

A luz refletida pela moeda refrata ao passar da água para o ar, afastando-se do plano normal. Como a pessoa está observando obliquamente a caneca, o raio de luz chega com certa inclinação aos olhos, e a pessoa enxerga a imagem da moeda acima de onde ela realmente está.

Para pequenos ângulos de incidência, ou seja, visualizações próximas ao plano perpendicular, a relação entre a profundidade real p de um objeto e a aparente, que corresponde à profundidade da imagem p' em um dioptro plano, é dada por:

$$\frac{n_{observador}}{n_{objeto}} = \frac{p'}{p}$$

Pela relação anterior, temos que, quando o observador estiver em um meio menos refringente $\left(n_{observador} < n_{objeto}\right)$, como o caso do observador no ar e da moeda na água, a imagem será observada acima do objeto, mais próxima do limite entre os meios físicos $(p > p')$. Quando o observador estiver em um meio mais refringente $\left(n_{observador} > n_{objeto}\right)$, a imagem será observada mais distante do limite entre os meios físicos $(p < p')$.

> Que adaptação um índigena que pesca utilizando arco e flecha tem que fazer para garantir o sucesso de sua pescaria?

I Indígena da tribo Waurá ensinando uma criança a pescar na lagoa Piyulaga, no Mato Grosso, em 2013.

No exemplo da moeda na caneca com água, considere que a caneca tem 10 cm de profundidade e está completamente cheia de água, sendo o índice de refração do ar igual a 1 e da água igual a 1,33. A posição aparente da moeda pode ser determinada da seguinte forma.

$$\frac{n_{observador}}{n_{objeto}} = \frac{p'}{p} \Rightarrow \frac{1}{1,33} = \frac{p'}{10} \Rightarrow p' \cong 7,5 \therefore \boxed{p' \cong 7,5 \text{ cm}}$$

A imagem da moeda será visualizada a aproximadamente 7,5 cm da superfície da água, ou cerca de 2,5 cm acima de onde ela realmente está.

Pela mesma razão, um corpo que se encontra parcialmente submerso na água parece distorcido, como mostram a fotografia de abertura do capítulo e a fotografia ao lado. A luz que reflete na parte do corpo submersa passa por refração e temos a impressão de essa parte do objeto estar acima de onde realmente está, podendo parecer também mais larga. O esquema a seguir representa essa situação.

Canudo em um copo com água.

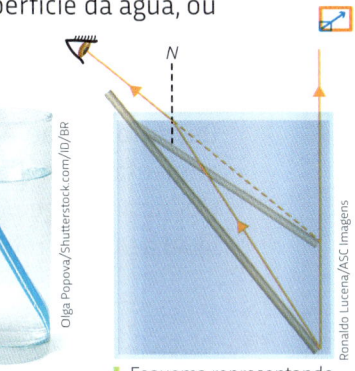

Esquema representando um canudo em um copo com água.

Lâminas de faces paralelas

Uma lâmina de faces paralelas consiste em um meio físico transparente e homogêneo delimitado por superfícies planas e paralelas. Vidros transparentes de janelas são exemplos de lâminas de faces paralelas, como mostrado na fotografia ao lado. A luz que se propaga pelo ar incide no vidro e emerge novamente para o ar.

O esquema ao lado representa o trajeto de um raio de luz que atravessa uma lâmina de faces paralelas. O raio incide do ar para a lâmina com ângulo $\hat{i}_1$, refrata para dentro da lâmina com um ângulo $\hat{r}_1$, incide na outra face com ângulo $\hat{i}_2$ e refrata da lâmina para o ar com um ângulo $\hat{r}_2$.

Placa de vidro.

Numa análise geométrica do esquema, temos que $\hat{r}_1 = \hat{i}_2$ e $\hat{i}_1 = \hat{r}_2$, de modo que o raio que incide do ar para a lâmina e o raio que emerge da lâmina para o ar são paralelos, ou seja, as refrações causaram um desvio lateral d na direção de propagação do raio de luz.

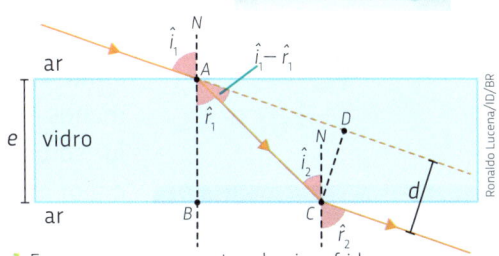

Esquema que representa o desvio sofrido por um raio ao atravessar uma lâmina de faces paralelas.

Um objeto observado por uma lâmina de faces paralelas de espessura e é visto deslocado lateralmente de sua posição real. Esse desvio pode ser calculado analisando os triângulos retângulos ABC e ACD.

- ΔACD: $\text{sen}(\hat{i}_1 - \hat{r}_1) = \frac{d}{\overline{AC}} \Rightarrow \overline{AC} = \frac{d}{\text{sen}(\hat{i}_1 - \hat{r}_1)}$

- ΔABC: $\cos \hat{r}_1 = \frac{e}{\overline{AC}} \Rightarrow \overline{AC} = \frac{e}{\cos \hat{r}_1}$

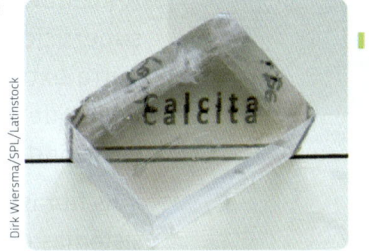

Pedaço de cristal de calcita sobre uma linha preta desenhada em uma mesa.

Igualando as duas relações obtidas, temos um cálculo para o desvio lateral de um raio de luz que atravessa uma lâmina de faces paralelas delimitada pelo mesmo meio físico.

$$\frac{d}{\text{sen}(\hat{i}_1 - \hat{r}_1)} = \frac{e}{\cos \hat{r}_1} \Rightarrow d = \frac{e \cdot \text{sen}(\hat{i}_1 - \hat{r}_1)}{\cos \hat{r}_1}$$

Ângulo limite e reflexão total da luz

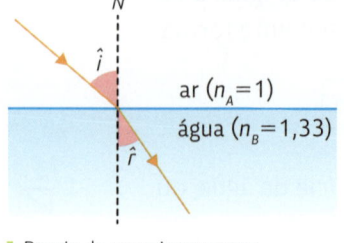

Desvio de um raio ao passar de um meio para outro.

Quando um raio de luz passa do ar $(n_{ar} = 1)$ para a água $(n_{ar} = 1,33)$, ele reduz de velocidade, pois $n_{ar} < n_{água}$, aproximando-se do plano normal do local da incidência, ou seja, $\hat{i} > \hat{r}$. Dessa forma, ao aumentar o ângulo de incidência da luz, o ângulo de refração também aumenta, mas a refração continua ocorrendo.

Pelo mesmo motivo, $(n_{ar} < n_{água})$, quando um raio de luz passa da água para o ar ele aumenta de velocidade, afastando-se da normal, ou seja, $\hat{i} < \hat{r}$.

Dessa forma, ao aumentar o ângulo de incidência da luz, o ângulo de refração também aumenta, existindo uma situação limite para que a refração ocorra, quando o ângulo de incidência $\hat{i}$ atinge o **ângulo limite**, designado como $\hat{L}$. Nessa situação, o ângulo de refração é igual a 90°. Na refração da água para o ar, o ângulo limite é cerca de 48°.

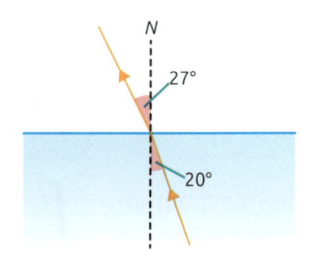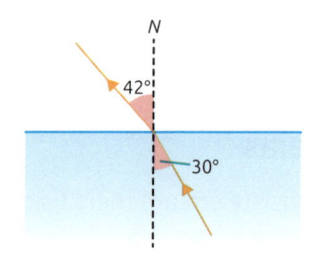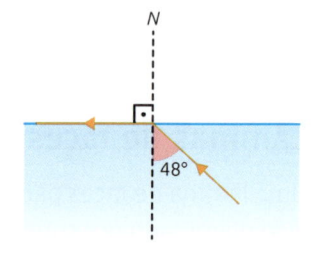

Representações de raios com diferentes ângulos de incidência até o ângulo limite.

De acordo com a lei da refração, lei de Snell-Descartes, o ângulo limite pode ser obtido da seguinte forma.

$$n_{maior} \cdot \text{sen}\, \hat{i} = n_{menor} \cdot \text{sen}\, \hat{r} \Rightarrow n_{maior} \cdot \text{sen}\, \hat{L} = n_{menor} \cdot \text{sen}\, 90° \Rightarrow$$

$$\Rightarrow n_{maior} \cdot \text{sen}\, \hat{L} = n_{menor} \cdot 1 \Rightarrow \text{sen}\, \hat{L} = \frac{n_{menor}}{n_{maior}}$$

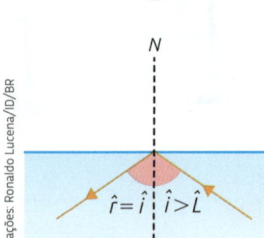

Quando o ângulo de incidência $\hat{i}$ assume um valor maior que o ângulo limite $\hat{L}$, a luz não mais irá refratar do meio mais refringente para o meio menos refringente, ocorrendo a chamada **reflexão total**. A reflexão total da luz só ocorre quando a luz tem sentido de propagação de um meio com maior índice de refração para um meio com menor índice de refração.

A reflexão total da luz ocorre no cabo da fibra óptica, filamento flexível e transparente, de espessura fina, feito de vidro especial ou plástico. A luz que incide em uma das extremidades da fibra óptica atinge sua superfície interna sofre reflexão total, sendo assim conduzida até a outra extremidade, como mostrado nas imagens. A diferença entre o índice de refração da fibra e o do meio externo possibilita que a luz seja conduzida pelo cabo ao longo de seu comprimento.

Cabo de fibra óptica.

As fibras ópticas são utilizadas em exames médicos, oficinas mecânicas, sistemas de transmissão de dados, entre outros fins.

> De que forma a fibra óptica pode ser útil em exames médicos e em oficinas mecânicas?

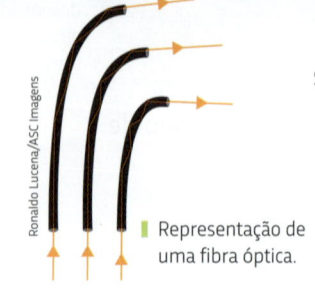

Representação de uma fibra óptica.

A refração da luz também ocorre na atmosfera, devido à diferença de temperatura nas camadas de ar.

Na atmosfera terrestre, existe uma variação da densidade do ar, de modo que, com o aumento da altitude, a densidade do ar diminui, ou seja, ele se torna mais rarefeito, se comparado com o ar mais próximo da superfície da Terra, que é mais denso.

Assim, com o aumento da altitude, o índice de refração do ar diminui, pois a luz se propaga mais rapidamente, o que causa a refração da luz conforme ela atravessa a atmosfera. Com isso, a luz emitida por um astro celeste passa por desvios ao alcançar os olhos de um observador na Terra, que não o enxerga em sua posição real, mas sim em uma posição aparente.

O mesmo ocorre durante o pôr do sol, quando ele ainda pode ser visto mesmo após ter ultrapassado a linha do horizonte.

A variação na densidade do ar também é influenciada por sua temperatura. Conforme estudado no capítulo sobre temperatura e dilatação térmica, a densidade dos meios físicos diminui com o aumento da temperatura, pois os átomos e as moléculas que compõem o meio ficam mais agitados e ocupam um volume maior. Quanto maior a temperatura de uma porção de ar, menor será sua densidade e o índice de refração.

Devido ao aquecimento da superfície da Terra durante o dia, as camadas de ar mais próximas da superfície atingem temperaturas maiores que as camadas mais distantes, e a diferença de índice de refração entre essas camadas também causa a refração da luz.

A refração da luz nessas situações pode causar ilusões de óptica conhecidas como miragens. Em dias de altas temperaturas, por exemplo, ao observar uma estrada a certa distância, é comum percebê-la com uma aparência molhada, impressão que desaparece quando passamos pelo local. Isso ocorre porque a luz proveniente do céu passa de camadas mais frias para camadas mais quentes, aumentando de velocidade e desviando sua trajetória ao se afastar do plano normal. Quando o ângulo de incidência é maior que o ângulo limite, a luz sofre reflexão total e alcança os olhos do observador, que irá ver a imagem do céu refletida no asfalto.

O mesmo ocorre nos desertos, devido à alta temperatura da areia durante o dia. A luz proveniente do céu ou de outro corpo, como uma árvore, por exemplo, passa por diversas refrações até sofrer reflexão total e alcançar os olhos de um observador, que verá uma imagem do corpo em um local onde ele não está realmente.

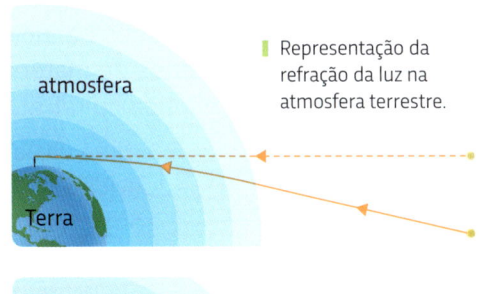

Representação da refração da luz na atmosfera terrestre.

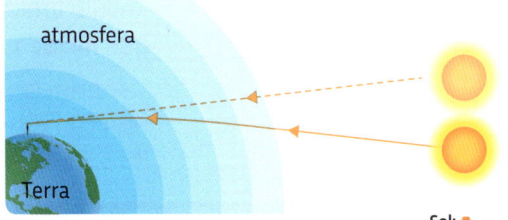

Representação da refração da luz na atmosfera terrestre no pôr do sol.

Sol: ☀ cerca de 1,392 milhão de quilômetros de diâmetro.

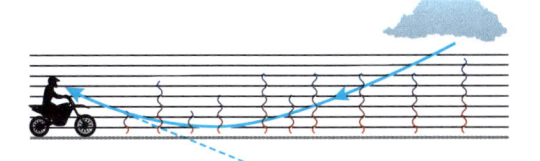

Refração da luz causada pela alta temperatura do ar próximo a uma estrada.

Estrada em dia com alta temperatura, localizada na Austrália, em 2014.

Geoff Marshall/Alamy Stock Photo/Fotoarena

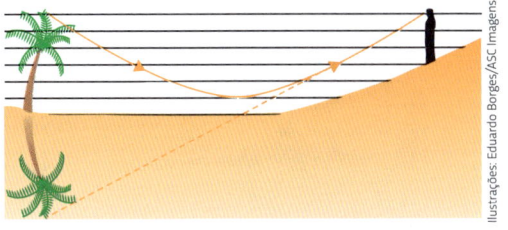

Refração da luz causada pela alta temperatura do ar próximo à areia.

Ilustrações: Eduardo Borges/ASC Imagens

Prismas ópticos

Diversos instrumentos ópticos possuem em seu interior elementos conhecidos como prismas ópticos, utilizados para a formação de imagens por refração e reflexão total da luz.

Prismas são figuras geométricas espaciais cujas bases são dois polígonos iguais que pertencem a planos paralelos, ligadas por faces laterais que são paralelogramos. Prismas ópticos são feitos de materiais transparentes e homogêneos, de modo que a luz incidente possa ser refletida ou refratada.

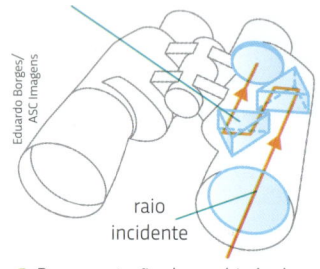

prismas de reflexão total

raio incidente

Representação de um binóculo com prismas ópticos de reflexão total.

Uma das aplicações do prisma óptico é como equipamento refletor da luz, devido ao fenômeno da reflexão total. Esses prismas podem substituir espelhos, como ocorre em alguns binóculos e periscópios, por exemplo. Ao considerar um prisma óptico de vidro, com índice de refração $n = 1{,}52$ envolto em ar, o ângulo limite para a refração é de cerca de 41°, de modo que raios luminosos que incidem com ângulos maiores sofrem reflexão total.

A principal vantagem do uso de prismas é que na reflexão total não há redução da intensidade luminosa, diferentemente do que ocorre com espelhos, que sempre absorvem uma parcela da luz incidente.

Ilustração histórica do experimento no qual Newton refratou a luz branca dispersando-a nas cores do arco-íris, utilizando um prisma equilátero transparente.

Os prismas ópticos também causam dispersão cromática, fazendo com que a luz branca que incide neles se separe nas diversas cores que a compõem, como foi verificado por Isaac Newton em 1672.

Até o momento, consideramos que cada meio possui um índice de refração para um raio de luz monocromática. Porém, o índice de refração de um meio físico varia de acordo com a cor da luz incidente. Desse modo, quando um feixe de luz policromática, como a luz branca, incide em um prisma óptico, cada cor será refratada em uma direção diferente, o que causa a dispersão da luz branca em suas cores componentes. O prisma mais utilizado para esse fim consiste no prisma triangular equilátero.

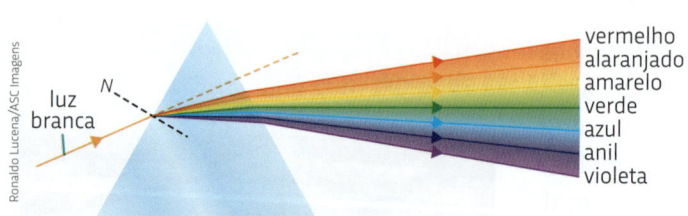

luz branca

vermelho
alaranjado
amarelo
verde
azul
anil
violeta

Feixe de luz branca sofrendo dispersão ao atravessar um prisma triangular equilátero.

Isso significa que as cores são desviadas em relação à normal conforme sua mudança de velocidade. Quando a luz branca sofre refração em um prisma óptico, é a luz violeta que passa a se propagar com menor velocidade, aproximando-se mais da normal, enquanto a luz vermelha possui maior velocidade.

Os fenômenos da dispersão e da reflexão total da luz também são verificados nos diamantes. O diamante possui diversas características que o tornam uma pedra preciosa. Por ser um mineral composto de carbono cristalizado sob alta pressão, possui um dos maiores índices de refração dentre os compostos naturais. O ângulo limite da luz que passa do ar para o diamante é cerca de 24°, de modo que grande parte da luz incidente sofre reflexão total e dispersão em seu interior. Dessa forma, uma lapidação estratégica faz com que a luz seja refletida inúmeras vezes em seu interior, garantindo assim o brilho característico do diamante.

Diamante lapidado.
O brilho do diamante surge das várias reflexões que a luz sofre em seu interior.

A formação do arco-íris é outro fenômeno relacionado à dispersão da luz branca. Nele, as gotas de água presentes na atmosfera, com formato esférico, funcionam como prismas.

Para que um arco-íris seja visto, as gotas de água devem estar suspensas em uma parte do céu oposta ao Sol, ou seja, vemos o arco-íris quando estamos de costas para o Sol.

Todos os feixes de luz policromática que incidirem obliquamente nas gotas de água sofrerão refração, causando a dispersão da luz em suas diversas cores. Esses feixes coloridos sofrem reflexão total no interior da gota e retornam para o ar, ocorrendo outra refração, que separa ainda mais os feixes.

Considere uma gota de água suspensa no ar. Essa gota dispersa a luz branca em todas as cores do arco-íris, porém, na região onde ela se encontra, enxergamos apenas uma das cores dispersas. Por exemplo, se olhamos para uma faixa do céu e vemos o violeta, o vermelho dessa mesma gota não está atingindo nossos olhos. Percebemos a cor vermelha em outra faixa, já que as gotas mais acima também estão dispersando a luz branca.

O vermelho é observado quando o ângulo entre a luz branca incidente na gota e a luz vermelha é de cerca de 42°, enquanto a cor violeta é observada quando o ângulo entre esse feixe e a luz branca é de cerca de 40°, como mostrado na imagem ao lado.

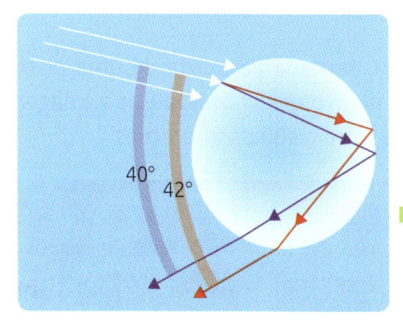

Representação da dispersão da luz branca em uma gota de água.

Frequentemente, um segundo arco-íris é também formado, maior que o primeiro e com as cores invertidas. Esse segundo arco-íris é formado de modo semelhante, nas gotas que estiverem entre os ângulos de 50° e 53°, com a diferença de que os feixes luminosos passam por duas reflexões no interior da gota, como mostrado na imagem ao lado. Devido às perdas ocorridas, esse arco-íris se apresenta menos intenso.

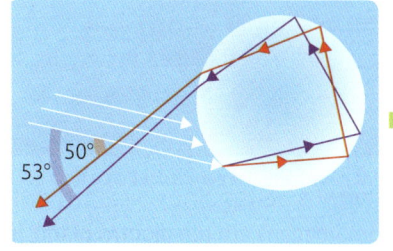

Representação da dupla reflexão da luz em uma gota d'água, gerando o segundo arco-íris.

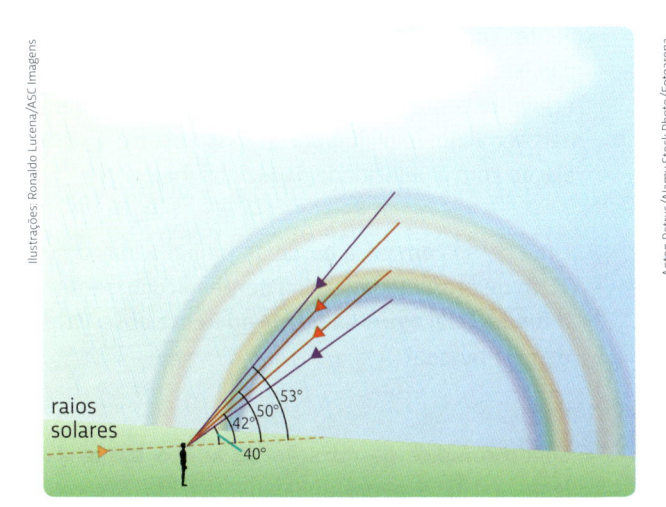

Ilustrações: Ronaldo Lucena/ASC Imagens

O arco-íris apenas pode ser visto a partir de uma posição em que seja possível observar os raios refratados e refletidos pelas gotículas de água.

Anton Petrus/Alamy Stock Photo/Fotoarena

Essa fotografia mostra dois arco-íris formados devido à refração e reflexão total da luz nas gotas de água suspensas no ar nas Cataratas do Iguaçu, no estado do Paraná, em 2015.

> Observando um arco-íris, temos a impressão de que ele toca o solo em algum local. É possível ir até lá? Por quê?

14. Qual das alternativas a seguir explica o fenômeno de profundidade aparente de uma piscina, observado por uma pessoa fora dela? Explique.

a) A luz sofre o efeito de refração ao passar do meio ar para a água.

b) A luz que é refletida pelo fundo da piscina, ao chegar à superfície da água, sofre a reflexão total.

c) A luz sofre refração ao ser refletida pela superfície da água.

d) A luz refletida pelo fundo da piscina sofre refração ao atravessar do meio água para o ar.

15. Uma menina, sentada na borda de uma piscina e com os pés dentro dela, observa que a imagem de suas pernas sofre algumas alterações.

■ Menina com os pés e parte das pernas dentro de uma piscina.

De acordo com imagens em um dioptro plano, julgue as afirmações abaixo como verdadeiras ou falsas, justificando as falsas no caderno.

I) A menina observa que uma das pernas fica maior que a outra, pois o raio de luz não refrata.

II) Um observador fora d'água tem a impressão de que as pernas da menina diminuíram em relação ao tamanho real.

III) A menina observa que as pernas são do mesmo tamanho que o valor real, pois os raios de luz refrataram.

IV) Tanto a menina como um observador ao lado possuem a impressão de que as pernas são mais curtas que o tamanho real.

16. (FURG-RS) Para que um gato na margem de um lago possa pegar um peixe, ele deve se jogar:

a) em uma posição abaixo daquela em que vê o peixe.

b) em uma posição abaixo da posição real do peixe.

c) em uma posição acima da posição real do peixe.

d) diretamente na posição em que vê o peixe.

e) em uma posição acima daquela em que vê o peixe.

17. (UFGD-MS) Um ponto luminoso, encontra-se imerso na água em uma piscina totalmente limpa, quando visto por um observador que esteja fora da piscina (no ar) e que olha com uma inclinação de 45° em relação ao eixo normal da superfície da água. É **correto** afirmar que

a) o ponto luminoso parecerá mais afastado da superfície da água do que realmente está.

b) o ponto luminoso parecerá mais próximo da superfície da água do que realmente está.

c) o fato de a luz estar mudando de meio não interfere na percepção visual do observador.

d) a luz não irá conseguir passar da água para o ar.

e) o ponto luminoso não será percebido pelo observador.

18. Um colecionador quer observar sua moeda com mais detalhes. Por qual dos esquemas a seguir ele deve optar? Explique.

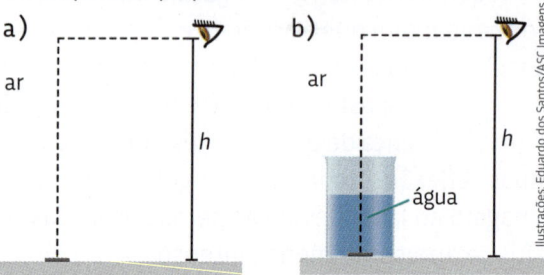

19. Ao mergulhar um objeto de vidro dentro de um recipiente contendo água, consegue-se enxergá-lo, mas, se o mesmo objeto for mergulhado em um recipiente contendo óleo de soja claro, não poderá mais ser visto. Explique por que isso ocorre. Existe relação com a velocidade da luz nos meios?

R3. Uma pessoa em pé, à borda de uma piscina com 1,5 m de profundidade, olha perpendicularmente o fundo. Qual a profundidade aparente observada pela pessoa?

⫶ Resolução

Sendo o índice de refração do ar 1, o da água igual a 1,33 e a profundidade real da piscina $p = 1,5$ m, a profundidade aparente é dada por:

$$\frac{n_{observador}}{n_{objeto}} = \frac{p'}{p} \Rightarrow \frac{1}{1,33} = \frac{p'}{1,5} \Rightarrow$$

$$\Rightarrow p' = \frac{1,5}{1,33} \Rightarrow p' = 1,13 \therefore \boxed{p' = 1,13 \text{ m}}$$

20. (Unifesp) Na figura, P representa um peixinho no interior de um aquário a 13 cm de profundidade em relação à superfície da água. Um garoto vê esse peixinho através da superfície livre do aquário, olhando de duas posições: O_1 e O_2.

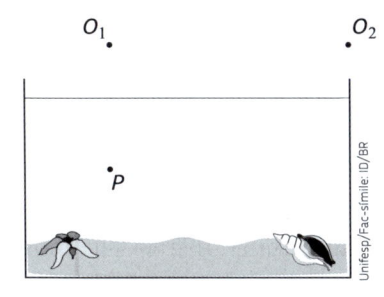

Sendo $n_{água} = 1,3$ o índice de refração da água, pode-se afirmar que o garoto vê o peixinho a uma profundidade de

a) 10 cm, de ambas as posições.

b) 17 cm, de ambas as posições.

c) 10 cm em O_1 e 17 cm em O_2.

d) 10 cm em O_1 e a uma profundidade maior que 10 cm em O_2.

e) 10 cm em O_1 e a uma profundidade menor que 10 cm em O_2.

21. Um raio de luz incide no ponto **S** com um ângulo de incidência de 30° na superfície de separação entre o meio A e B, com índices de refração 1 e n_B, respectivamente. No interior do meio B, o raio passa pelo foco principal F de um espelho côncavo. Observe a figura abaixo:

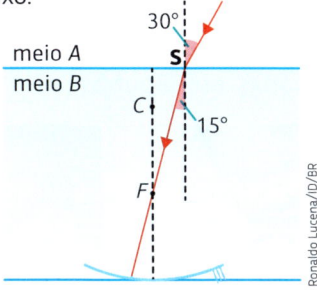

Determine o índice de refração n_B e o ângulo de refração quando o raio volta para o meio A após a reflexão sobre o espelho côncavo. Utilize $\text{sen}\,30° = \dfrac{1}{2}$ e $\text{sen}\,15° = 0,26$.

22. Uma lâmina de faces paralelas com índice de refração igual a $\sqrt{3}$ possui 3 cm de espessura e está imersa no ar. Determine o deslocamento lateral sofrido por um raio de luz que incide sobre a lâmina com uma inclinação de 60°.

23. (UFRGS-RS) Um raio de luz, proveniente da esquerda, incide sobre uma lâmina de vidro de faces paralelas, imersa no ar, com ângulo de incidência $\hat{i}_1$ na interface ar-vidro. Depois de atravessar a lâmina, ele emerge do vidro com ângulo $\hat{r}_2$. O trajeto do raio luminoso está representado na figura, onde $\hat{r}_1$ designa o ângulo de refração no vidro, e $\hat{i}_2$, o ângulo de incidência na interface vidro-ar.

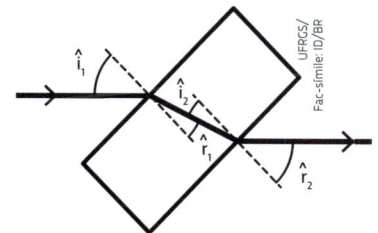

Nessa situação, pode-se afirmar que

a) $\hat{i}_1 = \hat{r}_2$

b) $\hat{i}_1 > \hat{r}_2$

c) $\hat{i}_1 < \hat{r}_2$

d) $\hat{i}_1 = \hat{i}_2$

e) $\hat{i}_1 < \hat{i}_2$

24. O binóculo, utilizado para ter a visão de lugares ou objetos em longo alcance, possui um esquema de prismas, diferentemente das lunetas, que não possuem e fornecem uma imagem invertida e virtual. Explique qual a função dos prismas do binóculo ilustrado abaixo.

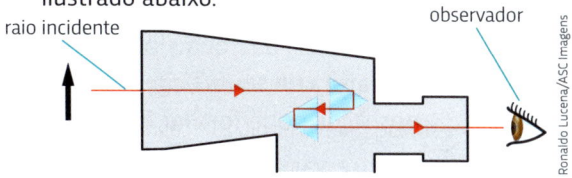

25. Se um mergulhador olhar para cima de dentro de um tanque com água num ângulo de 45°, ele verá:

a) apenas a reflexão do fundo do tanque.

b) o céu acima dele.

c) apenas um plano negro, sem imagem alguma.

d) a sua própria imagem.

26. Ao viajar em dias muito quentes, é fácil notar que podem ser observadas imagens de poças d'água na estrada. Explique a causa desse efeito de miragem, como mostra a fotografia abaixo.

Estrada em um dia quente, localizada no deserto do Atacama, no México, em 2015.

▌ Imagem da astronauta Karen Nyberg formada em um pouco de água flutuando na Estação Espacial Internacional, em 2013.

Por que ocorreu a formação de uma imagem na gota-d'água?

A fotografia mostrada ao lado foi feita na Estação Espacial Internacional, onde ocorre o efeito da imponderabilidade ou sensação de "ausência de peso". A força da gravidade mantém a estação em órbita, de modo que ela se move ao redor da Terra e não em direção a ela, como ocorre com os corpos na superfície do planeta. Por esse motivo, a gota-d'água e os outros corpos flutuam na estação.

Na situação descrita, a gota-d'água flutuando adquire forma esférica. Como seu índice de refração é diferente do meio onde ela está, a luz sofre refração ao passar por ela, formando a imagem. A gota-d'água funciona, desse modo, como uma lente, que conjuga imagens menores e invertidas dos objetos.

Assim como a reflexão da luz pode produzir imagens, como ocorre nos espelhos planos (em que a imagem formada é idêntica ao objeto) e nos curvos (em que a imagem formada tem características diferentes do objeto), a refração da luz também produz imagens, como foi estudado no capítulo anterior. Imagens também são formadas por refração da luz nas lentes.

Chamamos de lentes os sistemas ópticos transparentes e homogêneos limitados por duas superfícies, das quais ao menos uma delas é curva. Devido ao seu índice de refração e à curvatura da superfície, a luz sofre refração ao passar por uma lente, e o desvio da trajetória dos raios pode formar imagens.

Entre várias utilizações das lentes, podemos destacar as lentes de contato ou lentes de óculos, utilizadas para corrigir problemas de visão; as lentes de aumento, como a lupa, usadas para observar imagens com mais detalhes; as lentes que compõem lunetas astronômicas, que formam imagens de astros celestes distantes; as lentes das máquinas fotográficas, que formam imagens sobre um anteparo para que sejam registradas; entre outras.

▌ óculos

▌ Pessoa colocando uma lente de contato.

▌ Pessoa utilizando uma lupa.

▌ luneta astronômica

Não sabemos ao certo quando as lentes começaram a ser utilizadas. Na Antiguidade grega, as primeiras lentes consistiam de esferas de vidro preenchidas com água. Lentes de vidro passaram a ser confeccionadas na Europa, no século XIII, época em que surgiram os primeiros óculos de grau, provavelmente na China e Itália. Curiosamente, os primeiros telescópios foram utilizados cerca de 300 anos depois.

Existem lentes com superfície esférica, delimitada por faces curvas com forma de calota esférica, como ocorre nos espelhos esféricos. As lentes esféricas podem ter as duas faces curvas ou uma face plana e outra curva.

Podemos classificar as lentes de acordo com o formato de suas faces. Se a espessura das bordas é menor que a espessura da região central, temos uma lente de borda delgada (fina). Na nomenclatura da lente, apresentamos primeiro a face de maior raio de curvatura. As lentes planas possuem raio de curvatura infinito.

Lentes de borda delgada

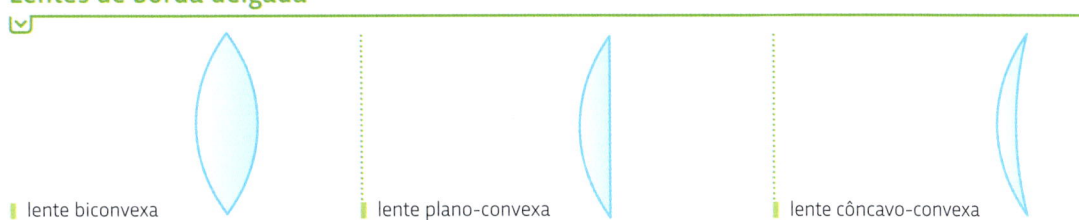

| lente biconvexa | lente plano-convexa | lente côncavo-convexa

Se a espessura das bordas é maior que a da região central, temos uma lente de borda espessa (grossa).

Lentes de borda espessa

| lente bicôncava | lente plano-côncava | lente convexo-côncava

As lentes também podem ser classificadas com relação ao seu comportamento óptico. São convergentes quando, ao refratar um feixe de raios paralelos, formam um feixe de raios convergentes. São divergentes quando, ao refratar um feixe de raios paralelos, formam um feixe de raios divergentes.

Vamos considerar uma lente de bordas finas e outra de bordas grossas no ar. Quando um raio de luz incide do ar para a lente, a luz reduz de velocidade e desvia sua trajetória, aproximando-se da normal. Quando o raio passa da lente para o ar, a luz aumenta de velocidade e desvia sua trajetória, afastando-se da normal.

Essas duas refrações revelam que lentes com bordas finas têm comportamento convergente e lentes de bordas grossas têm comportamento divergente quando imersas no ar. Esse comportamento depende dos índices de refração da lente e do meio, ou seja, podem ser inversos, de acordo com o meio onde as lentes estão.

Adotaremos representações esquemáticas simplificadas para as lentes, com base em seu comportamento, independentemente de seu formato.

Neste capítulo detalharemos as lentes esféricas, mas outras formas de lentes refratoras também serão abordadas.

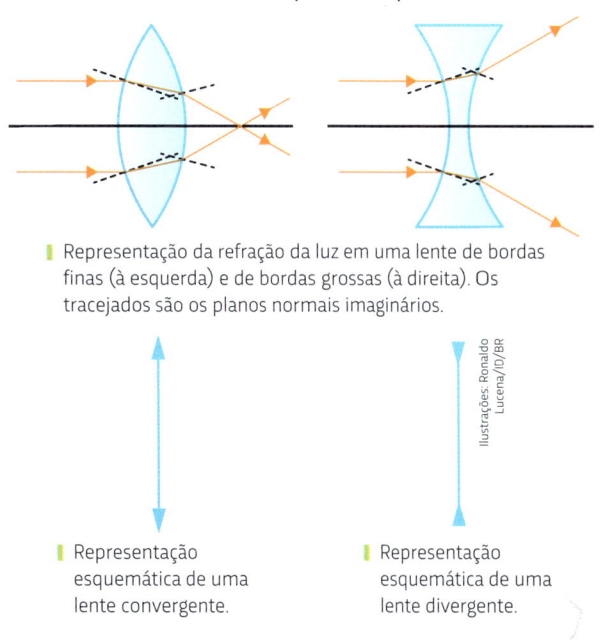

| Representação da refração da luz em uma lente de bordas finas (à esquerda) e de bordas grossas (à direita). Os tracejados são os planos normais imaginários.

Ilustrações: Ronaldo Lucena/ID/BR

| Representação esquemática de uma lente convergente.

| Representação esquemática de uma lente divergente.

Elementos geométricos de uma lente esférica

Ao estudar o comportamento da luz refratando em uma lente, é necessário definir alguns de seus elementos geométricos. Faremos essa definição considerando uma lente chamada biconvexa, cuja representação segue abaixo. Os índices de refração são n_L (da lente) e n_M (do meio) no qual a lente está inserida.

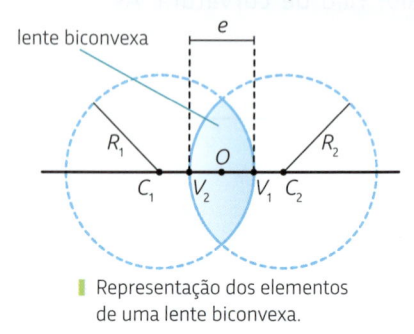

Representação dos elementos de uma lente biconvexa.

- Os pontos C_1 e C_2 correspondem ao **centro de curvatura** das faces da lente.
- Os pontos V_1 e V_2 são os **vértices** da face.
- A distância entre os vértices $(V_1$ e $V_2)$ corresponde a sua **espessura** (e).
- A linha que passa pelos centros de curvatura de suas duas superfícies representa o **eixo principal**.
- O ponto O corresponde ao **centro óptico** da lente.

Foco principal e distância focal

As lentes esféricas possuem um ponto que merece destaque, chamado **foco principal**, ou **foco**, para o qual os raios de luz que incidem de forma paralela ao eixo principal convergem ou, ainda, que é definido pelo prolongamento dos raios que emergem da segunda face da lente. Por serem uma superfície refratora, é importante destacar que as lentes podem receber a luz proveniente de qualquer uma de suas faces.

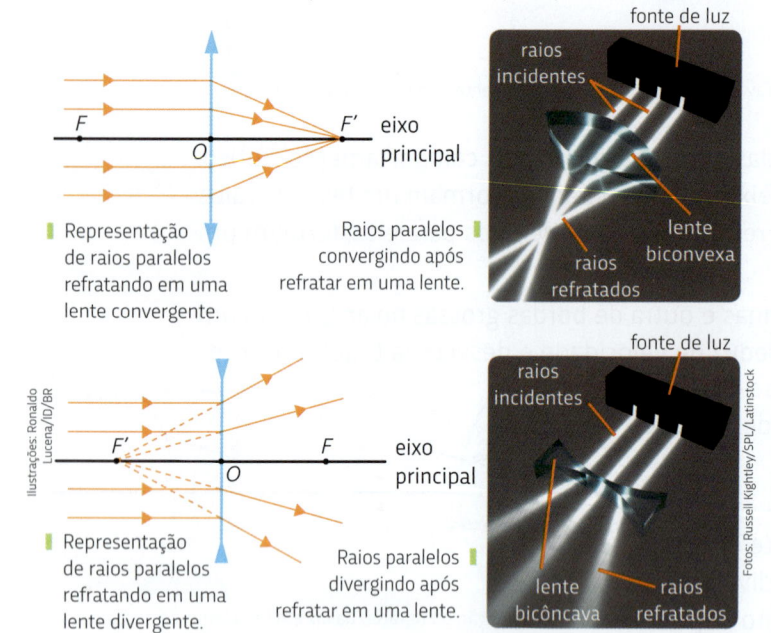

Representação de raios paralelos refratando em uma lente convergente.

Raios paralelos convergindo após refratar em uma lente.

Representação de raios paralelos refratando em uma lente divergente.

Raios paralelos divergindo após refratar em uma lente.

Ilustrações: Ronaldo Lucena/ID/BR

Fotos: Russel Kightley/SPL/Latinstock

Quando um feixe de raios luminosos incide de forma paralela ao eixo principal de uma lente convergente, os raios refratados encontram-se em um ponto chamado **foco principal imagem** F'. Nesse tipo de lente, F' possui natureza real, pois corresponde ao encontro efetivo dos raios refratados. Outro ponto do eixo principal simétrico a F', em relação ao centro O, é definido como **foco principal objeto** F. Para a lente convergente, F também é real. Os raios luminosos que passam por esse foco, ao serem refratados pela lente, emergem de forma paralela ao eixo principal.

Em lentes divergentes, F' possui natureza virtual, pois é formado a partir do encontro dos prolongamentos dos raios de luz refratados, e F também possui natureza virtual, já que se trata do prolongamento dos raios incidentes que passam por esse foco.

Considerando tanto as lentes convergentes como as divergentes, a distância entre F' e o centro O da lente é chamada de **distância focal imagem** f', e a distância entre F e o centro O da lente é definida como **distância focal objeto** f.

Nem sempre a formação das imagens nas lentes é dada de maneira nítida e sem deformações. Por esse motivo, devem ser delgadas, e os raios de luz devem incidir com pequena inclinação e próximos ao seu eixo principal. Essas são as chamadas condições de nitidez de Gauss. Imagens nítidas ocorrem quando tais condições são respeitadas.

Construção geométrica de imagens

Assim como nos espelhos, para determinar geometricamente a imagem conjugada por uma lente, é necessário conhecer o cruzamento de dois raios de luz que, partindo do objeto, foram refratados pela lente. Todos os raios refratados obedecem à lei da refração, tanto ao entrarem nas lentes como ao saírem delas, portanto é difícil determinar a direção correta de cada raio incidente após ter sido refratado. Então, costumamos utilizar quatro raios incidentes, cujas trajetórias depois da refração são conhecidas: os **raios notáveis**.

Abaixo, temos os raios notáveis aplicados às características das lentes.

- Raio de luz que incide na lente paralelamente ao eixo principal é refratado na direção do foco imagem F'.

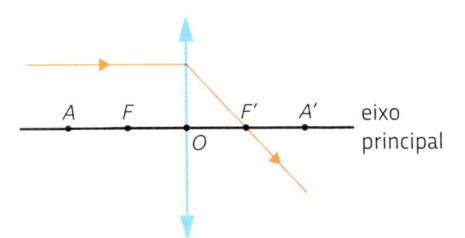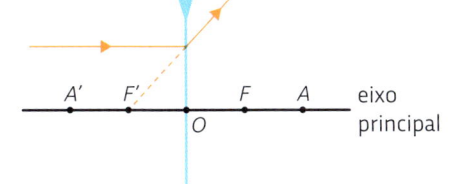

- Raio de luz que incide na lente passando pelo foco objeto F é refratado paralelamente ao eixo principal.

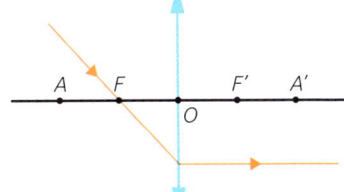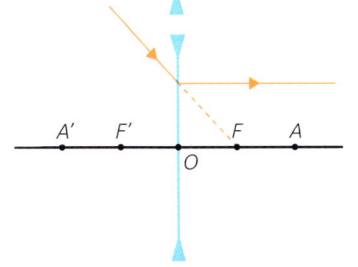

- Raio de luz que incide no espelho passando pelo centro óptico O é refratado sem sofrer desvio.

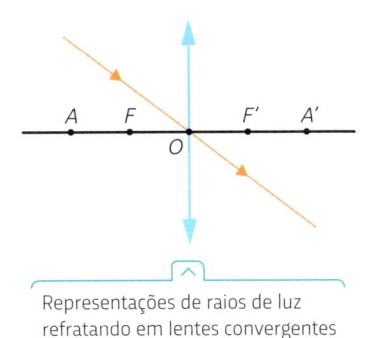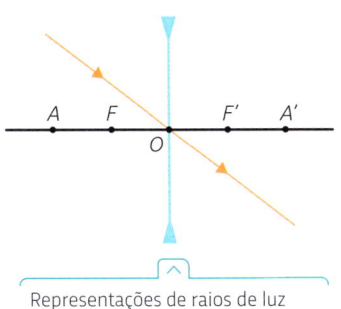

Representações de raios de luz refratando em lentes convergentes

Representações de raios de luz refratando em lentes divergentes

Pontos antiprincipais

Para as lentes, definimos dois pontos, denominados antiprincipais, representados por A e A', que se encontram a uma distância da lente equivalente ao dobro da distância focal (f), isto é, $(A = A' = 2 \cdot f)$.

Assim, um quarto raio notável é determinado com base nos pontos antiprincipais, como vemos abaixo.

- Raio de luz que incide na lente passando pelo ponto antiprincipal A é refratado em direção ao ponto antiprincipal A'.

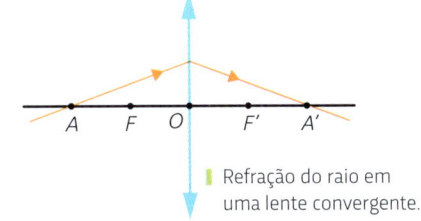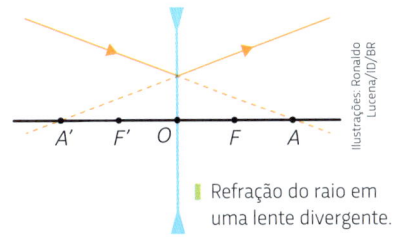

Refração do raio em uma lente convergente.

Refração do raio em uma lente divergente.

Note que, como o foco imagem (F') e o ponto antiprincipal (A') da lente divergente ficam antes da lente, teremos que prolongar os raios incidentes e refratados que se propagam em direção a esses pontos ou afastam-se deles.

● Lente convergente

Para determinar as imagens formadas pelas lentes, seguiremos os mesmos procedimentos utilizados nos espelhos esféricos. Representaremos os objetos por uma seta, mostrando sua orientação, e a partir de sua extremidade traçaremos os raios notáveis.

Assim como os espelhos côncavos, as lentes convergentes produzem imagens com características diferentes, dependendo da distância (*p*) a que o objeto está da lente. Para a construção de todas as imagens da lente convergente utilizaremos o raio que incide paralelamente ao eixo e é refratado, passando pelo foco objeto, e o raio que passa pelo centro óptico e não sofre desvio.

● Objeto além do ponto antiprincipal

Quando um objeto de tamanho (*o*) está sobre o eixo principal de uma lente convergente, além de seu ponto antiprincipal, a imagem conjugada é formada pelo cruzamento efetivo dos raios refratados pela lente, portanto ela é real, invertida e menor. Imagens desse tipo são vistas quando observamos objetos distantes através de uma lupa ou de uma esfera de vidro, que se comporta como uma lente convergente.

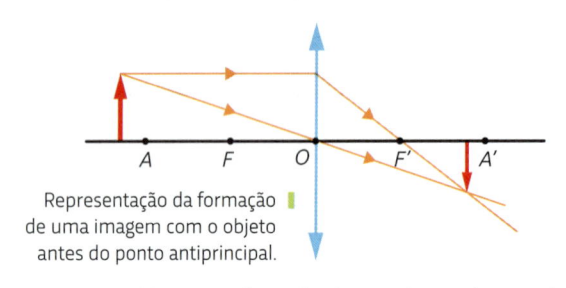

Representação da formação ▮ de uma imagem com o objeto antes do ponto antiprincipal.

Note que na fotografia a lupa produz uma imagem do ▮ Palácio de Westminster, invertida e menor, pois está distante do palácio. A data dessa fotografia é desconhecida.

É importante perceber que as posições das imagens reais e virtuais, nas lentes e nos espelhos, são diferentes.

> As imagens virtuais produzidas pelas lentes ficam do mesmo lado que o objeto, e as imagens reais ficam do lado oposto.

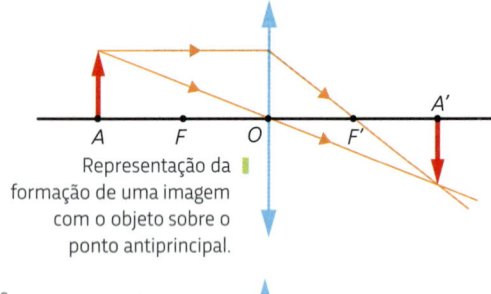

Representação da ▮ formação de uma imagem com o objeto sobre o ponto antiprincipal.

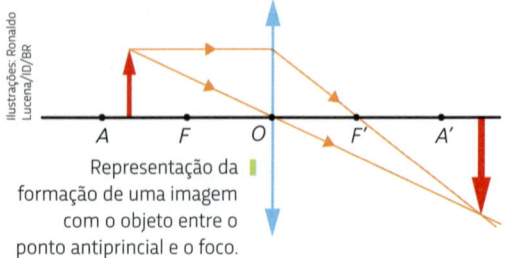

Representação da ▮ formação de uma imagem com o objeto entre o ponto antiprincial e o foco.

● Objeto sobre o ponto antiprincipal

Se o objeto ficar sobre o ponto antiprincipal, novamente a imagem será real, invertida e do mesmo tamanho que o objeto, portanto (*i* = *o*).

● Objeto entre o ponto antiprincipal e o foco

Quando o objeto fica entre o ponto antiprincipal e o foco da lente convergente, a imagem formada é real, invertida e maior. Por exemplo, em um projetor, o objeto é colocado invertido entre o ponto antiprincipal e o foco da lente. A lente produz uma imagem real, maior e invertida, por isso a imagem projetada aparece direita na tela.

Objeto sobre o foco

Se o objeto for posicionado sobre o foco de uma lente convergente, os raios refratados e seus prolongamentos sairão paralelos da lente. A imagem se forma no infinito; teremos uma imagem imprópria.

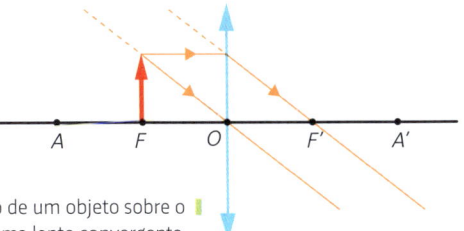

Representação de um objeto sobre o foco de uma lente convergente.

Objeto entre o foco e a lente

Com o objeto colocado entre o foco e a lente convergente, os raios refratados não se cruzam. Portanto, devemos fazer seu prolongamento, o que produz uma imagem virtual, direita e maior.

Essa é a principal utilização das lupas. Quando queremos observar detalhes dos objetos, nos aproximamos deles, mas nossos olhos não conseguem focalizar objetos muito próximos. Colocando uma lupa próxima ao objeto, ela fornece uma imagem direita e aumentada, proporcionando a visualização de detalhes imperceptíveis a olho nu.

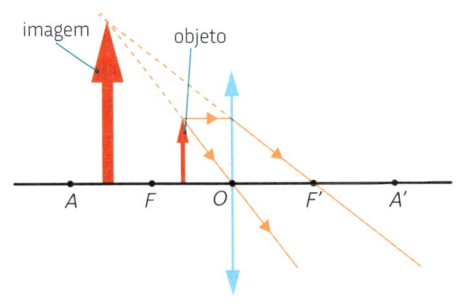

Representação da formação de uma imagem com o objeto entre o foco e a lente.

Alguns profissionais utilizam lupas em seu trabalho, como o botânico desta fotografia, que está analisando as folhas de uma planta utilizando uma lupa.

Lente divergente

Assim como os espelhos convexos, as lentes divergentes conjugam somente um tipo de imagem, independentemente da posição do objeto. Devido às características da lente, os raios não se cruzam após serem refratados, e a imagem é obtida a partir do seu prolongamento, sendo virtual, direita e menor.

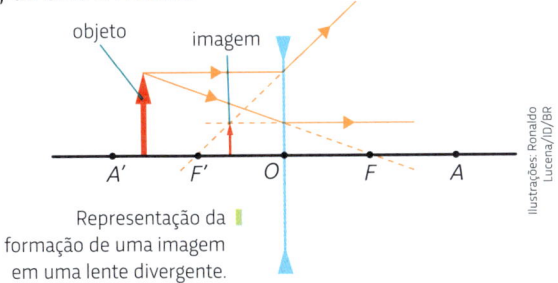

Representação da formação de uma imagem em uma lente divergente.

Homem atrás de uma porta sendo observado por um olho mágico.

O olho mágico, um dispositivo de segurança utilizado em portas de residências, é formado por um conjunto de lentes que se comporta como uma lente divergente, formando uma imagem virtual, menor e direita dos objetos à sua frente.

1. Explique o que significa a distância focal de uma lente.

2. Quais as diferenças entre as lentes convergentes e as lentes divergentes?

3. Um aluno deseja concentrar a luz do Sol em um único ponto a fim de obter um forno solar. Para que tal feito seja realizado com sucesso, quais dos elementos listados abaixo o aluno deverá utilizar? Justifique as escolhas em seu caderno.

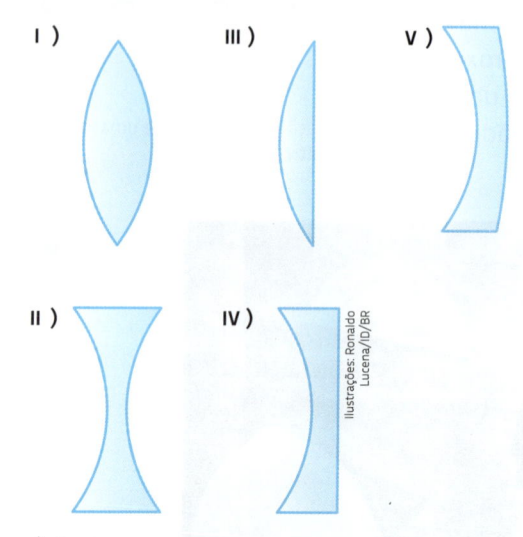

ı) ııı) v)

ıı) ıv)

Ilustrações: Ronaldo Lucena/ID/BR

a) Somente I e III.

b) Somente I ou IV

c) Somente I ou V

d) Somente II ou III

e) Somente II, III ou V.

4. De acordo com a classificação das lentes esféricas e seu comportamento em relação ao índice de refração, julgue as afirmativas a seguir como verdadeiras ou falsas, justificando as falsas em seu caderno.

ı) Lentes de bordas espessas convergem se o índice de refração da lente for menor que o índice de refração do meio, ou seja, $n_{lente} < n_{meio}$.

ıı) Lentes de bordas delgadas divergem se o índice de refração da lente for maior que o índice de refração do meio.

ııı) Lentes de bordas espessas divergem se o índice de refração da lente for menor que o índice de refração do meio, ou seja, $n_{lente} < n_{meio}$.

ıv) Lentes de bordas delgadas convergem se o índice de refração da lente for maior que o índice de refração do meio.

5. É construída uma lente de um determinado material, cujo índice de refração é igual a 1,5 e que quando está no ar possui comportamento convergente. Quando mergulhada em um líquido com índice de refração de 1,7, essa lente

a) será convergente apenas para luz monocromática.

b) não produzirá nenhum efeito sobre os raios de luz.

c) será divergente.

d) se comportará como uma lâmina de faces paralelas.

e) será convergente.

R1. Um objeto é colocado em frente a uma lente esférica, conforme mostra a figura a seguir.

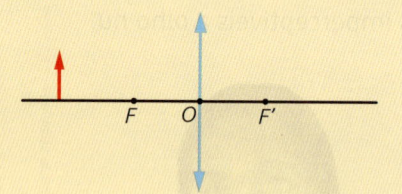

Faça uma construção gráfica da imagem do objeto.

↘ Resolução

Para esboçarmos a imagem de um objeto em uma lente esférica, temos que traçar os raios notáveis.

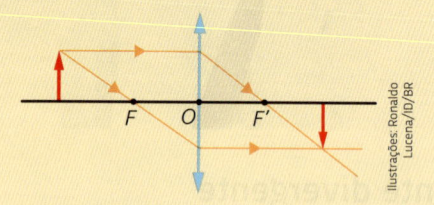

Ilustrações: Ronaldo Lucena/ID/BR

Assim, a imagem encontra-se após o foco do objeto.

6. Um objeto é colocado diante de uma lente e produz uma imagem invertida com metade de seu tamanho, como mostra a figura abaixo:

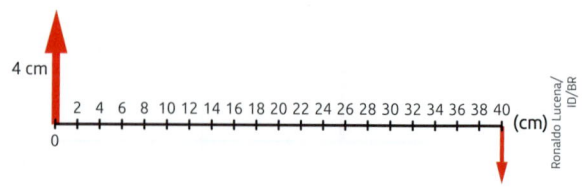

4 cm

2 4 6 8 10 12 14 16 18 20 22 24 26 28 30 32 34 36 38 40 (cm)

0

Ronaldo Lucena/ID/BR

Sabendo que o objeto possui 4 cm de altura e a sua distância até sua imagem é de 40 cm, responda:

a) Qual o tipo de lente utilizada?

b) Qual a distância do objeto à lente?

c) Qual a distância focal da lente?

7. (UFMG) Tânia observa um lápis com auxílio de uma lente, como representado na figura:

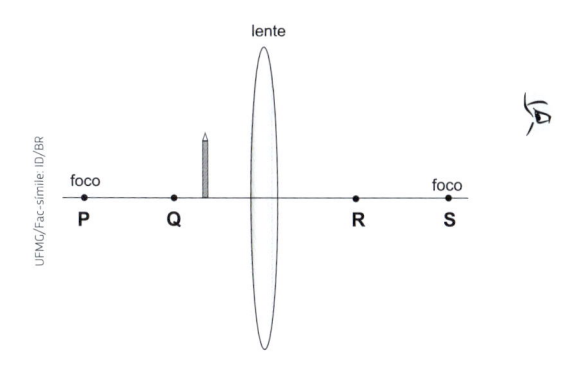

Essa lente é mais fina nas bordas que no meio e a posição de cada um de seus focos está indicada na figura.

Considerando-se essas informações, é **correto** afirmar que o ponto que **melhor** representa a posição da imagem vista por Tânia é o

a) P.   b) Q.   c) R.   d) S.

8. Classifique a imagem do objeto para cada caso apresentado abaixo. Em seu caderno, faça a construção gráfica das imagens.

a)

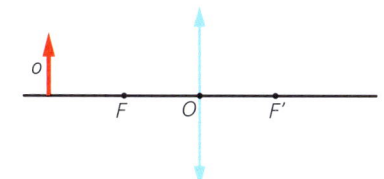

b)

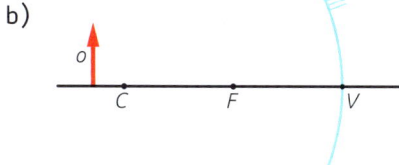

c)

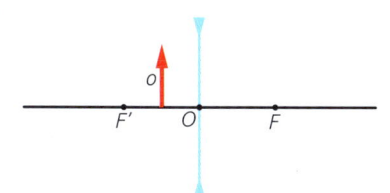

d)

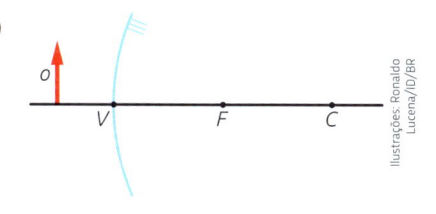

Ilustrações: Ronaldo Lucena/ID/BR

9. (UFF-RJ) Uma lente convergente de pequena distância focal pode ser usada como lupa, ou lente de aumento, auxiliando, por exemplo, pessoas com deficiências visuais a lerem textos impressos em caracteres pequenos.

Supondo que o objeto esteja à esquerda da lente, é correto afirmar que, para produzir uma imagem maior que o objeto, este deve ser:

a) colocado sobre o foco e a imagem será real;

b) posicionado entre a lente e o foco e a imagem será real;

c) posicionado num ponto à esquerda muito afastado da lente e a imagem será virtual;

d) posicionado num ponto à esquerda do foco, mas próximo deste, e a imagem será virtual;

e) posicionado entre a lente e o foco e a imagem será virtual.

10. A fotografia abaixo mostra uma gota de água sobre uma folha, o que permite ver os detalhes por meio da ampliação da imagem sem invertê-la.

Scruggelgreen/Shutterstock.com/ID/BR

Gota de água sobre uma folha de uma gramínea.

Gramínea
pode atingir cerca de 70 cm de altura.

A gota sobre a folha funciona como:

a) uma lente divergente, onde o objeto encontra-se entre o seu plano focal e a própria lente.

b) uma lente convergente, onde o objeto encontra-se além do seu plano focal.

c) uma lente divergente, onde o objeto está situado em seu plano focal.

d) uma lente convergente, onde o objeto está situado em seu plano focal.

e) uma lente convergente, onde o objeto está localizado entre o seu plano focal e a própria lente.

Estudo analítico das lentes esféricas

A formação de imagens por lentes esféricas, até agora estudada pelo método geométrico, pode ser também feita pelo modo analítico. Assim como fizemos para os espelhos esféricos, a utilização de equações algébricas possibilita determinar a localização e o tamanho das imagens conjugadas por lentes esféricas.

Sabendo que as imagens conjugadas por lentes se formam pela refração e não pela reflexão da luz, compreendemos que o **referencial de Gauss da imagem** será positivo no sentido de propagação do feixe e negativo quando a orientação for contrária ao feixe.

Considerando um feixe incidindo da esquerda para a direita, a posição da imagem será positiva ($p' > 0$), resultando em uma imagem real, quando a imagem for formada após a lente, e será negativa ($p' < 0$), resultando em uma imagem virtual, quando a imagem for formada antes da lente. Veja a seguir como isso acontece nos casos de lentes convergentes e lentes divergentes.

- Lentes convergentes possuem distância focal positiva ($f > 0$) e podem formar imagens reais ($p' > 0$) ou virtuais ($p' < 0$), sendo invertidas ($i < 0$) ou direitas ($i > 0$) de acordo com a posição do objeto em relação à.

- Lentes divergentes possuem distância focal negativa ($f < 0$) e apenas podem formar imagens virtuais ($p' < 0$), que sempre serão direitas ($i > 0$), independentemente da posição do objeto em relação à lente.

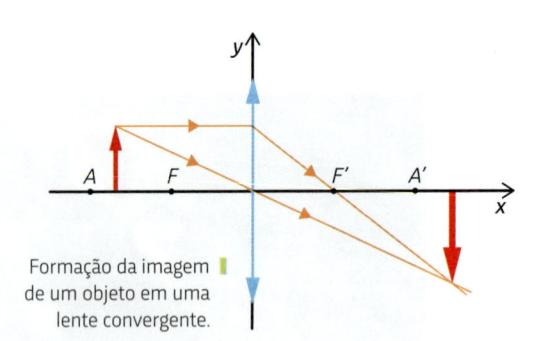

Formação da imagem ▮ de um objeto em uma lente convergente.

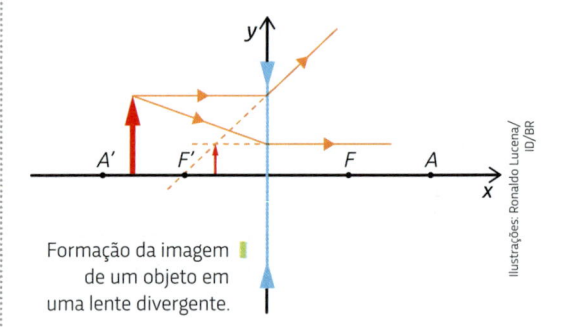

Formação da imagem ▮ de um objeto em uma lente divergente.

Ilustrações: Ronaldo Lucena/ID/BR

Equação de Gauss e aumento linear transversal

Levando em consideração os sinais adotados para o referencial de Gauss da imagem, é possível obter a posição e o aumento linear de uma imagem conjugada por uma lente esférica usando a equação de Gauss e o aumento linear, apresentados no estudo dos espelhos esféricos.

Utilizando a equação de Gauss, é possível obter a distância focal a partir da posição do objeto e da imagem, e vice-versa.

$$\frac{1}{f} = \frac{1}{p} + \frac{1}{p'}$$

A relação entre o tamanho do objeto e o tamanho da imagem conjugada é dada por:

$$A = \frac{i}{o} = \frac{-p'}{p}$$

Vemos assim que o tamanho da imagem conjugada por uma lente esférica varia linearmente com a sua distância em relação à lente. Desse modo, se $p' > p$ a imagem será maior que o objeto, pois $i > o$, assim como nos espelhos esféricos.

Convergência de uma lente

A convergência ou vergência de uma lente (V) é a propriedade relacionada com o desvio da luz que incide sobre ela, sendo dependente da distância focal pela seguinte relação:

$$V = \frac{1}{f}$$

Uma lente de menor distância focal tem maior vergência, pois os raios são desviados mais intensamente do que em uma lente com grande distância focal e menor vergência.

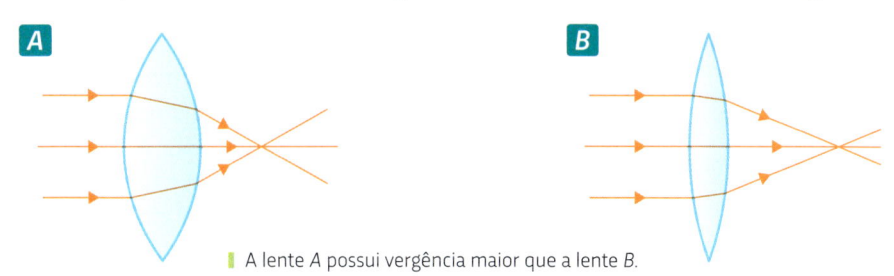

A lente *A* possui vergência maior que a lente *B*.

A vergência de uma lente convergente é positiva ($V > 0$), pois $f > 0$, e a vergência de uma lente divergente é negativa ($V < 0$), pois $f < 0$.

A unidade de medida de vergência de uma lente no SI consiste no inverso do metro (m^{-1}) e é chamada dioptria (di), popularmente chamada de grau. Assim, se um par de óculos possui lentes de 2 graus, sua vergência vale $+2$ *di* e podemos calcular sua distância focal da seguinte forma:

$$V = \frac{1}{f} \Rightarrow 2 = \frac{1}{f} \Rightarrow f = \frac{1}{2} \Rightarrow f = 0{,}5 \therefore \boxed{f = 0{,}5 \text{ m}}$$

Equação dos fabricantes de lentes

As lentes de óculos são compostas de duas superfícies que não necessariamente possuem a mesma curvatura. A vergência de uma lente que será fabricada pode ser determinada com base no índice de refração do material da lente e na curvatura de ambas as faces. A equação geral para lentes delgadas, conhecida como equação dos fabricantes de lentes, é dada por:

$$V = \frac{1}{f} = \left(\frac{n_2}{n_1} - 1 \right) \cdot \left(\frac{1}{R_1} + \frac{1}{R_2} \right)$$

Essa equação foi obtida por Edmond Halley (1656-1742) e publicada em um artigo em 1693, motivo pelo qual também é conhecida como equação de Halley. Nela, n_1 é o índice de refração do meio, n_2 é o índice de refração do material da lente, enquanto R_1 e R_2 correspondem aos raios de curvatura das faces da lente. O sinal do raio de curvatura será positivo quando a face externa da lente for convexa ($R > 0$) e negativo quando a face for côncava ($R < 0$).

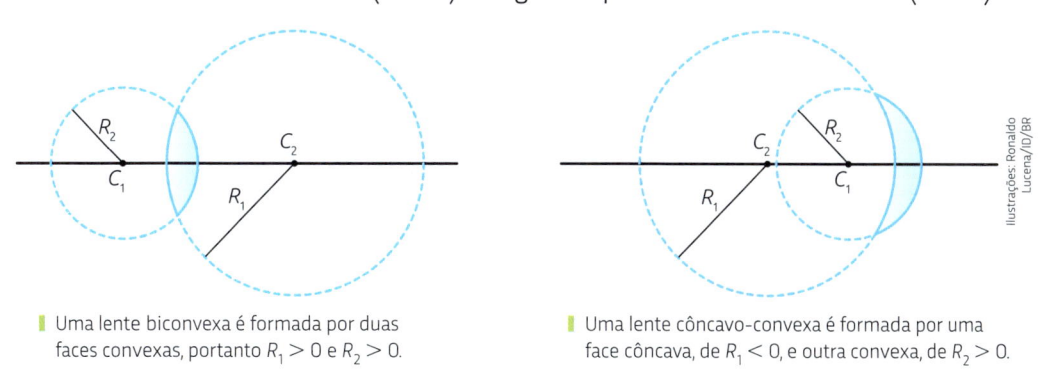

Uma lente biconvexa é formada por duas faces convexas, portanto $R_1 > 0$ e $R_2 > 0$.

Uma lente côncavo-convexa é formada por uma face côncava, de $R_1 < 0$, e outra convexa, de $R_2 > 0$.

R2. Um aluno, ao chegar a sua casa depois da aula, mostra para a sua mãe o que aprendeu com o professor de Física utilizando uma lupa. O aluno mostra que a lente é capaz de concentrar os raios de luz incidentes em um único ponto, sendo que, ao colocar a lupa sobre uma folha de papel, nota-se que incendeia-se. Ele mostra também que há maior concentração dos raios quando a lupa está a 20 cm de distância do papel e a imagem é mais nítida quando a lente está a 100 m de um inseto.

a) Qual a distância focal da lente utilizada na lupa?

b) Qual a posição da imagem do inseto analisado?

c) Se o inseto possui 4 mm, qual o tamanho da imagem produzida pela lente?

⊃ Resolução

a) Como as lupas possuem lentes convergentes, todos os raios incidentes paralelamente ao eixo principal convergem para o foco, como mostra o esquema ao lado.

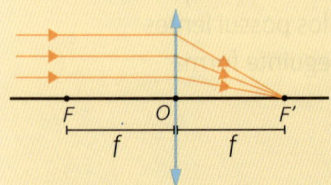

Assim, a distância focal é a própria distância da lupa ao papel quando há maior concentração dos raios de luz, ou seja, $f = 20$ cm.

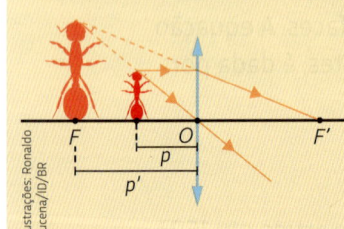

b) Analisando a ilustração ao lado, que esquematiza o problema, temos:

$p = 10$ cm, $f = 20$ cm. Pela equação de Gauss, temos:

$$\frac{1}{f} = \frac{1}{p} + \frac{1}{p'} \Rightarrow \frac{1}{20} = \frac{1}{10} + \frac{1}{p'} \Rightarrow$$

$$\Rightarrow \frac{1}{p'} = \frac{1}{20} - \frac{1}{10} \Rightarrow$$

$$\Rightarrow p' = -20 \therefore \boxed{p' = -20 \text{ cm}}$$

O sinal negativo indica uma imagem virtual.

c) Utilizando a equação de aumento linear transversal, obtemos:

$$\frac{i}{o} = \frac{-p'}{p} \Rightarrow \frac{i}{4} = \frac{-(-200)}{100} \Rightarrow$$

$$\Rightarrow \frac{i}{4} = 2 \Rightarrow i = 8 \therefore \boxed{i = 8 \text{ mm}}$$

11. Uma câmera fotográfica simples possui uma lente convergente de distância focal igual a 40 mm para convergir os raios de luz e projetar a imagem de determinado objeto sobre o filme fotográfico, como mostra a imagem ao lado.

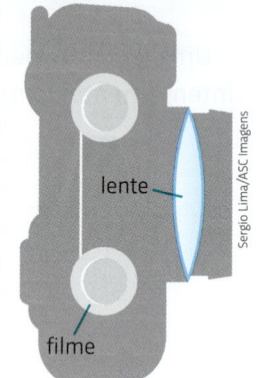

Sabendo que a distância entre o filme fotográfico e a lente utilizada é de 42 mm e que, para obtenção de uma fotografia de qualidade, é necessário que a imagem não seja maior que a área do filme, calcule:

a) Em que posição deve ser colocada a lente da câmera em relação ao objeto.

b) Se a altura máxima da imagem for de 24 mm, qual a altura máxima que o objeto pode ter para que seja fotografado por inteiro?

12. (OBF) Uma máquina fotográfica simples tem uma lente de distância focal $f = 50$ **mm**. Para poder focalizar a imagem de um objeto, a lente pode se afastar ou se aproximar do plano do filme. Suponha que na situação inicial a lente está focalizando um objeto localizado a uma **grande distância** (no infinito).

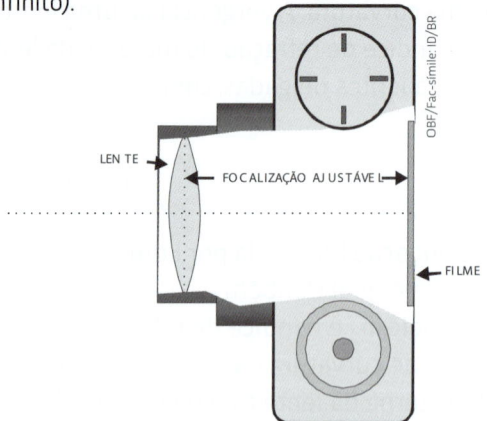

Para focalizar um objeto situado a **50 cm** da lente, qual deve ser o deslocamento da lente?

a) $\frac{50}{9}$ cm afastando-se do filme

b) $\frac{50}{9}$ cm aproximando-se do filme

c) $\frac{5}{9}$ cm afastando-se do filme

d) $\frac{5}{9}$ cm aproximando-se do filme

e) 50 mm afastando-se do filme

13. (Udesc) Uma lente convergente de distância focal d é colocada entre um objeto e uma parede. Para que a imagem do objeto seja projetada na parede com uma ampliação de 20 vezes, a distância entre a lente e a parede deve ser igual a:

a) $\dfrac{20}{d}$

c) $19 \cdot d$

e) $\dfrac{21}{d}$

b) $20 \cdot d$

d) $21 \cdot d$

14. Um objeto é colocado em frente a uma lente e produz uma imagem de acordo com a figura.

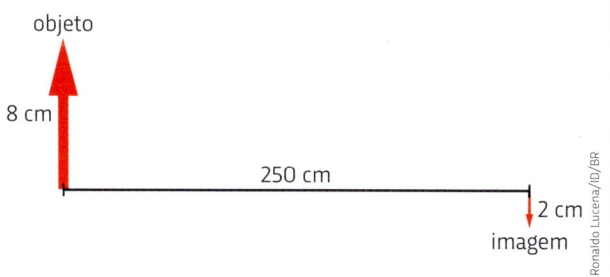

a) Qual a posição da lente em relação ao objeto para produzir o efeito descrito?

b) Qual a distância focal da lente?

15. Analise as afirmações abaixo e julgue-as como verdadeiras ou falsas, justificando as falsas em seu caderno.

I) Se é produzida uma imagem direita por uma lente, isso implica que a imagem é real.

II) Todas as imagens produzidas ao mesmo lado do objeto são imagens virtuais.

III) Lentes divergentes produzem apenas imagens virtuais, pois são imagens direitas e formadas do mesmo lado do objeto.

IV) Lentes convergentes produzem imagens reais, porém sempre invertidas.

16. Colocando-se um objeto de 0,8 cm de altura a 30 cm de uma lente convergente dos óculos de uma pessoa que possui deficiência visual, é obtida uma imagem a 150 cm da lente. Considerando que a imagem é formada para o mesmo lado do objeto, calcule:

a) a convergência da lente do óculos em dioptrias.

b) a altura da imagem formada do objeto.

17. A qual distância um objeto de 30 cm de altura deve estar de uma lente de convergência igual a 20 di para se obter uma imagem invertida com 3 cm de altura?

18. Observe a tirinha abaixo.

Dadas as afirmações a seguir, relacionadas às lentes:

I) Uma das grandezas mais importantes para a caracterização de uma lente é a vergência. Ela é definida como o inverso da distância focal, tendo como unidade de medida o di equivalente ao grau.

II) A medida de um grau equivale dizer que a distância focal é de 1 m.

III) Os óculos quiseram dizer ao Bidu que a medida de grau em Óptica é equivalente à medida de grau em Termologia.

IV) Com relação às lentes divergentes, a imagem formada pode ser real ou virtual, dependendo da distância do objeto à lente.

Estão corretas:

a) I e II   b) I, II e III   c) II e IV   d) I, II, III e IV

19. Uma das superfícies de uma lente biconvexa feita de vidro possui um raio de curvatura duas vezes maior que a outra, onde a distância focal da lente é 80 mm. Sabendo que o índice de refração do vidro é de 1,5, calcule:

a) o menor raio de curvatura.

b) o maior raio de curvatura.

20. Um projetor utiliza-se de lentes convergentes para a produção de imagens ampliadas. Supondo que seja utilizada uma lente na qual um lado é plano e o outro convexo, que ela possua um raio de curvatura de 40 cm e considerando que ela seja de vidro (índice de refração igual a 1,5), calcule:

a) a distância focal da lente.

b) Se o *slide* for colocado a 100 cm da lente, qual a localização de sua imagem?

21. Se colocarmos duas lentes justapostas, teremos uma vergência equivalente dada pela soma das vergências de cada lente, ou seja, $V_{eq} = V_1 + V_2$. Sabendo disso, qual a vergência equivalente se as distâncias focais forem de $f_1 = 10$ cm e $f_2 = 20$ cm?

◢Instrumentos ópticos que utilizam lentes esféricas

Espelhos, lentes e prismas são alguns componentes geralmente presentes em instrumentos ópticos. Esses instrumentos são utilizados para formar imagens muitas vezes impossíveis de serem vistas a olho nu, como corpos, objetos e estruturas distantes ou extremamente pequenas. Vamos conhecer o funcionamento de alguns desses instrumentos ópticos.

●Lupa

A lupa é um instrumento óptico geralmente utilizado para ampliar imagens, por exemplo quando precisamos ler textos que apresentam letras muito pequenas.

Esse instrumento é formado por uma lente biconvexa, ou seja, apresenta uma lente convergente quando utilizada no ar, conhecida também como microscópio simples.

▌Lupa sendo utilizada como lente de aumento para ampliar o texto de um livro. Perceba a diferença do tamanho do texto observado a olho nu e pela lupa.

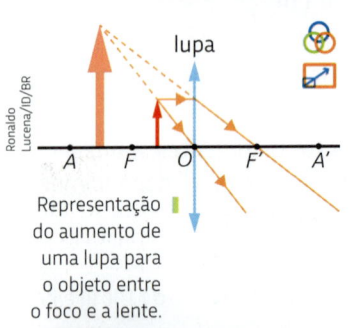

Representação do aumento de uma lupa para o objeto entre o foco e a lente.

Para que a lupa seja utilizada como lente de aumento, o corpo ou objeto deve ser posicionado entre o foco e a lente. Como se trata de uma lente convergente, se a imagem formada for maior que o objeto, isso significa que ela será também direita e virtual, conforme a ilustração ao lado.

No entanto, dependendo da posição onde o objeto estiver situado em relação à lupa e ao foco, a imagem formada será invertida, podendo ser maior ou menor do que o objeto.

a Se posicionarmos uma lupa a uma distância três vezes maior do que o foco, observaremos uma imagem invertida ou direita? Maior ou menor do que o objeto?

b A fotografia mostra uma pessoa tentando queimar uma folha de papel utilizando uma lupa. Como isso é possível? Quais as condições para que esse fenômeno ocorra?

●Máquina fotográfica

Uma máquina fotográfica é constituída basicamente de uma câmara escura, uma lente ou um sistema de lentes, e um anteparo onde a imagem real é projetada. É um instrumento óptico de projeção.

A câmara escura não possui lentes, de modo que a luz entra por um pequeno orifício e uma imagem real é projetada num anteparo. O pequeno orifício é necessário para evitar a superposição da luz vinda de diferentes partes do corpo ou objeto, como mostrado nas imagens ao lado. Pequenos orifícios possibilitam a passagem de pouca luz, enquanto grandes orifícios possibilitam a passagem de mais luz, o que favorece a superposição, gerando uma imagem borrada.

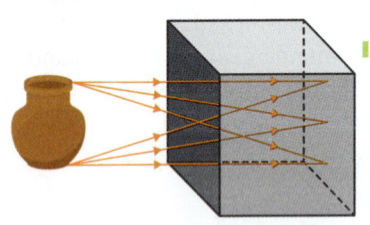

▌Os raios luminosos provenientes de todas as partes do objeto se superpõem em todo o anteparo, por isso não há projeção de imagens.

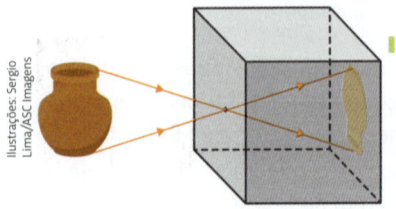

▌O orifício pequeno evita a superposição da luz, possibilitando a projeção de uma imagem real no anteparo.

Na câmera fotográfica, a lente denominada objetiva tem o mesmo papel do orifício, convergindo a luz que refrata nela, mas sem causar a superposição dos raios luminosos. Em comparação com o orifício, a lente objetiva possibilita que mais luz alcance o anteparo, projetando uma imagem real mais nítida e de melhor qualidade, como mostra a ilustração ao lado.

Atualmente existem câmeras fotográficas com sofisticados sistemas de funcionamento e inúmeras funções, possibilitando fotografias de excelente qualidade. A objetiva geralmente é formada por um sistema de várias lentes justapostas.

Veja ao lado uma representação simplificada da projeção de uma imagem real no anteparo de uma câmera fotográfica.

No anteparo de uma câmera analógica, fica localizado o filme fotossensível. Já nas câmeras digitais, o anteparo possui sensores eletrônicos.

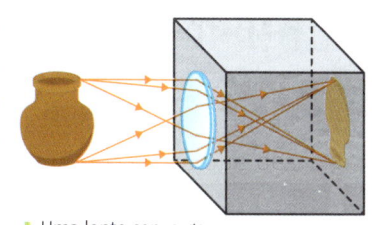

Uma lente converge os raios de luz sem haver superposição, possibilitando a projeção de uma imagem real.

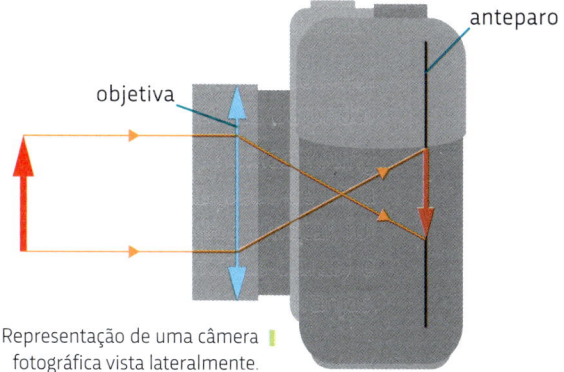

Representação de uma câmera fotográfica vista lateralmente.

Projetor

O projetor de *slides*, ou diapositivos, e o projetor de cinema formam imagens reais aumentadas que são projetadas em anteparos. Esses equipamentos de projeção possuem funcionamento semelhante, porém os projetores de cinema têm um sistema de movimentação do fotograma, diferentemente do projetor de *slides*.

Aigars Reinholds/ Shutterstock.com/ID/BR

projetor

Como se trata de uma imagem maior e real, a lente objetiva, ou o sistema de lentes, deve ter comportamento convergente. Veja a seguir uma representação simplificada da projeção de uma imagem real feita por um projetor de *slides*.

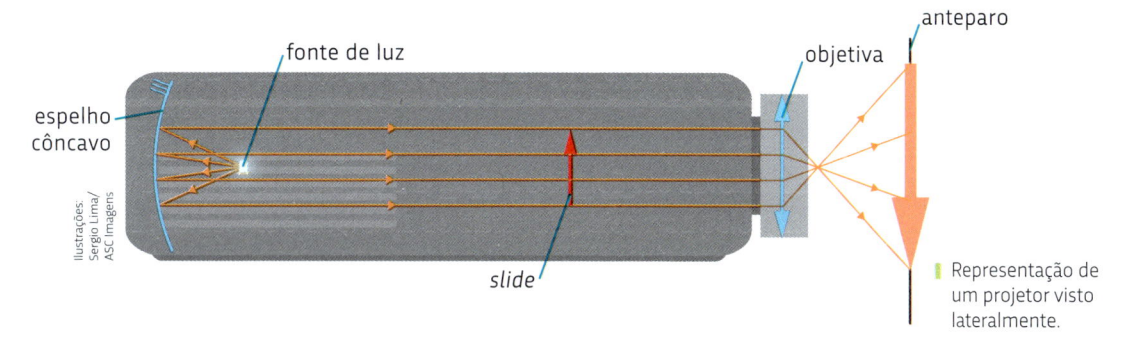

Ilustrações: Sergio Lima/ ASC Imagens

Representação de um projetor visto lateralmente.

Uma fonte luminosa é colocada no foco de um espelho côncavo, que reflete os raios incidentes nele, formando um feixe cilíndrico de luz que ilumina o *slide*. A luz proveniente do *slide* segue então até a objetiva, que pode ser uma lente ou um sistema de lentes com comportamento convergente, que conjuga uma imagem real, invertida e maior, a ser projetada.

> Qual a solução para que os espectadores de um cinema ou o público de uma palestra com *slides* vejam imagens direitas?

Diapositivo: imagem estática e translúcida que pode ser projetada.

Fotograma: cada quadro unitário de um filme cinematográfico; cada imagem de um filme.

Microscópio composto

O microscópio composto, ou apenas microscópio, é um instrumento de observação de pequenas estruturas invisíveis a olho nu.

Em sua forma mais simples, o microscópio possui duas lentes convergentes: a objetiva, mais próxima do objeto a ser observado, e a ocular, mais próxima dos olhos do observador. Veja a seguir uma representação simplificada da formação de uma imagem em um microscópio composto.

▮ microscópio composto

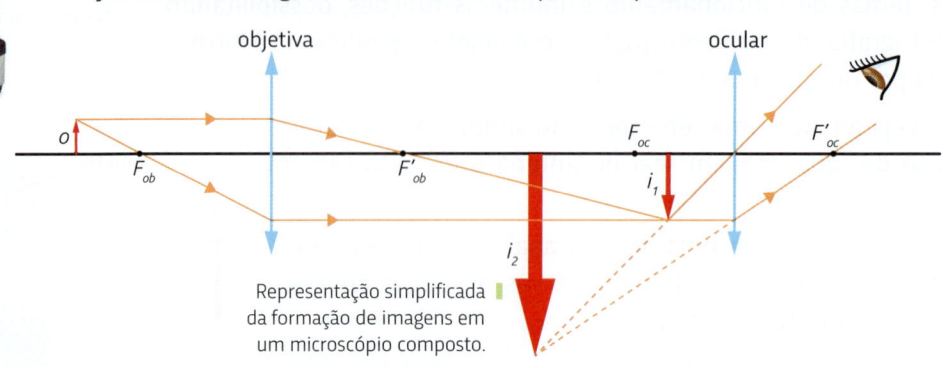

Representação simplificada da formação de imagens em um microscópio composto.

O objeto a ser observado deve ser posicionado antes do foco da lente objetiva $\left(F_{ob}\right)$, que irá conjugar uma imagem real, maior e invertida, designada i_1. Essa imagem se forma entre o foco $\left(F_{oc}\right)$ e a lente ocular, que irá conjugar uma imagem virtual, maior e direita, designada i_2, a ser observada pela pessoa que utiliza o microscópio.

Dessa forma, observar pela lente ocular é equivalente a utilizar uma lupa para observar um objeto, que, no caso, é a imagem real i_1 conjugada pela lente objetiva.

O aumento linear transversal total de um microscópico corresponde ao produto entre o aumento linear da objetiva e o aumento linear da ocular. Se utilizarmos, por exemplo, um microscópio cuja ocular amplie a imagem em 10 vezes e a objetiva amplie em 40 vezes, teremos um aumento total de 400 vezes.

Luneta ou telescópio refrator

luneta ▮ astronômica

A luneta é um instrumento de observação constituído por lentes, sendo por isso também chamada telescópio refrator. Esse equipamento é geralmente utilizado para visualizar corpos e objetos distantes, como astros celestes, por exemplo.

Um dos modelos existentes é a **luneta astronômica**, constituída por duas lentes convergentes, também chamadas objetiva e ocular, como no microscópio. A objetiva tem geralmente distância focal da ordem de metros, e a ocular tem distância focal da ordem de centímetros.

Veja a seguir uma representação simplificada da formação de imagens em uma luneta astronômica ou telescópio refrator.

Representação simplificada da formação de imagens em uma luneta astronômica.

Devido à distância dos astros celestes observados, a lente objetiva conjuga a imagem i_1 real e invertida em seu foco $\left(F'_{ob}\right)$. Essa imagem se forma entre o foco $\left(F_{oc}\right)$ e a lente ocular, que irá conjugar a imagem i_2, virtual, maior e direita. Desse modo, a lente objetiva tem função de coletar o máximo de luz proveniente do astro celeste, e a lente ocular funciona como uma lupa para observar a imagem real $\left(i_1\right)$ conjugada pela objetiva.

O maior telescópio refrator do mundo foi construído em 1897 (séc. XIX) e instalado no Observatório Yerkes, próximo a Chicago, nos Estados Unidos. A lente objetiva desse telescópio tem distância focal de aproximadamente 19 m.

Esse modelo de telescópio não foi mais construído devido aos diversos problemas que limitam sua utilização em pesquisas, como a aberração cromática, fenômeno causado pela diferença na refração das cores, o que provoca uma distorção na imagem. Além desse problema, existem outros, como a dificuldade de manter as lentes limpas e polidas; a sustentação da lente pode bloquear parte da luz incidente; a lente não ser homogênea, podendo apresentar bolhas de ar; entre outros. Esses fatores tornam as imagens observadas menos precisas se comparadas às dos telescópios refletores.

Albert Einstein (1879-1955) e outros cientistas visitando o telescópio refratror instalado no Observatório Yerkes, da Universidade de Chicago, nos Estados Unidos, em 1921.

Telescópio refletor

O telescópio refletor é um instrumento constituído por espelhos e lentes, utilizado para observar astros celestes. Devido aos problemas apresentados pelo telescópio refrator, no telescópio refletor a lente objetiva foi substituída por um espelho côncavo parabólico, que se mostrou mais eficiente ao coletar a luz incidente. Além de ser mais leve e ter a parte de trás disponível para sustentação, nesse telescópio a reflexão da luz não causa as aberrações cromáticas que ocorrem na refração da luz.

Veja ao lado a representação simplificada da formação da imagem em um modelo de telescópio refletor conhecido como telescópio de Newton.

Devido à distância dos astros celestes observados, o espelho côncavo parabólico conjuga a imagem i_1, real e invertida, em seu foco, que serve como objeto para o espelho plano, que também conjuga uma imagem real i_2. Essa imagem se forma entre o foco e a lente ocular, que irá conjugar a imagem i_3, virtual, maior e direita, que é a imagem observada quando olhamos pelo telescópio. Como ocorre no microscópio e no telescópio refrator, a lente ocular funciona como uma lupa para observar a imagem real, conjugada anteriormente.

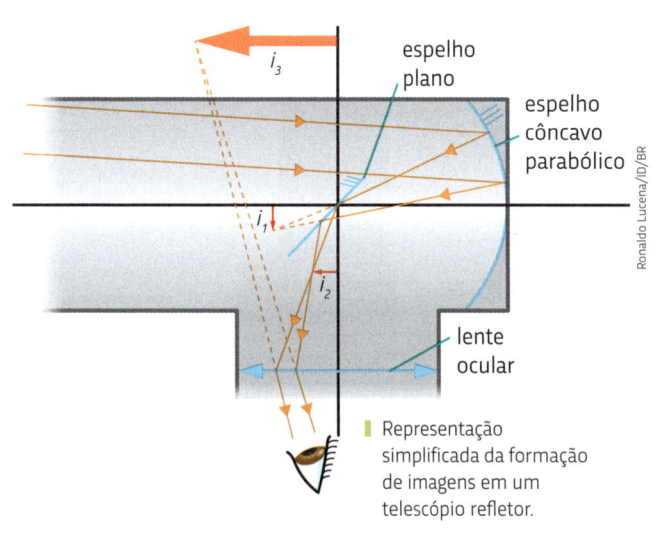

Representação simplificada da formação de imagens em um telescópio refletor.

Um dos principais telescópios em operação na Terra é o *Very Large Telescope* (VLT), instalado no Observatório Paranal, no Chile. Possui quatro refletores de 8,2 m de diâmetro, que, quando utilizados juntos para observar o mesmo astro celeste, têm resolução equivalente a um refletor de 200 m de diâmetro. Nesse mesmo observatório existem equipamentos que coletam radiações não visíveis, como o infravermelho.

Observatório Paranal, no Chile, em 2015.

Existem telescópios projetados para investigar outras formas de radiação emitidas pelos astros celestes, como ondas de rádio, raio X, radiação infravermelha e ultravioleta.

Já os telescópios espaciais são lançados ao espaço para fazer coletas mais eficientes, sem a interferência da atmosfera terrestre. Esses equipamentos captam luz visível e também outras formas de radiação, funcionando de forma equivalente aos telescópios terrestres.

Nos últimos 30 anos, agências espaciais de todo o mundo lançaram uma variedade de telescópios espaciais. O telescópio espacial Hubble foi o primeiro grande satélite espacial a ser lançado, em 24 de abril de 1990, pela Nasa, agência espacial norte-americana. Seu nome é uma homenagem ao astrônomo norte-americano Edwin Hubble (1889-1953).

Fotografia do telescópio Hubble registrada por equipamentos do ônibus espacial Atlantis, em 2009.

O telescópio Hubble possui 13,3 metros e um espelho principal de 2,4 metros de diâmetro. Ele orbita a Terra a cerca de 548 km de altitude, com uma velocidade de 27 000 km/h.

O Hubble foi responsável por várias descobertas sobre os planetas do nosso Sistema Solar e pela investigação de outros sistemas planetários, galáxias, buracos negros, entre outros.

Após anos de investigação, a Nasa pretende substituí-lo pelo novo telescópio espacial James Webb, previsto para ser lançado em outubro de 2018.

Esse grande telescópio de infravermelho estará equipado com um espelho primário de 6,5 metros de diâmetro.

> De que forma a atmosfera terrestre pode influenciar uma observação astronômica, de modo que um telescópio espacial se mostra mais eficiente que um telescópio terrestre?

Protótipo do telescópio espacial James Webb em exposição no Estados Unidos, em 2013.

Olho humano

A visão é um sentido que envolve os olhos, o nervo óptico e o cérebro. Os olhos são responsáveis por receber a luz emitida pelos objetos e formar imagens em seu interior. O nervo óptico e o cérebro estão envolvidos na transmissão e na interpretação das informações recebidas pelos olhos.

Como ocorre nas máquinas fotográficas, nos olhos humanos as imagens também são conjugadas de forma invertida, porém, no processo de interpretação, o cérebro aprende, desde o início da vida, a coordenar as imagens com a localização dos objetos. Desse modo, o cérebro inverte automaticamente as imagens para a orientação considerada normal. As semelhanças no processo de formação de imagens pelo olho humano e pelas máquinas fotográficas não são por acaso, afinal os componentes das máquinas têm funções equivalentes às estruturas que formam nosso olho.

Essa atração turística em Moscou, Rússia, é uma casa invertida. O teto, onde os móveis foram fixados, tem aparência de piso, e o piso, onde as pessoas estão, tem aparência de teto.

Visitantes observando a cozinha da casa invertida, localizada em Moscou, na Rússia, em 2014.

Geodakyan Artyom/ITAR-TASS Photo/Corbis/Latinstock

Vamos conhecer um pouco mais sobre a estrutura dos olhos humanos e o modo como ocorre a formação das imagens? Abaixo temos a representação da estrutura do bulbo do olho.

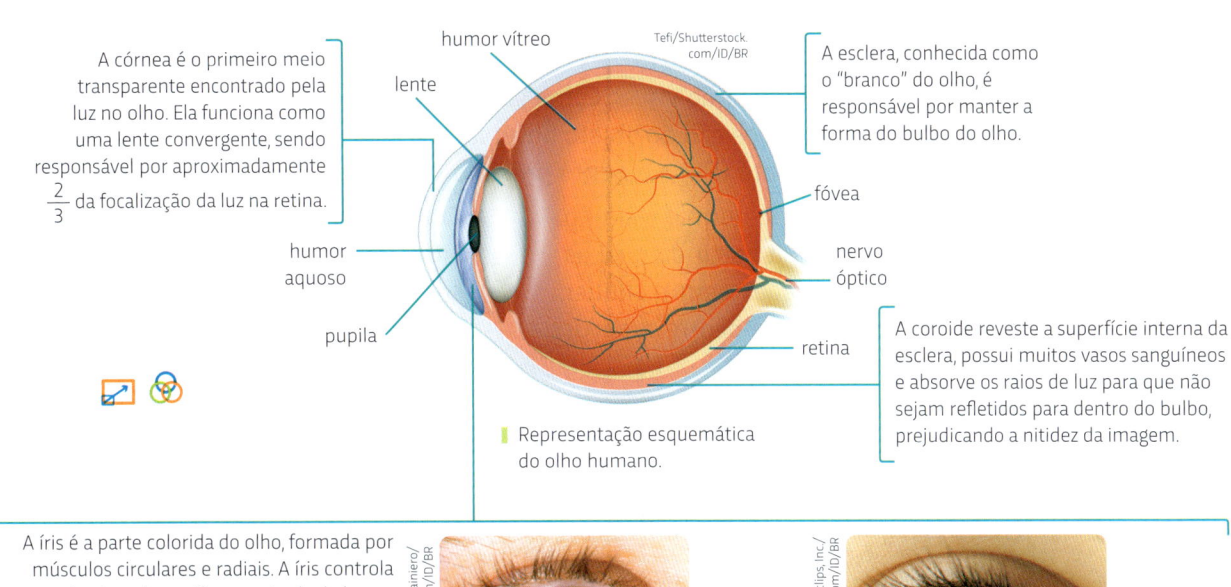

A córnea é o primeiro meio transparente encontrado pela luz no olho. Ela funciona como uma lente convergente, sendo responsável por aproximadamente $\frac{2}{3}$ da focalização da luz na retina.

humor vítreo

lente

Tefi/Shutterstock.com/ID/BR

A esclera, conhecida como o "branco" do olho, é responsável por manter a forma do bulbo do olho.

fóvea

nervo óptico

humor aquoso

pupila

retina

A coroide reveste a superfície interna da esclera, possui muitos vasos sanguíneos e absorve os raios de luz para que não sejam refletidos para dentro do bulbo, prejudicando a nitidez da imagem.

Representação esquemática do olho humano.

A íris é a parte colorida do olho, formada por músculos circulares e radiais. A íris controla a abertura da pupila e a entrada de luz no olho, assim como o diafragma das máquinas fotográficas. Em locais com pequena intensidade luminosa a pupila se dilata, enquanto que a alta intensidade luminosa faz ela se contrair, processo chamado de adaptação visual.

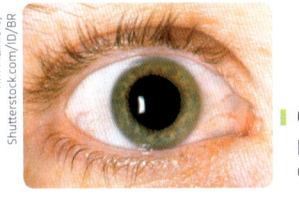

Tim Mainiero/Shutterstock.com/ID/BR

Olho com pupila dilatada.

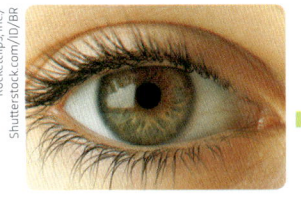

Rocketclips, Inc./Shutterstock.com/ID/BR

Olho com pupila contraída.

A lente do olho (antes chamada de cristalino) tem comportamento convergente e produz o desvio restante para que a luz seja focalizada na retina. Para que a imagem seja nítida, o olho passa por um processo chamado acomodação visual, no qual a lente tem sua forma alterada, modificando sua vergência, de acordo com a posição do objeto. Na visão de perto os músculos ciliares se contraem, a lente fica mais espessa e com maior vergência. Na visão de longe, os músculos ciliares relaxam, a lente fica mais achatada e com menor vergência.

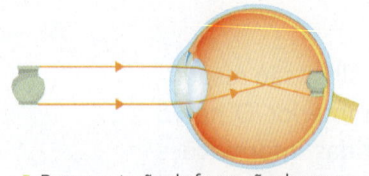

Após passar por todas as partes transparentes do olho (córnea, humor aquoso, lente e humor vítreo), a luz atinge a retina, que funciona como uma tela para a projeção da imagem, como o filme ou o sensor de uma máquina fotográfica. A fóvea é a região da retina onde a imagem é mais nítida. Os pulsos elétricos gerados pela retina são transmitidos ao cérebro pelo nervo óptico. Ao lado, podemos ver como a imagem é formada na retina de um olho normal.

▌ Representação da formação de uma imagem na retina de um olho sem problemas de visão.

●Defeitos de visão

As pessoas podem apresentar dificuldades para enxergar, ou não enxergar adequadamente, por vários motivos, seja na recepção dos estímulos luminosos nos olhos ou no processamento das informações pelo sistema nervoso. Alguns problemas de visão relacionam-se à focalização da luz e podem ser corrigidos pela utilização de lentes ou com cirurgias.

▌ Os óculos são utilizados para corrigir alguns defeitos de visão.

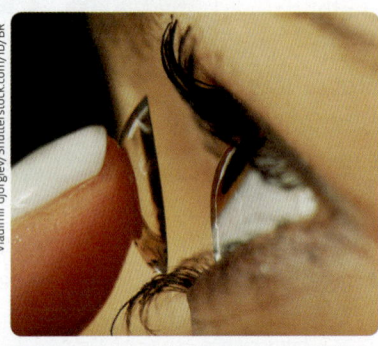

▌ Pessoa colocando uma lente de contato.

As lentes para correção de problemas de visão podem ser esféricas ou cilíndricas e utilizadas em óculos ou diretamente nos olhos, como as lentes de contato.

Para entender melhor os defeitos de visão relacionados à focalização da luz, vamos analisar os limites para a focalização, isto é, para a acomodação visual. Como já vimos, a lente do olho pode ter seu formato alterado, dependendo da posição do objeto observado. A acomodação visual é medida entre dois limites, o ponto remoto (*PR*) e o ponto próximo (*PP*).

- Para pessoas com visão normal, o ponto remoto é a distância a partir da qual as imagens são focalizadas sem qualquer esforço da lente, o que ocorre a partir dos 6 m até o infinito.

- O ponto próximo é a posição mais próxima do olho em que um objeto pode ser visto com nitidez, com a lente em seu esforço máximo. Normalmente o ponto próximo fica a 25 cm do olho.

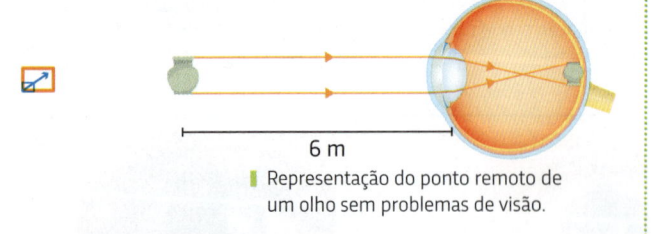

6 m

▌ Representação do ponto remoto de um olho sem problemas de visão.

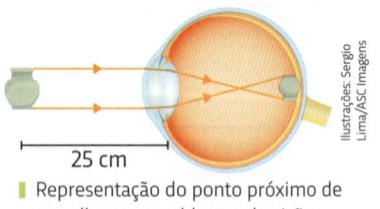

25 cm

▌ Representação do ponto próximo de um olho sem problemas de visão.

A seguir veremos alguns problemas relacionados à visão e aos olhos.

●Miopia

Pessoas com miopia têm dificuldade em ver claramente objetos distantes. Isso acontece quando o bulbo do olho é alongado ou possui uma lente espessa, de maior vergência. No olho míope, a imagem é formada antes da retina, gerando uma visão desfocada dos objetos distantes, em razão de o ponto remoto estar mais próximo do olho do que o normal. Assim, pessoas míopes aproximam os objetos do olho para vê-los com nitidez.

A correção da miopia é feita com lentes esféricas divergentes. Desse modo, os raios de luz chegam mais afastados ao olho, e a lente do olho consegue focalizá-los corretamente na retina.

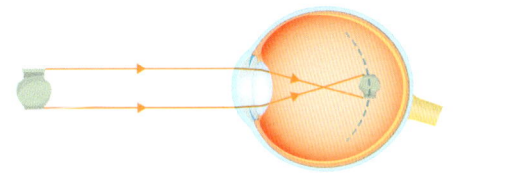

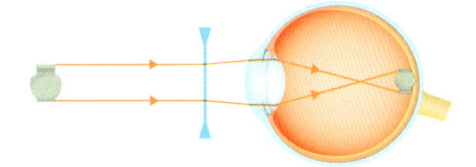

Representação de um olho com miopia, e a imagem formada antes da retina.

Correção da miopia com uma lente esférica divergente.

A lente divergente é feita de maneira que a imagem de um objeto distante seja conjugada no ponto remoto do olho míope. Desprezando a distância da lente corretiva ao olho, temos que sua distância focal é igual à distância do ponto remoto do olho.

$$f = -PR$$

Considere como exemplo uma pessoa com miopia que consegue enxergar nitidamente objetos que estejam a 50 cm de distância, ou seja, $PR = 50$ cm. Nesse caso a distância focal de lente divergente é $f = -50$ cm.

Hipermetropia

Pessoas com hipermetropia têm dificuldade em ver claramente objetos próximos. Isso acontece quando o bulbo do olho é curto ou a lente é fina, de menor vergência. No olho hipermetrope a imagem é formada atrás da retina, e a visão dos objetos próximos fica desfocada, em razão de o ponto próximo estar mais distante do olho do que o normal, ou seja, a mais de 25 cm do olho. Assim, pessoas que possuem hipermetropia costumam afastar os objetos até seu ponto próximo para vê-los com nitidez.

Para corrigir esse problema utilizam-se lentes esféricas convergentes, para que os raios de luz cheguem mais próximos ao olho e a lente do olho consiga focalizá-los na retina.

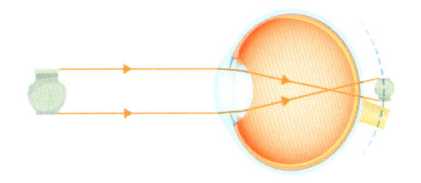

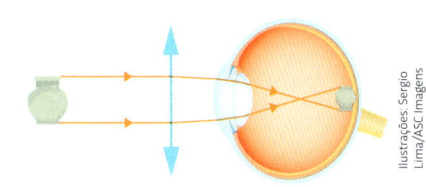

Ilustrações: Sergio Lima/ASC Imagens

Representação de um olho com hipermetropia, e a imagem formada depois da retina.

Correção da hipermetropia com uma lente esférica convergente.

A lente convergente é feita de tal maneira que, para um objeto à distância de 25 cm da lente corretiva ($p = 25$ cm), sua imagem virtual seja conjugada sobre o ponto próximo do olho hipermetrope, isto é, $p' = -PP$. Portanto, a distância focal da lente convergente que corrige a hipermetropia é dada pela relação abaixo.

$$\frac{1}{f} = \frac{1}{25} - \frac{1}{PP}$$

Considere como exemplo uma pessoa com hipermetropia que consegue enxergar nitidamente objetos que estejam à distância mínima de 80 cm, ou seja, que não enxerga nitidamente objetos que estejam a menos de 80 cm. Nesse caso, a distância focal da lente convergente é dada por:

$$\frac{1}{f} = \frac{1}{25} - \frac{1}{80} \Rightarrow 400 = 16 \cdot f - 5 \cdot f \Rightarrow f = \frac{400}{11} \Rightarrow f \cong 36,36 \therefore \boxed{f \cong 36,36 \text{ cm}}$$

● Presbiopia

Com o envelhecimento, a lente do olho fica menos elástica, prejudicando sua acomodação para focalizar objetos próximos, defeito da visão conhecido como presbiopia. Da mesma maneira que na hipermetropia, o ponto próximo do olho fica mais distante. A correção para esse problema é feita pelo uso de lentes esféricas convergentes.

visão de longe

visão de perto

❚ Óculos com lentes bifocais.

Pessoas com presbiopia podem usar em seus óculos lentes bifocais. Nelas, os objetos distantes são vistos através da parte superior e os objetos próximos através da parte inferior. Também podem ser usadas as chamadas lentes multifocais, que apresentam mais campos de visão, como para visão a médias distâncias.

● Astigmatismo

O astigmatismo é provocado por irregularidades na córnea ou na lente e causa uma visão embaçada ou distorcida em determinadas direções, como se o objeto fosse observado através de um vidro ondulado. A correção desse problema é feita por lentes cilíndricas que apresentam superfície com maior curvatura em certas direções do que em outras, diferentemente das esféricas, que têm o mesmo raio de curvatura em toda sua extensão.

● Daltonismo

A retina é constituída de células fotoceptoras chamadas bastonetes e cones.

Os bastonetes são especializados para a visão com pouca luminosidade, permitindo a gradação entre claro e escuro e a visão de formas e movimento. Por estarem presentes em maior quantidade na periferia da retina, podemos perceber movimentos, mas não cores, com a visão periférica.

Os cones são responsáveis pela visão das cores, estando presentes em maior quantidade em torno da fóvea. Além disso, necessitam de mais luminosidade para serem ativados, motivo pelo qual não vemos cores quando a luminosidade é baixa.

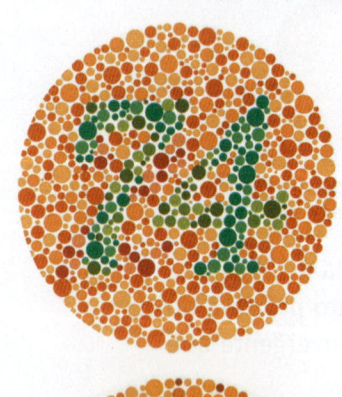

Existem três tipos de cones: um responde melhor à luz vermelha, outro à luz verde e o terceiro à luz azul. A visão das outras cores é possível pela estimulação, em diferentes graus, de cada tipo de cone. Se, por exemplo, todos os tipos de cones forem estimulados ao mesmo tempo, veremos o objeto na cor branca; se nenhum for estimulado, veremos o objeto na cor preta.

❚ Figura de Ishihara para teste de daltonismo.

O daltonismo é um problema relacionado ao funcionamento dos cones. Acontece pela ausência de um dos tipos de cone, tornando impossível distinguir algumas cores de outras. No tipo mais comum de daltonismo, a pessoa tem dificuldade de distinguir tons de vermelho e verde, sendo que em alguns casos raros a pessoa não vê nenhuma cor, apenas os objetos em preto e branco. Ao lado, temos imagens de testes utilizados para diagnosticar o daltonismo.

O daltonismo não tem cura, mas pode ser melhorado com o uso de lentes com filtros de cor que aumentam o contraste da visão.

❚ Outra figura de Ishihara para teste de daltonismo.

22. (Unesp) Um oftalmologista indicou o uso de óculos com lente convergente a um paciente que tem dificuldade para enxergar tanto de perto como de longe. Para tentar explicar ao paciente um dos seus problemas visuais, mostrou-lhe uma figura que representa a trajetória de raios de luz, provenientes de um pequeno objeto muito afastado, atingindo um de seus olhos, quando não está usando óculos. A figura que melhor poderia representar a mostrada pelo oftalmologista é

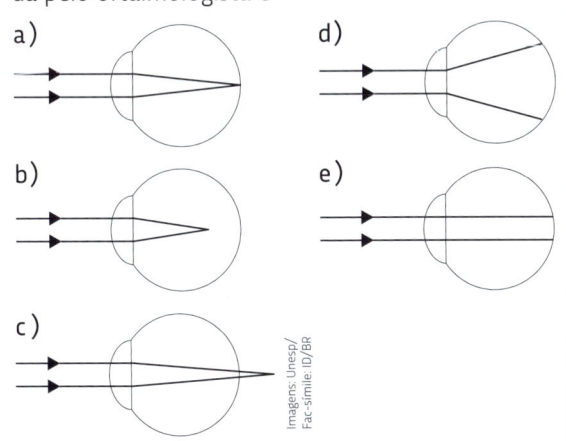

a)

d)

b)

e)

c)

Imagens: Unesp/
Fac-símile. ID/BR

R3. A imagem de um objeto é aumentada por uma lente com foco de 0,16 m, projetada sobre um aparato colocado a 5 m de distância. Se o objeto possui 1,6 cm de altura, calcule:

a) a distância entre a lente e o objeto;

b) o aumento e o tamanho da imagem projetada no aparato.

⟳ Resolução

a) Pela equação de Gauss, temos:

$$\frac{1}{f} = \frac{1}{p} + \frac{1}{p'} \Rightarrow \frac{1}{p} = \frac{1}{f} - \frac{1}{p'} \Rightarrow$$

$$\Rightarrow \frac{1}{p} = \frac{1}{0,16} - \frac{1}{5} \Rightarrow p = 0,165 \therefore \boxed{p \cong 0,165 \text{ m}}$$

b) Utilizando a equação de aumento linear transversal, temos:

$$A = \frac{-p'}{p} = \frac{-5}{0,165} = -30,3 \therefore \boxed{A \cong -30,3}$$

A imagem projetada é aproximadamente 30,3 vezes maior que o objeto, e o sinal negativo indica que a imagem é invertida. Assim:

$$A = \frac{i}{o} \Rightarrow -30,3 = \frac{i}{1,6} \Rightarrow$$

$$\Rightarrow i = -48,48 \therefore \boxed{i = -48,48 \text{ cm}}$$

A imagem projetada é invertida e mede cerca de 48,48 cm.

23. Um projetor de *slides* tem seu funcionamento de acordo com a imagem abaixo:

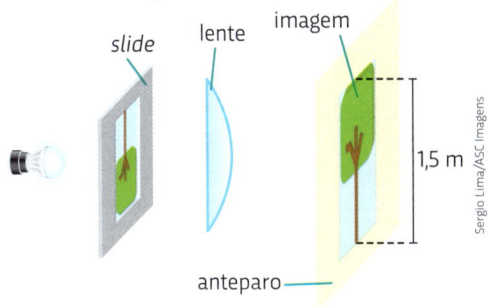

slide · lente · imagem

1,5 m

anteparo

Sergio Lima/ASC Imagens

Sabendo que a lente possui distância focal $f = 20$ cm e produz aumento de 20 vezes o tamanho da imagem no *slide*, determine:

a) A qual distância devemos colocar o anteparo para obter uma imagem nítida projetada?

b) Qual o tamanho da imagem no *slide*?

24. Explique por que os *slides* são colocados de cabeça para baixo em um projetor.

25. O olho humano possui uma lente (estrutura que era conhecida como cristalino) que atua como lente convergente. As imagens produzidas por uma lente convergente são sempre de cabeça para baixo. Isso significa que as imagens que vemos estão de cabeça para baixo na retina? Explique.

26. (UFRGS-RS) Assinale a alternativa que preenche corretamente as lacunas no fim do enunciado que segue, na ordem em que aparecem.

O olho humano é um sofisticado instrumento óptico. Todo o globo ocular equivale a um sistema de lentes capaz de focalizar, na retina, imagens de objetos localizados desde distâncias muito grandes até distâncias mínimas de cerca de 25 cm.

O olho humano pode apresentar pequenos defeitos, como a miopia e a hipermetropia, que podem ser corrigidos com o uso de lentes externas. Quando raios de luz paralelos incidem sobre um olho míope, eles são focalizados antes da retina, enquanto a focalização ocorre após a retina, no caso de um olho hipermetrope. Portanto, o globo ocular humano equivale a um sistema de lentes ▨. As lentes corretivas para um olho míope e para um olho hipermetrope devem ser, respectivamente, ▨ e ▨.

a) convergentes - divergente - divergente

b) convergentes - divergente - convergente

c) convergentes - convergente - divergente

d) divergentes - divergente - convergente

e) divergentes - convergente - divergente

27. Analise a tirinha abaixo:

SOUSA, Mauricio de. *Bidu arrasando! Turma da Mônica.* Porto Alegre: L&PM, 2010. p. 26. (Coleção L&PM POCKET).

A lupa é um instrumento óptico constituído de uma lente biconvexa feita de vidro. Explique as condições para seu uso e esquematize em seu caderno por meio dos raios notáveis como é dada a imagem aumentada de determinado objeto.

28. Explique por que as pessoas que possuem uma idade mais avançada, quando leem livros ou revistas, os seguram numa posição mais afastada dos olhos do que as pessoas mais jovens.

29. (Ufop-MG) O olho humano, em condições normais, é capaz de alterar sua distância focal, possibilitando a visão nítida de objetos situados desde o "infinito" (muito afastados) até aqueles situados a uma distância mínima de aproximadamente 25 cm. Em outras palavras, o ponto remoto desse olho está no infinito e o seu ponto próximo, a 25 cm de distância. Uma pessoa com hipermetropia não consegue enxergar objetos muito próximos porque o seu ponto próximo está situado a uma distância maior do que 25 cm. Com base nessas informações, resolva as questões propostas.

a) Que tipo de lente uma pessoa com hipermetropia deve usar?

b) Supondo que o ponto próximo de um hipermetrope esteja a 100 cm de seus olhos, determine, em valor e em sinal, quantos "graus" devem ter os óculos dessa pessoa para que ela veja um objeto a 25 cm de distância.

30. (UFSC) Fazendo uma análise simplificada do olho humano, pode-se compará-lo a uma câmara escura. Fazendo uma análise cuidadosa, ele é mais sofisticado que uma câmera fotográfica ou filmadora. A maneira como o olho controla a entrada de luz e trabalha para focalizar a imagem para que ela seja formada com nitidez na retina é algo espetacular. A figura abaixo apresenta, de maneira esquemática, a estrutura do olho humano e a forma pela qual a luz que parte de um objeto chega à retina para ter a sua imagem formada. No quadro abaixo, é apresentado o índice de refração de cada uma das partes do olho.

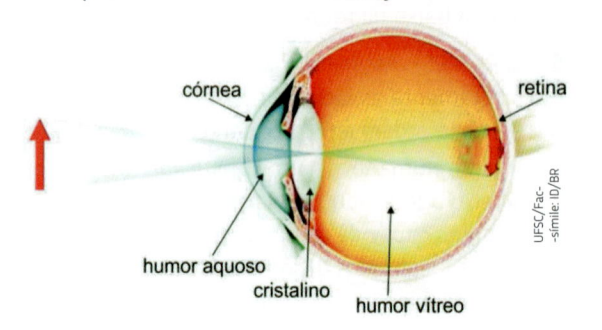

Parte de olho	Índice de refração
Córnea	1,37 a 1,38
Humor aquoso	1,33
Cristalino	1,38 a 1,41
Humor vítreo	1,33

Disponível em: <http://adventista.forumbrasil.net/t1533-sistema-optico-olho-humano-novo-olhar-sobre-a-visao-mais-complexidade>. [Adaptado] Acesso em: 18 jul. 2012.

Com base no texto exposto, assinale a(s) proposição(ões) **correta(s)**.

01. A imagem do objeto formada na retina é real, invertida e menor, o que nos leva a afirmar que o cristalino é uma lente de comportamento convergente.

02. A velocidade da luz, ao passar pelas partes do olho, é maior no humor aquoso e no humor vítreo.

04. O fenômeno da refração da luz é garantido pelo desvio da trajetória da luz, sendo mantidas constantes todas as outras características da luz.

08. A refração da luz só ocorre no cristalino, cujo índice de refração é diferente do índice de refração do humor aquoso e do humor vítreo.

16. A miopia é um problema de visão caracterizado pela formação da imagem antes da retina, sendo corrigido com uma lente de comportamento divergente.

32. A presbiopia, popularmente chamada de "vista cansada", é um problema de visão similar à hipermetropia, sendo corrigido com uma lente de comportamento convergente.

64. A hipermetropia é um problema de visão caracterizado pela formação da imagem depois da retina, sendo corrigido com uma lente de comportamento divergente.

A visão por outros sentidos

A sociedade como um todo deve se mobilizar para que as pessoas com deficiência física possam conviver normalmente e ter independência. Algumas deficiências podem provocar limitações para o portador, mas não o tornam incapaz de desempenhar tarefas e atividades como qualquer outra pessoa.

A deficiência visual, por exemplo, seja completa ou parcial, não impede a pessoa de levar uma vida normal, com trabalho, lazer e locomoção, porém são necessárias adaptações sociais que tornem isso possível. A Lei n.º 10.098, de 19 de dezembro de 2000, estabelece normas gerais e critérios básicos para promover a acessibilidade das pessoas com deficiência ou com mobilidade reduzida. Uma das maneiras de permitir que pessoas com deficiência visual tenham acesso às informações é o sistema braille, método que possibilita a leitura pelo tato.

Esse método foi desenvolvido pelo francês Louis Braille (1809-1852), que teve o olho esquerdo perfurado em um acidente na oficina de seu pai quando tinha 3 anos de idade. Uma infecção generalizada atingiu também seu olho direito, ocasionando uma cegueira total dois anos depois.

Louis foi estudar no Instituto Nacional para Jovens Cegos, em Paris, onde aprendeu um método de leitura no qual as letras eram representadas por ponto e traços identificados com os dedos. Com 15 anos de idade criou um método que ficou conhecido como alfabeto braille, no qual o espaço destinado a uma letra pode ser preenchido por até seis pontos em relevo, organizados em três linhas e duas colunas. As combinações de até seis pontos possibilitam identificar letras, letras acentuadas, pontuação, números, sinais algébricos, notas musicais, entre outros símbolos. Em 1837 surgiu a proposta que definiu a estrutura básica do método, que de tão eficiente e útil se tornou o melhor meio de leitura e escrita para pessoas com deficiência visual.

Representação em braille da letras A, B e C. Os pontos representam relevos que são sentidos pelo tato.

O Brasil foi o primeiro país da América Latina a adotar o sistema braille, em 1854, quando foi inaugurado o Instituto Benjamin Constant, no Rio de Janeiro, que tinha como missão a educação e a profissionalização de pessoas com deficiência visual.

Ações como as desse instituto são essenciais para auxiliar pessoas com deficiência visual. Porém, não basta a pessoa com deficiência se adaptar à sociedade se os ambientes não estiverem aptos para recebê-lo.

Mais informações sobre o Instituto Benjamin Constant podem ser obtidas no *site* <http://linkte.me/cb47k>. Acesso em: 28 maio 2016.

Pessoa lendo um livro escrito no sistema braille.

Assim, independentemente de qualquer necessidade especial, todas as pessoas têm o direito de viver em situação de igualdade de oportunidades, com as devidas condições de segurança, autonomia e conforto.

A Você concorda com a afirmação de que toda a sociedade deve se mobilizar para que as pessoas com deficiência física possam conviver normalmente? Justifique sua resposta.

B Cite algumas ações ou adaptações sociais que favoreçam a segurança, a autonomia e o conforto das pessoas com deficiência visual.

C Reúna-se com cinco colegas e, em grupo, façam uma pesquisa sobre quais modificações e materiais são necessários para que sua escola possa atender as pessoas com deficiência visual. Em seguida, você e seus colegas deverão verificar se a escola fornece todas as condições para que os alunos com deficiência visual estudem e se desenvolvam.

Investigue

Projetando imagens

A capacidade de apresentar informações por meio de imagens consiste em uma técnica muito útil à humanidade. Das pinturas em cavernas, passando por todos os sistemas de projeção de imagens até as projeções holográficas, a busca por apresentar informações que sejam precisas, atrativas e de fácil interpretação continua a conduzir o avanço tecnológico no campo da Óptica.

Grande parte dos projetores de imagem possuem uma fonte de luz que ilumina uma imagem translúcida, que é projetada em uma tela.

Como você acha que ocorre a formação da imagem na tela por meio de projetores? Realize a atividade a seguir para responder a essa questão.

Materiais

- lanterna
- tampa plástica transparente
- lupa
- caneta hidrográfica
- isopor
- trena
- fita adesiva
- 3 folhas de papel sulfite
- estilete

Desenvolvimento

A Cole uma das folhas em uma parede em frente a uma janela. Utilizando a lupa, projete sobre a folha de papel a imagem de algum objeto que se encontra fora da janela.

B Aproximando e afastando a lupa do papel, encontre a distância que melhor focaliza o objeto escolhido e, com a trena, meça e anote essa distância.

C Enrole uma folha de papel sulfite em formato cilíndrico e cole, com a fita adesiva, o cilindro ao redor da parte frontal da lanterna.

D Utilizando a caneta hidrográfica faça o número 1 de maneira espessa na tampa plástica, medindo seu tamanho.

E Fazendo um corte no meio de uma tira de isopor, construa um suporte para a tampa plástica, de modo que ela fique de pé.

F Meça a altura do centro do número desenhado até o local sobre o qual está apoiado. Construa

com o isopor dois suportes, um para a lanterna e outro para a lupa, de modo que seus centros fiquem nivelados com o centro do número.

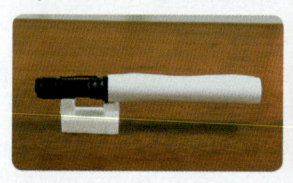

G Construa, também de isopor, um anteparo que fique de pé, no qual deve ser colocada uma folha de papel sulfite.

H Em um ambiente espaçoso faça uma marcação central, sobre a qual será colocada a lupa, e realize duas marcações para cada lado. As mais próximas deverão estar à mesma distância obtida no item **B**, e as mais distantes deverão ser marcadas com o dobro dessa distância.

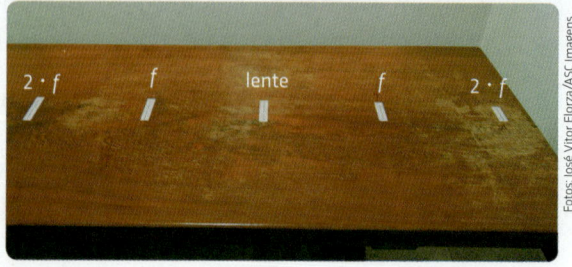

Fotos: José Vitor Elorza/ASC Imagens

I Alinhe o experimento colocando inicialmente a lupa na marcação central, o anteparo de papel em uma das marcações mais distantes, a tampa transparente com o número na segunda marcação do lado oposto e a lanterna localizada a um metro de distância atrás da tampa. Acenda a lanterna de modo que ilumine todo o aparato experimental.

J Repita o item **I** em, no mínimo, cinco distâncias diferentes (com o número atrás da segunda marcação, sobre ela, entre a segunda e a primeira marca, sobre a primeira, entre a primeira marcação e a lupa). Meça a distância da tampa até a lupa, a distância necessária entre a lupa e a folha de papel, para que a imagem projetada fique nítida, e o tamanho da imagem formada em um quadro.

Distância do objeto	Distância da imagem	Tamanho da imagem

Análise

1. O que a distância medida no item **B** representa e por que todos os outros procedimentos dependem dela?

2. Qual o motivo do objeto utilizado no item **B** estar o mais distante possível?

3. Analise o quadro construído no item **J** e, comparando o tamanho da imagem obtida em cada distância com o tamanho do objeto, medido no item **D**, responda se a imagem é maior, menor ou do mesmo tamanho que o número desenhado. Justifique.

4. As imagens projetadas no item **J** eram invertidas ou direitas? Justifique.

5. O que acontece com a imagem projetada ao mudar o alinhamento da lupa? Explique.

6. Elabore um relatório que contenha: nome da atividade, objetivo, materiais utilizados, descrição do desenvolvimento, análise e suas conclusões.

▌Espetáculo comum nos festivais de luzes que ocorrem em diversas cidades, utilizando projetores para mudar a iluminação sobre obras arquitetônicas, fazendo com que pareçam em movimento. A fotografia mostra a fachada de uma construção em Barcelona, na Espanha, em 2014.

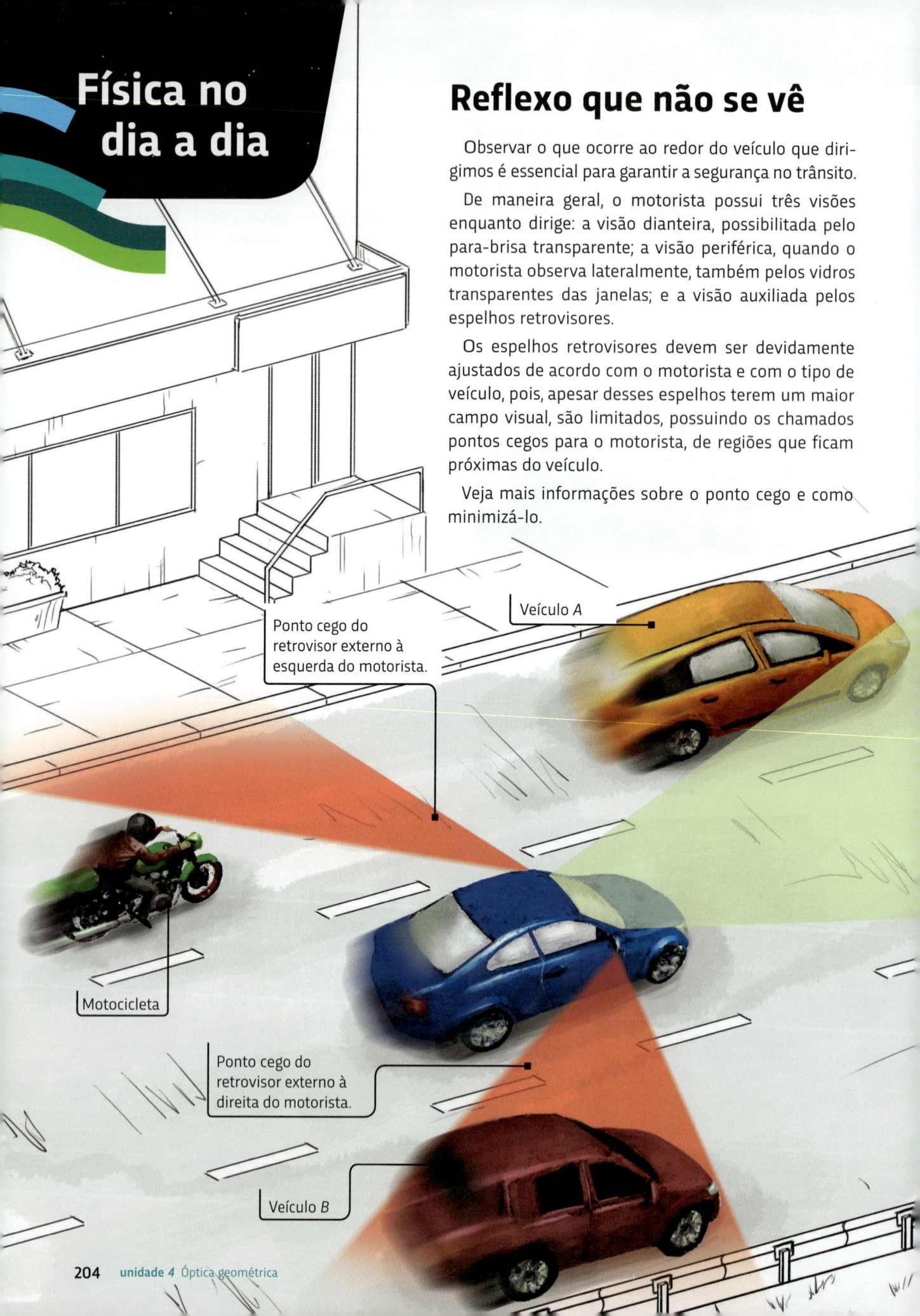

Física no dia a dia

Reflexo que não se vê

Observar o que ocorre ao redor do veículo que dirigimos é essencial para garantir a segurança no trânsito.

De maneira geral, o motorista possui três visões enquanto dirige: a visão dianteira, possibilitada pelo para-brisa transparente; a visão periférica, quando o motorista observa lateralmente, também pelos vidros transparentes das janelas; e a visão auxiliada pelos espelhos retrovisores.

Os espelhos retrovisores devem ser devidamente ajustados de acordo com o motorista e com o tipo de veículo, pois, apesar desses espelhos terem um maior campo visual, são limitados, possuindo os chamados pontos cegos para o motorista, de regiões que ficam próximas do veículo.

Veja mais informações sobre o ponto cego e como minimizá-lo.

Ponto cego do retrovisor externo à esquerda do motorista.

Veículo A

Motocicleta

Ponto cego do retrovisor externo à direita do motorista.

Veículo B

A Ao observar seus retrovisores externo direito e esquerdo, o motorista do veículo em destaque na imagem observa a motocicleta e o veículo *B*? Por quê?

B De que forma o motorista do veículo principal mostrado na imagem pode notar a presença do veículo *B*?

C Quais atitudes devem ser tomadas por um motorista antes de mudar de faixa em uma via ou fazer uma conversão lateral, a fim de evitar acidentes?

D Por que, ao olhar pelos retrovisores, suaves movimentos do tronco e da cabeça do motorista auxiliam a dirigir em segurança?

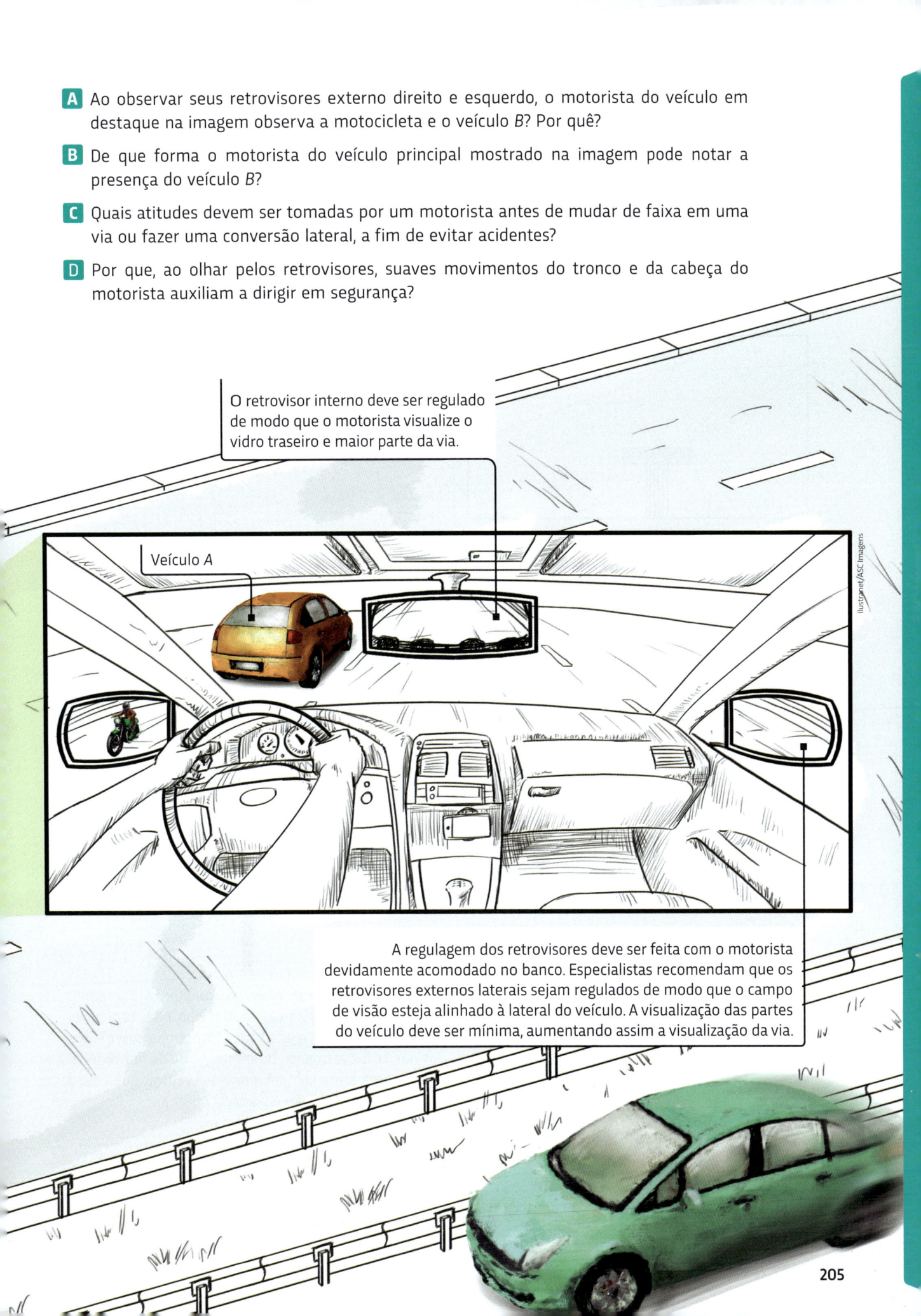

O retrovisor interno deve ser regulado de modo que o motorista visualize o vidro traseiro e maior parte da via.

Veículo *A*

A regulagem dos retrovisores deve ser feita com o motorista devidamente acomodado no banco. Especialistas recomendam que os retrovisores externos laterais sejam regulados de modo que o campo de visão esteja alinhado à lateral do veículo. A visualização das partes do veículo deve ser mínima, aumentando assim a visualização da via.

Ilustranet/ASC Imagens

1. (UFMG) Duas lâmpadas, L_1 e L_2, estão presas no teto de uma sala fechada com paredes escuras que não refletem a luz. Nenhuma outra fonte de luz existe nessa sala. Inicialmente, apenas a lâmpada L_1 está acesa. Nessas condições uma mesa intercepta a luz emitida por essa lâmpada. Consequentemente, uma região de sombra é formada entre os objetos A e B, tal como mostrado a seguir.

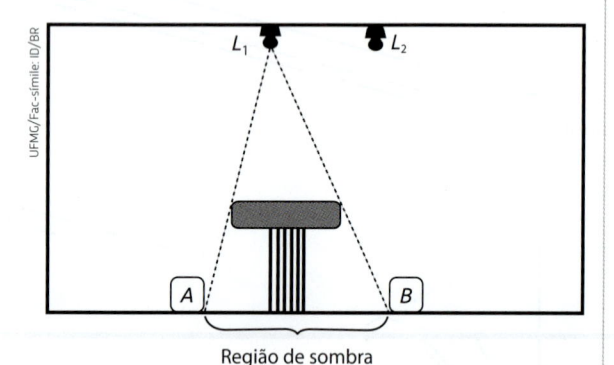

Região de sombra

Assinale a alternativa que apresenta qual (ou quais) objeto (ou objetos) será (ou serão) iluminado (iluminados) se a lâmpada L_1 for apagada e a lâmpada L_2 for acesa.

a) Ambos os objetos serão iluminados.

b) Apenas o objeto A será iluminado.

c) Apenas o objeto B será iluminado.

d) Nenhum dos objetos será iluminado.

2. Um estudante tem uma camiseta listrada com quatro cores distintas. Entrando em uma sala inicialmente iluminada com luz monocromática azul ele verificou que sua camiseta apresentou duas faixas na cor preta e duas na cor azul. Quando a iluminação foi trocada por luz monocromática vermelha, sua camiseta apresentou duas faixas na cor vermelha e duas na cor preta. A partir dessas informações, analise as afirmativas abaixo.

I) A camiseta possui uma faixa vermelha.

II) Nenhuma das faixas da camiseta é azul.

III) Uma das faixas da camiseta é branca.

IV) Com certeza uma das faixas da camiseta é preta.

Estão corretas:

a) I e II

b) II e IV

c) I e III

d) I, III e IV

e) I, II, III e IV

3. Uma lâmpada fluorescente tubular de 1,5 m de comprimento está a 3 m de distância do chão. Se um anteparo circular de 50 cm de diâmetro for colocado entre a lâmpada e o chão, a partir de qual distância da lâmpada será possível observar uma sombra do anteparo?

4. Paula encontra-se em frente ao centro de um espelho de 2 m de comprimento, a uma distância de 2 m deste. Renato, inicialmente fora do campo de visão de Paula, caminha com uma velocidade de 0,5 m/s em uma trajetória retilínea, paralela ao espelho, passando a 1 m de distância atrás de Paula, como mostra a ilustração. Por quanto tempo Paula consegue ver Renato pelo espelho?

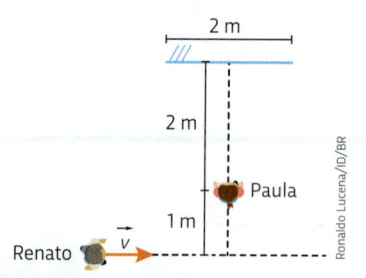

5. Observe a ilustração a seguir, que representa a vista superior de um corredor que tem um espelho no final, no qual pai e filho brincam de esconde-esconde. O filho, que está se escondendo, vai lentamente em direção ao centro do espelho. Sabendo que $d = 2$ m e $h = 3$ m, a quantos metros do espelho estará o filho no instante em que seu pai consegue vê-lo pelo espelho?

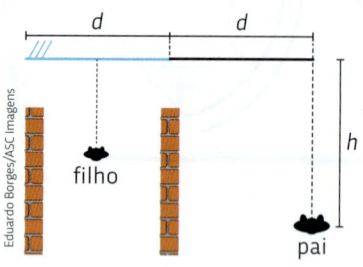

6. (OBF) Uma fonte *laser* se caracteriza por emitir radiação monocromática. Um tipo bem conhecido dessa fonte é a chamada "canetinha *laser*", que emite luz vermelha. Diferentemente da "luz branca" de uma fonte comum, pode-se verificar que com a luz desse *laser* **não** é possível obter a:

a) reflexão num espelho plano.

b) refração num vidro transparente.

c) interferência com uma rede de difração.

d) difração num objeto de pequenas dimensões.

e) decomposição num prisma óptico.

7. Dois espelhos planos estão associados de modo que o ângulo formado entre eles é igual a cinco vezes o número de imagens do objeto, ou seja, $\alpha = 5 \cdot N$. Determinar:

a) a quantidade de imagens.

b) o ângulo entre os espelhos.

8. (OBF) Sobre a formação de imagens em espelhos, afirma-se que:

I) nos espelhos côncavos e convexos, a lei da reflexão não é válida.

II) no espelho plano, o tamanho da imagem é sempre igual ao tamanho do objeto.

III) nos espelhos côncavo e convexo, o tamanho da imagem é sempre diferente do tamanho do objeto.

Está correto o que se afirma em:

a) I, apenas.

b) II, apenas.

c) III, apenas.

d) I e II, apenas.

e) II e III, apenas.

9. Uma barra de comprimento $L = 30$ cm está disposta sobre o eixo principal de um espelho côncavo com uma de suas extremidades sobre o centro de curvatura do espelho, como mostra a figura abaixo. Se a distância focal do espelho é $f = 40$ cm, calcule o aumento linear causado pelo espelho.

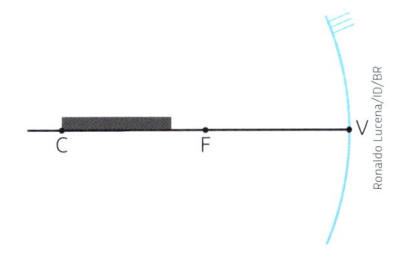

Ronaldo Lucena/ID/BR

10. Uma calota esférica, espelhada dos dois lados, tem raio de curvatura que mede 100 cm. Quando colocada com a parte côncava virada para o objeto, conjuga uma imagem real a 75 cm de distância de seu vértice. A calota é girada, ficando com a parte convexa virada para o objeto, e deslocada até que a imagem ficasse a 35 cm de distância de seu vértice. A partir dessas informações, determine a distância pela qual a calota foi deslocada dizendo se ela se aproximou ou se afastou do objeto.

11. (PUC-Campinas-SP) Uma vela acesa foi colocada a uma distância p do vértice de um espelho esférico côncavo de 1,0 m de distância focal. Verificou-se que o espelho *projetava* em uma parede uma imagem da chama desta vela, ampliada 5 vezes.

O valor de p, em cm, é:

a) 60.

b) 90.

c) 100.

d) 120.

e) 140.

12. (Unicamp-SP) A radiação Cerenkov ocorre quando uma partícula carregada atravessa um meio isolante com uma velocidade maior do que a velocidade da luz nesse meio. O estudo desse efeito rendeu a Pavel A. Cerenkov e colaboradores o prêmio Nobel de Física de 1958. Um exemplo desse fenômeno pode ser observado na água usada para refrigerar reatores nucleares, em que ocorre a emissão de luz azul devido às partículas de alta energia que atravessam a água.

a) Sabendo-se que o índice de refração da água é $n = 1,3$, calcule a velocidade máxima das partículas na água para que não ocorra a radiação Cerenkov. A velocidade da luz no vácuo é $c = 3 \cdot 10^8$ m/s.

b) A radiação Cerenkov emitida por uma partícula tem a forma de um cone, como está ilustrado na figura abaixo, pois a sua velocidade, v_p, é maior do que a velocidade da luz no meio, v_l. Sabendo que o cone formado tem um ângulo $\theta = 50°$ e que a radiação emitida percorreu uma distância $d = 1,6$ m em $t = 12$ ns, calcule v_p. Dados: $\cos 50° = 0,64$ e $\operatorname{sen} 50° = 0,76$.

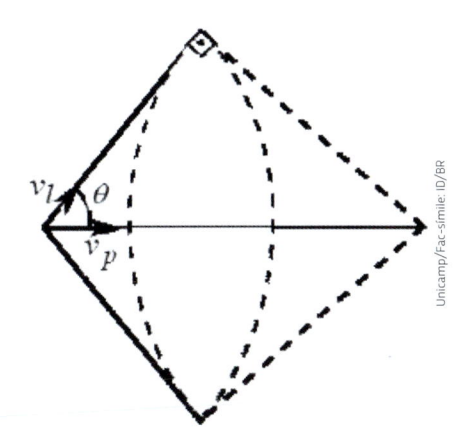

Unicamp/Fac-símile.ID/BR

13. Um lustre encontra-se pendurado a uma altura de 3 m acima da superfície da água de uma piscina de 2 m de profundidade, completamente cheia, que possui um espelho no fundo. Sabendo que o índice de refração da água vale 1,33, a que distância da superfície do espelho o observador vê a imagem do lustre?

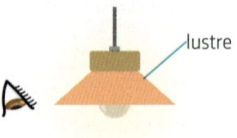

lustre

piscina

14. (Fuvest-SP) Uma moeda está no centro do fundo de uma caixa d'água cilíndrica de 0,87 m de altura e base circular com 1,0 m de diâmetro, totalmente preenchida com água, como esquematizado na figura.

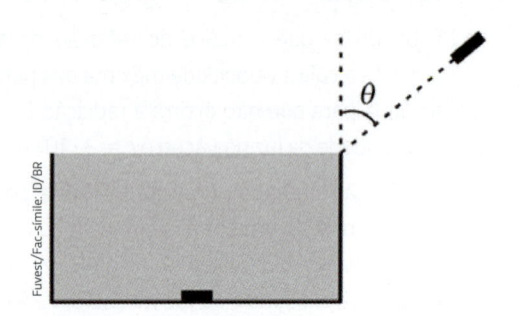

Se um feixe de luz *laser* incidir em uma direção que passa pela borda da caixa, fazendo um ângulo θ com a vertical, ele só poderá iluminar a moeda se

a) $\theta = 20°$ c) $\theta = 45°$ e) $\theta = 70°$

b) $\theta = 30°$ d) $\theta = 60°$

> **Note e adote**
> Índice de refração da água: 1,4
> $n_1 \times \text{sen}\,\theta_1 = n_2 \times \text{sen}\,\theta_2$
> sen (20°) = cos (70°) = 0,35
> sen (30°) = cos (60°) = 0,50
> sen (45°) = cos (45°) = 0,70
> sen (60°) = cos (30°) = 0,87
> sen (20°) = cos (70°) = 0,94

15. (ITA-SP) Um pescador deixa cair uma lanterna acesa em um lago a 10,0 m de profundidade. No fundo do lago, a lanterna emite um feixe luminoso formando um pequeno ângulo θ com a vertical (veja figura). Considere: $\tan \theta \cong \text{sen}\,\theta \cong \theta$ e o índice de refração da água $n = 1,33$. Então, a profundidade aparente h vista pelo pescador é igual a

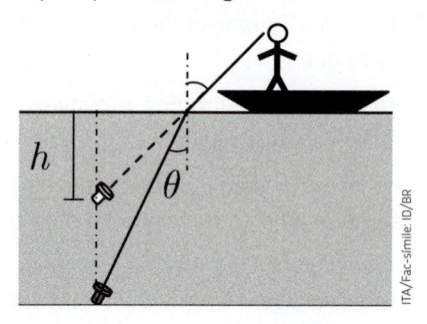

a) 2,5 m.   d) 8,0 m.

b) 5,0 m.   e) 9,0 m.

c) 7,5 m.

16. (OBF) As questões **12** e **13** são referentes ao texto e à figura abaixo.

Para fazer lentes de contato é necessário medir a curvatura da córnea. O método consiste em analisar a imagem refletida pela córnea (ver figura a seguir).

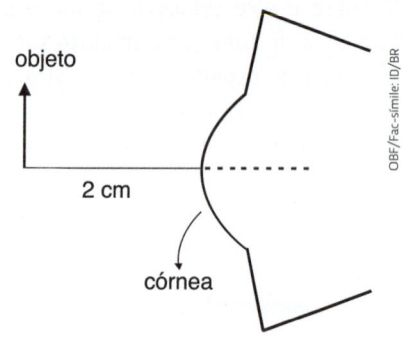

objeto

2 cm

córnea

A imagem formada é:

a) Real, maior e invertida

b) Virtual, menor e direita

c) Real, menor e direita

d) Virtual, maior e invertida

e) Real, maior e direita

17. Sabendo que o aumento da imagem é igual a $\dfrac{1}{6}$, qual o raio da córnea?

a) 0,40 cm   d) 0,70 cm

b) 0,50 cm   e) 0,80 cm

c) 0,60 cm

18. (OBF) Duas lentes convergentes, L_1 e L_2, de distâncias focais respectivamente iguais a 8 cm e 5 cm, são montadas como indicado. Recebendo raios luminosos oriundos de uma vela situada a 10 cm da lente L_1 e impondo-se a condição de que eles devem atravessar sequencialmente ambas as lentes, calcule:

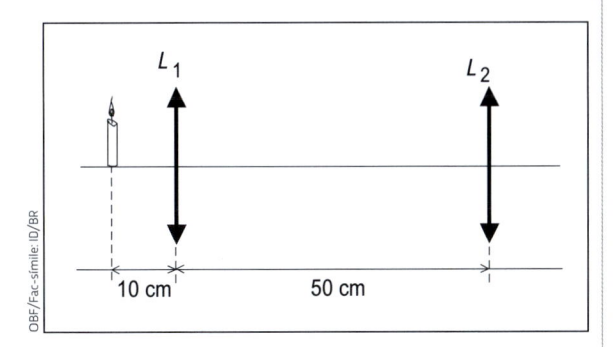

a) a distância, contada a partir de L_1, em que a imagem da vela se forma ao atravessar a primeira lente;

b) a distância, contada a partir de L_2, em que se situa a imagem da vela formada pela lente L_2.

19. Um espelho côncavo é posicionado próximo a uma lente biconvexa. Um raio de luz que incide na lente, paralelo ao seu eixo principal, se propaga conforme indicado na imagem. Se os raios de curvatura das faces da lente são iguais a 6 cm, qual o índice de refração n do material com que a lente é feita? Considere $n_{ar} = 1$.

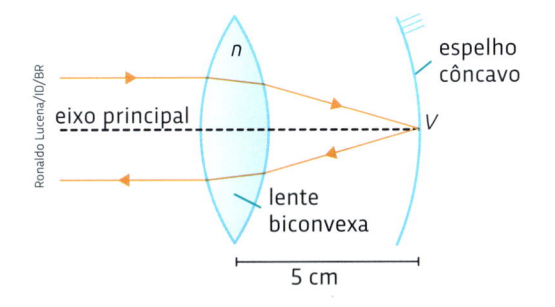

20. Os olhos de uma pessoa míope conjugam imagens de objetos distantes antes da retina e por isso a visão dessa pessoa deve ser corrigida pelo uso de lentes.

a) Considerando que um míope enxerga bem somente os objetos mais próximos que 0,5 m, qual deve ser a vergência das lentes de seus óculos?

b) Uma pessoa que usa óculos com "5 graus" pode ver bem sem óculos a partir de que distância?

21. Uma lente bicôncava que possui faces com raios de curvatura $R_1 = 10$ cm e $R_2 = 25$ cm é feita de um material transparente de índice de refração absoluto $n = 1,5$. Para qual defeito da visão essa lente poderia ser prescrita? Ela corrige quantos "graus" desse defeito?

22. (Fuvest-SP) Uma pessoa idosa que tem hipermetropia e presbiopia foi a um oculista que lhe receitou dois pares de óculos, um para que enxergasse bem os objetos distantes e outro para que pudesse ler um livro a uma distância confortável de sua vista.

> • **Hipermetropia**: a imagem de um objeto distante se forma atrás da retina.
> • **Presbiopia**: o cristalino perde, por envelhecimento, a capacidade de acomodação e objetos próximos não são vistos com nitidez.
> • **Dioptria**: a convergência de uma lente, medida em dioptrias, é o inverso da distância focal (em metros) da lente.

Considerando que receitas fornecidas por oculistas utilizam o sinal mais (+) para lentes convergentes e menos (−) para divergentes, a receita do oculista para um dos olhos dessa pessoa idosa poderia ser

a) para longe: −1,5 dioptria; para perto: +4,5 dioptrias

b) para longe: −1,5 dioptria; para perto: −4,5 dioptrias

c) para longe: +4,5 dioptrias; para perto: +1,5 dioptria

d) para longe: +1,5 dioptria; para perto: −4,5 dioptrias

e) para longe: +1,5 dioptria; para perto: +4,5 dioptrias

Verificando rota

A Retome sua resposta à questão **A** da página **121**. Se necessário, complemente-a de acordo com o que você estudou nesta unidade.

B Por que as cores dos objetos podem mudar de acordo com a cor da luz que os ilumina?

C As leis da reflexão são válidas para quais situações? (Em relação à reflexão em espelhos planos ou esféricos e reflexão difusa.)

D Quando a luz sofre refração, sempre desvia sua trajetória?

E Descreva como é feita a correção da miopia e da hipermetropia com lentes esféricas.

Oscilações e ondas

Jato F-22 Raptor da força aérea norte americana realizando um voo com velocidade maior que a velocidade do som no espaço aéreo americano, em 2014. Assim como um barco pode se mover mais rápido que as ondas que ele produz na água, essas aeronaves voam mais rápido do que o som que elas provocam no ar. Nessa situação, a redução drástica da pressão atrás da aeronave causa a condensação da água presente no ar, formando uma nuvem de vapor, conforme mostrado na fotografia.

As ondas estão presentes em diversas situações do nosso cotidiano, porém muitas vezes não são percebidas. É o caso, por exemplo, da transmissão de alguma informação, dos sinais de rádio e televisão.

As ondas de rádio, invisíveis a olho nu, são responsáveis pelo funcionamento da telefonia celular. Quando fazemos uma ligação a partir de um aparelho móvel, ele se conecta a alguma torre de telecomunicação, que é responsável por emitir ondas de rádio que transmitirão as informações à velocidade da luz.

O som também é um exemplo de onda, que está sujeito a fenômenos ondulatórios como a reflexão, também observada no estudo da luz. O fenômeno da reflexão sonora é utilizado pelos morcegos, em sua orientação.

A velocidade de propagação do som é bem inferior à velocidade da luz. Existem até mesmo aviões que viajam a velocidades superiores à do som, como os aviões supersônicos.

Nesta unidade estudaremos as oscilações, as ondas, os fenômenos ondulatórios e as ondas sonoras.

Os morcegos são animais que realizam a ecolocalização, emitindo sons de alta frequência. Ao sentir o reflexo da onda sonora emitida, os morcegos conseguem estimar a distância que estão de alguns obstáculos, como postes, árvores e outros animais.

Morcego (*Epomorphurus gambianus*): pode atingir cerca de 25 cm de comprimento e 50,8 cm de envergadura.

Rasstock/Shutterstock.com/ID./BR

▪Pessoa falando ao telefone celular. As ondas sonoras produzidas em nossa fala são convertidas em impulsos elétricos pelo microfone dos aparelhos celulares. Esses sinais elétricos, com o auxílio dos circuitos do aparelho, são utilizados pela antena para gerar ondas de rádio que serão recebidas pelas torres de telecomunicação. Sem perceber, estamos diariamente envoltos por essas ondas.

Iniciando rota

A Qual seria a consequência curiosa quando se observa uma aeronave voando com velocidade superior à velocidade do som?

B Você viu que os morcegos utilizam a reflexão do som para se orientar, num processo conhecido como ecolocalização. Cite outras situações que envolvem a reflexão do som.

C Se o som é uma onda e reflete, como as ondas luminosas, que outro fenômeno também é possível esperar que ocorra com o som?

D Por que é difícil conseguir falar ao celular em alguns lugares específicos, como dentro de túneis ou regiões muito afastadas de centros urbanos?

13 Movimento harmônico simples (MHS)

Adulto empurrando uma criança em um balanço.

Relógio de ponteiros

> **Por que empurrões em momentos certos garantem o movimento da criança no balanço por mais tempo?**

O balanço é um brinquedo constituído de um assento preso por cordas verticais em um suporte. Sentada nele, a criança pode oscilar para a frente e para trás, em torno de uma posição de equilíbrio.

O movimento do balanço, desprezando a resistência do ar, é um exemplo de movimento periódico, ou seja, movimento que se repete em intervalos regulares de tempo, quando é possível definir um período de repetição.

Período (*T*) é o tempo necessário para que ocorra uma oscilação completa, ou seja, para que a criança no balanço saia da posição de equilíbrio, vá para a frente, para trás e retorne à posição de equilíbrio. O movimento circular uniforme estudado em Mecânica é outro exemplo de movimento periódico, como o da extremidade do ponteiro dos segundos em um relógio. O período desse ponteiro é de 60 s ou 1 min, ou seja, a cada 1 min ele ocupa a mesma posição. Não vemos o ponteiro dos minutos se mover como o dos segundos, mas ele também ocupa a mesma posição a cada 60 min ou 1 h.

Outra grandeza importante em um movimento periódico é a **frequência** (*f*), que expressa o número de repetições por unidade de tempo. No SI, a frequência é medida em hertz, que corresponde a repetições por segundo. Se a criança no balanço, por exemplo, executa uma oscilação completa a cada 42 s, ela executa metade da oscilação a cada 1 s, ou seja, seu período *T* vale 2 s e sua frequência *f* vale 0,5 Hz. Dessa forma, o período corresponde ao inverso da frequência e vice-versa.

$$T = \frac{1}{f} \quad \text{ou} \quad f = \frac{1}{T}$$

Podemos determinar a frequência e o período de diversos eventos e movimentos periódicos, como o movimento circular, o movimento de um pêndulo, o movimento de um balanço.

Pôr do sol em Petrolina, no estado de Pernambuco, em 2015. A sucessão de dias em um ano é um exemplo de evento periódico, com período de 24 h.

Porém, a grande maioria não mantém seu período e frequência durante muito tempo, devido ao atrito e outras forças dissipativas, como ocorre com o movimento da criança no balanço. Por esse motivo, a brincadeira pode se manter por mais tempo se empurrões forem dados em momentos certos, ou seja, se a frequência dos empurrões for igual à frequência do balanço.

Entre vários movimentos periódicos, neste capítulo estudaremos um em especial, chamado **movimento harmônico simples** (MHS), com características importantes relacionadas às ondas, que serão estudadas no capítulo seguinte.

O estudo do movimento harmônico simples (MHS)

Os movimentos periódicos denominados harmônicos simples podem ser estudados a partir de dois exemplos: as oscilações de um sistema massa-mola e de um pêndulo simples.

Sistema massa-mola

Prendendo um corpo em uma mola e colocando o conjunto para oscilar próximo a uma esteira, seja na horizontal ou na vertical, ocorre um movimento de vaivém em relação a uma posição de equilíbrio. Colocando um marcador unido ao corpo, ele deixa uma marca correspondente a um segmento de reta na esteira parada. Se a esteira for colocada em movimento uniforme, desconsiderando as forças de atrito envolvidas, a oscilação do corpo produzirá uma marca com uma forma característica, conhecida como **curva senoidal**. Essa curva é tipicamente utilizada para representar a propagação de ondas e, neste caso, mostra as posições ocupadas pelo corpo em movimento próximo à esteira.

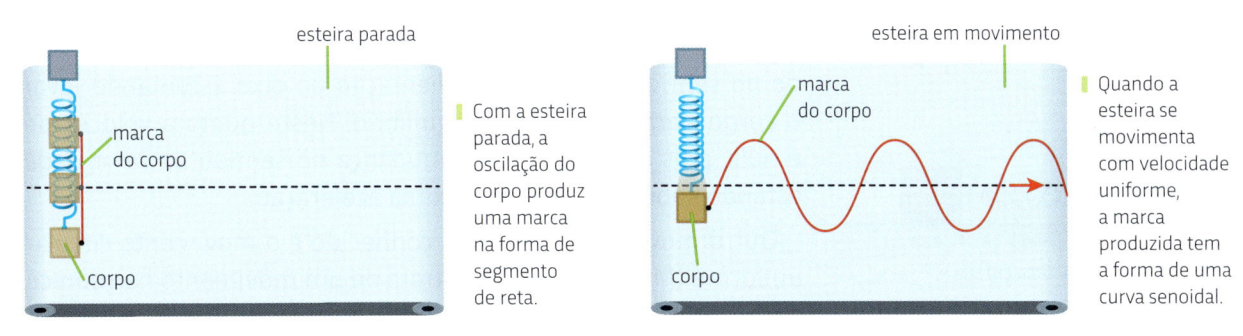

esteira parada

Com a esteira parada, a oscilação do corpo produz uma marca na forma de segmento de reta.

marca do corpo

corpo

esteira em movimento

marca do corpo

corpo

Quando a esteira se movimenta com velocidade uniforme, a marca produzida tem a forma de uma curva senoidal.

O **movimento harmônico simples** (MHS) é definido como o movimento retilíneo e periódico em torno de uma posição de equilíbrio quando um corpo está sob a ação de uma força restauradora que depende da posição do corpo. No caso do conjunto massa-mola, a força restauradora é a força elástica, dada pela lei de Hooke.

$$F_{el} = -k \cdot x$$

Como k (constante elástica da mola) é uma característica que não muda, a força elástica depende somente da deformação sofrida pela mola, medida em relação à posição de equilíbrio quando a mola está sem deformação.

Em um sistema massa-mola na vertical, além da força elástica, devemos considerar também a ação da força peso. Se um conjunto oscila na horizontal, sem atrito, temos somente a força elástica atuando sobre o corpo, na direção do movimento.

Observando o MHS de um sistema massa-mola, a distância máxima de afastamento em relação ao ponto de equilíbrio é chamada **amplitude** (A).

O ponto da curva correspondente à posição $+A$ é chamado **crista** e o ponto correspondente à $-A$ é chamado **vale**. A distância entre duas cristas consecutivas, ou entre dois vales consecutivos, é o **comprimento de onda**, representado pela letra grega λ (lê-se lambda). Para sair da posição $+A$ e retornar à mesma posição, o corpo preso à mola realiza uma oscilação completa, que, no desenho da curva, corresponde à distância entre duas cristas consecutivas.

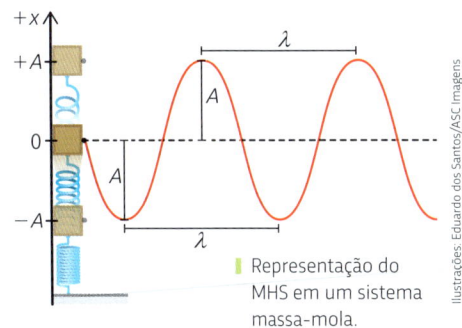

Representação do MHS em um sistema massa-mola.

O período (T) de oscilação do MHS é dado pelo tempo que o corpo leva para sair da posição $+A$ e retornar a ela. E a frequência (f) é dada pela quantidade de oscilações completas por unidade tempo.

Agora vamos analisar o que ocorre com a força, a aceleração e a velocidade do corpo durante as oscilações de um sistema massa-mola realizando um MHS.

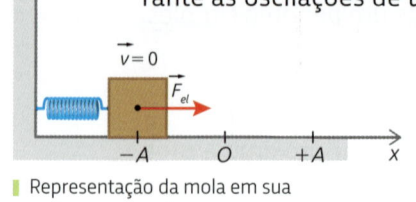

Representação da mola em sua maior compressão.

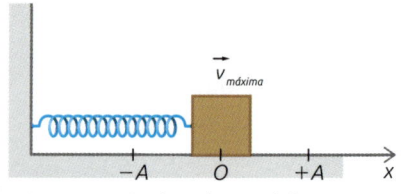

Representação da mola sem deformação..

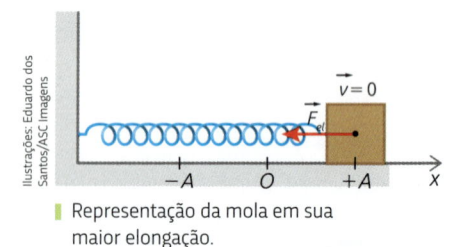

Representação da mola em sua maior elongação.

Ilustrações: Eduardo dos Santos/ASC Imagens

Quando o corpo está na amplitude máxima, com a mola em sua maior compressão ($x = -A$), a força restauradora $\left(\vec{F}_{el}\right)$ é máxima, atuando no mesmo sentido da orientação do eixo x, tentando levar o corpo para a posição de equilíbrio. Neste ponto a velocidade $\left(\vec{v}\right)$ é nula, pois há a mudança no sentido da velocidade estando submetido a uma máxima aceleração.

Quando o corpo está na posição de equilíbrio, a mola está relaxada ($x = 0$), portanto a força restauradora e a aceleração são nulas. A velocidade do corpo é máxima, pois ele sofreu aceleração desde o ponto $-A$ até o ponto de equilíbrio.

Quando o corpo está na amplitude máxima com a mola em sua maior elongação ($x = +A$), a força restauradora é máxima, atuando no sentido contrário da orientação do eixo x, tentando levar o corpo para a posição de equilíbrio. Neste ponto a velocidade é nula, pois há novamente a mudança no sentido da velocidade estando submetido a uma máxima aceleração.

Outro movimento periódico conhecido é o movimento circular uniforme (MCU). Como não se trata de um movimento harmônico simples, vamos analisar sua projeção no eixo x.

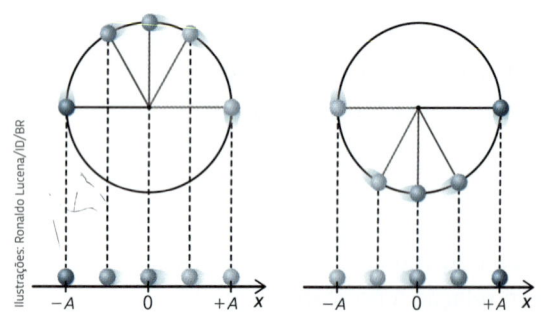

Ilustrações: Ronaldo Lucena/ID/BR

Para um corpo preso a uma corda e realizando um movimento circular uniforme de raio R, cada posição ocupada na trajetória em forma de circunferência tem uma projeção correspondente no eixo x. É como se observássemos a sombra do corpo projetada no chão, indo de uma posição a outra repetidas vezes. Enquanto o corpo realiza um movimento circular uniforme, sua projeção realiza um MHS, equivalente ao movimento de um corpo preso a uma mola com amplitude $A = R$.

Nas posições com $x = -A$ e $x = +A$, não há projeção do vetor velocidade sobre o eixo x e o vetor aceleração está paralela ao eixo, situação equivalente à máxima compressão e elongação da mola em um MHS, portanto a aceleração e a força são máximas e a velocidade é nula.

Nas posições com $x = 0$ não há projeção do vetor aceleração sobre o eixo x e o vetor velocidade está paralela ao eixo, situação equivalente ao máximo relaxamento da mola em um MHS, portanto a aceleração $\left(\vec{a}\right)$ e a força são nulas e a velocidade é máxima.

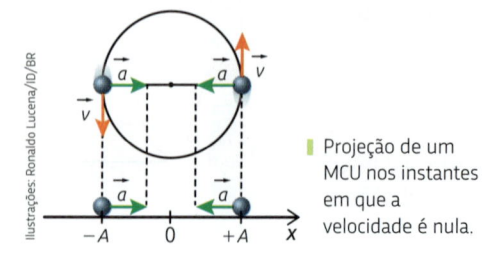

Ilustrações: Ronaldo Lucena/ID/BR

Projeção de um MCU nos instantes em que a velocidade é nula.

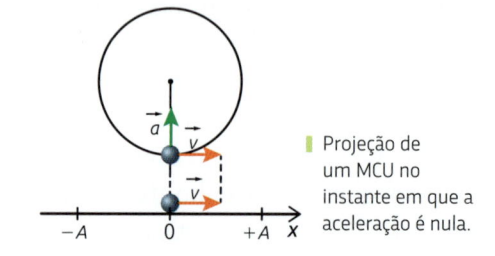

Projeção de um MCU no instante em que a aceleração é nula.

O tempo para que o corpo em MCU realize uma volta completa será igual ao tempo para que sua projeção em MHS saia de uma posição e volte para a mesma posição, ou seja, o período (T) dos dois movimentos é o mesmo. Isso implica que a relação para a velocidade angular do MCU ($\omega = 2 \cdot \pi/T$) pode ser utilizada no movimento harmônico simples, representando a **frequência angular do MHS**.

A frequência angular do sistema massa-mola também pode ser determinada a partir das características do corpo (massa m) e da mola (constante elástica k), com a seguinte relação.

$$\omega = \sqrt{\frac{k}{m}}$$

Partindo das duas relações para a frequência angular, é possível obtermos o período do oscilador massa-mola da seguinte forma.

$$\omega = \sqrt{\frac{k}{m}} \Rightarrow \frac{2 \cdot \pi}{T} = \sqrt{\frac{k}{m}} \Rightarrow T = 2 \cdot \pi \cdot \sqrt{\frac{m}{k}}$$

Vemos então que o período de oscilação do sistema massa-mola depende somente dos valores da massa (m) e da constante elástica da mola (k) em unidades do SI. A partir dessa relação podemos concluir que, aumentando a massa do corpo, o período aumenta. Verificamos também que, para uma mesma massa oscilando, quanto maior a constante elástica da mola utilizada, menor será seu período de oscilação. Por fim, para um mesmo sistema massa-mola, o período de oscilação não depende da amplitude, ou seja, não depende da deformação da mola.

Assim, uma massa de 5 kg presa a uma mola de constante elástica 500 N/m terá sempre um período de $0,2 \cdot \pi$ s ou cerca de 0,63 s (para $\pi = 3,14$), desprezando a resistência do ar, independentemente da amplitude da oscilação ou de o MHS ser horizontal ou vertical.

$$T = 2 \cdot \pi \cdot \sqrt{\frac{m}{k}} = 2 \cdot \pi \cdot \sqrt{\frac{5}{500}} = 2 \cdot \pi \cdot \sqrt{0,01} = 2 \cdot \pi \cdot 0,1 \Rightarrow$$

$$\Rightarrow T = 0,2 \cdot \pi \therefore \boxed{T = 0,2 \cdot \pi \text{ s} \cong 0,63 \text{ s}}$$

Conservação da energia

Outra maneira de analisar o oscilador massa-mola é pelo princípio da conservação da energia mecânica. Desprezando os atritos, há uma transformação de energia potencial elástica (E_{pe}) em energia cinética (E_c) no movimento do corpo, dadas respectivamente pelas relações abaixo.

$$E_{pe} = \frac{k \cdot x^2}{2} \quad \text{e} \quad E_c = \frac{m \cdot v^2}{2}$$

Nos instantes em que a mola está com deformação máxima ($x = -A$ e $x = +A$), a energia mecânica do sistema é igual à energia potencial elástica armazenada na mola, ou seja, $E_{mec} = E_{pe}$.

No instante em que o corpo passa pela posição em que a mola não possui deformação, toda energia potencial elástica se transformou em cinética, então $E_{mec} = E_c$.

Em posições intermediárias, a energia mecânica é dada pela soma das duas energias, $E_{mec} = E_c + E_{pe}$.

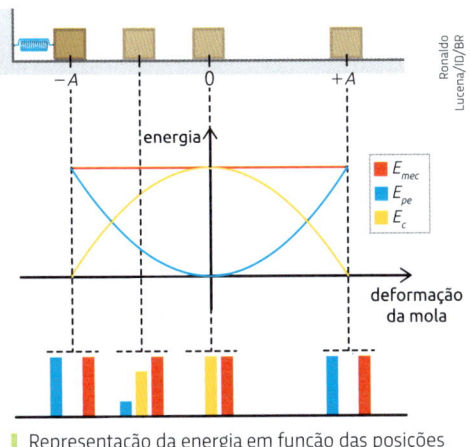

Representação da energia em função das posições do corpo.

Pêndulo simples

Quando um pêndulo simples é deslocado lateralmente, mantendo-se o fio tensionado, ele passa a oscilar ao redor de sua posição de equilíbrio, assim como ocorre com o sistema massa-mola. Mesmo que o movimento de um pêndulo real não seja exatamente um MHS, pois não se trata de um movimento retilíneo, para oscilações com amplitude bem menor do que o comprimento (L) do fio é possível considerá-lo um MHS com boa precisão.

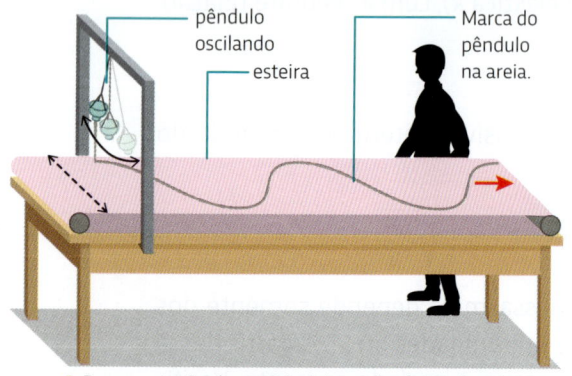

pêndulo oscilando
esteira
Marca do pêndulo na areia.

A equivalência entre o movimento de um pêndulo e um MHS fica mais evidente ao considerar que o corpo que compõe o pêndulo está preenchido com areia e possui um pequeno furo. Ao ser colocado para oscilar ao redor de sua posição de equilíbrio sobre uma esteira horizontal em movimento uniforme, como mostrado na imagem, a areia caindo traçaria a curva senoidal, característica de um MHS, conforme ocorre com um sistema massa-mola.

▌ Representação de um pêndulo oscilando e soltando areia em uma esteira em movimento.

Com o pêndulo em repouso na posição de equilíbrio, a força peso $\left(\vec{F}_p\right)$ e a força de tração $\left(\vec{F}_t\right)$ estão em equilíbrio. Quando deslocado lateralmente, esse equilíbrio deixa de existir, pois a força de tração acompanha o fio, configuração que faz surgir uma força resultante não nula sobre o corpo. Essa situação pode ser analisada pela decomposição vetorial da força peso em duas componentes: uma na direção perpendicular ou normal ao movimento $\left(\vec{F}_{p_n}\right)$, mesma direção da força de tração, e uma na direção tangente ao movimento $\left(\vec{F}_{p_t}\right)$, como mostrado nas imagens a seguir.

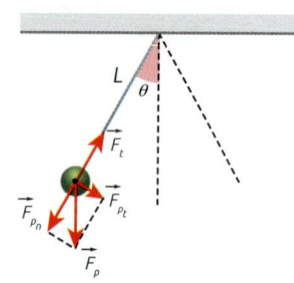

▌ Com o pêndulo deslocado surge uma força resultante restauradora que o faz retornar à posição de equilíbrio.

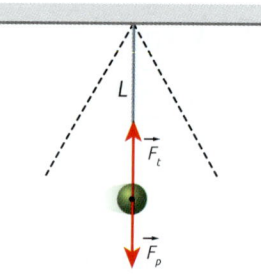

▌ Pêndulo em movimento, passando pela posição mais baixa da trajetória ($F_t > F_p$).

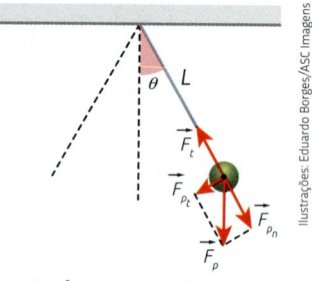

▌ A força restauradora surge novamente, atuando contrária ao movimento.

A componente $\vec{F}_{p_t}$ atua como uma força resultante que faz o corpo retornar à posição de equilíbrio, caracterizando assim uma força restauradora. Para pequenas oscilações, com ângulo (θ) igual ou menor que 5°, essa força restauradora é diretamente proporcional ao deslocamento (x) do ponto de equilíbrio, e o movimento pode ser considerado MHS.

A frequência angular (ω) de um pêndulo para pequenas oscilações pode ser determinada pelo comprimento do fio e pela aceleração da gravidade local pela relação $\omega = \sqrt{\dfrac{g}{L}}$. Como $\omega = \dfrac{2 \cdot \pi}{T}$, o período do pêndulo para pequenas oscilações pode ser obtida da seguinte forma:

$$\omega = \sqrt{\frac{g}{L}} \Rightarrow \frac{2 \cdot \pi}{T} = \sqrt{\frac{g}{L}} \Rightarrow T = 2 \cdot \pi \cdot \sqrt{\frac{L}{g}}$$

Note que o período de um pêndulo para pequenas oscilações depende apenas do comprimento do fio e da aceleração da gravidade local.

Oscilações amortecidas, forçadas e ressonância

Nos veículos, a suspensão tem como objetivo aumentar a segurança e o conforto dos passageiros. Seja rodando naturalmente em uma superfície plana, ou passando por superfícies irregulares, como lombadas e buracos, os pneus oscilam, porque a borracha é um material maleável e também por serem preenchidos com ar. O sistema de suspensão evita que essa oscilação seja transmitida a toda a estrutura do veículo.

A suspensão de um veículo é formada, principalmente, por uma mola e um dispositivo chamado amortecedor, existindo um conjunto desse para cada roda. A fotografia ao lado mostra a montagem do amortecedor com a mola do tipo helicoidal.

As molas são comprimidas a cada oscilação, evitando assim impactos mais severos.

O amortecedor consiste de um pistão que se move no interior de um cilindro que contém um fluido viscoso (geralmente um óleo específico e apropriado). Posicionado no interior da mola, o amortecedor tem a função de amortecer as oscilações das molas e de todo o veículo, dissipando a energia para proporcionar maior estabilidade e conforto.

Sistema de suspensão de uma motocicleta.

Amortecedores e molas utilizados em veículos.

No caso do veículo, o amortecedor evita que ele oscile por muito tempo, dispersando a energia que foi fornecida para a mola. Na discussão anterior, consideramos a conservação da energia mecânica envolvida, entretanto, sabemos que, ao colocar um pêndulo em movimento ou um corpo oscilando preso a uma mola, com o passar do tempo a amplitude do movimento vai reduzindo até que ele cessa. Assim, a energia mecânica se perde durante o movimento, principalmente devido a atritos e forças de resistência. Essas oscilações são denominadas **oscilações amortecidas**.

Quando um corpo preso a uma mola na vertical é colocado a oscilar, naturalmente a amplitude da oscilação vai diminuindo, pois o ar exerce uma força de arrasto. Esse efeito pode ser intensificado se uma peça submersa na água for acoplada ao corpo, por exemplo, como mostrado na imagem a seguir. A água exerce uma força de arrasto mais intensa que o ar, que elimina rapidamente o movimento harmônico simples do corpo, transformando a energia mecânica em energia térmica, observada no aumento da temperatura do líquido e da peça.

Veja a seguir um gráfico que representa uma oscilação amortecida.

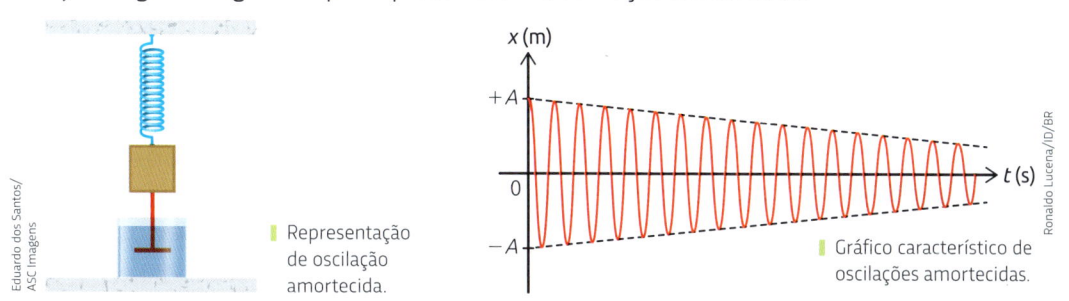
Representação de oscilação amortecida.

Gráfico característico de oscilações amortecidas.

Note que, conforme o tempo passa, a amplitude da oscilação diminui por causa da dissipação da energia mecânica.

a Cite situações de seu cotidiano que envolvem amortecimentos.

b Comente sobre a importância dos amortecimentos de cada situação que você citou no item **a**.

Quando queremos evitar as oscilações amortecidas, devemos compensar a perda de energia do sistema oscilante, fornecendo energia através de uma força aplicada por um agente externo. Essas oscilações são chamadas **oscilações forçadas**.

O exemplo da criança brincando em um balanço, citado no início do capítulo, consiste de um movimento periódico amortecido. É por isso que empurrões são necessários para manter o movimento por mais tempo.

O mesmo ocorre no funcionamento dos antigos relógios de pêndulos. Por causa da perda de energia na oscilação do pêndulo, esses relógios possuem mecanismos internos formados por engrenagens, responsáveis por fornecer apenas a energia necessária para que o pêndulo continue a oscilar com amplitude constante. Isso faz com que os segundos do relógio sejam sincronizados com o movimento do pêndulo.

Nas oscilações forçadas, temos duas frequências importantes que devem ser consideradas: a frequência natural de oscilação, que é a frequência com a qual a oscilação ocorreria livremente, e a frequência do agente externo, que produz oscilações forçadas para manter a amplitude da oscilação e evitar amortecimento. Quando essas frequências são iguais, a amplitude do movimento é máxima, ocorrendo assim o fenômeno conhecido como ressonância.

▌ relógio de pêndulo

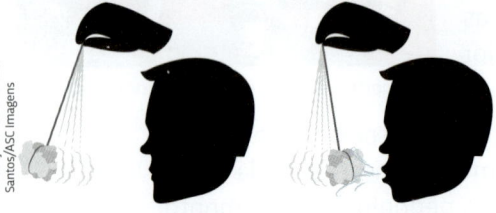

▌ Bola de papel oscilando por meio de um sopro.

Perceba que, para empurrar o balanço corretamente, é necessário que a frequência de empurrões seja igual à frequência de oscilação, ou seja, a pessoa que empurra e o balanço devem estar em ressonância. Esse exemplo pode ser ilustrado com uma bola de papel presa a um barbante, colocada para oscilar através de um sopro. Quando a bola é colocada a oscilar como um pêndulo, sua oscilação será amortecida, sendo possível manter o movimento do pêndulo por meio de sopros sincronizados na bola de papel. Se o sopro acontecer quando a bola estiver na amplitude máxima próxima à boca da pessoa, a bola passa a realizar uma oscilação forçada e a amplitude do movimento é mantida, ou seja, o movimento de oscilação do pêndulo e a ocorrência dos sopros estão em ressonância. Caso os sopros ocorram em outros momentos, o movimento do pêndulo será prejudicado.

Pelo fato de possibilitar a maior transferência de energia entre um sistema oscilante e uma fonte de oscilação forçada, a ressonância é extremamente importante na elaboração de projetos de engenharia.

Todas as estruturas mecânicas vibram e possuem uma ou mais frequências naturais. Quando essas estruturas são submetidas a agentes externos com mesma frequência, como ventos, a ressonância pode causar uma oscilação da estrutura em máxima amplitude, podendo levá-la ao rompimento. Cuidados para que isso não ocorra são tomados em prédios, aeronaves, pontes, entre outros.

▌ Colapso da Ponte de Tacoma Narrows, Estados Unidos, em 1940, devido à ressonância.

Um exemplo de desastre devido à ressonância ocorreu em 7 de novembro de 1940, quando a Ponte de Tacoma Narrows, localizada sobre o Estreito de Tacoma, em Washington, Estados Unidos, desabou ao entrar em ressonância com o vento, ou seja, a frequência dos ventos no local era igual a uma das frequências naturais da ponte, que oscilou em máxima amplitude e veio a ruir.

Frequência natural: é a frequência com que um sistema vibra, de acordo com as características dos materiais e a maneira como ele foi construído, sem considerar as interferências externas.

Ressonância: fenômeno que ocorre quando um sistema que vibra a uma determinada frequência recebe energia externa por meio de excitações de mesma frequência, passando a vibrar com amplitude máxima.

1. Explique o significado da grandeza período e frequência de um movimento harmônico simples e quais as relações entre elas.

2. Uma pessoa, ao realizar a higiene bucal, escovando os dentes realizando movimentos circulares com a escova, completa 4 ciclos a cada segundo. Determine a frequência e o período da escovação.

3. Alguns edifícios são construídos com uma espécie de amortecedor em sua base. A ideia é diminuir sua oscilação causada por rajadas de vento. Supondo que um edifício oscile para trás e para a frente completando ciclos a cada 10 s, determine a frequência e o período do edifício.

4. (OBF) Utilizando a própria frequência cardíaca como "medida de tempo", Galileu Galilei observou que o tempo decorrido para o candelabro da igreja completar um ciclo era sempre o mesmo. A frequência cardíaca média de um adulto saudável em repouso é 70 bpm. A mesma frequência em Hertz é:

a) 1,17 Hz   c) 3,24 Hz   e) 6,71 Hz

b) 2,30 Hz   d) 5,42 Hz

5. Os gráficos abaixo ilustram o movimento harmônico simples de duas partículas.

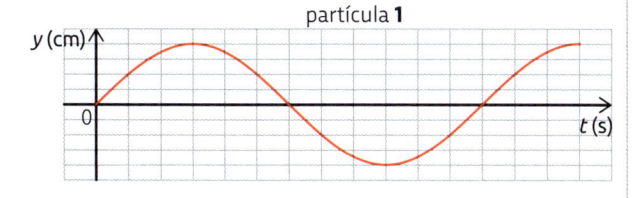

partícula **1**

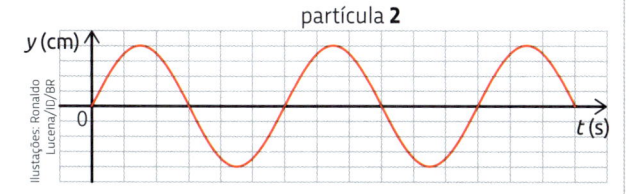

partícula **2**

Julgue as afirmações abaixo como verdadeiras ou falsas, justificando as falsas em seu caderno.

ı) Os dois movimentos das partículas possuem diferentes frequências.

ıı) O movimento harmônico simples descrito pelas partículas possui amplitudes iguais.

ııı) O período de oscilação da partícula **1** é maior que da partícula **2**.

ıv) O comprimento de onda da partícula **2** é maior que da partícula **1**.

6. O gráfico ilustrado abaixo representa o movimento harmônico simples de dois objetos ao longo do eixo y em função do tempo.

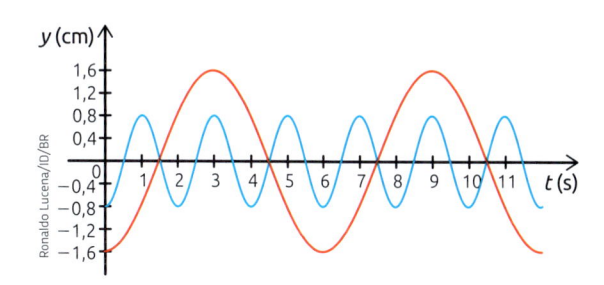

Analisando o gráfico acima, qual a razão entre as frequências de oscilação dos dois corpos?

7. Um movimento harmônico simples pode ser observado no sistema massa-mola. Considere um corpo de massa m ligado a uma mola com constante elástica k. O corpo descreve um movimento harmônico simples. Nos extremos, onde há a inversão de seu movimento, podemos dizer que:

ı) A velocidade e a aceleração do corpo, ambas se anulam.

ıı) A energia potencial elástica intrínseca à mola e a velocidade do corpo são grandezas nulas.

ııı) A energia potencial elástica e o módulo da aceleração são máximas.

ıv) A grandeza energia cinética é mínima e a energia potencial elástica é máxima.

v) A energia potencial elástica é máxima e o módulo da velocidade é mínimo.

Analisando as afirmações acima, podemos dizer que está(ão) correta(s) a(s) afirmação(ões):

a) ı e V

b) ıı, ııı e ıV

c) ııı, ıV e V

d) ıV e V

e) apenas V

R1. Um corpo de massa 200 g é anexado a uma mola com constante elástica igual a 150 N/m e colocado a oscilar em torno do ponto de equilíbrio. Desprezando qualquer tipo de atrito, qual o período de oscilação do corpo?

⁀ **Resolução**

$$T = 2 \cdot \pi \cdot \sqrt{\frac{m}{k}} = 2 \cdot \pi \cdot \sqrt{\frac{0,20}{150}} = 0,23 \therefore \boxed{T = 0,23 \text{ s}}$$

8. (UEG-GO) Duas massas m_1 e m_2 estão penduradas, cada uma, em uma mola com constantes elásticas k_1 e k_2, respectivamente. Os valores das massas são $m_1 = 0,36$ kg e $m_2 = 0,50$ kg. No momento em que as massas são penduradas nas molas, estas se distendem por uma distância de 40 cm e 10 cm, respectivamente. Tendo em vista as informações apresentadas, determine:

> Dados: considere $g = 10$ m/s^2 e $\pi = 3,1$

a) as constantes elásticas das duas molas;

b) o período e a frequência de cada um dos sistemas, considerando a presença de oscilação;

c) que massa deve ser adicionada à massa m_2 para que o período de oscilação do segundo oscilador seja o mesmo do primeiro?

9. (UFPB) Um determinado tipo de sensor usado para medir forças, chamado de sensor piezoelétrico, é colocado em contato com a superfície de uma parede, onde se fixa uma mola. Dessa forma, pode-se medir a força exercida pela mola sobre a parede. Nesse contexto, um bloco, apoiado sobre uma superfície horizontal, é preso a outra extremidade de uma mola de constante elástica igual a 100 N/m, conforme ilustração abaixo.

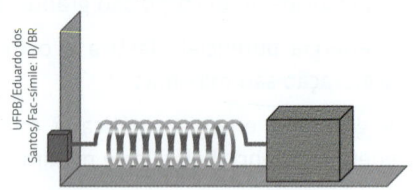

Nessa circunstância, fazendo-se com que esse bloco descreva um movimento harmônico simples, observa-se que a leitura do sensor é dada no gráfico a seguir.

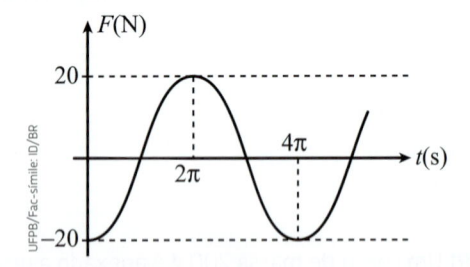

Com base nessas informações é correto afirmar que a velocidade máxima atingida pelo bloco, em m/s, é de:

a) 0,1 b) 0,2 c) 0,4 d) 0,8 e) 1,0

10. As máquinas de costura mais antigas tinham o movimento de descer e subir de sua agulha comandado por um pedal que fazia com que uma roda girasse. Qual a ligação entre o movimento circular da roda e o movimento da agulha?

11. A figura a seguir ilustra duas pessoas brincando em um balanço de um parque. Note que o balanço *A* tem cordas menores que o balanço *B*.

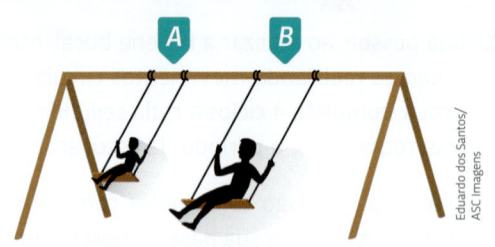

De acordo com os conhecimentos sobre pêndulos, qual a alternativa correta?

a) A frequência de oscilação de *B* é maior que de *A*, pois sua massa e período também são maiores.

b) O período de oscilação de *B* é menor que de *A*, pois sua frequência, o comprimento do fio e sua massa são maiores.

c) A frequência de oscilação de *B* é menor que de *A*, pois seu período e o comprimento do fio são maiores.

d) O comprimento de onda de *B* é maior que de *A*, pois seu período, frequência, comprimento do fio e sua massa são maiores.

12. Um relógio de pêndulo metálico está ajustado para funcionar corretamente em uma cidade do nordeste brasileiro, com temperatura média de 26 °C. Quando esse relógio é levado para uma cidade da Noruega no inverno, com temperatura de -4 °C, cidade da Europa, nota-se uma alteração em sua precisão. Explique por que isso ocorre. O relógio atrasa ou adianta?

13. (ITA-SP) Um relógio tem um pêndulo de 35 cm de comprimento. Para regular seu funcionamento, ele possui uma porca de ajuste que encurta o comprimento do pêndulo de 1 mm a cada rotação completa à direita e alonga este comprimento de 1 mm a cada rotação completa à esquerda. Se o relógio atrasa um minuto por dia, indique o número aproximado de rotações da porca e sua direção, necessários para que ele funcione corretamente.

a) 1 rotação à esquerda

b) $\frac{1}{2}$ rotação à esquerda

c) $\frac{1}{2}$ rotação à direita

d) 1 rotação à direita

e) 1 e $\frac{1}{2}$ rotações à direita

Ondas e fenômenos ondulatórios

Como as imagens e os sons de uma peça de teatro chegam até a plateia?

Peça de teatro na praça Oswaldo Cruz, em São Luiz do Paraitinga, no estado de São Paulo, em 2015.

Os fenômenos ondulatórios estão presentes em diversas situações cotidianas, manifestando-se de várias formas.

A maior parte das informações chega até nós por meio de ondas, quando a energia é transferida de uma fonte até um receptor sem que ocorra o transporte de matéria. A luz e o som, apesar de serem de naturezas diferentes, são exemplos de transmissão de informações por meio de ondas. Da mesma forma, ondas de rádio ou de televisão, ondas na água ou em cordas, a radiação do calor e o raio X são outros exemplos de ondas que transportam energia.

Buscando explicações para os fenômenos ondulatórios, o ser humano avançou no conhecimento sobre as propriedades das ondas e seus benefícios para a sociedade, como a transmissão de informações, o isolamento térmico e acústico de ambientes, os exames médicos não invasivos, a análise das radiações espaciais, o estudo dos terremotos, entre outros.

O estudo das ondas possibilitou a comunicação instantânea digital.

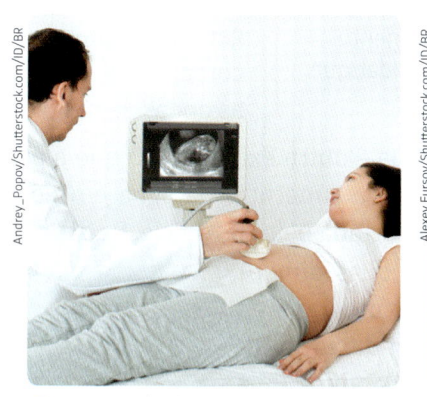

O exame de ultrassom é uma forma de utilizar as ondas para verificar as partes internas do corpo.

O revestimento acústico em estúdios musicais melhora a qualidade do som no local e evita que ele se propague para o meio externo.

Retomando a questão inicial, ao assistir a uma peça de teatro como a mostrada na fotografia, as informações chegam aos espectadores principalmente por meio de luz e som, que, apesar de serem os exemplos mais comuns de ondas, têm naturezas diferentes. Quando falamos em natureza da onda, fazemos referência a sua definição. Neste capítulo, estudaremos a natureza das ondas e alguns fenômenos ondulatórios.

Estudo das ondas

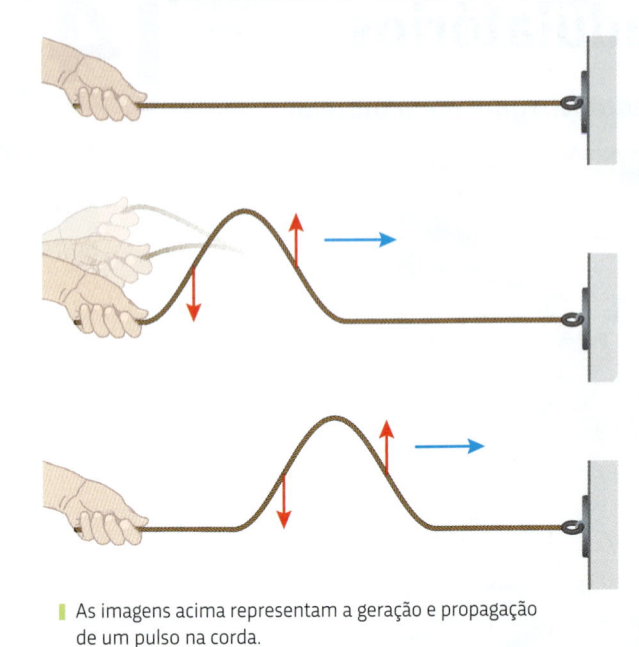

As imagens acima representam a geração e propagação de um pulso na corda.

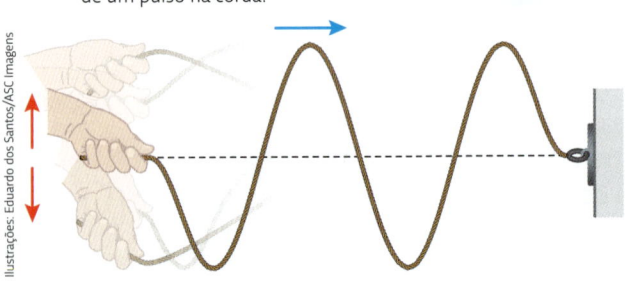

Representação da geração e propagação de uma onda em uma corda esticada.

Ilustrações: Eduardo dos Santos/ASC Imagens

> O movimento harmônico simples (MHS) é aquele em que um corpo executa uma oscilação em torno de um ponto de equilíbrio, sob ação de uma força restauradora. Esse movimento descreve uma curva denominada senoidal, que é a representação típica de uma onda.

Para iniciar o estudo das ondas, vamos considerar uma situação simples, na qual uma corda está fixa em uma de suas extremidades, tendo a outra segurada por uma pessoa. Com a corda esticada e em equilíbrio, a pessoa movimenta a extremidade da corda para cima, retornando à posição inicial.

A parte da corda que foi elevada puxa as partes vizinhas, devido à tensão, causando uma distorção na forma da corda denominada **pulso**. Essa distorção se propaga ao longo da corda com determinada velocidade.

A perturbação causada pela pessoa transferiu energia para a corda, de modo que cada parte executou um movimento para cima e retornou à posição de equilíbrio, ocorrendo apenas transporte de energia sem haver transporte de matéria, ou seja, nenhum pedaço da corda se moveu de uma extremidade à outra.

Se a pessoa movimentar a mão para cima e para baixo em relação à posição de equilíbrio da corda, periodicamente, em um movimento harmônico simples, os pulsos formados irão constituir uma **onda**, que também irá transportar energia pela corda com determinada velocidade, sem que exista transporte de matéria.

Assim podemos afirmar que as ondas são perturbações que se propagam transportando energia sem que ocorra transporte de matéria. Essa é uma definição geral que abrange todas as ondas, como as ondas na corda, na água; as onda sonoras; as ondas luminosas; as ondas de rádio, entre outras.

Uma perturbação na água é outro exemplo em que é possível verificar a formação e propagação de ondas. Quando a superfície da água em equilíbrio sofre uma perturbação, a energia fornecida é transportada pela superfície. De acordo com a perturbação, a onda pode se propagar na água em duas dimensões, como mostrado na fotografia ao lado, diferentemente da onda na corda, que teve propagação em apenas uma dimensão.

Da mesma forma que a onda na corda, as ondas na água transportam apenas energia, sem transportar matéria.

Ian Grainger/Shutterstock.com/ID/BR

Onda se propagando na superfície da água, em duas dimensões, formando circunferências concêntricas.

Características de uma onda

Considere que a perturbação que gerou determinada onda se repita periodicamente. Quando isso ocorre, é possível fazer um estudo da forma assumida pela onda a partir de algumas características. Como cada parte da corda executa um MHS, os elementos que definiram esse movimento no capítulo anterior são novamente utilizados para definir as características de uma onda.

A imagem a seguir representa uma onda se propagando de uma extremidade a outra de uma corda, sem que ocorra a reflexão na extremidade fixa. Nessa configuração, destacamos duas características que definem uma onda: amplitude e comprimento de onda.

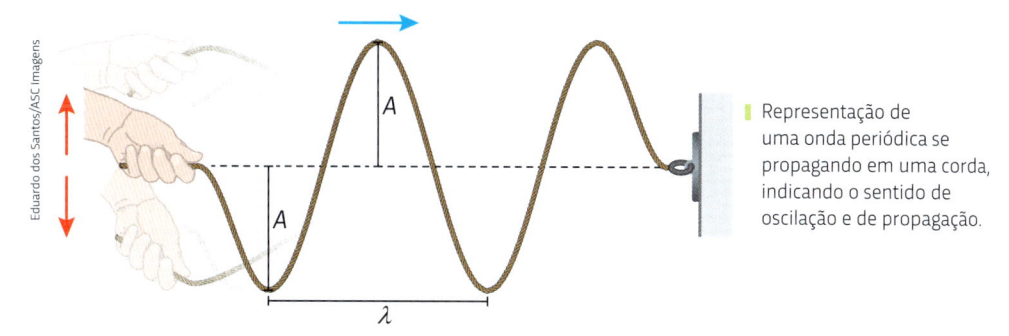

Representação de uma onda periódica se propagando em uma corda, indicando o sentido de oscilação e de propagação.

- **Amplitude** (*A*) é a distância máxima de afastamento de cada ponto da corda em relação ao ponto de equilíbrio, expressa em metro (m) no SI. A parte mais elevada da onda é chamada **crista** e a parte mais baixa é chamada **vale**. Veja que a amplitude está relacionada com a energia que foi fornecida à corda, pois quanto mais alto a mão da pessoa se elevar, mais energia ela fornecerá e maior será a amplitude da onda.

- **Comprimento de onda** (*λ*) é a distância entre duas cristas consecutivas, ou entre dois vales consecutivos, expresso em metro (m) no SI. Para que a energia percorra um comprimento de onda, cada parte da corda deve executar uma oscilação completa, ou seja, executar um movimento para cima, para baixo e retornar à posição de equilíbrio.

Além da amplitude e do comprimento de onda, período e frequência são duas outras características que definem uma onda, lembrando que, para qualquer movimento periódico, **período** (*T*) é o tempo necessário para que ocorra uma oscilação completa, expresso em segundo (s) no SI, e **frequência** (*f*) corresponde ao número de repetições por unidade de tempo, expressa em hertz no SI.

$$T = \frac{1}{f} \quad \text{ou} \quad f = \frac{1}{T}$$

A frequência, e consequentemente o período, de uma onda produzida dependem da fonte que a gerou. A repetição periódica do movimento da mão que está perturbando a corda, ou das gotas que, caindo, estão perturbando a superfície da água, definem a frequência e o período das ondas produzidas.

Velocidade de propagação de uma onda

Você já refletiu sobre por que, durante uma tempestade, vemos a luz emitida por um relâmpago segundos antes de ouvirmos o ruído do trovão gerado pelo mesmo raio? Esse fato se relaciona à velocidade de propagação das ondas, que depende da natureza da onda gerada e do meio físico no qual ela se propaga. Em meios homogêneos e isotrópicos, como não há mudança em suas propriedades físicas, a onda se propaga com velocidade constante.

Para verificar uma forma de calcular a velocidade das ondas a partir de suas características, considere novamente uma onda se propagando por uma corda. Cada perturbação na corda leva um intervalo de tempo, que corresponde ao período T, para percorrer a distância de um comprimento de onda. Assim, considerando o cálculo da velocidade constante a partir da velocidade média, temos que:

$$v = \frac{\Delta s}{\Delta t} = \frac{\lambda}{T} \Rightarrow v = \frac{\lambda}{T}$$

Como o período é o inverso da frequência, a velocidade de propagação de uma onda também pode ser escrita como:

$$v = \lambda \cdot f$$

Essa relação é conhecida como **equação fundamental das ondas**, sendo válida para qualquer tipo de onda. Se as características do meio não forem alteradas, para duas ondas que se propagam com a mesma velocidade, o comprimento de onda será inversamente proporcional à frequência. Da mesma forma, se a frequência das ondas é a mesma, quanto maior seu comprimento de onda, maior será sua velocidade, pois maior será a distância percorrida pela energia a cada oscilação.

Veja ao lado duas imagens que comparam ondas de frequência 0,5 Hz com comprimentos de onda diferentes.

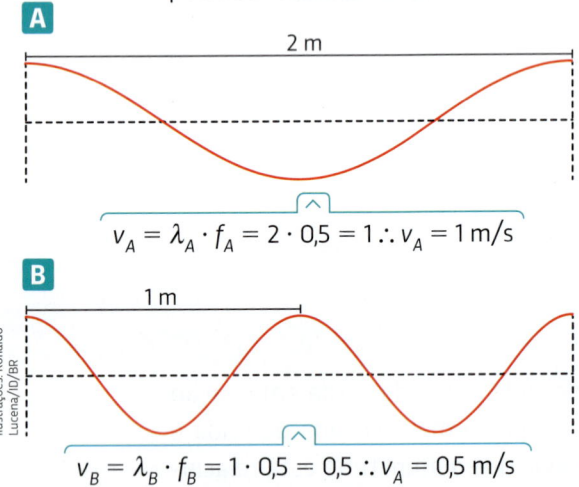

A

2 m

$$v_A = \lambda_A \cdot f_A = 2 \cdot 0,5 = 1 \therefore v_A = 1\,\text{m/s}$$

B

1 m

$$v_B = \lambda_B \cdot f_B = 1 \cdot 0,5 = 0,5 \therefore v_A = 0,5\,\text{m/s}$$

Representação de duas ondas de mesma frequência e comprimentos de onda diferentes.

O período das ondas é de 2 s, de modo que a cada oscilação completa a onda A percorre 2 m, e a onda B percorre 1 m.

Velocidade de um pulso em uma corda

Analisando especificamente cordas homogêneas, ou seja, feitas de um só material, a velocidade de propagação da onda dependerá de sua densidade linear, designada por μ, que define a massa m da corda em seu comprimento L, dada por:

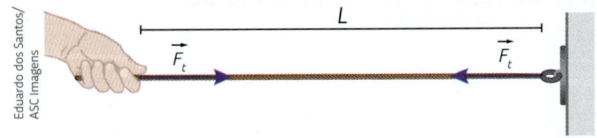

L

$\vec{F}_t$ $\vec{F}_t$

Representação de uma corda de comprimento L esticada, com a força de tração nas extremidades.

$$\mu = \frac{m}{L}$$

No SI, densidade linear é medida em quilograma por metro (kg/m), e quanto maior a densidade da corda menor será a velocidade da onda, uma vez que deverá deslocar uma massa maior.

A velocidade de propagação de uma onda na corda depende também da força de tração $\left(\vec{F}_t\right)$ que está esticando a corda. Quanto mais tensionada a corda, maior será a velocidade de propagação da onda.

Assim sendo, a velocidade da onda na corda pode ser calculada pela relação:

$$v = \sqrt{\frac{F_t}{\mu}}$$

Popularmente conhecida como **relação de Taylor**, é muito utilizada para definir o som produzido por instrumentos de corda, como veremos no capítulo seguinte.

Classificação das ondas

As ondas podem ser classificadas quanto à sua natureza, à sua forma e à direção de propagação.

Classificação quanto à natureza da onda

Quanto à sua natureza, existem dois tipos de onda: as mecânicas e as eletromagnéticas.

As **ondas mecânicas** são aquelas que necessitam de um meio material para se propagar, ou seja, a perturbação causada em um meio material gera uma onda que se propaga pelo próprio meio. As ondas em uma corda, na água, o som e as ondas sísmicas são exemplos de ondas mecânicas.

Sísmico: causado por sismos, ou terremotos.

Como essas ondas se propagam em meios materiais, sua velocidade depende das características desse meio, sendo constante em meios homogêneos.

Como as ondas mecânicas precisam de um meio material para se propagar, elas não se propagam no vácuo. As ondas sonoras, por exemplo, não se propagam no espaço interestelar. Assim, em filmes que retratam viagens espaciais e batalhas interestelares, os sons das explosões são artifícios que tornam as cenas mais atraentes; em situações reais nenhum som seria escutado.

A velocidade de uma onda mecânica em determinado meio físico depende de suas características, como densidade e temperatura, e de suas propriedades elásticas. Quando o meio não é perfeitamente homogêneo, consideramos uma velocidade média de propagação para as ondas mecânicas. A velocidade do

Cena do filme *Guerra nas estrelas*: o retorno de Jedi. Direção: Richard Marquand. EUA, 1983 (136 min). Essa cena apresenta uma explosão com forte estrondo, que foi inserido como um recurso cinematográfico, já que o som não se propagaria naquele meio.

som, por exemplo, à pressão atmosférica de 1 atm, vale em média 331 m/s no ar, à temperatura de 0 °C, e em média 343 m/s no ar a 20 °C. Note que o aumento da temperatura torna as partículas que compõem o ar mais agitadas, favorecendo a propagação do som.

Se considerarmos a água, a velocidade do som vale em média 1 402 m/s com a água a 0 °C, e em média 1 482 m/s com a água a 20 °C. A velocidade do som na água é maior que no ar, pois a densidade da água é maior que a do ar.

A mesma análise pode ser feita na propagação de uma onda sísmica causada por um terremoto. Mesmo que o abalo sísmico tenha ocorrido distante de uma cidade, as ondas produzidas atingem as construções, que se danificam por causa da vibração das estruturas.

As ondas mecânicas geradas passam por camadas de diferentes materiais, propagando-se com velocidades médias de 6 a 8 km/s. No terremoto que atingiu o Chile, em 16 de setembro de 2015, por exemplo, o epicentro ocorreu no oceano, a cerca de 230 km de distância da capital, Santiago.

> No terremoto do Chile, qual foi o principal meio de propagação das ondas sísmicas até chegar às construções?

Estragos causados na cidade de Concon, no Chile, pelo terremoto que ocorreu em 16 de setembro de 2015.

As ondas eletromagnéticas são aquelas que possuem propriedades elétricas e magnéticas e que não necessitam de um meio material para se propagarem. Ondas luminosas, de rádio e televisão, raio X, radiação ultravioleta e infravermelha, bem como raios gama, são exemplos de ondas eletromagnéticas.

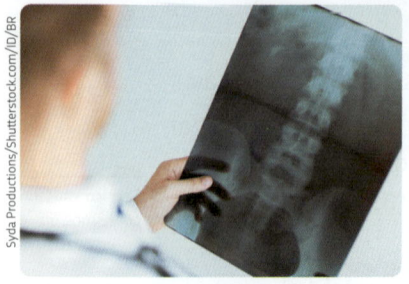

❚ O raio X é uma onda eletromagnética utilizada em exames médicos.

❚ A radiação infravermelha é uma onda eletromagnética emitida devido à temperatura.

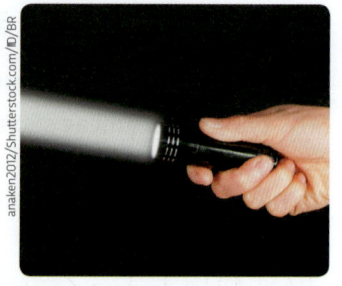

❚ A luz é o exemplo mais comum de onda eletromagnética.

Campo elétrico: região na qual ocorrem interações elétricas.

Campo magnético: região na qual ocorrem interações magnéticas.

Assim como as ondas mecânicas se propagam em meios materiais, durante muito tempo acreditou-se que as ondas eletromagnéticas também dependiam de um meio material que permeasse todo o espaço, por onde propagavam os ondas eletromagnéticas, como a luz emitida pelo Sol que chega à Terra.

A tentativa de detectar esse meio hipotético, denominado éter luminífero, foi um dos principais objetivos científicos do final do século XIX. Porém, apesar do grande esforço dos melhores físicos experimentais da época, o éter luminífero nunca foi detectado. Esse fato somado às teorias relativísticas de Albert Einstein (1879-1955) e Hendrick Lorentz (1853-1928), no começo do século XX, alteraram a compreensão da natureza. Atualmente sabemos que as ondas eletromagnéticas não necessitam de meios físicos para se propagar, pois consistem de oscilações de campos elétricos e campos magnéticos.

Toda carga elétrica, como os elétrons presentes na matéria, possui um campo elétrico ao seu redor. Trata-se de uma região de influência de suas propriedades elétricas, assim como o campo gravitacional que existe ao redor da Terra, devido à sua massa. Um dos fenômenos descobertos pela teoria do Eletromagnetismo foi que o movimento de cargas elétricas gerava propriedades magnéticas próximas da carga, como um ímã. Assim, quando cargas elétricas são colocadas a oscilar, ocorre uma combinação de campos elétricos e magnéticos oscilantes perpendiculares um em relação ao outro, formando uma onda eletromagnética que se propaga, como representado na imagem abaixo.

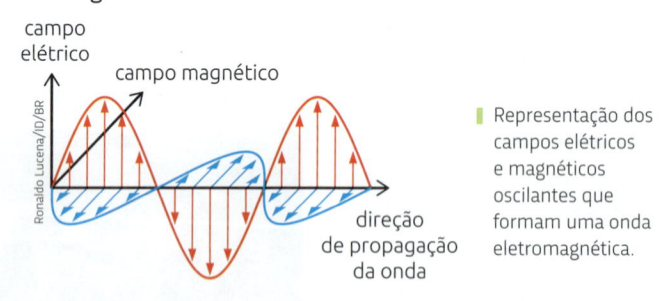

campo elétrico
campo magnético
direção de propagação da onda

❚ Representação dos campos elétricos e magnéticos oscilantes que formam uma onda eletromagnética.

Dessa forma, a propagação das ondas eletromagnéticas não depende de meios físicos, ocorrendo inclusive no vácuo, como podemos notar pela radiação do Sol e de outras estrelas que chega à Terra.

No vácuo, todas as ondas eletromagnéticas propagam-se com a velocidade da luz, designada por c $(c = 3 \cdot 10^8 \text{ m/s})$, e diferem entre si nas suas frequências. De acordo com a equação fundamental das ondas $(v = \lambda \cdot f)$, quanto maior a frequência de uma onda eletromagnética, menor será seu comprimento de onda.

O espectro eletromagnético mostrado a seguir consiste de uma organização das ondas eletromagnéticas de acordo com suas frequências e comprimento de onda. Apesar da propagação das ondas eletromagnéticas não depender de meio material, a velocidade da onda pode mudar de acordo com o meio, assim como ocorre com a luz quando incide em meios transparentes, como uma lente ou a água, sofrendo refração devido à variação de sua velocidade.

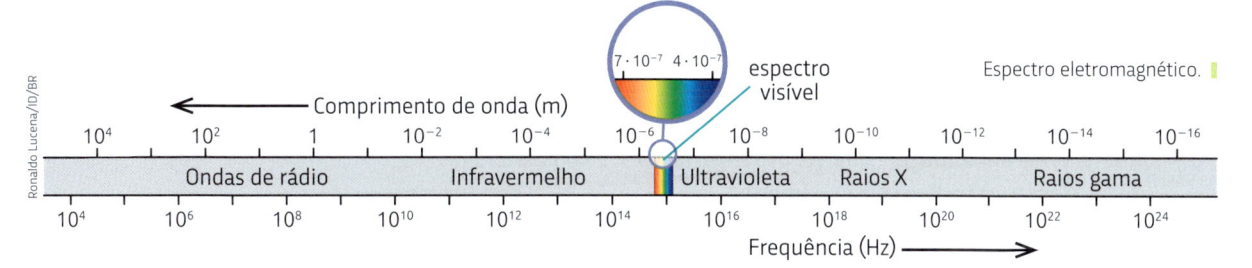

Espectro eletromagnético.

Classificação das ondas quanto à sua forma

De acordo com sua forma, as ondas podem ser classificadas como transversais ou longitudinais.

Quando geramos uma oscilação em uma corda tensionada, cada parte da corda realiza um movimento para cima e para baixo em torno da posição de equilíbrio, enquanto a onda se propaga. Nesse caso, o movimento de cada elemento da corda é perpendicular à direção de propagação da onda, o que caracteriza uma **onda transversal**.

Representação de uma onda transversal indicando o sentido da oscilação e da propagação da onda.

Ondas na água são exemplos de ondas transversais. As ondas eletromagnéticas, apesar de não serem visíveis e não se propagarem pela oscilação de um meio material, são transversais.

Outro modo de oscilação das ondas ocorre quando as partes que constituem o meio se movem para a frente e para trás, enquanto a onda se propaga. Considere uma mola posicionada na horizontal, tendo uma de suas extremidades livres puxada e empurrada rapidamente. Essa perturbação fornece à mola energia, que se propaga na forma de um pulso.

Se a perturbação causada na mola se repetir periodicamente, as partes da mola irão oscilar na mesma direção de propagação da onda, o que caracteriza uma **onda longitudinal**. A propagação dessa onda ocorre por compressão e rarefação do meio físico.

Representação de uma onda longitudinal se propagando em uma mola antes da onda refletir no ponto fixo.

As ondas sonoras também são exemplos de ondas longitudinais, quando há uma perturbação do meio físico, como o ar, por exemplo, e o movimento oscilatório de partes do meio tem mesma direção da propagação da onda, por compressões e rarefações, como representado na imagem.

Representação da propagação longitudinal do som. Essa propagação ocorre de forma tridimensional nos ambientes.

Em alguns casos pode ocorrer a combinação de uma propagação transversal e uma longitudinal, configurando uma **onda mista**. Nesse caso, conforme a onda se propaga, o meio material realiza um movimento para cima e para baixo, combinado com um movimento para a frente e para trás, resultando uma trajetória circular. Esse efeito ocorre na propagação das ondas sísmicas de terremotos e na formação das ondas do mar, assuntos que retomaremos neste capítulo.

Representação de uma onda mista na água.

1. (UEPG-PR) Estão presentes, no nosso cotidiano, fenômenos tais como o som, a luz, os terremotos, os sinais de rádio e de televisão, os quais aparentemente nada têm em comum, entretanto todos eles são ondas. Com relação às características fundamentais do movimento ondulatório, assinale o que for correto.

01) Onda é uma perturbação que se propaga no espaço transportando matéria e energia.

02) Ondas, dependendo da sua natureza, podem se propagar somente no vácuo.

04) Ondas transversais são aquelas em que as partículas do meio oscilam paralelamente à direção de propagação da onda.

08) A frequência de uma onda corresponde ao número de oscilações que ela realiza numa unidade de tempo.

16) Comprimento de onda corresponde à distância percorrida pela onda em um período.

2. Quantas vibrações por segundo existem em uma onda de rádio de 102,7 MHz?

3. Em que direção se propagam as vibrações de uma determinada onda transversal? Cite exemplos desses tipos de ondas.

4. Uma onda unidimensional é gerada e se propaga em uma corda, como representado na imagem abaixo.

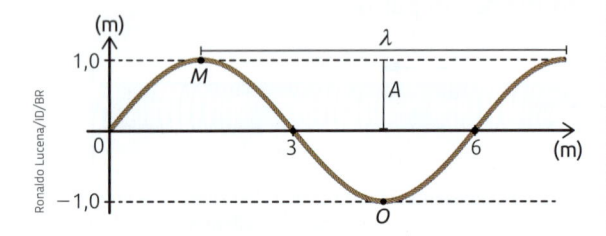

Julgue as afirmações a seguir como verdadeiras ou falsas, justificando as falsas em seu caderno.

I) O ponto O está localizado sobre a crista da onda.

II) O ponto M está localizado sobre o vale da onda.

III) A onda possui uma amplitude A e mede 1 m.

IV) A onda possui um comprimento de onda de aproximadamente 1 m.

V) A razão da velocidade v por sua frequência f vale 6 m.

VI) Se a onda leva 2 segundos para completar uma oscilação, significa que sua frequência é 2 Hz.

5. (Unitau-SP) O comprimento de onda da luz amarela emitida pelo elemento químico sódio, quando se desloca no ar, é de 589 nm (nanômetros). A frequência dessa mesma onda de luz será:

a) $7,01 \times 10^{14}$ Hz d) $5,60 \times 10^{14}$ Hz

b) $4,90 \times 10^{14}$ Hz e) $6,50 \times 10^{14}$ Hz

c) $5,09 \times 10^{14}$ Hz

6. Se oscilamos um pêndulo que derruba areia de maneira constante sobre uma esteira de rolagem em movimento uniforme, a curva traçada pela areia é parecida com qual dos gráficos abaixo?

a)
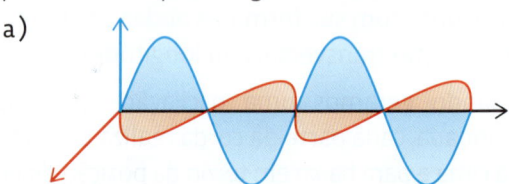

b)
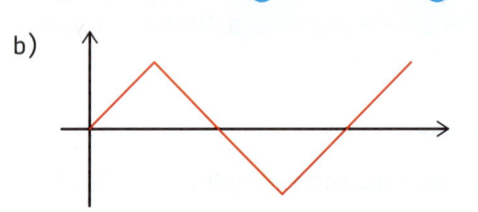

c)
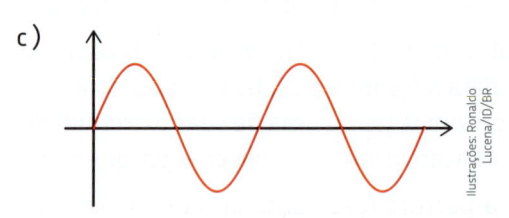

Ilustrações: Ronaldo Lucena/ID/BR

R1. Duas ondas são geradas em duas diferentes cordas e possuem a mesma velocidade de propagação. Supondo que sobre a corda *1* o comprimento de onda é o dobro em relação à corda *2*, qual a relação da grandeza frequência entre as duas ondas?

⟩ Resolução

Utilizando a equação da velocidade de propagação de uma onda, temos:

$v_1 = \lambda_1 \cdot f_1$ e $v_2 = \lambda_2 \cdot f_2$

Como $v_1 = v_2$ e $\lambda_1 = 2 \cdot \lambda_2$, então:

$$\lambda_1 \cdot f_1 = \lambda_2 \cdot f_2 \Rightarrow 2 \cdot \lambda_2 \cdot f_1 = \lambda_2 \cdot f_2 \Rightarrow$$

$$\Rightarrow \boxed{f_1 = \frac{f_2}{2}}$$

Assim, conclui-se que a frequência da onda *1* é a metade da frequência da onda *2*.

7. Uma torneira com vazamento goteja sobre um balde cheio d'água. As gotas caem na ordem de duas a cada segundo, gerando ondas com comprimento de onda igual a 5 cm. Com base nessas informações determine:

a) Qual a frequência das ondas geradas?

b) Qual o período de oscilação das ondas geradas?

c) Qual a velocidade de propagação em cm/s?

8. Um pulso é dado em uma corda com densidade linear de 5 kg/m e tensionada por uma força de 45 N. Determine:

a) a velocidade de propagação do pulso.

b) Se a mesma força é aplicada em uma corda com uma maior densidade linear, a velocidade de propagação é maior ou menor? Explique.

9. (Unitau-SP) Uma corda com nós equidistantes em todo o seu comprimento é içada, do fundo de um lago calmo e cristalino, por uma de suas pontas. Sabendo que a distância entre os nós é de 7 cm e que a velocidade de içamento é constante e vale 70 cm/s, é INCORRETO afirmar:

a) Supondo que a velocidade de propagação da onda sobre a superfície do lago seja a mesma de içamento da corda, o comprimento de onda das ondas geradas na superfície do lago é de 7 cm.

b) A frequência da onda é de 10 Hz.

c) O período das ondas geradas na superfície do lago é de 0,1 s.

d) Após o primeiro pulso de onda ter sido gerado, o tempo gasto pelo pulso de onda para percorrer 140 cm, medido a partir da fonte (corda), é de 2 s.

e) A onda gerada na superfície desse lago é capaz de transportar energia e matéria.

10. As ondas formadas nos oceanos são consequência dos ventos, que transferem energia para a água. Criam-se forças de pressão e fricção sobre a água, a qual sofre perturbação em seu equilíbrio.

Considere uma embarcação com 10 m de comprimento, ancorada em um porto, sujeita à ação de ondas periódicas que se propagam na água com uma velocidade de 2 m/s. Sabendo disso, determine:

a) a frequência de oscilação do barco.

b) o período de oscilação do barco.

11. Em 25 de abril de 2015, um forte terremoto classificado como M7.8 começou próximo a Kathmandu, no Nepal. O evento foi seguido por muitos tremores secundários, o maior sendo um M7.3, em 12 de maio, 17 dias após o terremoto inicial.

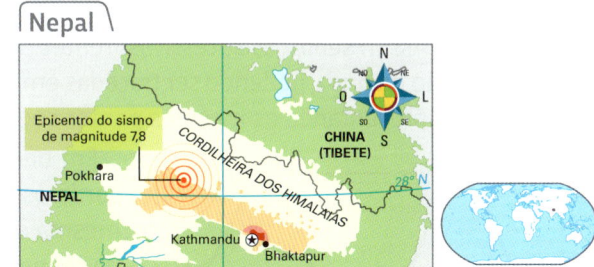

Fonte de pesquisa: Terremoto no Nepal de magnitude 7,8 deixa mais de 1.900 mortos. *Folha de S.Paulo*, Mundo, São Paulo, 25 abr. 2015. Disponível em: <www1.folha.uol.com.br/mundo/2015/04/1621135-terremoto-de-magnitude-75-sacode-noroeste-do-nepal.shtml> Acesso em: 25 fev. 2016.

Apesar de a velocidade das ondas variar com as propriedades das rochas, a velocidade delas é praticamente constante e igual a 8 km/s. Isso permite que possamos estimar a distância entre o local onde ocorreu o abalo e a estação sismológica.

a) Com base nesses dados, calcule o tempo que uma estação sismológica situada a 640 km leva para registrar esse abalo.

b) Se uma estação sismológica recebe a informação nos sismógrafos após 25 s, a qual distância aproximada ela está do epicentro?

c) Considere que a frequência das ondas desse terremoto seja de 16 Hz. Qual é o comprimento de onda?

12. Quando ouvimos a expressão "avião supersônico", significa que aquela aeronave possui capacidade de ultrapassar a barreira do som e voar em determinado número de *Mach*. O número de *Mach* é a razão entre a velocidade v do avião e a velocidade do som, v_s. Suponha um jato voando a uma velocidade de 772,8 m/s e que a velocidade do som no ar seja 336 m/s. Podemos dizer que esse jato está voando em qual *Mach*?

13. Um mosquito bate suas asas a 500 vibrações por segundo, o que produz um barulho de frequência 500 Hz. Dado que a velocidade do som no ar é de 340 m/s, calcule o comprimento de onda do som produzido pelo mosquito.

◢Frentes de onda e Princípio de Huygens

Para estudar uma onda e representar sua propagação, podemos considerar as chamadas frentes de onda, conjuntos de pontos do meio de propagação que são atingidos ao mesmo tempo por uma mesma crista ou vale de uma onda. Como exemplo, considere o som emitido por um alto-falante. No instante em que o alto-falante emite o som, ele perturba a camada de ar próxima a ele, gerando uma onda sonora que se espalha em todas as direções. A frente de onda desse som será marcada por todos os pontos do ar ao redor do alto-falante que estiverem sofrendo a influência da mesma perturbação.

Assim sendo, as sucessivas frentes de onda têm sempre direção perpendicular à de propagação da onda, podendo ser traçadas em qualquer ponto da onda escolhida, desde que continuem representando os mesmos pontos sucessivos de uma mesma onda.

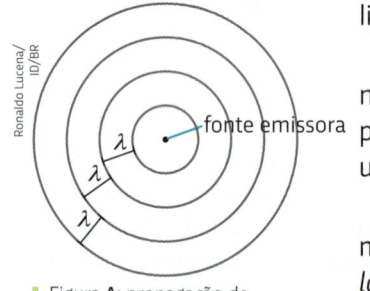

Frentes de ondas em uma corda.

Em ondas unidimensionais, como aquelas produzidas por uma corda oscilante, existirá apenas um ponto sendo percorrido pela mesma oscilação. Assim sendo, as frentes de onda serão determinadas pela posição desses pontos em relação ao restante da onda.

Já para ondas bidimensionais, como é o caso de ondas que se formam na água, existirá um conjunto de pontos perturbados pela mesma oscilação. Desse modo, as frentes de onda serão formadas por uma linha que contêm todos esses pontos, como representado na figura **A**.

Figura **A**: propagação de frentes de onda circulares.

Ao considerar ondas tridimensionais, assim como as ondas sonoras mencionadas no início da página, compreendemos que existem pontos perturbados pela mesma oscilação em todas as direções de propagação, constituindo assim uma superfície, como representado na figura **B**.

A concepção de frente de onda foi apresentada pelo matemático, astrônomo e físico holandês Christiaan Huygens (1629-1695) em sua obra *Traité de la Lumière*, apresentada em 1678. Nesse tratado ele buscava compreender os fenômenos ópticos com um modelo ondulatório para a luz. Durante esse estudo, ele propôs que a propagação das frentes de onda ocorresse por meio de sucessivas pequenas ondas, chamadas de ondas secundárias ou particulares, que seriam geradas sobre o meio devido à influência da frente de onda inicial. Essa proposta foi reelaborada matematicamente e generalizada para os demais tipos de onda pelo engenheiro e físico francês Augustin-Jean Fresnel (1788–1827), em 1816. O princípio de Huygens pode ser enunciado como:

> Cada ponto de uma frente de onda se comporta como fonte para ondas secundárias, que, por sua vez, determinarão a posição da frente de onda em um instante posterior.

Figura **B**: propagação de frentes de onda tridimensionais emitidas por um alto falante.

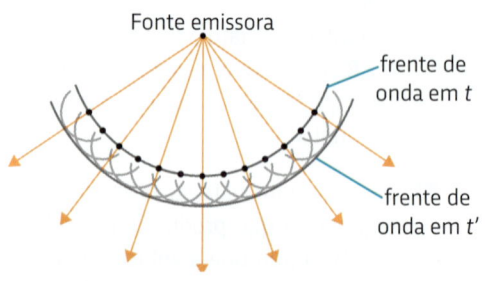

Propagação de uma frente de onda circular formada por feixes de ondas divergentes.

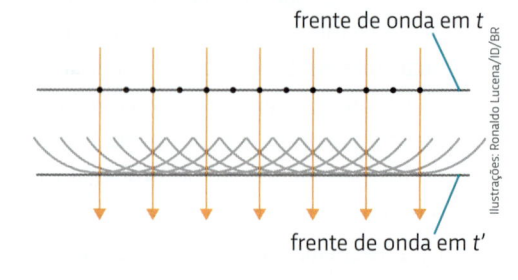

Propagação de uma frente de onda plana formada por feixes de ondas paralelas.

Fenômenos ondulatórios

Trataremos novamente de alguns fenômenos ondulatórios já estudados em Óptica geométrica, como a reflexão e a refração da luz, mas agora estendendo a abordagem para outras ondas. Levaremos em consideração a natureza das ondas e não apenas uma representação geométrica.

Reflexão

No estudo da Óptica geométrica vimos que a luz, representada por um raio de luz retilíneo, ao incidir sobre uma superfície refletora com certo ângulo em relação ao plano normal (N), é refletida com um ângulo de reflexão igual ao de incidência. Essa propriedade pode ser verificada também em situações que não envolvem ondas, como em uma jogada de bilhar, quando o jogador faz uso da reflexão da bola na lateral da mesa, estimando onde quer que a bola atinja após refletir.

Atleta inglês Ronnie O'Sullivan em uma competição de bilhar no Alexandra Palace Hotel, na Inglaterra, em 2016. Veja a representação da trajetória da bola após refletir na lateral da mesa.

Vimos que a luz é uma onda eletromagnética com velocidade que depende do meio e tem valor máximo $c = 3 \cdot 10^8$ m/s, quando se propaga no vácuo. Como na reflexão a onda luminosa incidente e refletida encontra-se no mesmo meio de propagação, sua velocidade não se altera, condição válida para a reflexão de qualquer onda.

A reflexão das ondas pode ser representada utilizando as frentes de onda e o princípio de Huygens. Quando uma onda incide sobre a superfície que separa dois meios distintos, cada ponto da superfície pode ser compreendido como uma fonte de ondas secundárias.

Como cada ponto da superfície é atingido em momentos distintos pela frente de onda inicial, as ondas secundárias originadas no meio não estarão mais em sincronia. Assim, a nova frente de onda poderá sofrer um desvio em relação à inicial.

Note que essa explicação é condizente com as leis da reflexão óptica, e que a frequência e o comprimento de onda não se alteram na reflexão.

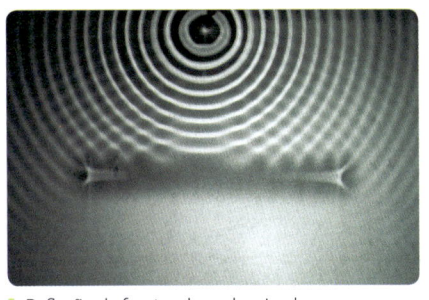

Reflexão de frentes de ondas circulares em um anteparo. As ondas formadas na água foram iluminadas superiormente.

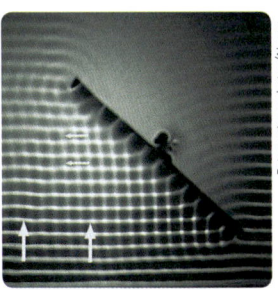

Reflexão de frentes de ondas planas na água em um anteparo.

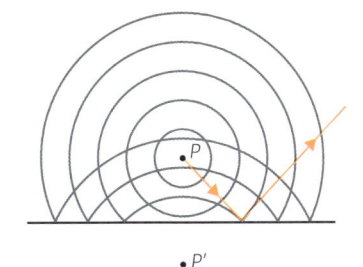

Representação da reflexão de uma frente de onda circular em um anteparo.

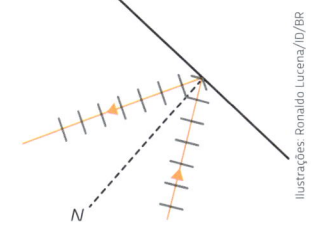

Representação da reflexão de uma frente de onda em um anteparo.

Reflexão de um pulso em uma corda

Ondas e pulsos que se propagam em uma corda também podem ser refletidos, como observado nos experimentos anteriores.

A reflexão ocorre de forma diferente se a extremidade da corda onde o pulso chega estiver fixa ou solta. Quando um pulso que se propaga por uma corda encontra uma extremidade fixa, ou seja, que não oscila, a corda exerce uma força para cima no anteparo. Este, por sua vez, de acordo com a terceira lei de Newton, exerce uma força para baixo na corda, invertendo a fase do pulso.

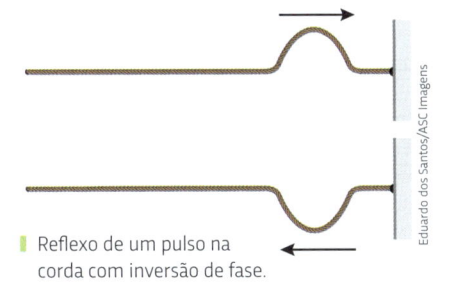

Reflexo de um pulso na corda com inversão de fase.

A fase de um pulso ou de uma onda tem relação com o momento da oscilação em que o ponto está. Pontos que oscilam juntos estão em concordância de fase, enquanto pontos que oscilam inversamente estão em oposição de fase. Duas cristas oscilam em concordância de fase, enquanto uma crista e um vale oscilam em oposição de fase.

sentido de propagação da onda

Os pontos *A* e *B* estão em oposição de fase, pois um está subindo e o outro está descendo, assim como *A'* e *B'*. Os pontos *A* e *A'* estão em concordância de fase, pois ambos sobem juntos, assim como *B* e *B'* descem juntos.

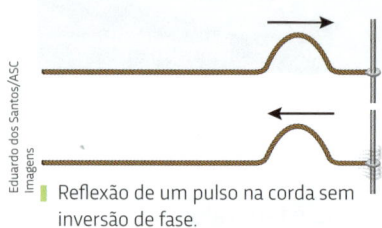

Reflexão de um pulso na corda sem inversão de fase.

Quando um pulso que se propaga por uma corda encontra uma extremidade livre, que pode oscilar livremente, o pulso refletido retorna em concordância de fase com o pulso incidente. No caso ao lado, a corda exerce uma força para cima no anel que a prende e desliza sem atrito. Essa extremidade oscila para cima e para baixo, como o corpo que produziu o pulso, mantendo assim a fase do pulso.

● Refração

Na Óptica geométrica, vimos que a luz sofre refração quando passa de um meio de propagação transparente para outro, ou seja, sua velocidade de propagação se altera, o que pode ser acompanhado por um desvio na trajetória, dependendo do ângulo de incidência em relação à normal e à superfície. A lei da refração, ou lei de Snell-Descartes, relaciona os índices de refração do meio incidente $\left(n_A\right)$, do meio refratado $\left(n_B\right)$ e os ângulos de incidência $\left(\hat{i}\right)$ e de refração $\left(\hat{r}\right)$ da seguinte forma:

$$n_A \cdot \operatorname{sen} \hat{i} = n_B \cdot \operatorname{sen} \hat{r}$$

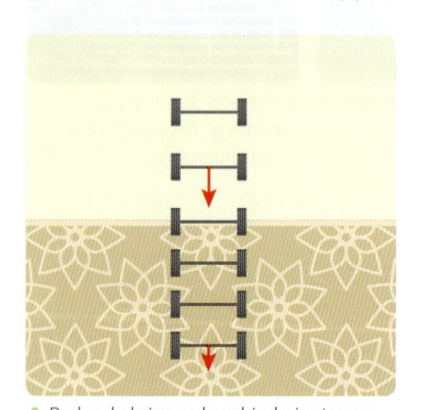

Rodas de brinquedo subindo juntas em um tapete.

A refração é um fenômeno que pode ocorrer com qualquer tipo de onda, podendo ser representada por meio das frentes de onda e do princípio de Huygens. Para ilustrar esse tratamento, consideramos um eixo horizontal fixo em duas rodas, como em um carrinho de brinquedo, de modo que as rodas giram juntas devido à conexão com o eixo.

Se as rodas estiverem girando em um piso liso e subirem juntas em um tapete, perpendicularmente à sua borda, as velocidades das duas rodas diminuem juntas enquanto a trajetória não muda, como mostrado na imagem ao lado.

Se o conjunto atingir o tapete obliquamente à sua borda, a roda que subir primeiro no tapete sofrerá uma redução de velocidade, enquanto a roda que continua sobre o piso manterá sua velocidade. Essa diferença causará uma rotação do eixo que une as rodas, alterando assim a trajetória do movimento, como ilustrado ao lado.

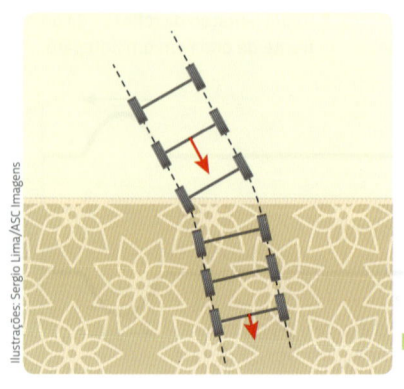

Uma roda sobe no tapete primeiro que a outra e causa o giro do eixo.

Quando uma onda refrata, passando de um meio menos refringente (meio *A*) para um mais refringente (meio *B*), sua velocidade diminui. Como a frequência da onda não se altera, pois depende da fonte geradora $\left(f_A = f_B\right)$, o comprimento de onda também diminui. Pela equação fundamental das ondas, temos que:

$$f_A = f_B \Rightarrow \frac{v_A}{\lambda_A} = \frac{v_B}{\lambda_B}$$

Utilizando a analogia com o eixo com rodas, se a incidência da onda for perpendicular ao meio, não ocorrerá desvio de trajetória, pois cada frente de onda refratará por inteiro, como mostra a figura **A**. Para uma incidência oblíqua, uma parte da frente de onda refratará primeiro, como mostra a figura **B**.

A diminuição na velocidade da onda causou uma diminuição no comprimento de onda. Na onda refratada, as frentes de onda ficaram mais próximas.

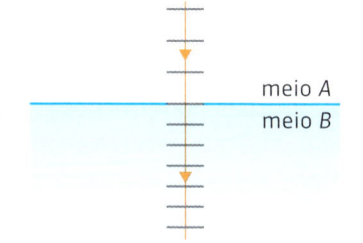

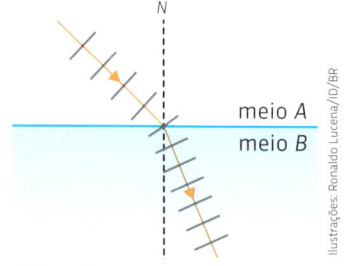

▌ Figura **A**: representação e uma onda passando de um meio *A* para um meio *B*, incidindo perpendicularmente.

▌ Figura **B**: representação de uma onda passando de um meio *A* para um meio *B*, incidindo obliquamente.

O fenômeno da refração também pode ser observado nas ondas do mar, quando elas se aproximam da praia. Nesse processo ocorre uma mudança no comprimento de onda, em sua velocidade e em sua amplitude, provocando, em muitos casos, a arrebentação. Isso ocorre porque, ao se aproximar da praia, a onda encontra profundidade bem inferior àquela em que se formou.

Geralmente as ondas do mar são formadas longe da costa, pela ação dos ventos sobre a superfície da água ou de tempestades em alto-mar. Diferentemente da onda formada em uma corda, a onda do mar não tem formato de curva senoidal. Como é produzida na água, a parte da crista é mais pontiaguda e a parte do vale fica mais redonda, sendo chamada de calha da onda.

▌ Onda no mar da Indonésia, em 2016.

Além disso, as ondas marítimas são ondas mistas, isto é, além da oscilação transversal, observada na fotografia, elas também apresentam oscilações longitudinais. O resultado é um movimento circular das moléculas de água quando a onda está em um local de grande profundidade, e um movimento com trajetória em forma de elipse quando a onda está em um local raso. Quando estamos no mar, antes da região de arrebentação das ondas, é possível sentir esse movimento: quando a onda passa, sentimos o corpo subir, descer, ir para a frente e para trás.

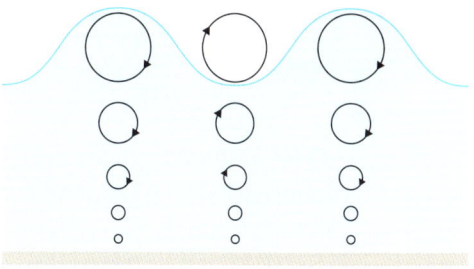

▌ As moléculas de água oscilam em trajetórias circulares em locais de grande profundidade. À medida que se afunda na água o movimento é reduzido, e após certa profundidade não será mais percebido.

Algumas ondas podem ser formadas no mar por atividades sísmicas, vulcânicas, deslizamentos de terra, impacto de meteoritos e também fenômenos meteorológicos. São denominadas *tsunami* e se diferenciam das ondas normais por possuírem comprimento de onda bem maior, variando de 10 km a 500 km, enquanto as ondas normais têm comprimento de até algumas centenas de metros. Quando estão em alto-mar os *tsunami* podem se propagar com velocidades de até 800 km/h, com períodos que vão de alguns minutos até meia hora, enquanto as ondas normais têm períodos de até 30 s. Por isso, em um *tsunami*, depois que o mar se eleva, demora muito mais tempo para retornar ao nível normal.

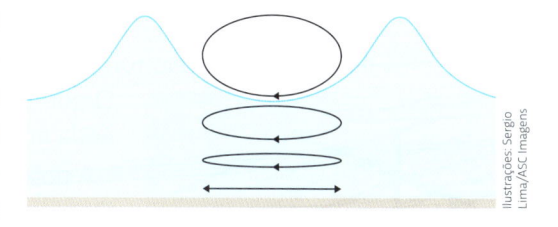

▌ Em locais mais rasos a trajetória da oscilação das moléculas é elíptica. Nas regiões mais próximas do fundo a componente vertical da oscilação deixa de existir e o movimento ocorre somente na horizontal.

Em alto-mar um *tsunami* pode passar despercebido, assim como as ondas convencionais. Mas, ao se aproximar da costa e encontrar profundidades menores, ele sofre refração. Assim, sua velocidade e seu comprimento de onda diminuem e sua amplitude aumenta, podendo chegar a 30 m de altura. Um *tsunami* pode chegar à costa como uma parede de água, sem sofrer arrebentação, com velocidades de 5 m/s a 8 m/s e grande quantidade de energia, causando destruição tanto na inundação quanto na vazante da costa.

Representação da formação das ondas do mar.

Ondas normais podem chegar a amplitudes iguais às de um *tsunami* pelo mesmo processo (refração). Porém, como geralmente arrebentam antes de chegar à costa, grande parte de sua energia é dissipada. A arrebentação da onda ocorre porque, na refração, a crista da onda fica com velocidade maior que a calha, ultrapassando-a. Após a arrebentação da onda, a água sobe em direção à areia, dissipando a energia do movimento.

Polarização

Os óculos polarizados são muito úteis ao dirigir contra o Sol por serem capazes de impedir a refração de raios luminosos que já tenham sofrido reflexões difusas. Neste caso, o fenômeno que permite filtrar apenas a parcela da luz visível consiste na polarização.

Vimos que, quando provocamos ondas transversais em uma corda esticada, as partes da corda oscilam em uma única direção para cima e para baixo, em um plano bem definido (no caso o plano vertical), enquanto a onda se propaga, o que caracteriza uma **onda polarizada**. No caso, a onda na corda pode ser polarizada na vertical e também na horizontal, como mostrado nas imagens abaixo.

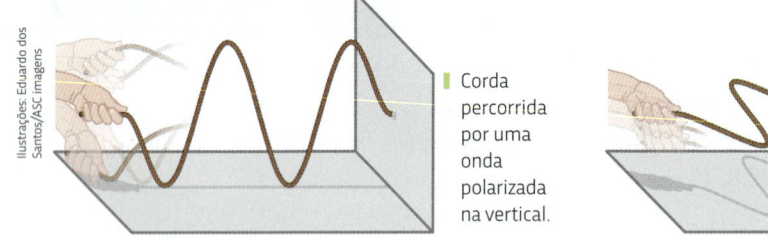 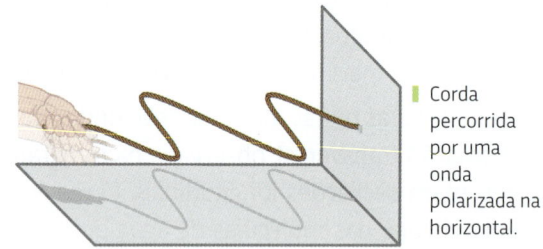

Corda percorrida por uma onda polarizada na vertical.

Corda percorrida por uma onda polarizada na horizontal.

O fenômeno da polarização das ondas só é possível em ondas transversais, nas quais a direção da oscilação é perpendicular à direção de propagação da onda. Assim, ondas sonoras, que são longitudinais, não podem ser polarizadas.

Citamos o exemplo de polarização nas ondas em cordas apenas para representar esse fenômeno, pois é nas ondas eletromagnéticas que ele realmente tem utilidade. A partir de alguns fenômenos ondulatórios, constatou-se que a luz e outras radiações possuem natureza ondulatória, e a verificação de que essas ondas podem ser polarizadas auxiliou na conclusão de que se trata de ondas transversais.

Sinais de televisão, por exemplo, são transmitidos por ondas polarizadas, ou seja, o campo elétrico da onda eletromagnética emitida por todas as emissoras oscila em uma única direção. O que diferencia uma emissora de outra são outras características da onda emitida, como sua frequência de oscilação.

A polarização da onda emitida pode variar, de acordo com o país. No caso do Brasil, os sinais de televisão são polarizados na horizontal, ou seja, o campo elétrico oscila na direção horizontal. Assim, as antenas que sintonizam também devem ser posicionadas nessa direção, para que as ondas eletromagnéticas possam gerar sinais elétricos na antena, que serão conduzidos até o aparelho televisor.

Antenas que sintonizam sinais de televisão no Brasil são posicionadas na horizontal em relação ao solo.

Nos Estados Unidos os sinais de televisão também são polarizados na horizontal, enquanto na Inglaterra os sinais são polarizados na vertical.

Diferentemente dos sinais de televisão, que consistem de ondas polarizadas, a luz emitida pelas lâmpadas utilizadas em nossas casas, por exemplo, consiste de ondas não polarizadas, pois não existe nenhuma direção preferencial de oscilação. Uma forma de representar uma onda eletromagnética não polarizada é considerar as várias direções de oscilação no campo elétrico, como mostrado na imagem ao lado.

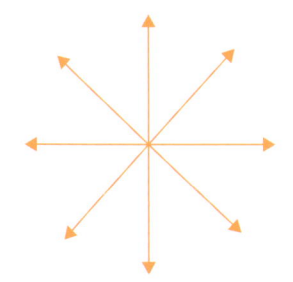

Representação de uma onda eletromagnética não polarizada, como se estivesse saindo da folha. As setas indicam as oscilações no campo elétrico da onda.

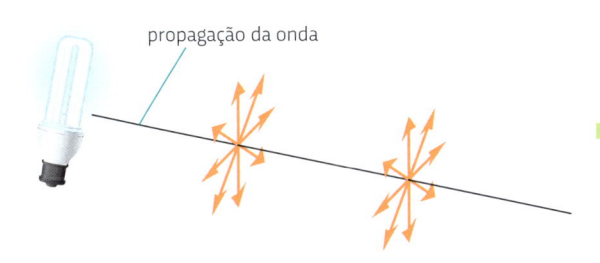

propagação da onda

Representação da luz não polarizada emitida por uma lâmpada fluorescente. As oscilações no campo elétrico são perpendiculares à propagação da onda.

A polarização de uma onda pode ser feita por filtros polarizadores, dispositivos que permitem a passagem de apenas uma direção de oscilação, absorvendo as outras. Esses dispositivos são compostos por moléculas com determinado alinhamento e liberdade de oscilação; ao receber uma onda não polarizada, eles transmitem apenas a direção paralela às moléculas, absorvendo as outras componentes, conforme representado nas imagens a seguir.

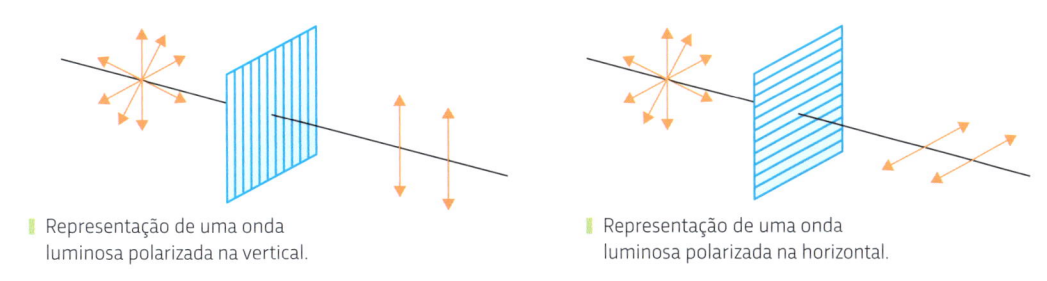

Representação de uma onda luminosa polarizada na vertical.

Representação de uma onda luminosa polarizada na horizontal.

Como a luz não polarizada apresenta oscilações em várias direções, girar um polarizador não influencia na polarização da luz. Mas se uma luz já polarizada em uma direção incidir perpendicularmente a um polarizador, ela será totalmente bloqueada, como mostrado na imagem.

Representação da luz passando por um polarizador vertical.

Representação da luz passando por dois polarizadores perpendiculares.

Imagem obtida com dois filtros polarizados perpendiculares. Onde esses filmes estão sobrepostos, a luz é totalmente bloqueada.

A luz também pode ser polarizada por reflexão, como é possível notar pelo brilho de um vidro, ou da superfície da água, quando iluminado pelo Sol. Esse brilho é devido à reflexão da luz na superfície horizontal, em que parte da luz sofre polarização horizontal. Algumas lentes de óculos escuros, além de bloquearem a radiação ultravioleta, são lentes polarizadoras, que reduzem o brilho das imagens observadas. Essas lentes são polarizadoras verticais, pois evitam que a luz polarizada horizontalmente na superfície alcance os olhos do usuário.

Algumas lentes de câmeras fotográficas também são filtros polarizadores, reduzindo assim o brilho de registros fotográficos.

● Difração

Imagine que alguém o chama do outro lado de um muro. Mesmo sem ver a pessoa, você consegue ouvir sua voz. Essa situação está relacionada ao fenômeno da difração.

Difração é a capacidade de uma onda contornar um obstáculo ou transpor uma fenda ou orifício, sendo um fenômeno que pode ocorrer com qualquer tipo de onda.

Considere que ondas planas se propagando numa superfície atingem um anteparo com uma fenda, como mostrado nas imagens a seguir. Essas ondas irão difratar pela fenda e sofrer um encurvamento, assumindo uma forma circular, pois, de acordo com o princípio de Huygens, cada ponto de uma frente de onda pode ser considerado uma fonte de onda secundária.

  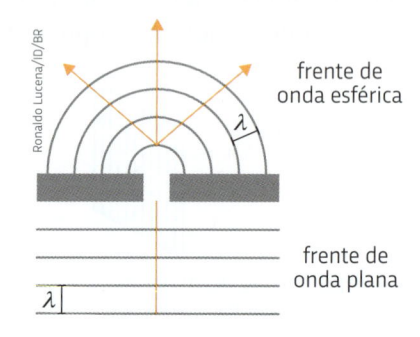

Difração por fenda de uma onda plana na superfície da água. Quanto menor a largura da fenda, mais acentuado o encurvamento das ondas.

Representação da difração de ondas planas por uma fenda.

Difração de uma onda sonora em um muro.

A difração depende das dimensões da fenda ou do obstáculo, como foi possível perceber nas fotografias anteriores. A difração ocorre quando o obstáculo ou a fenda tem dimensões comparáveis ao comprimento de onda. No exemplo das ondas na água, caso as fendas sejam aumentadas, as ondas passarão sem difratar.

Por esse motivo podemos ouvir uma pessoa que fala do outro lado de um muro, mas não podemos vê-la. No ar, as ondas sonoras podem ter comprimento de onda entre 17 m e 1,7 cm, em média, podendo contornar obstáculos como um muro. Porém, não vemos a pessoa porque a luz visível não é capaz de difratar pelo muro, pois seu comprimento de onda é da ordem de micrometros $(10^{-6}$ m$)$, ou seja, muito pequeno em relação ao seu tamanho.

A luz, por ser uma onda eletromagnética, também sofre difração, quando as dimensões do obstáculo ou da fenda são comparáveis ao seu comprimento de onda. A explicação da difração da luz é equivalente à das ondas mecânicas, baseada no princípio de Huygens.

Apesar de estudados isoladamente, os fenômenos ondulatórios podem ocorrer simultaneamente. Uma onda sofrendo difração pode também sofrer interferência, fenômeno que será estudado a seguir.

Interferência

Diferentemente de corpos sólidos, que não ocupam o mesmo espaço no mesmo momento, várias ondas podem existir em um mesmo meio de propagação. Quando duas ondas propagando-se pelo mesmo meio encontram-se, ocorre o fenômeno da interferência, característico de todo movimento ondulatório, tanto para ondas mecânicas quanto para eletromagnéticas.

Interferência unidimensional e ondas estacionárias

Para iniciar o estudo do fenômeno da interferência, vamos considerar ondas unidimensionais em uma corda.

Se dois pulsos forem gerados nas extremidades opostas de uma corda, movendo-se em sentido contrário, haverá um instante em que eles se encontrarão em um trecho da corda. Ocorrerá assim a interferência entre os pulsos, momento em que eles podem ser intensificados ou reduzidos.

A interferência entre os pulsos ocorre apenas no instante do encontro, quando observamos o **princípio da superposição de ondas**, de modo que as ondas mantêm suas propagações normalmente após a interferência.

No caso da corda, a superposição da crista de um pulso com a crista do outro pulso resulta em uma **interferência construtiva**, causando um aumento da amplitude no local, pois as perturbações se somam. A interferência construtiva ocorre quando os pulsos estão em fase. Se a amplitude de cada pulso for A, no local da interferência a amplitude passará a ser $2 \cdot A$.

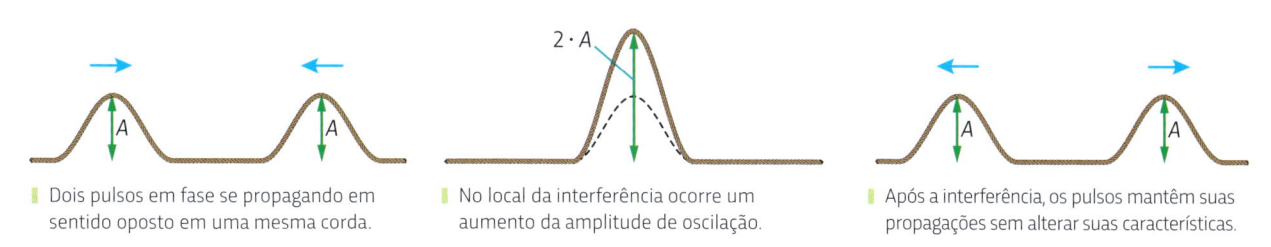

Dois pulsos em fase se propagando em sentido oposto em uma mesma corda.

No local da interferência ocorre um aumento da amplitude de oscilação.

Após a interferência, os pulsos mantêm suas propagações sem alterar suas características.

Caso um pulso seja gerado com orientação inversa à do outro, a crista de um pulso se superpõe ao vale do outro, e ocorre uma **interferência destrutiva**, causando a redução da amplitude no local. Se a amplitude de cada pulso for A, no local da interferência a amplitude será nula, conforme exemplo a seguir.

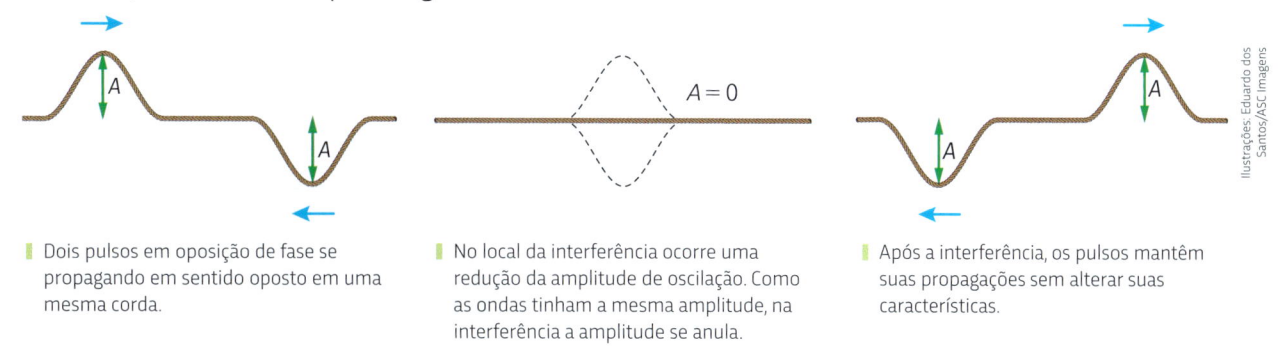

Dois pulsos em oposição de fase se propagando em sentido oposto em uma mesma corda.

No local da interferência ocorre uma redução da amplitude de oscilação. Como as ondas tinham a mesma amplitude, na interferência a amplitude se anula.

Após a interferência, os pulsos mantêm suas propagações sem alterar suas características.

Ilustrações: Eduardo dos Santos/ASC Imagens

Quando temos uma extremidade da corda fixa, um pulso gerado reflete nessa extremidade e sofre inversão de fase, retornando com a mesma velocidade de propagação. Se um segundo pulso idêntico ao primeiro for gerado, haverá uma interferência destrutiva entre aquele que foi refletido e este segundo, quando se encontrarem.

Essa análise feita para pulsos pode ser estendida para outras ondas, que também interferem construtiva ou destrutivamente.

Considere ondas produzidas em uma corda com uma de suas extremidades fixa. Para frequências específicas, as ondas geradas e as refletidas irão interferir, resultando em um padrão denominado **onda estacionária**, pois não se move pela corda. A seguir, é feita uma análise da formação de uma onda estacionária, observando o movimento realizado pelo mesmo trecho de uma corda devido à onda gerada e à onda refletida para cada quarto de período T.

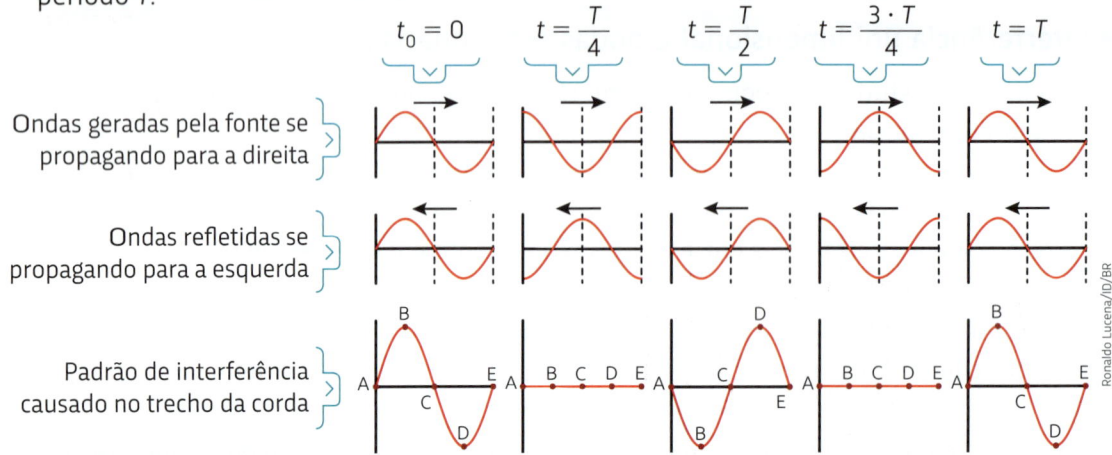

Quando o mesmo trecho da corda é percorrido por duas ondas de mesma frequência, pontos como A, C e E permanecem imóveis. Esses pontos são chamados **nós** ou **nodos**. Já os pontos B e D oscilam periodicamente em amplitude máxima. Esses pontos são chamados **antinodos** ou **ventres**. Cada ventre é delimitado por dois nós.

O efeito observado ocorre por toda a corda quando ondas de mesma amplitude e comprimento de onda se propagam em sentidos opostos, estando assim em fase e fora de fase alternadamente. O comprimento de onda λ e a frequência f da onda estacionária são os mesmo das ondas que estão interferindo. A distância entre dois nós consecutivos mede meio comprimento de onda $(\lambda/2)$.

Como a alternância entre interferência construtiva e destrutiva nos ventres não é perceptível pelos olhos, observamos um padrão como mostrado nas imagens a seguir.

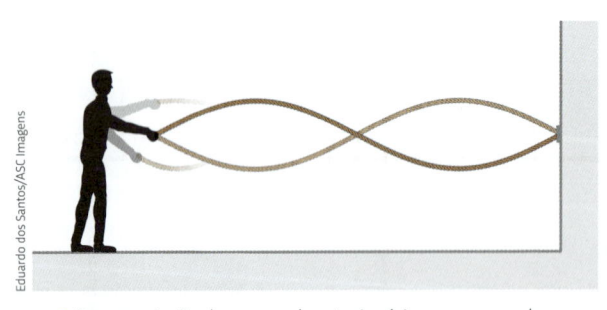

Representação de uma onda estacionária em uma corda, com três nós e dois ventres.

Fotografia de uma onda estacionária gerada em uma corda, em laboratório.

Ondas estacionárias se formam em instrumentos musicais de corda, como o violão, quando são tocadas. Esse fenômeno não é exclusivo de ondas transversais, podendo ocorrer também em ondas longitudinais, como no ar dentro de instrumentos sonoros de tubo tocados por percussão ou sopro, como tambores e flautas. Outros detalhes das ondas estacionárias em instrumentos sonoros de corda e tubo serão estudados no próximo capítulo.

Interferência bidimensional

Ondas bidimensionais também interferem quando se encontram. Quando uma onda plana, propagando-se sobre a superfície da água, difrata por duas fendas, as ondas circulares que se formam irão interferir. Pelo princípio da superposição, quando duas cristas ou dois vales se encontram, ocorre interferência construtiva e, quando uma crista e um vale se encontram, ocorre interferência destrutiva, como estudado na interferência unidimensional, mostrada na fotografia.

Interferência de duas ondas bidimensionais circulares geradas após a difração de uma onda plana por duas fendas.

Interferência luminosa

A interferência tem importância particular para o estudo dos fenômenos luminosos. Foi pela investigação desse fenômeno que se concluiu que a luz possuía características de onda.

Destacamos o experimento realizado em 1801 pelo físico e médico inglês Thomas Young (1773-1829), que demonstrou que a luz sofre interferência. Nesse experimento, a luz de uma fonte monocromática iluminou um anteparo com dois pequenos orifícios. Após difratar, foi possível observar a formação de um padrão de franjas, regiões luminosas (franjas claras) e escuras (franjas escuras). A ilustração a seguir representa a formação do padrão de franjas, mostrado na fotografia.

franja escura
franja clara

crista
vale

Representação da interferência de ondas luminosas em fenda dupla.

Padrão de franjas projetado em uma tela.

Uma franja clara representa uma interferência construtiva da luz, e uma franja escura representa uma interferência destrutiva.

Por meio de experimentos com interferência da luz é possível calcular o comprimento de onda da luz incidente. Para isso, considere que S_1 e S_2 são as duas fendas, d é a distância entre elas, D é a distância entre as fendas e a tela, y é a distância entre a franja clara central e outra franja clara qualquer.

Representando a luz que atinge a franja por um raio luminoso, como na Óptica geométrica, para um valor D grande em relação a d, esses dois raios são aproximadamente paralelos.

A medida ΔL representa a diferença de distância percorrida pelos raios, e uma franja clara consiste de uma interferência construtiva, ou seja, valores inteiros de comprimento de onda ($n \cdot \lambda$, para $n = 0, 1, 2, 3, ...$).

Sendo n o número que identifica a franja em relação à franja central, por uma análise do triângulo retângulo formado, temos:

$$\Delta L = n \cdot \lambda \Rightarrow d \cdot \text{sen}\, \theta = n \cdot \lambda \Rightarrow \frac{d \cdot y}{\sqrt{D^2 + y^2}} = n \cdot \lambda$$

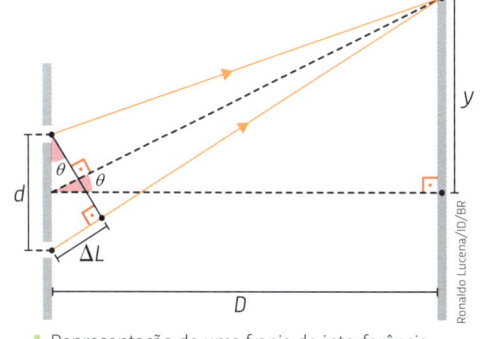

Quando luz monocromática difrata por apenas uma fenda ou um obstáculo, as ondas difratadas interferem, e um padrão de franjas também é observado. Neste caso, no cálculo mostrado, d passa a representar as dimensões da fenda ou do obstáculo que causou a difração da luz.

Representação de uma franja de interferência gerada por fenda dupla.

14. (Unitau-SP) Podem-se estudar os fenômenos da reflexão e da refração da luz admitindo-se que a luz tenha um caráter ondulatório. A Ótica física, também chamada de Ótica Ondulatória, é o ramo da Física dedicado ao estudo desses fenômenos, baseando-se sempre no Princípio de Huygens. No âmbito da Ótica física, a luz é considerada:

a) um conjunto de corpúsculos de massas muito pequenas.

b) um conjunto de corpúsculos sem massa e sem carga elétrica.

c) um raio geométrico que sempre se propaga em linha reta.

d) uma onda eletromagnética.

e) uma onda eletromecânica.

15. As ondas, propagando-se em um meio não homogêneo, têm algumas de suas propriedades alteradas. Explique por que, ao atravessar de um meio para outro sofrendo o fenômeno de refração, sua velocidade e o seu comprimento são alterados, mas a sua grandeza frequência permanece constante.

16. (UEPG-PR) Vive-se rodeado de fenômenos ondulatórios que atingem e estimulam os órgãos sensoriais a todo instante. Sobre ondas responsáveis por produzir os fenômenos ondulatórios, assinale o que for correto.

01) Pode-se afirmar que onda é uma perturbação em um meio que se propaga de um ponto para outro, transportando apenas energia.

02) Por ser um meio homogêneo e isótropo, uma onda se propaga com velocidade constante, podendo se deslocar nas três dimensões.

04) Quanto à modalidade de propagação, as ondas podem ser transversais e longitudinais, e ondas unidimensionais são aquelas cuja direção da perturbação é perpendicular à direção de propagação.

08) Se uma onda incidir sobre uma superfície poderá ocorrer simultaneamente uma refração e uma reflexão; nesse caso toda energia transportada pela onda será transferida para onda refratada.

16) As ondas eletromagnéticas são todas iguais em relação às frequências, ao período e à amplitude.

17. Considere uma corda presa em uma extremidade e a outra é movimentada de modo que seja gerada uma onda estacionária. Os fenômenos responsáveis para a formação de ondas estacionárias são:

a) reflexão e interferência.

b) reflexão e refração.

c) reflexão e difração.

d) polarização e interferência.

18. Analise as afirmações abaixo e julgue-as como verdadeiras ou falsas, justificando as falsas em seu caderno.

I) Ondas transversais podem ser polarizadas.

II) Ondas luminosas podem ser polarizadas.

III) Ondas longitudinais podem ser polarizadas.

IV) Ondas eletromagnéticas não podem ser polarizadas.

19. O efeito descrito na imagem abaixo se refere ao caso de que quanto menor o orifício, menor a quantidade de luz por intervalo de tempo que o atravessa.

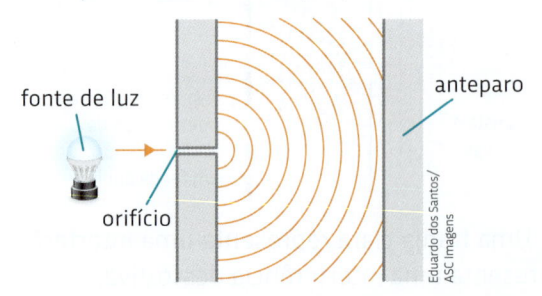

No caso do som, nota-se um comportamento semelhante dentro de suas particularidades. Em quais situações abaixo o fenômeno ilustrado acima está relacionado?

I) Parado atrás da porta é possível ouvir a conversa de outra pessoa localizada do outro lado.

II) Os índios utilizavam o método de encostar o ouvido no chão para escutar a chegada de inimigos a cavalo antes mesmo de ouvi-los pelo ar.

III) Em um corredor vazio, uma pessoa ouve a repetição de sua própria voz.

20. (Unifenas-MG) Uma onda estacionária possui três ventres, cujo comprimento total é de 9 metros. Conhecendo a frequência, 36 Hertz, encontre a velocidade de propagação.

a) 324 m/s.

b) 108 m/s.

c) 72 m/s.

d) 340 m/s.

e) 216 m/s.

21. Uma luz monocromática de comprimento de onda λ incide em um fio e cabelo de largura d preso e esticado na horizontal. Na parede a frente é observado um padrão formado por franjas claras e escuras. Pode-se dizer que:

a) a luz não difrata por um fio de cabelo.

b) ondas eletromagnéticas não difratam.

c) as dimensões do fio de cabelo são muito maiores que o comprimento de onda da luz monocromática.

d) a interferência construtiva das ondas formadas após a difração projetam as franjas claras.

e) a interferência destrutiva das ondas formadas após a difração projetam as franjas claras.

22. Considere uma fenda muito estreita de comprimento d, onde incide um feixe de luz monocromática com comprimento de onda de aproximadamente 633 nm. No anteparo a uma distância D da fenda é observado o padrão de franjas projetado, como está representado na imagem que segue (fora de proporção).

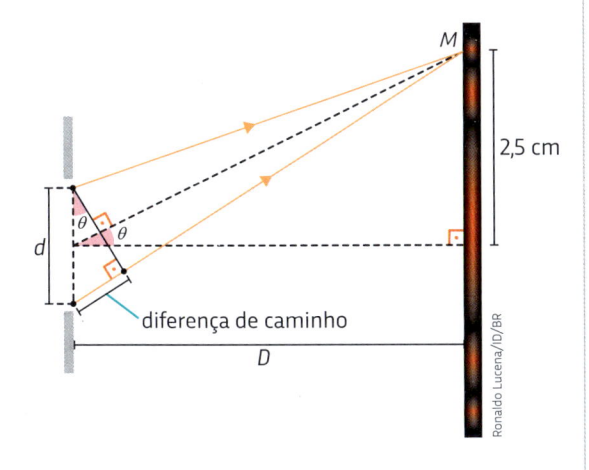

Note que na região indicada por M é formada a segunda franja clara em relação à franja clara central, ou seja, nesse local as ondas que incidiram passaram por uma interferência construtiva, quando ocorre a superposição das cristas ou dos vales das ondas, ou seja, de dois pontos em fase. Assim, como cada feixe percorre distâncias diferentes, a interferência construtiva ocorre quando a diferença de trajetos é igual a valores inteiros de comprimentos de onda.

Assim, se a distância entre a fenda e o anteparo é de 1,5 m, qual seria a largura da fenda que resultou no padrão de franjas observado.

23. (Enem/Inep) Ao sintonizarmos uma estação de rádio ou um canal de TV em um aparelho, estamos alterando algumas características elétricas de seu circuito receptor. Das inúmeras ondas eletromagnéticas que chegam simultaneamente ao receptor, somente aquelas que oscilam com determinada frequência resultarão em máxima absorção de energia.

O fenômeno descrito é a

a) difração.　　c) polarização.　　e) ressonância.

b) refração.　　d) interferência.

24. (Unisc-RS) Considere as afirmativas abaixo sobre as ondas e os fenômenos ondulatórios.

I) A velocidade de propagação das ondas sonoras é constante e igual a 340 m/s em qualquer meio, assim como a velocidade de propagação das ondas eletromagnéticas é constante e igual a $3 \cdot 10^8$ m/s no vácuo.

II) As ondas sonoras são ondas longitudinais que necessitam de um meio material para sua propagação, enquanto as ondas eletromagnéticas são ondas transversais e não necessitam de meio material para se propagarem.

III) Tanto as ondas sonoras quanto as eletromagnéticas podem sofrer difração, fenômeno no qual as ondas tendem a contornar obstáculos.

Assinale a alternativa correta.

a) Somente a afirmativa I está correta.

b) Somente a afirmativa II está correta.

c) Somente as afirmativas I e III estão corretas.

d) Somente as afirmativas II e III estão corretas.

e) Todas as afirmativas estão corretas.

25. (UFSCar-SP) Você já sabe que as ondas sonoras têm origem mecânica. Sobre essas ondas, é certo afirmar que:

a) em meio ao ar, todas as ondas sonoras têm igual comprimento de onda.

b) a velocidade da onda sonora no ar é próxima a da velocidade da luz nesse meio.

c) por resultarem de vibrações do meio na direção de sua propagação, são chamadas transversais.

d) assim como as ondas eletromagnéticas, as sonoras propagam-se no vácuo.

e) assim como as ondas eletromagnéticas, as sonoras também sofrem difração.

Medindo o micro

Existem inúmeras estruturas e microrganismos ao nosso redor que não enxergamos a olho nu, como ácaros, bactérias, protozoários, entre outros. Muitas vezes, por causa de suas dimensões, esses microrganismos não podem ser medidos por meio de instrumentos comuns do nosso cotidiano, como réguas. Algumas estruturas, apesar de visíveis, possuem dimensões extremamente pequenas, como a espessura de um fio de cabelo, que pode medir entre 47 e 71 μm, ordem de grandeza equivalente à milionésima parte de 1 m.

Fio de cabelo observado por meio de um microscópio eletrônico de varredura, com aumento aproximado de 140 vezes.

Existem maneiras de estimar medidas pequenas que não conseguimos obter com uma régua. Você conhece alguma? Qual?

Materiais

- 1 apontador *laser* que indique o comprimento de onda da luz emitida
- 1 fio de cabelo
- 3 prendedores de roupa
- livros
- fita adesiva
- 1 régua
- 1 trena
- 1 folha sulfite branca

Desenvolvimento

A Posicione um dos prendedores de roupa na horizontal, sobre uma mesa, e fixe outros dois prendedores na vertical, obtendo uma forma que lembre a letra "U", como mostrado na imagem.

B Amarre o fio de cabelo nas extremidades dos prendedores posicionados na vertical, com cuidado para que não arrebente. O fio deve ficar esticado e na horizontal, como mostrado na imagem.

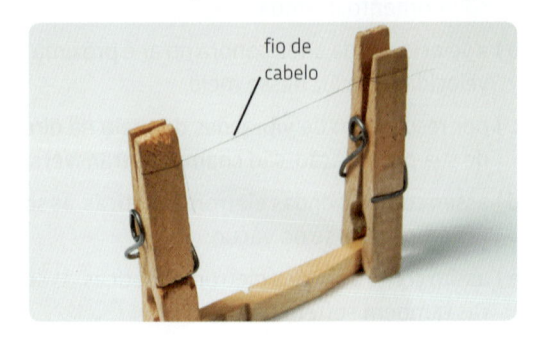

fio de cabelo

C Posicione a montagem com prendedores e fio de cabelo sobre uma mesa horizontal à frente de uma parede lisa.

D Cole a folha sulfite na parede utilizando fita adesiva, de modo que ela fique no mesmo nível do fio de cabelo.

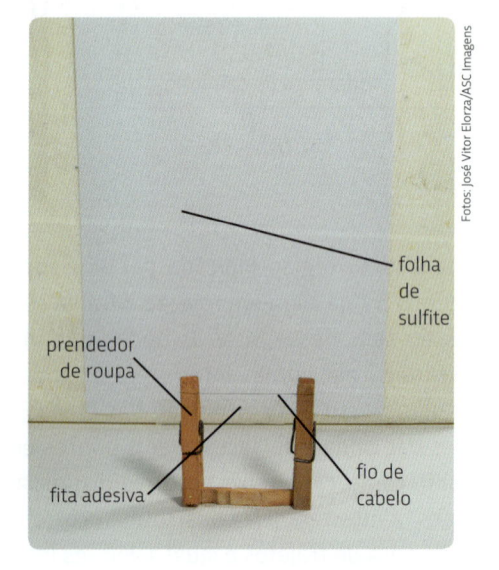

folha de sulfite

prendedor de roupa

fita adesiva

fio de cabelo

E Anote em seu caderno a medida do comprimento de onda da luz emitida pelo *laser*. Essa informação geralmente vem apresentada no próprio apontador *laser*.

F Coloque o apontador *laser* sobre um apoio feito de livros, próximo ao fio de cabelo. A altura deve ser suficiente para que o *laser* emitido pelo apontador incida sobre o fio de cabelo.

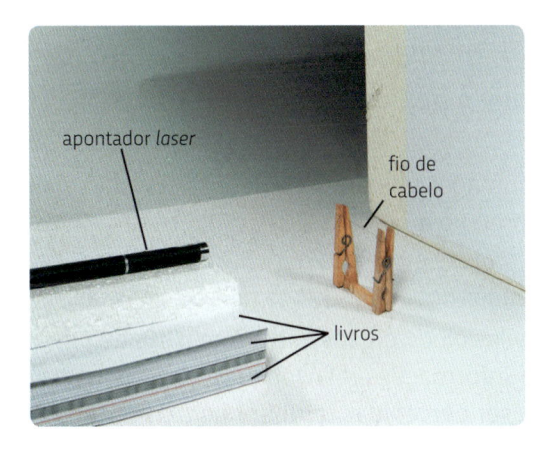

apontador *laser*

fio de cabelo

livros

G Apague a luz da sala ou faça a investigação à frente de uma parede com sombra.

H Acione o *laser* e observe a projeção de franjas claras e escuras na folha sulfite. Se necessário, faça ajustes entre a distância do *laser* ao fio de cabelo e entre a distância do fio de cabelo à folha de sulfite. Certifique-se de que o *laser* está incidindo exatamente sobre o fio de cabelo.

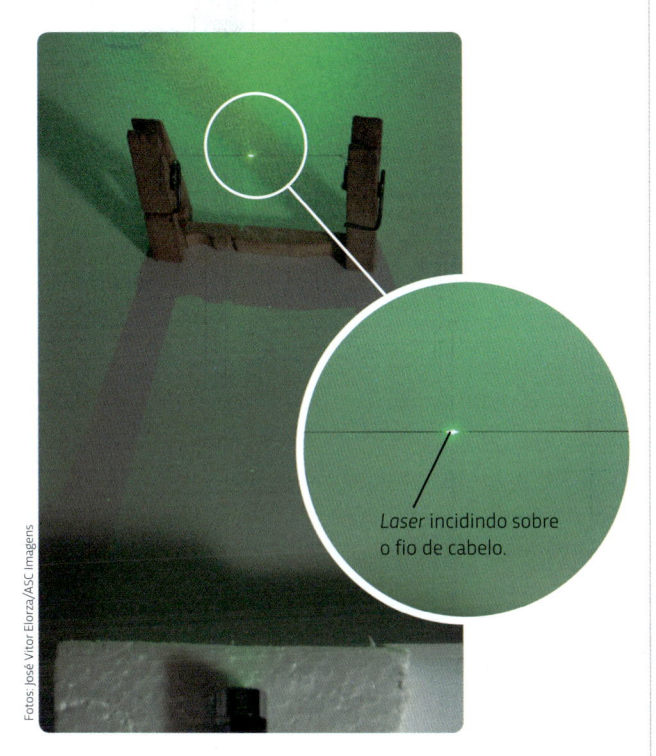

Laser incidindo sobre o fio de cabelo.

I Meça a distância *D* entre o fio de cabelo e o anteparo utilizando a trena.

J Utilizando a régua, meça a distância entre o meio da franja clara central, ou máximo central, e o meio da próxima franja clara (y_1), ou máximo primário. Meça também a distância entre o meio do máximo central ao meio do máximo secundário (y_2). Anote as medidas feitas em um quadro como o sugerido abaixo.

Estimativa da espessura (*e*) de um fio de cabelo posicionado na horizontal por difração da luz				
λ (m)	D (m)	y_1 (m)	y_2 (m)	e (m)

K Após realizar as medidas, vire 90° a estrutura feita com prendedores de roupa, deixando o fio de cabelo agora na vertical. Realize novamente os procedimentos e anote os dados em outro quadro, chamado Medição do diâmetro de um fio de cabelo posicionado na vertical por difração da luz.

Análise

1. É possível estimar a espessura de um fio de cabelo utilizando uma régua? Justifique sua resposta.

2. Verifique uma forma de estimar a espessura do fio de cabelo nesta investigação utilizando as medidas feitas e registradas no quadro. Verifique se o valor da espessura obtida é próximo do valor apresentado no texto inicial.

3. Quais fenômenos ondulatórios ocorreram nesta investigação? Quais as condições para que eles ocorram?

4. O que ocorreu com o padrão projetado na parede quando o fio de cabelo foi posicionado na vertical, no item **K**?

5. As medidas feitas após posicionar o fio de cabelo na vertical foram diferentes daquelas feitas com o fio de cabelo na horizontal?

6. Qual é a relação entre o experimento que você realizou e a questão inicial desta atividade, que se encontra na página anterior?

7. Elabore um relatório que contenha: nome da atividade, objetivo, materiais utilizados, descrição do desenvolvimento, análise e suas conclusões.

15 Ondas sonoras

Crianças brincando com um "telefone" feito com barbante e latas.

Você já conversou por um "telefone" feito com copos ou latas e um fio esticado, como o mostrado na fotografia? Por que é possível escutar por um copo o que a pessoa diz no outro copo?

Os seres humanos utilizam os sentidos para captar informações e interpretar o ambiente. Esses sentidos são ativados por meio de estímulos percebidos por receptores sensoriais específicos localizados nos órgãos: olhos, nariz, orelhas, pele e língua.

Assim como ondas luminosas são captadas pelos olhos, órgãos que fazem parte de um sistema com mecanismos específicos para interpretar informações relacionadas às imagens, as ondas sonoras são captadas pelas orelhas, podendo ser percebidas também pela pele, dependendo da sua frequência e intensidade.

Onda sonora é qualquer onda de natureza mecânica longitudinal tridimensional, que pode ser produzida pela vibração de objetos. O som musical é um dos tipos de onda sonora, com características que o tornam agradável quando escutado.

Britadeira sendo utilizada na reforma da Ponte Internacional da Amizade, no Paraná, em 2015. O som emitido por uma britadeira geralmente causa sensação desagradável.

Pessoa tocando violino na Festa do Divino Espírito no Maranhão, em 2014. Sons emitidos por instrumentos afinados geralmente causam boas sensações.

Velocidade do som em alguns meios a pressão de 1 atm	
Meio	Velocidade do som (m/s)
ar (0 °C)	331
ar (20 °C)	343
hélio	965
hidrogênio	1 284
água (0 °C)	1 402
água (20 °C)	1 482
alumínio	6 420
aço	5 941
granito	6 000

Fonte de pesquisa: HALLIDAY, David et al. *Fundamentos de Física*: Óptica e Física moderna. 9. ed. Tradução e revisão técnica Ronaldo Sérgio de Biasi. Rio de Janeiro: LTC, 2013. v. 2. p. 152.

As ondas mecânicas necessitam de um meio material para se propagar, e sua velocidade depende das características do meio, como temperatura, densidade, pressão, composição, estado físico, de acordo com a tabela ao lado.

Na propagação da onda de um ponto ao outro, ocorre a transmissão de energia de uma molécula para outra, próxima a ela. Dessa maneira, quanto menor for a distância que separa as moléculas, mais rápido o som irá se propagar, ou seja, a velocidade de uma onda mecânica é maior em sólidos que em líquidos e gases. De forma geral, $v_{sólidos} > v_{líquidos} > v_{gases}$.

No caso da montagem feita com latas e um fio, o som emitido por uma pessoa faz vibrar o ar no interior da lata e a estrutura da própria lata. Essa vibração é conduzida pelo fio até a outra extremidade, fazendo vibrar a outra lata e o ar em seu interior, de modo que a outra pessoa escuta o som. A onda sonora se propagou com velocidades diferentes em cada um desses meios.

O meio físico mais comum onde as ondas sonoras se propagam é o ar, que conduz as vibrações até nossas orelhas. Quando uma fonte sonora causa uma perturbação do ar, a propagação da onda sonora se propaga por compressões e rarefações, como em uma mola percorrida por uma onda longitudinal. Veja a seguir uma representação da propagação de ondas no ar.

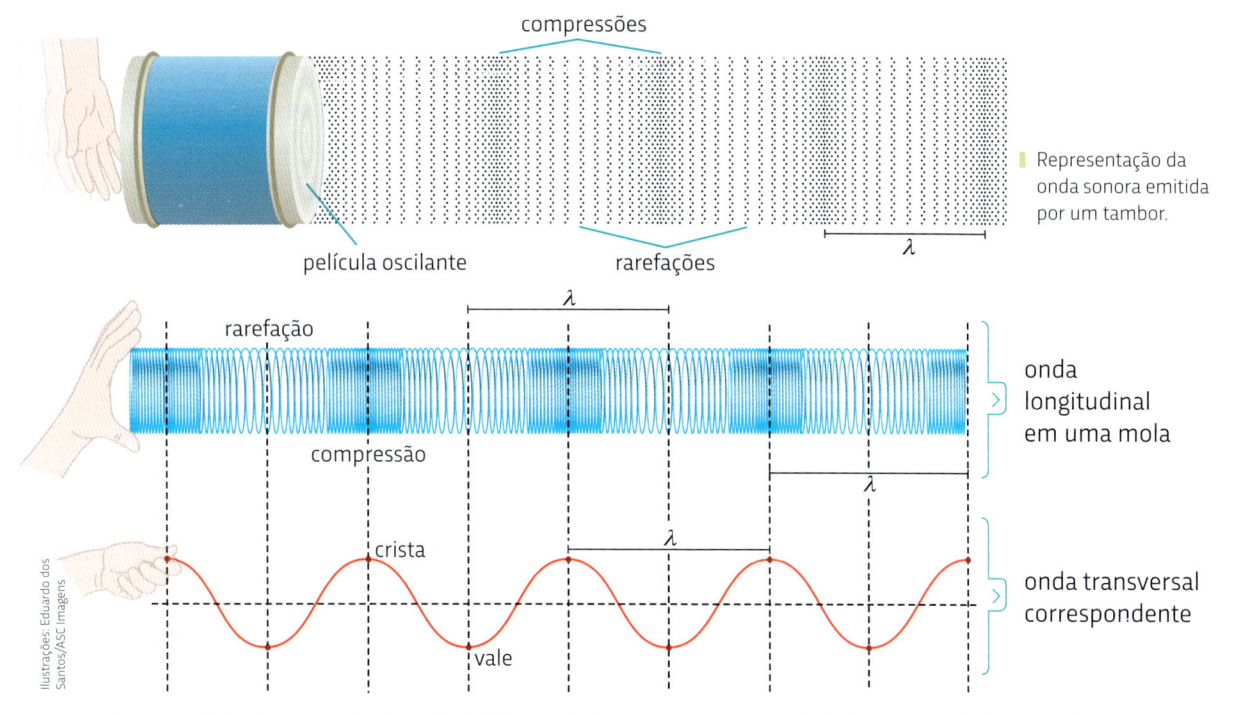

compressões

película oscilante

rarefações

λ

Representação da onda sonora emitida por um tambor.

rarefação

λ

compressão

onda longitudinal em uma mola

λ

crista

λ

vale

onda transversal correspondente

Ilustrações: Eduardo dos Santos/ASC Imagens

A propagação de uma onda longitudinal pode ser relacionada com a curva característica de uma onda transversal.

Mesmo que a propagação da onda sonora seja longitudinal, é possível relacioná-la com a curva característica de uma onda transversal, fazendo uma correspondência das compressões com as cristas e das rarefações com os vales.

Considere agora uma situação em que uma pessoa fala ao microfone para uma plateia. A onda sonora emitida durante a fala da pessoa faz vibrar a membrana existente no microfone. Essa vibração é então convertida em sinais elétricos que, em seguida, são amplificados por meio de um dispositivo chamado amplificador. O sinal elétrico amplificado é então conduzido a um alto-falante, que vibra, gerando ondas sonoras que são captadas pelas orelhas das pessoas na plateia.

A orelha humana é subdividida em três regiões principais: orelha externa, orelha média e orelha interna.

As ondas sonoras são captadas pela orelha externa e direcionadas pelo canal auditivo para a membrana timpânica, que vibra com a mesma frequência da onda incidente. Essa vibração é transmitida ao martelo, à bigorna e ao estribo, pequenos ossinhos da orelha média.

O estribo movimenta-se para a frente e para trás, transmitindo esse movimento à janela do vestíbulo e à cóclea, que possui em seu interior pequenos cílios, cujos movimentos emitem sinais elétricos, transmitidos pelo sistema nervoso até o cérebro, onde o som é interpretado.

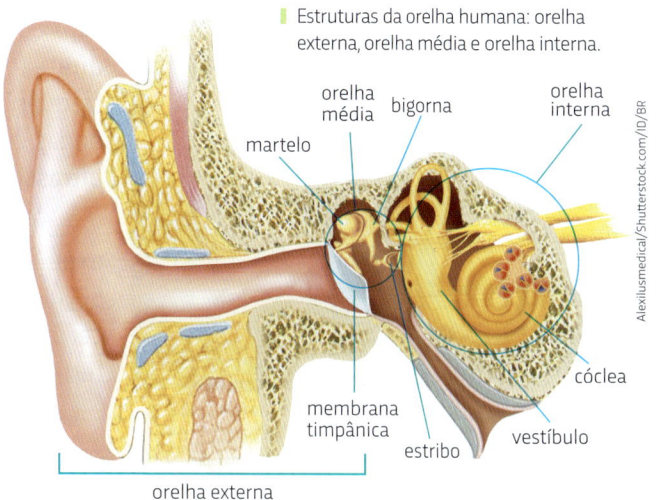

Estruturas da orelha humana: orelha externa, orelha média e orelha interna.

orelha média

bigorna

orelha interna

martelo

Alexilusmedical/Shutterstock.com/ID/BR

membrana timpânica

estribo

cóclea

vestíbulo

orelha externa

Características das ondas sonoras

Apesar de sempre relacionarmos o som ao sentido da audição humana, as ondas sonoras são definidas como uma forma de propagação longitudinal de energia em meios materiais, independentemente de ser audível ao ser humano, conforme será estudado mais adiante.

Ondas sonoras são produzidas por vibrações de meios materiais, como as cordas de um violão, a película de um tambor, o ar de uma flauta, a vibração de um piso de madeira ao caminharmos e até mesmo engrenagens em movimento. Essas vibrações são enviadas ao meio físico do ambiente ao redor, como o ar, na forma de ondas longitudinais, sendo a frequência da fonte emissora igual à das ondas produzidas, sob condições normais.

Veremos a seguir que algumas características gerais das ondas podem ser analisadas no estudo das ondas sonoras.

Altura

A altura de um som está relacionada com a frequência da onda emitida. Apesar do costume de relacionarmos erroneamente a altura de um som ao seu volume, som baixo é o que possui frequência baixa, o que caracteriza um som mais grave, como o emitido por um contrabaixo. O som alto possui alta frequência, o que caracteriza um som mais agudo, como o emitido por uma guitarra elétrica. Veja a comparação de duas ondas sonoras emitidas por um contrabaixo e uma guitarra para um intervalo de 0,1 s.

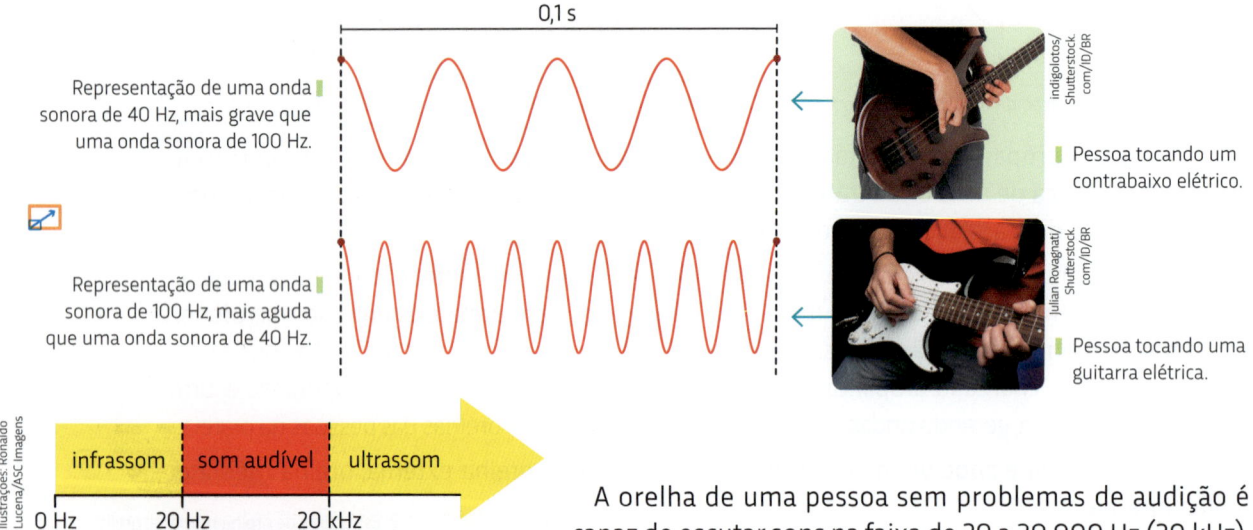

Representação de uma onda sonora de 40 Hz, mais grave que uma onda sonora de 100 Hz.

Representação de uma onda sonora de 100 Hz, mais aguda que uma onda sonora de 40 Hz.

Pessoa tocando um contrabaixo elétrico.

Pessoa tocando uma guitarra elétrica.

infrassom | som audível | ultrassom

0 Hz   20 Hz   20 kHz

Elefante africano. As grandes orelhas dos elefantes auxiliam na detecção de ondas sonoras de baixa frequência.

▲ **Elefante africano**
pode atingir cerca de 5 m de comprimento.

A orelha de uma pessoa sem problemas de audição é capaz de escutar sons na faixa de 20 a 20 000 Hz (20 kHz), que são as frequências audíveis. Ondas sonoras com frequência abaixo de 20 Hz são chamadas **infrassons**, e ondas com frequência acima de 20 000 Hz são chamadas **ultrassons**.

A percepção dos sons varia entre os seres vivos. Por exemplo, cachorros podem escutar frequências de até 50 kHz, morcegos detectam até 100 kHz e golfinhos até cerca de 150 kHz. Elefantes se comunicam e demarcam território emitindo infrassons.

Existem várias fontes de infrassom, como as batidas do coração, ventos, motores de veículos, elevadores, abalos sísmicos, erupções vulcânicas, entre outras.

Ondas ultrassônicas são também utilizadas em exames médicos não invasivos, ou seja, exames que investigam o interior do corpo pela região externa, como a ultrassonografia. Nela, ondas sonoras de alta frequência penetram no corpo e são refletidas e refratadas de modo diferente nos vários tecidos do interior do corpo humano. As ondas que retornam ao detector são interpretadas pelo equipamento, que forma uma imagem.

De forma simples, o processo utilizado no exame por ultrassonografia é equivalente ao processo de ecolocalização realizado por morcegos e golfinhos.

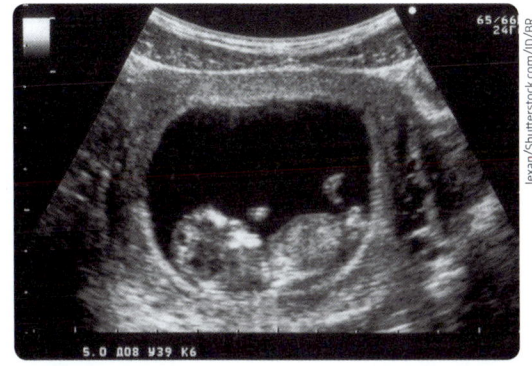

▌ Imagem obtida por um exame de ultrassonografia de um feto de 3 meses.

> **De que forma os morcegos conseguem perceber a presença de um corpo por meio das ondas sonoras?**

●Intensidade e nível sonoro

Quando estamos próximos de uma fonte emissora e escutamos um som, a quantidade de energia recebida por nossas orelhas é maior do que quando ouvimos o mesmo som, estando distante da fonte.

A intensidade (I) de uma onda sonora está relacionada com a energia (E) transportada pela onda por uma superfície a cada intervalo de tempo (Δt), ou seja, está relacionada com a potência (P) de transferência da energia por área (A) onde o som se propaga.

$$I = \frac{E}{\Delta t \cdot A} \Rightarrow I = \frac{P}{A}$$

> Lembre-se de que a potência é dada por:
> $$P = \frac{E}{\Delta t}$$

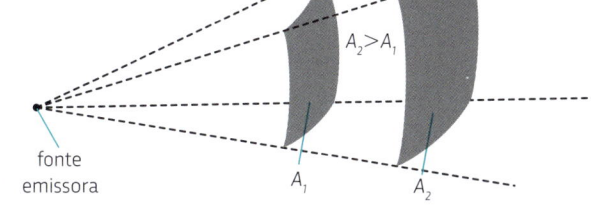

No SI, potência é expressa em watt (W), área é expressa em metro quadrado (m^2) e intensidade é expressa em watt por metro quadrado (W/m^2).

Assim, quanto mais distante da fonte emissora, menor a intensidade da onda sonora, pois maior é a área de propagação.

Embora sejam duas grandezas diferentes, podemos associar a intensidade de uma onda sonora com outra grandeza estudada no capítulo anterior, a amplitude de oscilação da onda, quando pretendemos comparar duas ondas de mesma frequência. A onda de maior intensidade é aquela de maior amplitude, e a de menor intensidade é aquela de menor amplitude.

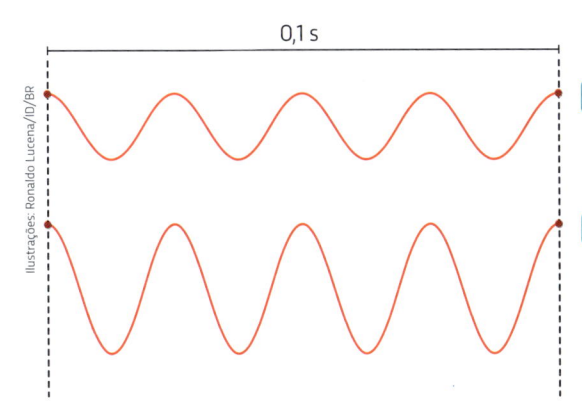

> Representação de uma onda sonora de 40 Hz, de menor intensidade que a onda representada abaixo.

> Representação de uma onda sonora de 40 Hz, de maior intensidade que a onda representada acima.

Com relação à percepção subjetiva do som, a intensidade pode ser, de maneira informal, relacionada ao volume do som emitido. Falamos em percepção subjetiva porque se trata de uma percepção pessoal, já que cada pessoa pode caracterizar um mesmo som de diferentes formas.

Show da banda inglesa The Vaccines em um concerto em Madri, na Espanha, em 2015.

O limiar da audição humana corresponde a uma intensidade (I_0) de 10^{-12} W/m², valor tomado como referência, mesmo correspondendo a um som dificilmente escutado. Já uma onda com intensidade de 1 W/m², como o som ouvido em um *show* de *rock* quando estamos próximo ao palco, possui energia que pode danificar estruturas internas da orelha. Devido ao desconforto causado, essa intensidade é conhecida como limiar da dor.

Como o intervalo de intensidades sonoras que o ser humano é capaz de escutar é amplo, utilizamos uma escala para representar essas potências de base 10, denominada **nível sonoro** (β), cuja grandeza é medida em bel (B), em homenagem a Alexandre Graham Bell (1847-1922). Ele foi um cientista escocês, naturalizado norte-americano, que desenvolveu trabalhos relacionados à fisiologia e à transmissão do som, dos quais resultou uma de suas mais famosas contribuições, a invenção do telefone.

O nível sonoro é baseado na intensidade mínima (I_0) 10^{-12} W/m², correspondente a zero bel $(\beta = 0$ B$)$. Uma intensidade igual a 10^{-11} W/m², correspondente a 1 B, é dez vezes mais intensa que a intensidade padrão I_0. Costumamos expressar o nível sonoro utilizando o submúltiplo decibel (dB), ou seja, 1 B ou 10 dB (dez decibels). Uma onda sonora de 20 dB é então 100 vezes mais intensa que I_0.

Assim, podemos determinar o nível sonoro utilizando o conceito matemático de logaritmo de base 10, tendo I_0 como a referência, conforme escrito a seguir.

$$\beta = 10 \cdot \log \frac{I}{I_0}$$

A multiplicação por 10 expressa o valor do nível sonoro obtido em decibel.

Considere a intensidade de 10^{-11} W/m², correspondente ao som emitido por folhas sob a ação do vento.

$$\beta = 10 \cdot \log \frac{I}{I_0} = 10 \cdot \log \frac{10^{-11}}{10^{-12}} = 10 \cdot \log 10 = 10 \cdot 1 = 10$$

$$\therefore \boxed{\beta = 10 \text{ dB}}$$

Coqueiros na praia de Porto das Dunas, localizada no Ceará, em 2015.

Essa intensidade é dez vezes maior que a intensidade padrão I_0.

Vejamos agora a intensidade de 10^{-5} W/m², correspondente ao som do tráfego de carros em uma rua movimentada.

$$\beta = 10 \cdot \log \frac{I}{I_0} = 10 \cdot \log \frac{10^{-5}}{10^{-12}} = 10 \cdot \log 10^7 = 10 \cdot 7 = 70$$

$$\therefore \boxed{\beta = 70 \text{ dB}}$$

Avenidas localizadas em São Paulo, em 2015.

Essa intensidade é dez milhões de vezes (10^7) maior que a intensidade padrão I_0.

Timbre

Sons de mesma altura, ou seja, mesma frequência, podem ser emitidos por fontes sonoras distintas, como um violão e um piano. Porém, é possível diferenciar o som emitido por cada um desses instrumentos devido ao timbre, característica que o torna diferente dos demais.

Quando instrumentos musicais diferentes emitem a mesma nota musical, os sons escutados têm a mesma altura, pois é a frequência que define a nota. Por exemplo, uma nota Lá com frequência de 440 Hz pode ser emitida por diversos instrumentos.

O diapasão é um dispositivo feito de metal e moldado em forma de forquilha, utilizado para afinar instrumentos a partir de fenômenos ondulatórios que estudaremos a seguir. Ao ser perturbado, o diapasão emite um som com uma única frequência constante. Na fotografia ao lado vemos um diapasão fixado em uma caixa de ressonância, que amplifica o som gerado, e um martelo de percussão, utilizado para perturbá-lo.

Diapasão em uma caixa de ressonância e um martelo de percussão.

Theo Alers/Alamy Stock Photo/Latinstock

Diferentemente do diapasão, que emite uma frequência única, na maioria dos sons musicais que escutamos a frequência resulta de uma composição de sons com frequências diferentes, chamados de componentes. A variedade desses componentes e suas intensidades relativas definem o timbre do instrumento, ou seja, seu som característico.

Assim, uma mesma nota musical emitida por instrumentos diferentes possuirá seus timbres característicos, pois, como cada onda terá sua própria composição, o formato da onda resultante será distinto. O resultado é que escutamos a mesma nota musical, com mesma frequência, mas com características próprias, como mostrado na imagem a seguir, que representa o formato de uma nota musical de mesma altura (mesma frequência) emitida por um diapasão, uma flauta e um violino.

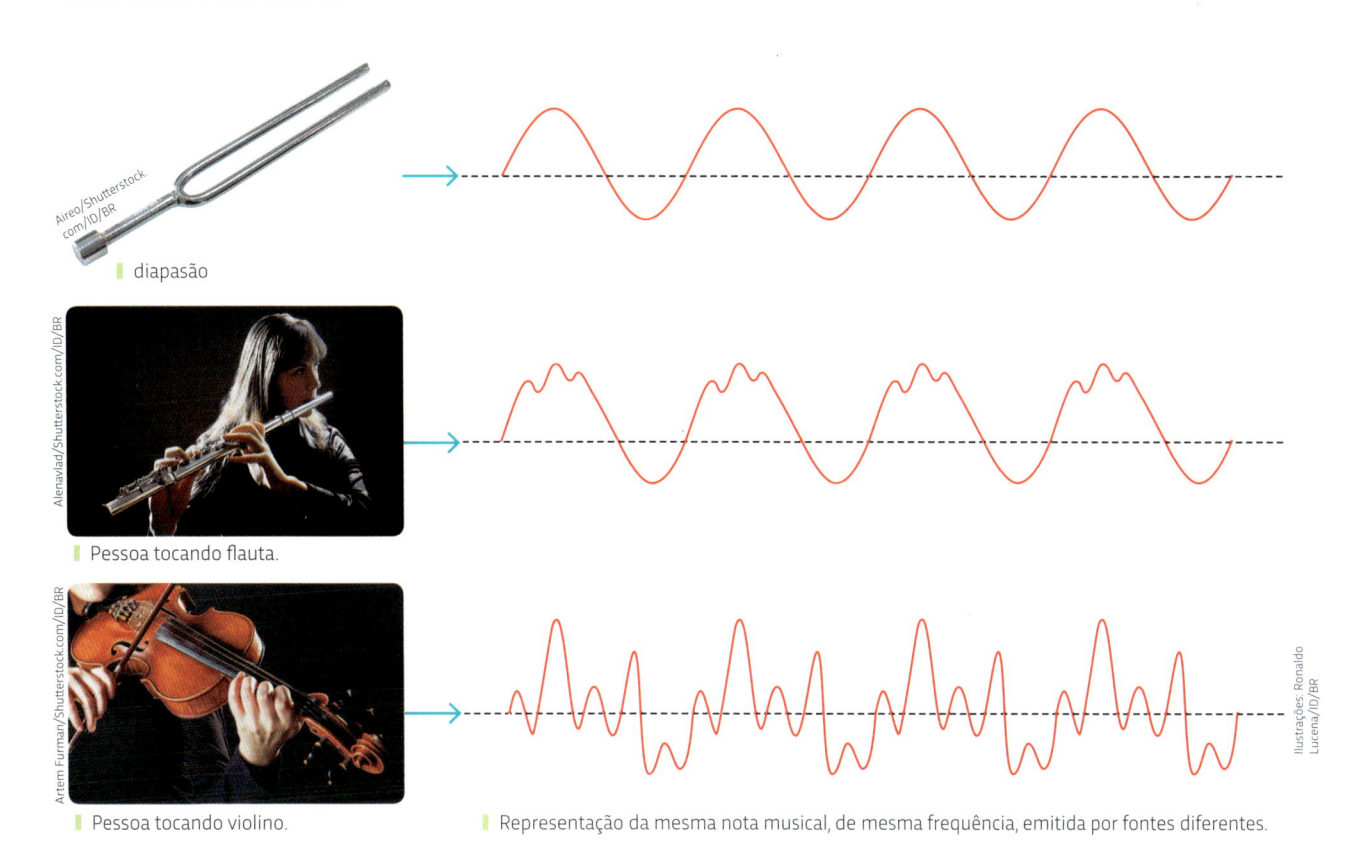

diapasão

Pessoa tocando flauta.

Pessoa tocando violino.

Representação da mesma nota musical, de mesma frequência, emitida por fontes diferentes.

Aireo/Shutterstock.com/ID/BR

Alenavlad/Shutterstock.com/ID/BR

Artem Furman/Shutterstock.com/ID/BR

Ilustrações: Ronaldo Lucena/ID/BR

■Fenômenos sonoros

No capítulo anterior estudamos os fenômenos ondulatórios, como reflexão, refração, difração e interferência. Agora, estudaremos como esses fenômenos são tratados especificamente para as ondas sonoras.

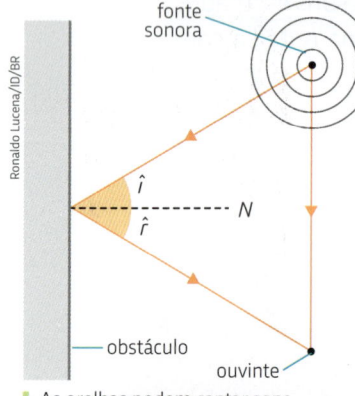

As orelhas podem captar sons emitidos por uma fonte e também sons refletidos em obstáculos.

■Reflexão (eco e reverberação)

A reflexão das ondas sonoras segue a lei da reflexão, ou seja, o ângulo de incidência ($\hat{i}$) é igual ao ângulo de reflexão ($\hat{r}$).

Quando uma fonte emite um som, podemos ouvi-lo pelas ondas que chegam diretamente às orelhas e também pelas ondas refletidas em obstáculos, como representado na imagem.

De acordo com a situação, a reflexão do som pode ser percebida de diferentes formas. A orelha humana tem uma persistência auditiva de aproximadamente 0,1 s, que corresponde ao intervalo de tempo da sensação auditiva de um som. Logo, dois sons podem ser distinguidos quando escutados em intervalos de tempo maiores que a persistência auditiva.

Quando o intervalo de tempo em que a orelha recebe o som diretamente e o som refletido é muito menor que 0,1 s, a sensação auditiva é reforçada, ocorrendo uma intensificação do som. É o que ocorre quando conversamos em um pequeno cômodo vazio ou cantamos no boxe do banheiro.

Se o intervalo de percepção entre os sons for aproximadamente 0,1 s, ocorre o fenômeno da **reverberação**, quando sons refletidos em obstáculos chegam à orelha antes da extinção total da sensação auditiva do som que chegou diretamente, e um único som é escutado, com duração prolongada. A reverberação pode ser percebida em quadras esportivas fechadas, auditórios e locais de eventos.

Como o som corresponde a uma onda mecânica longitudinal, a energia transportada pela onda refletida será maior quando a reflexão ocorrer em superfícies lisas e rígidas, se comparada com a reflexão em superfícies macias e irregulares. Essas características são úteis para melhorar a acústica de um ambiente, equilibrando a reverberação e a absorção das ondas sonoras. Um som que sofre muitas reflexões pode confundir o ouvinte, porém, se for muito absorvido, ele pode soar abafado e pouco intenso.

Vista interna do Teatro Municipal de São Paulo, em 2013.

Quando o intervalo de tempo em que a orelha recebe o som direto e o som refletido é maior que 0,1 s, pode ocorrer o fenômeno do **eco**, no qual a pessoa ouve os dois sons distintamente. Supondo a velocidade do som no ar como 340 m/s, uma pessoa consegue ouvir o eco de sua própria voz quando o intervalo de tempo entre o som gerado e a percepção do som escutado é maior que 0,1 s, ou seja, nesse intervalo de tempo a onda se propaga até o obstáculo e retorna.

$$v = \frac{\Delta s}{\Delta t} \Rightarrow 340 = \frac{2 \cdot d}{0,1} \Rightarrow d = 17 \therefore \boxed{d = 17 \text{ m}}$$

Assim, é possível escutar o eco de nossa própria voz quando estamos a uma distância maior que 17 m de um obstáculo.

O fenômeno do eco de ondas sonoras é utilizado em sonares de navios, que enviam ondas sonoras e medem o intervalo de tempo em que recebem as ondas refletidas, determinando assim obstáculos e profundidades.

Refração

Como vimos na Óptica geométrica, o fenômeno de refração consiste na variação da velocidade da luz ao passar de um meio físico para outro, podendo vir acompanhado pelo desvio em sua trajetória.

Da mesma forma, as ondas sonoras também refratam ao passar de um meio físico para outro e, assim como a luz, variam sua velocidade e comprimento de onda, mantendo a frequência, que depende da fonte emissora.

A velocidade de uma onda mecânica depende do meio onde ela é produzida e como ela é propagada, podendo apresentar valores diferentes quando se propaga em um mesmo meio, de acordo com suas características. A presença de vento e temperatura do ambiente, por exemplo, são dois fatores que alteram as características do ar, como sua densidade, e, consequentemente, modificam a velocidade de propagação das ondas sonoras.

Em dias quentes, a camada de ar mais próxima ao solo tem temperatura maior nas camadas superiores, e a velocidade do som é maior nessa camada que nas outras, devido à maior vibração das partículas que compõem o ar. As ondas sonoras então sofrem uma redução de velocidade quando passam entre as camadas, curvando-se para cima de modo a se afastar do solo, como representado na imagem **A**. Desvio contrário ocorre quando a camada de ar próxima ao solo está mais fria, como representado na imagem **B**.

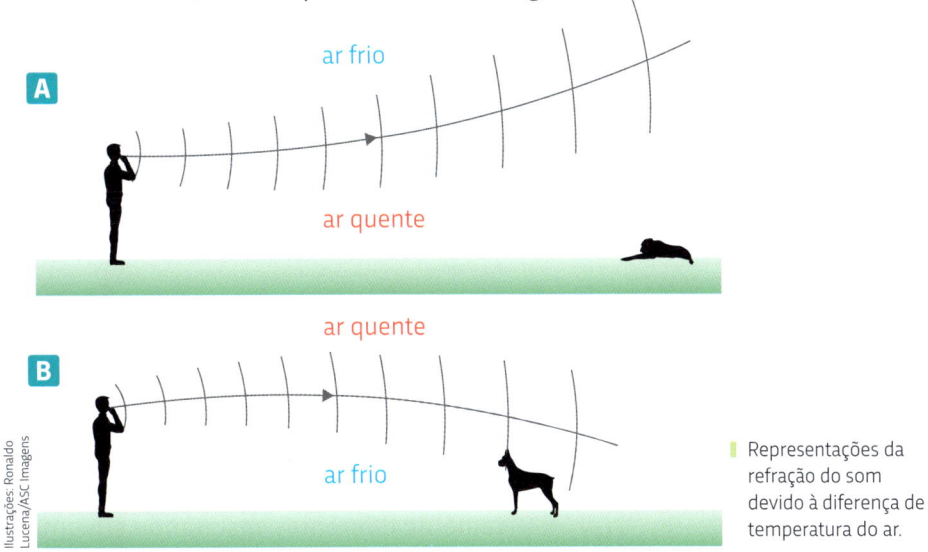

Ilustrações: Ronaldo Lucena/ASC Imagens

Representações da refração do som devido à diferença de temperatura do ar.

Difração

A difração é um fenômeno no qual as ondas contornam a barreira de um obstáculo ou atravessam orifícios com dimensões próximas a seu comprimento de onda.

Duas pessoas não podem se ver por um muro, pois as dimensões do muro são muito maiores que o comprimento de onda da luz, que é da ordem de micrômetros $\left(10^{-6}\ m\right)$. Porém, de acordo com as dimensões do muro, essas pessoas podem conversar, pois o som emitido por uma consegue contornar o muro e chegar à outra.

Para a frequência audível ao ser humano, e considerando a velocidade do som no ar igual a 340 m/s, o comprimento das ondas pode variar entre os seguintes valores, aproximadamente.

$$f = 20\ Hz \longrightarrow v = \lambda \cdot f \Rightarrow 340 = \lambda \cdot 20 \Rightarrow \lambda = 17 \therefore \boxed{\lambda = 17\ m}$$

$$f = 20\,000\ Hz \longrightarrow v = \lambda \cdot f \Rightarrow 340 = \lambda \cdot 20\,000 \Rightarrow \lambda = 0,017 \therefore \boxed{\lambda = 0,017\ m\ ou\ 1,7\ cm}$$

Assim, de acordo com a frequência, algumas ondas sonoras são capazes de contornar obstáculos com dimensões da ordem de 1,7 cm a 17 m.

Interferência

Nas ondas sonoras pode ocorrer o fenômeno de interferência quando ocupam a mesma região do espaço. No capítulo anterior, discutimos que a interferência pode ocorrer quando duas ondas propagam-se pelo mesmo meio e encontram-se. Tal fenômeno gera efeitos ondulatórios que podem ser somados, reduzidos ou neutralizados, dando origem a uma interferência construtiva ou destrutiva.

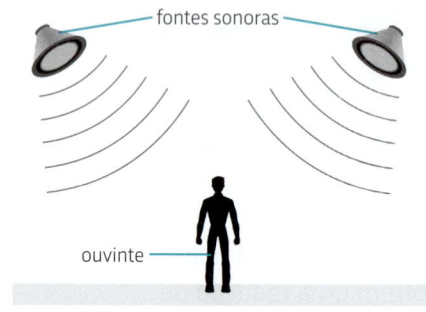

Interferência de ondas sonoras.

A interferência ocorre a partir da superposição de ondas sonoras que são emitidas por duas ou mais fontes, ou pelo fenômeno da reflexão. Em certos pontos do meio, o som gerado terá maior intensidade, pois os efeitos das duas fontes se somam. É o caso da figura ao lado, onde uma pessoa encontra-se a igual distância de duas caixas de som. Considerando que as fontes emitem sons idênticos e com frequência fixa, o som que chega até o ouvinte será de maior intensidade. As ondas se encontram em fase, pois percorrem a mesma distância, e terão suas amplitudes somadas.

Se esse ouvinte distanciar-se para o lado meio comprimento de onda em relação às fontes, o som produzido será fraco, ou ocorrerá um silêncio total. Tal efeito é considerado uma interferência destrutiva e aplicado na tecnologia antirruído. Muitos aparelhos que emitem ruídos estão sendo equipados com microfones responsáveis por enviar o som produzido para *microchips* eletrônicos capazes de gerar um padrão ondulatório correspondente à imagem especular dos sinais produzidos pelo som original. Quando os sinais são combinados, o ruído do equipamento é cancelado, pois ocorre uma interferência destrutiva como acontece nos protetores auriculares. Essa tecnologia também já é utilizada em cabines de aviões para torná-las silenciosas.

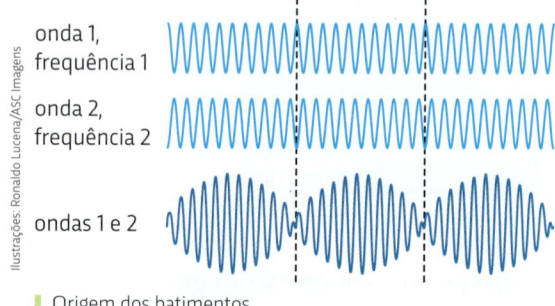

Origem dos batimentos.

Batimento

Outro fenômeno originado pela interferência de ondas sonoras é chamado de batimento. Para que ele ocorra, as duas ondas devem possuir frequências ligeiramente diferentes, resultando em uma série de pulsos que, quando combinados, produzem uma variação no volume do som. O som que chega ao ouvinte aumenta e diminui alternadamente, com frequência igual à da diferença entre as duas frequências das ondas originais.

Um dos efeitos do batimento é um som grave, indesejável por exemplo para os músicos de uma orquestra sinfônica. Assim, esses músicos afinam seus instrumentos todos para uma mesma frequência. Essa técnica consiste em comparar o som do instrumento com uma frequência padrão e ajustá-lo até que o batimento desapareça. Vários instrumentos musicais podem ser afinados dessa forma, como os de corda e os de tubo, por exemplo.

Contrabaixo, violino e saxofone.

Efeito Doppler

Sabemos que a frequência de uma onda não se altera, pois está diretamente associada à fonte emissora, não importa por qual fenômeno ondulatório a onda passe. Vimos isso na reflexão, refração, difração e interferência.

Esse efeito pode ser percebido em situações que apresentam fontes que emitem ondas sonoras em todas as direções. Se dois observadores em repouso, um no ponto P e o outro no ponto P', recebem o som emitido pela buzina de um veículo, também em repouso, ambos percebem o som com a mesma frequência.

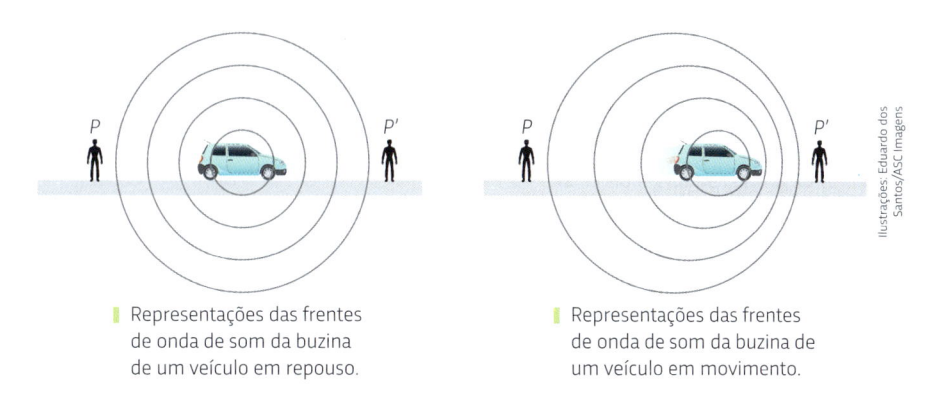

Ilustrações: Eduardo dos Santos/ASC Imagens

Representações das frentes de onda de som da buzina de um veículo em repouso.

Representações das frentes de onda de som da buzina de um veículo em movimento.

Se a fonte sonora se deslocar com certa velocidade na direção do ponto P', o observador colocado nesse ponto receberá as frentes de onda com maior frequência, percebendo um som mais alto, ou seja, mais agudo, e o comprimento de onda parecerá menor. O observador no ponto P receberá frentes de onda com uma frequência menor percebendo um som mais baixo, ou seja, mais grave, e o comprimento de onda parecerá maior.

Essa mudança na frequência percebida devido ao movimento relativo entre a fonte sonora e o observador é conhecida como **efeito Doppler**, em homenagem ao matemático e físico austríaco Christian Johann Doppler (1803-1853), que verificou em 1842 que o efeito era válido tanto para as ondas sonoras quanto para as luminosas. Mais tarde, o físico francês Hyppolyte Fizeau (1819-1896) realizou experimentos sobre o fenômeno para determinar os deslocamentos das estrelas em relação à Terra, por isso o fenômeno também é conhecido por efeito Doppler-Fizeau.

Existem várias aplicações e verificações do efeito Doppler no cotidiano. Por exemplo, quando uma ambulância ou viatura de polícia passa com a sirene ligada, percebemos sons diferentes na aproximação e no afastamento.

Alguns aparelhos de ultrassonografia utilizam o efeito Doppler para verificar o fluxo sanguíneo no interior dos vasos. O aparelho emite um ultrassom que é refletido pelas células do sangue, principalmente as hemácias, e analisa a onda refletida. Se as células se movem na direção do detector, a frequência da onda refletida é maior que a da onda emitida; quando se movem na direção oposta, a onda refletida tem frequência menor. O aparelho diferencia a direção do fluxo por meio de cores, como na fotografia ao lado.

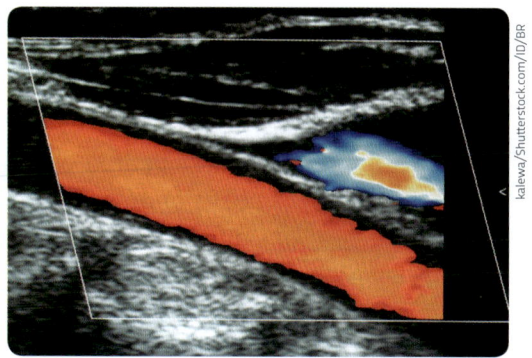

kalewa/Shutterstock.com/ID/BR

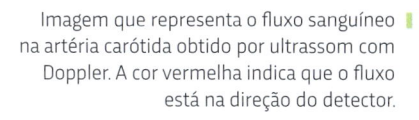
Imagem que representa o fluxo sanguíneo na artéria carótida obtido por ultrassom com Doppler. A cor vermelha indica que o fluxo está na direção do detector.

Como o efeito Doppler depende do movimento relativo entre fonte e observador, ele pode ser observado se a fonte estiver em movimento e o observador em repouso, se a fonte estiver em repouso e o observador em movimento, e se ambos estiverem em movimento. Para ondas sonoras, a frequência f' percebida depende da velocidade v_s do som no meio, da velocidade v_o do observador e da velocidade v_f da fonte, todas em relação ao solo, bem como da frequência do som emitido pela fonte f. Determinamos a frequência percebida com a equação geral para o efeito Doppler, mostrada a seguir.

$$f' = f \cdot \frac{v_s \pm v_o}{v_s \pm v_f}$$

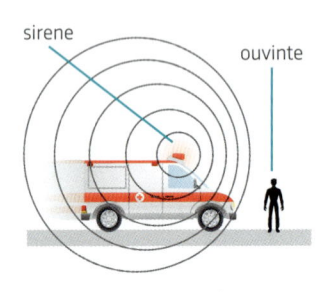

Na relação acima, o sinal atribuído às velocidades depende da análise do movimento do observador e da fonte. Para a velocidade do observador atribuímos:

- sinal positivo quando ele se aproxima da fonte;
- sinal negativo quando se afasta da fonte.

Para a velocidade da fonte atribuímos:

- sinal positivo quando ela se afasta do observador;
- sinal negativo quando ela se aproxima do observador.

Por exemplo, o som de 1 200 Hz da sirene de uma ambulância que se move com velocidade constante de 72 km/h (20 m/s), em um local no qual a velocidade do som no ar é de 340 m/s, é percebido por um observador em repouso $(v_o = 0)$ com frequência de 1 275 Hz na aproximação da ambulância e cerca de 1 133 Hz no afastamento.

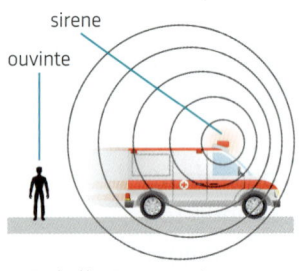

Ambulância em movimento emitindo ondas sonoras.

$$\text{aproximação} \rightarrow f' = f \cdot \frac{v_s \pm v_o}{v_s \pm v_f} = 1\,200 \cdot \frac{340}{340 - 20} = \frac{408\,000}{320} = 1\,275 \therefore \boxed{f' = 1\,275 \text{ Hz}}$$

Inseto movimentando-se sobre a água

$$\text{afastamento} \rightarrow f' = f \cdot \frac{v_s \pm v_o}{v_s \pm v_f} = 1\,200 \cdot \frac{340}{340 + 20} = \frac{408\,000}{360} \cong 1\,133 \therefore \boxed{f' \cong 1\,133 \text{ Hz}}$$

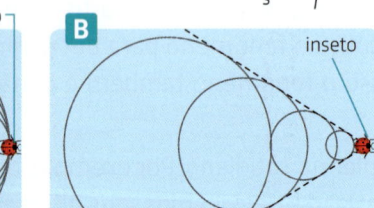
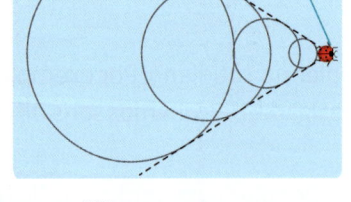

Ilustrações: Ronaldo Lucena/ASC Imagens

Assim, vemos que o som percebido será mais agudo (maior frequência) na aproximação entre a fonte e o observador, e mais grave (menor frequência) no afastamento.

Em alguns casos, a fonte pode se mover com velocidade muito próxima ou maior que a velocidade da onda produzida no meio. Se o inseto na poça d'água andar com a mesma velocidade da onda na água, as frentes de onda se acumularão na frente do inseto, como representado em **A**.

Se o inseto andar com velocidade maior do que as ondas que produz, as frentes de onda ficarão para trás, e as partes das ondas adjacentes superpostas formarão um padrão com formato de V, como representado em **B**.

Esse padrão, chamado de **onda de proa**, parece ser arrastado pela fonte e também pode ser observado no movimento de embarcações. Quanto maior for a diferença entre a velocidade de deslocamento do barco e a velocidade da onda, mais estreita será a forma em V. Uma situação semelhante ocorre com aviões que viajam com velocidades próximas à velocidade do som.

Olaf Schulz/Shutterstock.com/ID/BR

Navio cargueiro Timbus em movimento no canal Kiel, localizado na Alemanha, em 2014.

Por isso, os cientistas acreditavam que o som produzia uma "barreira" à frente do avião, que deveria ser quebrada para que ele pudesse voar mais rapidamente que o som. Na verdade, a explicação mais adequada é que, de forma parecida com as ondas de proa geradas pelos barcos na água, o avião supersônico produz ondas tridimensionais que são superposições de frentes de onda esféricas geradas no ar, chamadas de **ondas de choque**. As ondas de choque são caracterizadas por uma região de alta pressão (um cone com vértice no bico do avião) e uma região de baixa pressão (um cone com vértice na cauda do avião).

Avião supersônico F-18 durante um voo em 2014. A diferença de pressão produzida pela onda de choque faz o vapor de água condensar, formando uma nuvem.

Quando a onda de choque passa por um observador no solo, ele escuta um som semelhante a uma explosão, conhecido como **estrondo sônico**. Muitas vezes, associa-se o estrondo sônico ao momento em que o avião atinge a velocidade do som, mas tanto o estrondo quanto a onda de choque ocorrem continuamente, acima e abaixo do avião, na região varrida pelo cone, conforme ilustração ao lado. O estrondo sônico ouvido por um observador em certo instante pode ser produzido por um avião que quebrou a "barreira" do som muitos minutos antes.

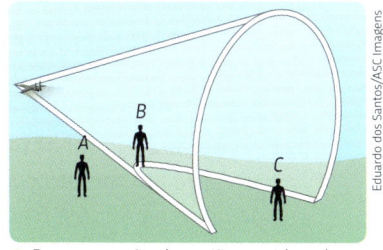

Representação da região varrida pelo estrondo sônico.

Estrondos sônicos podem ser produzidos por outros objetos ao se deslocarem mais rapidamente que o som no ar, como a ponta de um chicote. O estalo característico dos chicotes se dá pelo movimento de sua ponta, que em certo momento atinge velocidade supersônica e emite um pequeno estrondo sônico.

> Na ilustração acima, qual dos personagens já escutou, qual está escutando e qual vai escutar o estrondo sônico provocado pelo avião que viaja a velocidade superior a do som?

O efeito Doppler também ocorre para ondas eletromagnéticas como a luz. Como ela não necessita de meio material para se propagar, o efeito depende da velocidade relativa entre a fonte e o detector.

Na Astronomia, o efeito Doppler é usado para o cálculo de velocidades. A luz, ou outra onda eletromagnética emitida por uma estrela ou galáxia, pode ser detectada com comprimento de onda diferente, dependendo de o corpo estar se afastando ou se aproximando da Terra. O efeito é análogo ao do som. Se uma estrela está se aproximando da Terra, o comprimento de onda detectado é menor, então dizemos que a onda sofreu um **deslocamento para o azul**. Se a estrela estiver se afastando, a onda detectada terá um comprimento de onda maior, e dizemos que a onda sofreu um **deslocamento para o vermelho**.

Isso não quer dizer que a onda recebida terá cor azul ou vermelha, ou mesmo que será visível; trata-se apenas de uma comparação com o espectro visível, no qual o vermelho está na extremidade do espectro de maior comprimento de onda e o azul está na extremidade de menor comprimento.

Espectro da luz visível.

Utilizando o efeito Doppler, o astrônomo americano Edwin Hubble (1889-1953) calculou a velocidade de várias galáxias e verificou que a maioria delas está se afastando da Via Láctea. Ele então fez uma relação entre o deslocamento para o vermelho e a distância da galáxia. Hubble concluiu que, quanto mais distante está a galáxia, maior é o seu deslocamento para o vermelho, ou seja, mais rapidamente afasta-se em relação a nós. Isso serviu de base para a teoria do *Big Bang* e do Universo em expansão.

Galáxia de Andrômeda (M31), uma das galáxias estudadas por Hubble.

1. Os antigos índios encostavam a orelha ao chão a fim de averiguar se havia cavalaria vindo em sua direção. Explique o motivo para fazerem isso.

2. Por que numa tempestade sempre vemos o raio antes de escutarmos o trovão?

3. (UEPG-PR) O som é uma onda mecânica que se propaga num meio material. Sobre as ondas sonoras, assinale o que for correto.

01) O som se propaga melhor em lugares onde a atmosfera é mais densa, isto é, onde a pressão atmosférica é maior, tornando-o bem mais perceptível ao sentido auditivo.

02) A interferência sonora faz com que um corpo vibrante em contato com outro, que o segundo vibre na mesma frequência do primeiro.

04) A refração de uma onda consiste na passagem dessa onda de um meio para outro com a mudança de sua frequência.

08) As ondas sonoras se propagam somente em linha reta, portanto, quando é colocado um anteparo entre a fonte sonora e nosso ouvido, elas em parte, são barradas, e o som é enfraquecido.

16) O encontro do som com as paredes que produzem reflexões múltiplas e se prolonga depois de cessada a sua emissão é o fenômeno conhecido como reverberação.

4. Em relação à altura do som, propriedade que o caracteriza como grave ou agudo, pode-se afirmar que:

a) Um som grave é aquele com frequência alta.

b) Um som agudo se propaga mais rapidamente que um som grave.

c) A velocidade de propagação é a mesma tanto para o agudo como para o grave.

d) A altura do som está relacionada com a amplitude da onda sonora.

R1. Calcule a intensidade sonora de uma frente de onda de 0,3 W/m² por uma área 4 cm² a cada 2 s.

⊇ Resolução

Como 4 cm² = $4 \cdot 10^{-4}$ m², temos que:

$$I = \frac{E}{A \cdot \Delta t} = \frac{0,3}{4 \cdot 10^{-4} \cdot 2} = 3,75 \cdot 10^2$$

$$\therefore \boxed{I = 3,75 \cdot 10^2 \text{ W/m}^2}$$

5. A intensidade sonora emitida por uma ferramenta de uma construção é de 100 dB. Sabendo que a intensidade mínima de referência é de 10^{-12} W/m² e que a área média do tímpano na orelha é de aproximadamente $2,5 \cdot 10^{-1}$ cm², a potência do som da ferramenta de construção em microwatts é igual a:

a) 25,00

b) 2,50

c) 0,25

d) 250,00

e) 0,025

6. O nível sonoro é medido em decibéis e pode ser calculado pela relação $\beta = 10 \cdot \log\left(\dfrac{I}{I_0}\right)$, onde I é a intensidade do som e I_0 a intensidade do limiar da audição. Para uma fonte que emite ondas esféricas uniformes em todas as direções, a área atingida pela onda corresponde à área de uma superfície esférica $(A = 4 \cdot \pi \cdot d^2)$, sendo d a distância da fonte, de forma que a intensidade fica escrita como:

$$I = \frac{P}{A} = \frac{P}{4 \cdot \pi \cdot d^2}$$

A cabine do operador de lançamento de foguetes fica localizado a 10 m de distância da base e, dentre os equipamentos de segurança, ele utiliza protetor auditivo durante o período de trabalho, que reduz as ondas sonoras para 100 dB.

Para que o nível máximo de exposição do operador seja de 60 dB, a qual distância ele deve trabalhar da base de lançamentos? (Utilize $\pi = 3,1$)

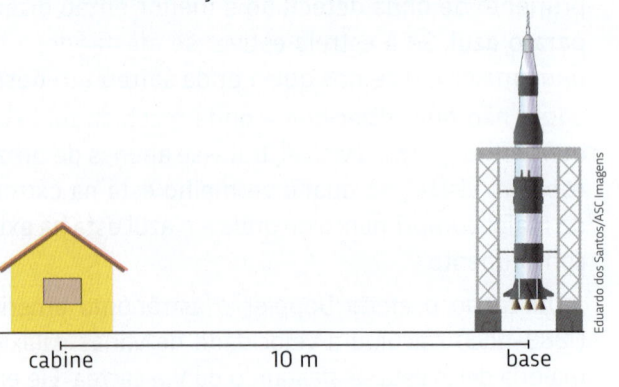

cabine   10 m   base

7. A nota Dó emitida por um violão nos soa diferente da mesma nota Dó emitida por um piano. Por que conseguimos diferenciar um instrumento de outro se ambos tocam a mesma nota musical?

8. Observe a tirinha a seguir:

Sousa, Mauricio de. Disponível em: <http://turmadamonica.uol.com.br/wp-content/uploads/2013/08/tirinha8.jpg>. Acesso em: 15 mar. 2016.

© MAURICIO DE SOUSA PRODUÇÕES - BRASIL

© Mauricio de Sousa Editora Ltda.

a) O que Cebolinha esperava ouvir ao gritar "alô"? Na vida real, o que aconteceu com Cebolinha é possível?

b) Por que Cebolinha chamou Cascão?

c) Para que ocorra o eco, as ondas sonoras sofrem o fenômeno da:

I) difração.

II) reflexão e refração.

III) reflexão.

IV) refração apenas.

V) interferência.

9. Sabe-se que para que uma pessoa escute o eco de um som emitido por ela mesma o intervalo de tempo mínimo de diferença entre os sons emitidos e refletidos deve ser pouco maior que 0,1 s. Uma pessoa emite uma onda sonora em um local onde a velocidade do som é 340 m/s e ouve o eco após 2 s.

a) Qual a distância entre a pessoa e o obstáculo?

b) Qual a menor distância necessária para que a pessoa possa distinguir a sua voz e o eco?

10. Em um imóvel, as paredes delimitam os limites de cada cômodo, assim como suas portas e janelas. Uma pessoa localizada na cozinha consegue conversar com uma pessoa localizada no quarto quando a porta se encontra totalmente aberta. Esta situação é possível acontecer por conta das ondas sonoras sofrerem principalmente:

a) reflexão.

b) difração.

c) reflexão e refração.

d) reflexão e difração.

e) reflexão, refração e difração.

R2. Um veículo emite som por meio de uma buzina numa frequência de 300 Hz. Sabendo que ele se movimenta com uma velocidade de 15 m/s e a velocidade do som no ar é 340 m/s, calcule a frequência percebida por uma pessoa em repouso quando o veículo se afasta e quando o veículo se aproxima dela.

⊅ Resolução

Para o veículo se afastando, temos:

$$f' = f \cdot \frac{v_s}{v_s + v_f} = 300 \cdot \frac{340}{340 + 15} \cong 287,3$$

$$\therefore \boxed{f' \cong 287,3 \text{ Hz}}$$

A pessoa irá perceber um som mais grave.

Para o veículo se aproximando, temos:

$$f' = f \cdot \frac{v_s}{v_s - v_f} = 300 \cdot \frac{340}{340 - 15} \cong 313,8$$

$$\therefore \boxed{f' \cong 313,8 \text{ Hz}}$$

A pessoa irá perceber um som mais agudo.

11. Uma locomotiva possui um apito que emite sons na frequência de 660 Hz. Sabendo que a velocidade do ar no local é de 340 m/s, determine:

a) a frequência percebida por uma pessoa que se encontra em repouso na estação, quando a locomotiva se aproxima com velocidade de 36 km/h.

b) a velocidade que a locomotiva se afasta da estação se uma pessoa em repouso escuta o som da buzina com uma frequência de 645 Hz.

Instrumentos sonoros

Representação de um ruído.

Ilustrações: Ronaldo Lucena/ID/BR

Representação de uma onda sonora de um violino.

▌ Uma nota musical produzida por um violino difere de um ruído por apresentar padrão periódico e uma frequência específica.

O que difere um som musical emitido por um instrumento afinado dos outros sons que escutamos diariamente, como o som de uma britadeira ou de um liquidificador ligado?

As ondas sonoras são ondas mecânicas com características definidas pela vibração do meio material no qual são produzidas.

Os sons que escutamos diariamente são formados por várias ondas de diferentes frequências que interferem umas com as outras para produzir a onda sonora resultante. Como não existe um padrão de combinação entre as frequências, o resultado é uma vibração irregular no tímpano, o que caracteriza um ruído.

Já os sons musicais podem corresponder a uma onda sonora com determinada frequência ou várias ondas cuja frequência tem um padrão de combinação periódico, resultando em uma vibração regular no tímpano.

As diferenças entre os sons musicais e os ruídos, algumas vezes subjetivas, de acordo com o gosto individual, podem ser visualizadas em um osciloscópio, aparelho que mostra padrões de imagens, como os exemplificados acima.

Quando uma onda sonora é emitida no ar, as compressões e rarefações se propagam e incidem em um receptor, como o tímpano da orelha ou um microfone, que possui uma membrana que vibra com a mesma frequência da onda sonora, gerando sinais elétricos também oscilantes. Caso o circuito do microfone esteja conectado a um amplificador, esses sinais são amplificados e enviados a um alto-falante, causando a vibração da película, que transmite o som. Os sinais do microfone também podem ser enviados a um osciloscópio, que gera um gráfico de intensidade de sinal pelo tempo, formando uma imagem na tela do equipamento, como mostrado ao lado.

Pitágoras, na Antiguidade grega, estudou as cordas sonoras, verificando que o som gerado por metade de uma corda é semelhante ao som gerado pela corda inteira. Outras divisões na corda também resultavam em sons que soavam harmoniosamente, chamados sons consonantes.

Certas vibrações produzidas por esses segmentos de corda são chamadas notas musicais e possuem um valor específico de altura, referente à frequência da onda sonora. As notas musicais são basicamente definidas com frequências específicas, de modo que, a cada vez que uma frequência de onda é dobrada, as notas musicais se repetem, existindo sete notas entre repetições.

scienephotos/Alamy Stock Photo/Fotoarena

▌ Pessoa tocando uma corneta próximo a um microfone conectado a um osciloscópio. O som emitido pelo instrumento é captado pelo microfone e enviado ao osciloscópio, que representa a onda característica da frequência emitida pelo instrumento.

As notas musicais podem ser representadas de diversas maneiras. Uma delas é por meio das primeiras sete letras maiúsculas do alfabeto: A (Lá), B (Si), C (Dó), D (Ré), E (Mi), F (Fá) e G (Sol).

Existem variações para as frequências atribuídas a cada nota musical, sendo as diversas sequências ordenadas dessas notas conhecidas como escalas musicais, que compõem a base para o estudo da teoria e composição musical.

Coleção particular Fotografia: Universal History Archive/UIG/SPL/Latinstock

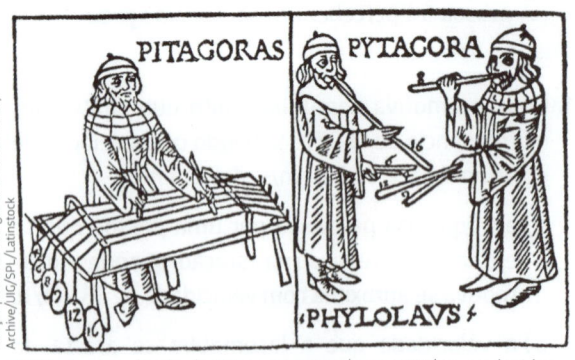

▌ Xilogravura do século XV representando os estudos conduzidos por Pitágoras e pelos pitagóricos, que originaram escalas musicais utilizadas até hoje.

Nas teclas de um piano é possível visualizar a separação em sete notas básicas, que se repetem em intervalos conhecidos como oitavas. O teclado de um piano geralmente abrange um pouco mais que sete oitavas completas.

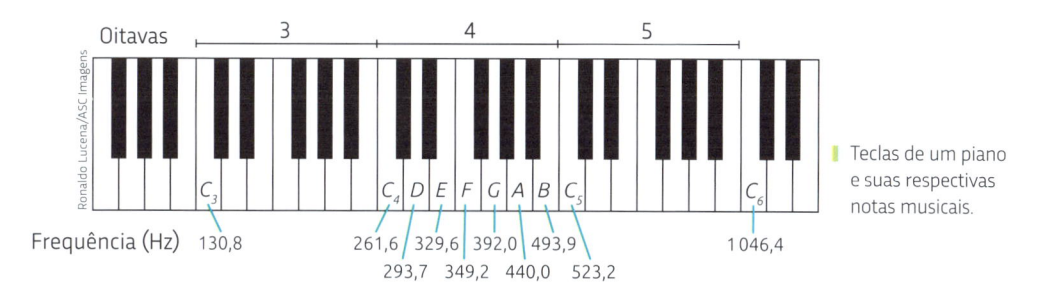

Teclas de um piano e suas respectivas notas musicais.

Ao analisar a frequência atribuída à nota Dó da quarta oitava do piano $\left(C_4\right)$, chamado também de C central, vemos que, dobrando o valor dessa frequência, chegamos à outra nota Dó, mais aguda, ou uma oitava acima, como mostrado na imagem. De modo análogo, diminuindo o valor da frequência pela metade, obtemos novamente a nota Dó, porém uma oitava abaixo, sendo assim mais grave. O mesmo acontece para todas as notas do teclado, sendo a altura do som produzido correspondente à frequência da onda emitida, que, por sua vez, corresponde à frequência característica de oscilação da corda do piano que é perturbada.

Conforme vimos durante o estudo do timbre, a onda sonora de uma nota musical, mesmo definida por uma frequência específica, é composta por várias componentes que resultam no formato da onda específico para cada fonte sonora, caracterizando assim o timbre de cada instrumento.

O diapasão é um dos poucos equipamentos que emite ondas de apenas uma frequência, que não são compostas por outras ondas. Quando o som produzido por um diapasão é estudado em um osciloscópio, a onda mostrada tem a forma de uma onda tradicional. Por isso, diapasões são utilizados para afinar instrumentos.

Entre os instrumentos musicais tradicionais, temos aqueles que emitem ondas sonoras pela oscilação de cordas, aqueles que emitem ondas sonoras pela vibração do ar em tubos e instrumentos que emitem ondas sonoras a partir da oscilação de uma membrana quando percutida, os instrumentos de percussão.

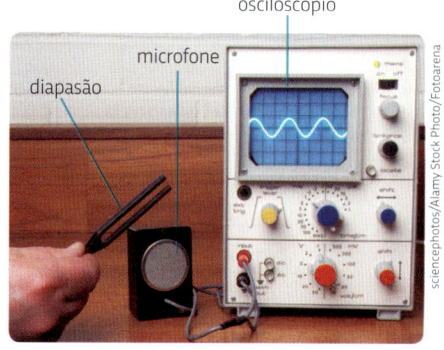

A vibração produzida por um diapasão gera uma onda com a forma típica de uma onda transversal.

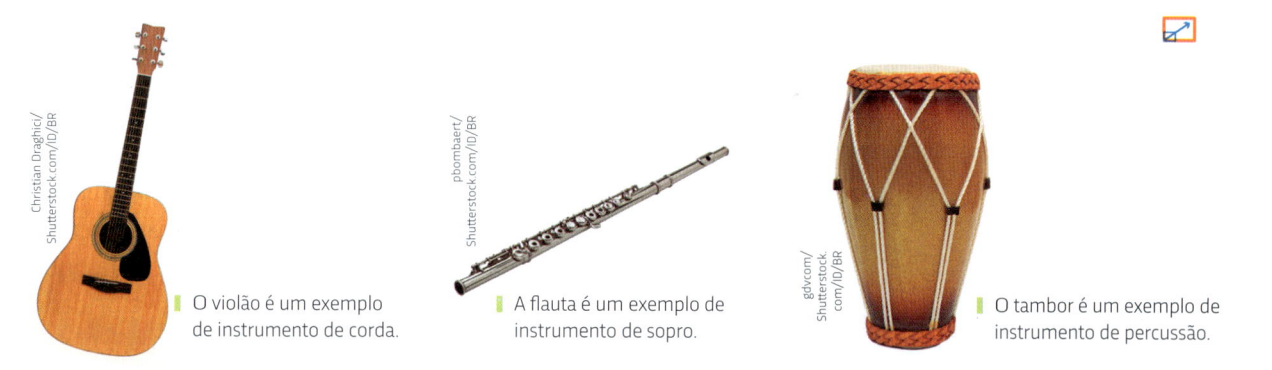

O violão é um exemplo de instrumento de corda.

A flauta é um exemplo de instrumento de sopro.

O tambor é um exemplo de instrumento de percussão.

Ao reproduzir a mesma nota musical em cada instrumento musical, a onda gerada terá sempre a mesma frequência, contudo sempre formará um som percebido de forma diferente pelo ouvinte, devido ao seu timbre próprio.

A seguir faremos um estudo mais detalhado dos instrumentos de corda e de tubo.

●Cordas sonoras

Instrumentos de corda são aqueles que produzem ondas sonoras no ar devido à oscilação de suas cordas, como o violão, o violino, o piano, a harpa e o cavaquinho.

■ harpa

■ viola de cocho

■ violoncelo e arco

Como as cordas são fixas em suas extremidades, as ondas geradas por uma perturbação se refletem, mantendo sua amplitude, comprimento de onda e frequência de propagação, mas com a fase invertida.

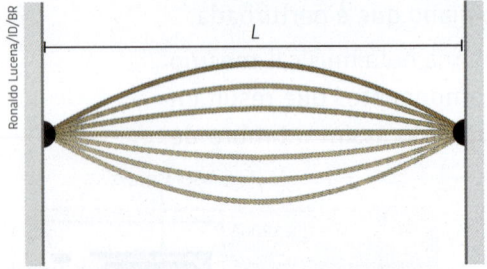

■ Representação de uma onda estacionária em uma corda correspondente ao primeiro harmônico.

Em alguns comprimentos de onda específicos, que correspondem à frequência de ressonância da corda, a interferência das ondas em cada ponto resulta em uma onda estacionária, quando em alguns pontos da corda formam-se nós e, em outros, ventres. Cada modo de oscilação estacionário, com certo número de nós e ventres, é chamado harmônico. O modo mais simples é denominado fundamental, ou primeiro harmônico, quando ocorre a formação de uma onda estacionária com dois nós e um ventre, como mostrado ao lado.

O som que ouvimos é gerado pela oscilação da corda nesse modo, causando uma perturbação no ar ao redor da corda de mesma frequência, que se propaga de forma longitudinal até as orelhas. Assim, se o desejo é emitir uma nota musical de frequência 440 Hz, é preciso estabelecer uma onda estacionária da corda de mesma frequência.

No caso do primeiro harmônico mostrado anteriormente, o comprimento L da corda corresponde a meio comprimento de onda $\left(\dfrac{\lambda_1}{2}\right)$, de modo que a frequência f_1 emitida é determinada da seguinte forma.

$$L = \frac{\lambda_1}{2} \Rightarrow \boxed{\lambda_1 = 2 \cdot L} \qquad\qquad v = \lambda \cdot f = 2 \cdot L \cdot f_1 \Rightarrow \boxed{f_1 = \frac{v}{2 \cdot L}}$$

Vimos no capítulo **14** que, em uma corda tensionada, a velocidade de propagação de uma onda provocada é determinada pela relação de Taylor, que expressa a relação entre a força de tensão na corda e sua densidade linear. A frequência da onda gerada depende da velocidade da onda na corda, velocidade que depende da força de tensão aplicada. Dessa forma, é possível afinar um instrumento musical de corda ajustando a tensão aplicada, buscando assim uma adequação da velocidade da onda na corda até que a frequência desejada seja obtida.

■ Para afinar o violão rotacionamos as tarraxas, peças onde as cordas são fixadas.

O segundo modo de oscilação é o segundo harmônico, quando são formados três nós e dois ventres. O comprimento da corda L corresponde a um comprimento de onda $\left(\lambda_2\right)$, de modo que a frequência f_2 emitida é determinada de seguinte forma.

$$L = \frac{2 \cdot \lambda_2}{2} \Rightarrow \lambda_2 = \frac{2 \cdot L}{2} = L$$

$$v = \lambda \cdot f = \frac{2 \cdot L}{2} \cdot f_2 \Rightarrow f_2 = \frac{2 \cdot v}{2 \cdot L}$$

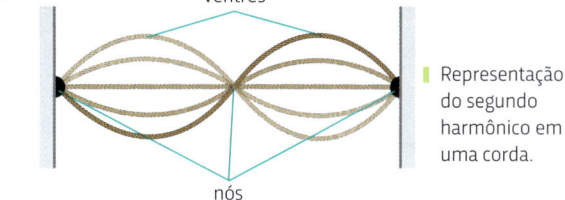

ventres

nós

Representação do segundo harmônico em uma corda.

Note que $f_2 = 2 \cdot f_1$, ou seja, a frequência do segundo harmônico é o dobro da frequência do primeiro harmônico. Isso pode ser verificado nas notas musicais, pois a cada intervalo de oitavas as notas se repetem, mas com frequências que valem o dobro. Por exemplo, se uma nota Dó tem frequência 261,6 Hz, uma nota Dó oitava acima tem frequência 523,2 Hz, correspondendo a uma oitava mais aguda.

O terceiro modo de oscilação é o terceiro harmônico, quando são formados quatro nós e três ventres. O comprimento da corda L corresponde a um comprimento de onda e meio $\left(\dfrac{3 \cdot \lambda_3}{2}\right)$, de modo que a frequência f_3 emitida é determinada da seguinte forma.

ventres

nós   nós

Ilustrações: Ronaldo Lucena/ID/BR

Representação do terceiro harmônico em uma corda.

$$L = \frac{3 \cdot \lambda_3}{2} \Rightarrow \lambda_3 = \frac{2 \cdot L}{3} \qquad v = \lambda \cdot f = \frac{2 \cdot L}{3} \cdot f_3 \Rightarrow f_3 = \frac{3 \cdot v}{2 \cdot L}$$

A frequência do terceiro harmônico vale $3 \cdot f_1$. Com esses três exemplos, é possível notar que, sendo v a velocidade da onda na corda, L o comprimento da corda e n o número do harmônico, que corresponde ao número de ventres, a frequência de qualquer harmônico pode ser obtida da seguinte forma.

$$f_n = \frac{n \cdot v}{2 \cdot L} \Rightarrow f_n = n \cdot f_1 \quad (n = 1, 2, 3, 4, \dots)$$

O cálculo apresentado mostra uma maneira de obter as frequências da mesma nota musical em diversas oitavas, que é a mesma para qualquer instrumento. Nas imagens apresentadas para demonstrar as ondas estacionárias, usamos a forma tradicional de uma onda transversal. Porém, devemos lembrar, conforme apresentado durante o estudo do timbre, que em cada instrumento as ondas são formadas a partir de componentes diferentes, obtendo assim formas diferentes.

Em instrumentos de corda, além de cada corda corresponder a uma nota, é possível pressioná-las em locais específicos do braço do instrumento, mudando assim o comprimento L das cordas e alterando a frequência do som emitido por cada uma. Dessa forma, o som emitido ao perturbar todas as cordas juntas corresponde a um acorde específico.

Em instrumentos de corda, como o violão, a vibração da corda é captada pelo cavalete, que a transmite para a caixa de ressonância, que amplifica o som produzido. Alguns modelos vêm equipados com microfone que capta as ondas sonoras e

oiey/Shutterstock.com/ID/BR

Pessoa fazendo a posição referente ao acorde musical.

as converte em sinais elétricos, que são encaminhados a um amplificador que emite o som pelo alto-falante. Em instrumentos elétricos, como nas guitarras, a vibração das cordas causam efeitos eletromagnéticas que geram sinais elétricos, encaminhados a amplificadores.

◾Tubos sonoros

Sons musicais também podem ser produzidos em instrumentos de tubo, como flauta, saxofone, clarinete, oboé, entre outros. Neles, são geradas vibrações longitudinais no ar dentro do tubo.

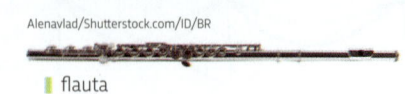

▮ flauta

▮ oboé

▮ saxofone

▮ Indígena Guarani tocando uma flauta, em 2014.

▮ Pessoa tocando uma flauta. Note a posição específica feita pela pessoa na flauta que, combinado com a intensidade do sopro, resulta em uma frequência musical específica.

Os instrumentos de sopro e os de percussão são os mais utilizados pelos indígenas em festas ou rituais e também como forma de comunicação.

Instrumentos de sopro como apitos, trombetas e flautas são feitos com materiais que emitem sons com timbres agradáveis, quando se sopra por uma cavidade. São exemplos de materiais troncos, bambu, cerâmica, ossos e carapaças de animais, entre outros.

Nos instrumentos sonoros de tubo, ondas estacionárias são geradas no ar em seu interior, devido a uma perturbação provocada por um sopro na embocadura. No violão, ondas são geradas nas cordas devido à perturbação causada pelos dedos do músico ou pela palheta, enquanto nos instrumentos de sopro as ondas são geradas devido à perturbação do ar assoprado.

Em uma flauta, as diferentes posições dos dedos servem para fechar ou abrir orifícios, alterando assim o comprimento da coluna de ar onde será gerada a onda estacionária, resultando na nota musical com a frequência desejada.

O dedilhamento na flauta pode ser comparado a um instrumento chamado vibrafone.

Nesse instrumento, mostrado na fotografia abaixo, em cada garrafa ocorre a formação de uma onda com determinada frequência, devido aos diferentes níveis dos líquidos em seu interior. Esse fenômeno também pode ser verificado ao assoprar ou dar pequenas batidas em garrafas de vidro contendo água, de modo que a frequência do som gerado depende da profundidade da garrafa, alterada pela quantidade de água.

▮ Vibrafone de garrafas com água instalado no Centro Integrado de Ciência Cultura em São José do Rio Preto, no estado de São Paulo, em 2014.

Os tubos geralmente utilizados como instrumentos musicais são classificados como **tubo aberto**, com as duas extremidades abertas, e **tubo fechado**, cuja extremidade oposta à entrada de ar é fechada.

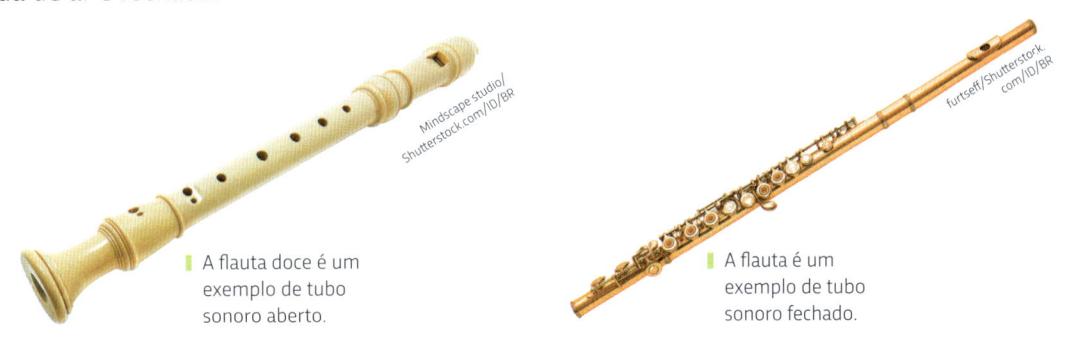

▌A flauta doce é um exemplo de tubo sonoro aberto.

▌A flauta é um exemplo de tubo sonoro fechado.

A formação de ondas estacionárias em tubos de ar, sejam abertos ou fechados, é semelhante à formação de ondas estacionárias em cordas. A extremidade fechada do tubo corresponde a uma extremidade fixa da corda, onde ocorre a formação de nós, e a extremidade aberta do tubo corresponde aos trechos da corda onde ocorre a formação de ventre.

Tubo aberto

Para tubos com as duas extremidades abertas, a perturbação causada pelo sopro em uma extremidade se propaga em direção à outra, onde encontra o meio externo com características diferentes de temperatura, pressão e densidade. As ondas então sofrem refração, mas também refletem, retornando ao tubo e encontrando outras ondas geradas. Para certos comprimentos de onda correspondentes às frequências de ressonância do tubo, a interferência causa ondas estacionárias. A onda estacionária terá ventres nas duas extremidades.

O modo fundamental de oscilação, ou primeiro harmônico, possui um nó no ponto médio entre as duas extremidades, como representado abaixo. O comprimento L do tubo corresponde a meio comprimento de onda $\left(\dfrac{\lambda_1}{2}\right)$, de modo que a frequência f_1 emitida é determinada da seguinte forma.

$$L = \frac{\lambda_1}{2} \Rightarrow \lambda_1 = 2 \cdot L$$

$$v = \lambda \cdot f = 2 \cdot L \cdot f_1 \Rightarrow f_1 = \frac{v}{2 \cdot L}$$

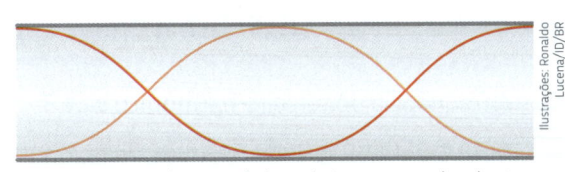

▌Representação de uma onde estacionária no ar dentro de um tubo aberto correspondente ao primeiro harmônico.

O segundo modo de vibração é o segundo harmônico, quando são formados dois nós no interior do tubo. O comprimento do tubo L corresponde a um comprimento de onda $\left(\lambda_2\right)$, de modo que a frequência f_2 emitida é determinada da seguinte forma.

$$L = \frac{2 \cdot \lambda_2}{2} \Rightarrow \lambda_2 = \frac{2 \cdot L}{2} = L$$

$$v = \lambda \cdot f = \frac{2 \cdot L}{2} \cdot f_2 \Rightarrow f_2 = \frac{2 \cdot v}{2 \cdot L}$$

▌Representação do segundo harmônico em um tubo aberto.

Ilustrações: Ronaldo Lucena./ID/BR

Note que $f_2 = 2 \cdot f_1$, ou seja, a frequência do segundo harmônico é o dobro da frequência do primeiro harmônico.

O terceiro modo de vibração é o terceiro harmônico, quando são formados três nós. O comprimento do tubo L corresponde a um comprimento de onda e meio $\left(\dfrac{3 \cdot \lambda_3}{2}\right)$, de modo que a frequência f_3 emitida é determinada da seguinte forma.

$$L = \frac{3 \cdot \lambda_3}{2} \Rightarrow \lambda_3 = \frac{2 \cdot L}{3}$$

$$v = \lambda \cdot f = \frac{2 \cdot L}{3} \cdot f_3 \Rightarrow f_3 = \frac{3 \cdot v}{2 \cdot L}$$

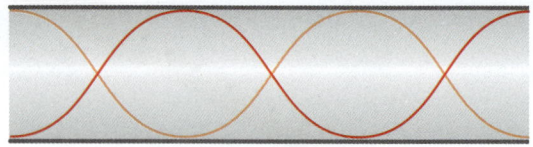

Representação do terceiro harmônico em um tubo aberto.

Note que $f_3 = 3 \cdot f_1$. Assim, para uma onda de velocidade v, um tubo aberto de comprimento L, a frequência de qualquer harmônico n pode ser obtida da seguinte forma.

$$f_n = \frac{n \cdot v}{2 \cdot L} \Rightarrow f_n = n \cdot f_1 \quad (n = 1, 2, 3, 4, ...)$$

◼ Tubo fechado

Para tubos com uma extremidade fechada, a perturbação causada pelo sopro na extremidade aberta se propaga em direção à fechada, que corresponde a extremidade fixa de uma corda. Para certos comprimentos de onda correspondentes às frequências de ressonância do tubo, a interferência das ondas refletidas com outras ondas geradas causa ondas estacionárias, com ventre na extremidade aberta e nó na extremidade fechada.

O modo fundamental de oscilação, ou primeiro harmônico, possui um nó na extremidade fechada, como representado abaixo. O comprimento L do tubo corresponde a um quarto de comprimento de onda $\left(\dfrac{\lambda_1}{4}\right)$, de modo que a frequência f_1 emitida é determinada da seguinte forma.

$$L = \frac{\lambda_1}{4} \Rightarrow \lambda_1 = 4 \cdot L$$

$$v = \lambda \cdot f = 4 \cdot L \cdot f_1 \Rightarrow f_1 = \frac{v}{4 \cdot L}$$

Representação do primeiro harmônico em um tubo fechado.

Devido à forma como as ondas são formadas, o próximo modo de vibração corresponde ao terceiro harmônico, pois o comprimento do tubo L corresponde a três quartos do comprimento de onda $\left(\dfrac{3 \cdot \lambda_3}{4}\right)$. A frequência f_3 emitida é determinada da seguinte forma.

$$L = \frac{3 \cdot \lambda_3}{4} \Rightarrow \lambda_3 = \frac{4 \cdot L}{3}$$

$$v = \lambda \cdot f = \frac{4 \cdot L}{3} \cdot f_3 \Rightarrow f_3 = \frac{3 \cdot v}{4 \cdot L}$$

Representação do terceiro harmônico em um tubo fechado.

A frequência do terceiro harmônico vale $3 \cdot f_1$.

Assim, para uma onda de velocidade v, em um tubo fechado de comprimento L, formam-se apenas harmônicos ímpares, sendo as frequências obtidas da seguinte forma.

$$f_n = \frac{n \cdot v}{4 \cdot L} \Rightarrow f_n = n \cdot f_1 \quad (n = 1, 3, 5, ...)$$

12. (UEPG-PR) O som é uma onda mecânica que se propaga através dos gases, sólidos e líquidos com frequência que é detectada pelo sistema auditivo. Sobre o som, assinale o que for correto.

01) O instrumento musical que, por alguma razão, começa a produzir frequências diferentes daquelas da escala convencional é um instrumento desafinado.

02) Quando algum objeto vibra de forma que produz uma frequência completamente desordenada, o som produzido por esta vibração é um ruído.

04) Uma onda sonora, em situação normal, tem o mesmo comportamento e as mesmas características que as ondas mecânicas.

08) Ocorre uma reverberação, quando o som refletido atinge o observador no instante em que o som, direto da fonte, está se extinguindo, ocasionando o prolongamento da sensação auditiva.

16) A frequência de uma onda sonora pode ser alterada quando ocorre o movimento relativo entre a fonte sonora e o receptor da onda, esse fenômeno é conhecido como efeito Doppler.

13. Um músico sabe que as ondas produzidas pelas cordas de seu violão produzirão também as ondas sonoras que se propagarão por meio do ar. Pode-se afirmar que tanto as ondas produzidas pelas cordas quanto as ondas sonoras possuem a(o) mesma(o):

a) amplitude.

b) comprimento de onda.

c) velocidade de propagação.

d) frequência.

e) não possuem nenhuma relação.

14. Em um salão de festas está posicionado um par de alto-falantes, sendo localizado um em cada lado do salão. Supondo que os alto-falantes estão um de frente para o outro e uma pessoa se coloca exatamente na metade da distância entre eles, escuta um som limpo e claro. Explique por que, se esta pessoa der um passo para o lado, ela notará uma intensidade do som consideravelmente mais baixa.

15. Se uma corda de um instrumento musical é diminuída pela metade, ou então fosse dobrado o seu tamanho, o que aconteceria com a sua frequência? E com o comprimento de onda? Justifique a sua resposta.

16. (UEM-PR) O violão é um instrumento de cordas cujas extremidades são fixas. Quando tangidas, as cordas vibram, provocando compressões e rarefações no ar. O som emitido pelas cordas é amplificado pela caixa do instrumento, que vibra juntamente com elas e com o ar contido em seu interior. Considere um violão com cordas do mesmo material, mas de diferentes espessuras e assinale a alternativa **correta**.

a) Ao tanger uma das cordas livres do violão, ela vibrará com uma determinada frequência; se o músico tanger a mesma corda pressionada em alguma altura do braço do violão, esta vibrará com uma frequência maior.

b) Quanto maior a tensão a que uma corda está sujeita, menor será a frequência de vibração da mesma.

c) As cordas do violão possuem o mesmo comprimento e diferentes espessuras para que possam vibrar na mesma frequência quando sujeitas à mesma tensão.

d) A frequência independe do comprimento da corda tangida.

e) A velocidade do som na corda é diretamente proporcional à densidade da corda.

R3. Ao fabricar uma corda de instrumento musical, para testá-la e poder enviá-la ao comerciante, ela é presa e tensionada por determinada força. A corda é colocada em um aparelho que imprime sobre ela uma frequência de vibração de 150 Hz, produzindo uma onda estacionária equivalente ao terceiro modo de vibração. Sabendo que a corda possui comprimento de 1,0 m, calcule a velocidade de propagação da onda na corda.

⊅ Resolução

Para o terceiro harmônico, o comprimento da corda corresponde a $\dfrac{3 \cdot \lambda}{2}$. A frequência de oscilação de uma corda de 1,0 m é dada por:

$$f_n = \frac{n \cdot v}{2 \cdot L} \Rightarrow 150 = \frac{3 \cdot v}{2 \cdot 1,0} \Rightarrow$$

$$\Rightarrow v = 100 \therefore \boxed{v = 100 \text{ m/s}}$$

17. (IFG-GO) Um instrumento musical primitivo é feito por um tubo oco aberto em uma de suas extremidades e fechado na outra e é minimamente representado na figura a seguir.

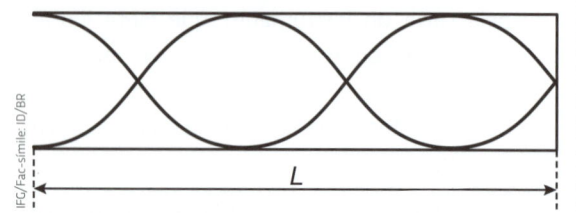

Sendo seu comprimento $L = 2,5$ m, e considerando que a velocidade do som nesse ambiente seja de 320 m/s, é correto afirmar que:

a) Uma expressão que pode corretamente ser usada para se determinar a frequência do som emitido por esse instrumento é $f = \dfrac{n \cdot v}{2 \cdot L}$, em que v é a velocidade do som no ambiente, L é o comprimento do tubo e n é o número do harmônico emitido pelo instrumento para $n = 1,2,3, ...$

b) A frequência do som emitido por esse instrumento é de 220 Hz.

c) No interior do tubo, quanto maior a velocidade de propagação do som no ar, menor será a frequência do som emitido por esse instrumento.

d) O comprimento de onda dentro do tubo, acima representado, será de aproximadamente 2,5 m.

e) Um outro instrumento, em condições similares a este, com 5,0 m de comprimento, emitiria um som de frequência 80 Hz.

18. O espetáculo do *Blue Man Group* é famoso por sua perfeita percussão de clássicos do *rock'n roll*. Os instrumentos utilizados são de extrema admiração, desde tambores até pedaços de cano PVC.

▌ Espetáculo do *Blue Man Group* em Singapura em 2016.

Considere dois tubos de mesmo comprimento L, sendo um fechado e outro aberto. Sendo f_A e f_B as frequências fundamentais, respectivamente, qual a relação entre as frequências?

19. (Unicamp-SP) O ruído sonoro nas proximidades de rodovias resulta predominantemente da compressão do ar pelos pneus de veículos que trafegam a altas velocidades. O uso de asfalto emborrachado pode reduzir significativamente esse ruído. O gráfico abaixo mostra duas curvas de intensidade do ruído sonoro em função da frequência, uma para asfalto comum e outra para asfalto emborrachado.

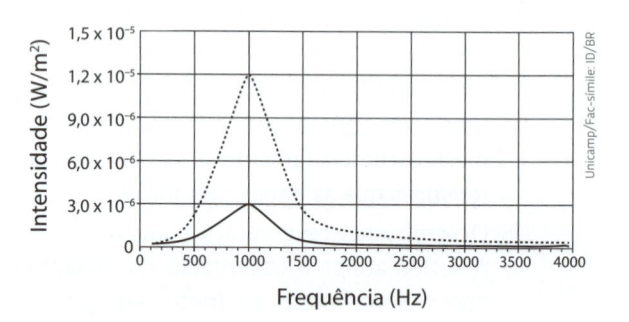

a) As intensidades da figura foram obtidas a uma distância $r = 10$ m da rodovia. Considere que a intensidade do ruído sonoro é dada por $I = P/4\pi r^2$, onde P é a potência de emissão do ruído. Calcule P na frequência de 1 000 Hz para o caso do asfalto emborrachado.

b) Uma possível explicação para a origem do pico em torno de 1 000 Hz é que as ranhuras longitudinais dos pneus em contato com o solo funcionam como tubos sonoros abertos nas extremidades. O modo fundamental de vibração em um tubo aberto ocorre quando o comprimento de onda é igual ao dobro do comprimento do tubo. Considerando que a frequência fundamental de vibração seja 1 000 Hz, qual deve ser o comprimento do tubo? A velocidade de propagação do som no ar é $v = 340$ m/s.

Riscos sonoros

A audição humana é um sentido que está em constante funcionamento, pois dificilmente estamos em uma situação em que não escutamos nenhum tipo de som ou ruído. Até mesmo no "silêncio" da noite, quando nos deitamos para dormir, a audição capta pequenos ruídos distantes, como o barulho do vento na janela, sons emitidos por pássaros e insetos, entre outros. Esses ruídos fazem com que as estruturas da orelha continuem sendo estimuladas, ou seja, elas não atingem um estado de equilíbrio estático. Tal movimentação contínua, somada à exposição diária a ruídos intensos, pode causar desgastes e sérios danos à orelha.

Os níveis sonoros aos quais a orelha é submetida e a duração da exposição são os dois fatores principais a serem considerados com relação à saúde da orelha e do sentido da audição. Dependendo desses níveis, sons e ruídos podem causar desconforto, estresse, enjoo, perda do sono, falta de concentração, irritabilidade, redução temporária da capacidade auditiva até perda total da audição. Assim, pequenos ruídos, inofensivos em um primeiro momento, podem levar a graves consequências com o passar do tempo.

A tabela ao lado apresenta os limites de tolerância para ruídos contínuos e intermitentes. Para alguns exemplos, temos que 85 dB corresponde ao ruído de um motor odontológico, 90 dB é o ruído de um motor de caminhão, 100 dB é o som de um fone de ouvido com volume alto, 105 dB é o som de uma sirene de incêndio e 115 dB ou mais é o som emitido por uma casa de *shows*.

A perda de audição induzida por ruído (PAIR) é o mais frequente problema relacionado à saúde auditiva. Ele leva à redução temporária da capacidade auditiva devido à fadiga das estruturas, podendo causar uma alteração permanente no limiar da audição. Esse problema é comum em indivíduos que se expõem continuamente a ruídos de cerca de 85 dB, por várias horas diárias.

Limites de tolerância para ruído contínuo ou intermitente	
Nível sonoro do ruído (dB)	Máxima exposição diária indicada
85	8 h
90	4 h
94	2 h
100	1 h
104	35 min
112	10 min
115	7 min

Fonte de pesquisa: Brasil. *Ministério da Saúde*. Secretaria de atenção à saúde. Departamento de ações programáticas estratégicas. Perda auditiva induzida por ruído (Pair). Brasília: MEC, 2006. p. 11. Disponível em: <http://bvsms.saude.gov.br/bvs/publicacoes/protocolo_perda_auditiva.pdf>. Acesso em: 7 mar. 2016.

Assim, é importante tomar certos cuidados diários com a audição e a saúde das orelhas, pois suas estruturas são bastante sensíveis. Contribuir com a redução de sons e ruídos nos ambientes é um dever de todos.

Trabalhador usando um protetor auricular em uma fábrica, localizada no estado de São Paulo, em 2015.

João Prudente/Pulsar Imagens

A Você faz uso contínuo de fones de ouvido com volume alto? Se sim, verifique na tabela apresentada se seu intervalo de tempo de utilização é maior do que o indicado.

B Cite algumas atitudes que podem ser tomadas por pessoas, fábricas, indústrias, governos, entre outros, que podem auxiliar na redução da emissão de ruídos sonoros.

C Quando os ruídos frequentes em um local podem provocar danos à saúde do ser humano e de outros animais, dizemos que esse local apresenta poluição sonora. Os locais que você frequenta diariamente apresentam poluição sonora? Cite algumas soluções para esse problema.

D Em grupo, faça uma pesquisa sobre poluição sonora, os problemas que ela pode trazer aos seres vivos, os principais causadores desse tipo de poluição e a legislação sobre o assunto. Com essas informações, monte fôlderes sobre esse tema e distribua-os na escola, com o objetivo de informar e conscientizar os colegas.

Afinando de orelha

A afinação de um instrumento é importante para obter qualidade no som que será produzido. No caso de um violão, por exemplo, o procedimento consiste no ajuste da tensão de cada corda, controlando assim sua frequência de vibração.

O violão é um instrumento de seis cordas, em que cada uma pode ser afinada de maneiras diferentes, de acordo com o som que desejamos emitir. Veja a seguir uma das afinações tradicionais que pode ser feita.

O padrão de afinação mostrado corresponde ao mais comum, no qual a nota de cada corda, da mais aguda para a mais grave, será: Mi, Si, Sol, Ré, Lá, Mi.

A Como um diapasão pode ser utilizado para afinar uma corda de violão?

B Com apenas o diapasão utilizado para afinar a corda Lá, é possível afinar as cordas referentes às outras notas? Explique.

C Por que pressionando a 5ª corda, afinada em Lá, na 5ª casa é possível afinar uma corda em Ré?

D Como o giro da tarraxa possibilita que a corda seja afinada?

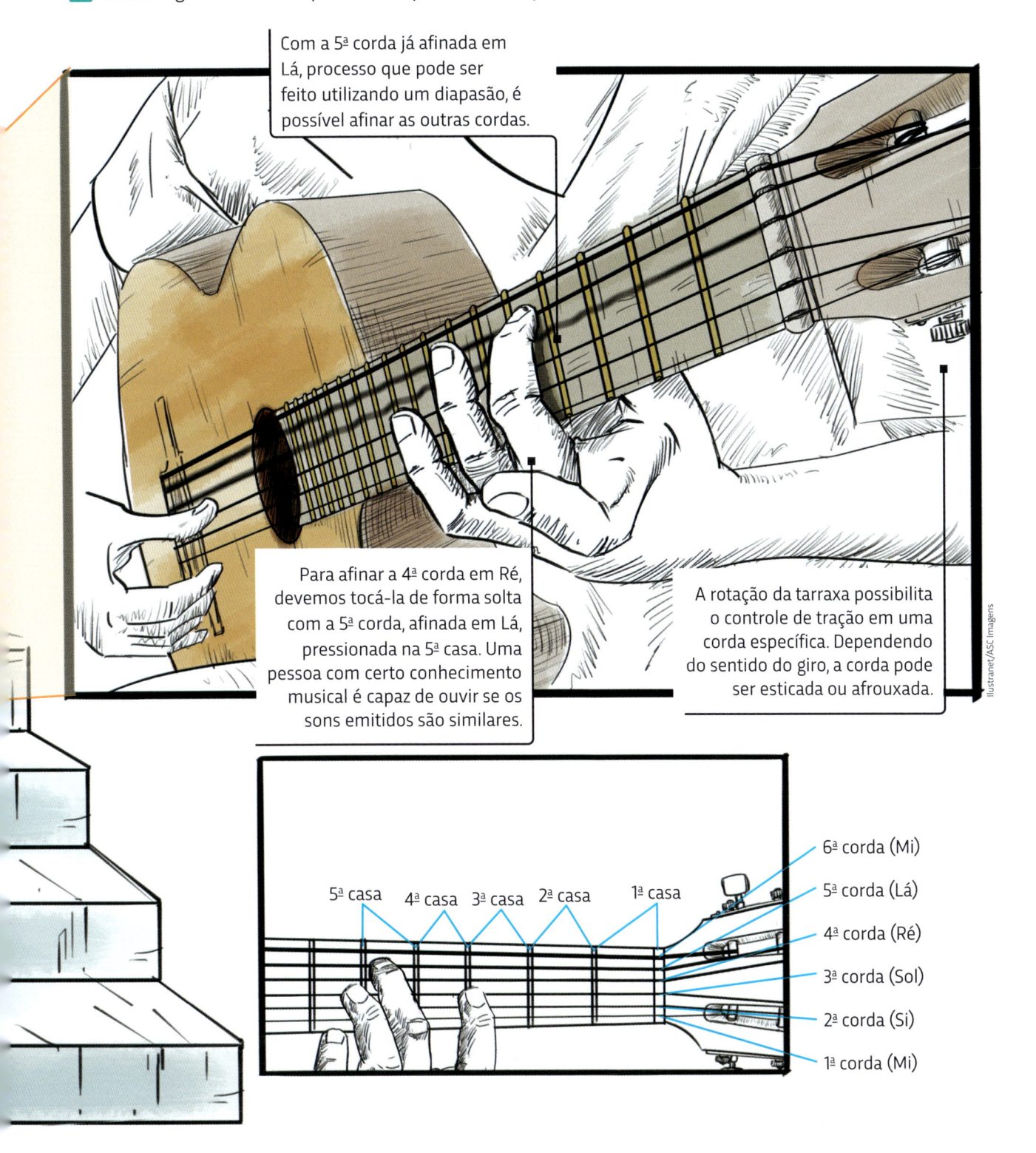

Com a 5ª corda já afinada em Lá, processo que pode ser feito utilizando um diapasão, é possível afinar as outras cordas.

Para afinar a 4ª corda em Ré, devemos tocá-la de forma solta com a 5ª corda, afinada em Lá, pressionada na 5ª casa. Uma pessoa com certo conhecimento musical é capaz de ouvir se os sons emitidos são similares.

A rotação da tarraxa possibilita o controle de tração em uma corda específica. Dependendo do sentido do giro, a corda pode ser esticada ou afrouxada.

Ilustranet/ASC Imagens

5ª casa 4ª casa 3ª casa 2ª casa 1ª casa

6ª corda (Mi)
5ª corda (Lá)
4ª corda (Ré)
3ª corda (Sol)
2ª corda (Si)
1ª corda (Mi)

1. Uma massa de 2 kg oscila em MHS presa a uma mola de constante elástica 200 N/m. Qual deve ser o comprimento do fio para que um pêndulo simples feito com a mesma massa oscile no mesmo período que o sistema massa-mola?

2. Um pêndulo simples formado por uma massa de 5 kg e um fio de comprimento $L = 10$ m oscila conforme mostrado na figura abaixo. Sabendo que o pino está colocado a uma distância de $(3/4) \cdot L$, analise as afirmativas a seguir.

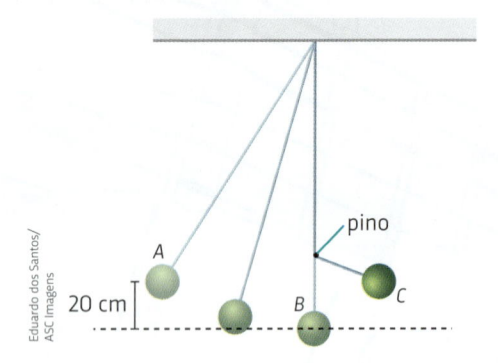

I) O período de oscilação do pêndulo é de $1,5 \cdot \pi$ s.

II) A velocidade angular do corpo é maior no trecho AB do que no trecho BC.

III) A energia potencial gravitacional é igual nos pontos A e C.

IV) A força de tração no fio é maior no ponto C do que no ponto A.

V) A velocidade atinge o valor máximo de 2 m/s no ponto B.

Está(ão) correta(s):

a) I

b) I e III

c) II, III e IV

d) I, III e V

e) I, II, III, IV e V

3. Um besouro voando na superfície da areia provoca dois tipos de onda, uma transversal com velocidade de propagação de 200 m/s e uma longitudinal com velocidade de propagação de 100 m/s. Um tipo de escorpião da areia consegue localizar o besouro, sua presa, por meio da detecção das ondas produzidas na superfície da areia pelo movimento do besouro. Sabendo que o intervalo de tempo entre os instantes em que as ondas chegam ao escorpião vale $\Delta t = 6$ ms, determine a distância entre o escorpião e o besouro.

4. Em um dia chuvoso, uma goteira pinga sobre uma poça d'água 4 gotas por segundo, formando ondas circulares com 20 cm de distância entre as cristas. Após certo tempo a intensidade da chuva diminuiu e passou a cair 1 gota por segundo na poça. É correto afirmar que:

a) o comprimento de onda e a velocidade de propagação da onda aumentaram.

b) o comprimento de onda e a velocidade de propagação da onda diminuíram.

c) o comprimento de onda aumentou e a velocidade de propagação da onda ficou igual.

d) o comprimento de onda diminuiu e a velocidade de propagação da onda ficou igual.

e) o comprimento de onda diminuiu e a velocidade de propagação da onda aumentou.

5. (Enem/Inep) Uma manifestação comum das torcidas em estádios de futebol é a *ola* mexicana. Os espectadores de uma linha, sem sair do lugar e sem se deslocarem lateralmente, ficam de pé e se sentam, sincronizados com os da linha adjacente. O efeito coletivo se propaga pelos espectadores do estádio, formando uma onda progressiva, conforme ilustração.

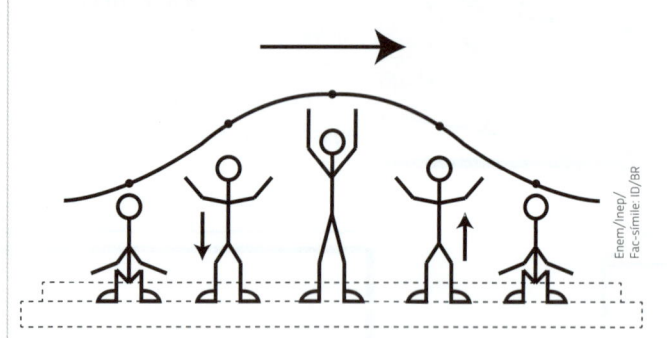

Calcula-se que a velocidade de propagação dessa "onda humana" é 45 km/h, e que cada período de oscilação contém 16 pessoas, que se levantam e sentam organizadamente e distanciadas entre si por 80 cm.

Disponível em: www.ufsm.br. Acesso em: 7 dez. 2012 (adaptado).

Nessa *ola* mexicana, a frequência da onda, em hertz, é um valor mais próximo de

a) 0,3.

b) 0,5.

c) 1,0.

d) 1,9.

e) 3,7.

6. Um aparelho de ultrassom utilizado em diagnósticos médicos emite ondas com frequência de 3,5 MHz. No ar as ondas sonoras se propagam com velocidade de 340 m/s, nos tecidos do corpo as ondas se propagam com velocidade de 1500 m/s. Calcule a razão entre os comprimentos de onda do ultrassom no corpo e no ar.

7. Um estudante indo para a escola chega ao ponto de ônibus e o encontra vazio. No mesmo instante percebe que pode ouvir o som emitido pelo motor do ônibus com uma frequência mais baixa do que quando o ônibus está parado em sua frente. Considerando a velocidade de propagação do som no ar como 340 m/s, responda:

   a) O estudante chegou antes ou depois do ônibus ao ponto? Justifique sua resposta.

   b) Se a frequência do som emitido pelo motor do ônibus é de 800 Hz e a velocidade dele é de 54 km/h, qual foi a frequência do som percebido pelo estudante?

8. Dois alto-falantes que emitem ondas sonoras de 2 m de comprimento em fase estão colocados sobre a mesma linha, conforme mostra a figura. Uma pessoa em repouso no ponto *P* indicado perceberá uma interferência construtiva ou destrutiva nas ondas sonoras?

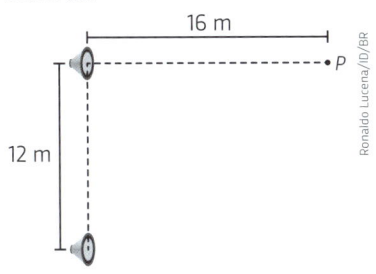

9. (UEPG-PR) A audição é um dos sentidos que os seres humanos utilizam para perceber o meio que os cerca. Ocorre por meio da percepção dos diferentes tipos de sons existentes na natureza captados pelas orelhas. Nesse contexto, assinale o que for correto.

   01) Decibel é a medida do nível da altura do som.

   02) Altura está relacionada com a frequência da onda sonora e permite distinguir um som agudo de um som grave.

   04) As ondas sonoras, ao atingirem um obstáculo rígido, são absorvidas por esse obstáculo.

   08) Som é constituído por ondas longitudinais de origem mecânica, necessitando de um meio material para se propagar.

10. Uma corda de violão tem comprimento que mede 65 cm e massa de 4,68 g e quando colocada para vibrar em seu harmônico fundamental emite um som com frequência de 110 Hz. Determine:

   a) o comprimento de onda do som produzido pela corda.

   b) o comprimento da onda que se propaga na corda.

   c) a velocidade da onda na corda.

   d) a força de tração aplicada na corda.

11. Em um concerto de *rock*, o alto-falante de um dos amplificadores emite ondas sonoras de 2 kHz uniformemente em todas as direções. A 20 m de distância do amplificador, a intensidade do som é de 10^{-2} W/m². Analise as afirmativas a seguir, considerando o limiar da audição como 10^{-12} W/m².

   I) O nível sonoro do alto-falante a 20 m de distância é de 100 dB.

   II) A potência sonora do alto-falante é de aproximadamente 50,3 W.

   III) Uma pessoa a 4 m de distância do alto-falante sentirá desconforto, pois o nível sonoro nessa distância é de 120 dB.

   IV) A frequência de 2 kHz representa a altura do som emitido.

   Está(ão) correta(s):

   a) I   **c)** I e II   **e)** I, II e IV

   b) II e III   **d)** III e IV

Verificando rota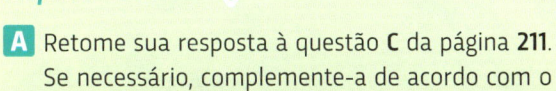

A Retome sua resposta à questão **C** da página **211**. Se necessário, complemente-a de acordo com o que você estudou nesta unidade.

B O que se deve fazer para alterar o período de oscilação de um sistema massa-mola? E de um pêndulo simples?

C Quais são as principais diferenças entre as ondas mecânicas e as ondas eletromagnéticas?

D Descreva a quais características do som estão ligadas a amplitude e a frequência da onda.

E Qual característica da onda percebida é modificada no efeito Doppler? O que quer dizer um deslocamento para o azul? E um deslocamento para o vermelho?

Física em ação

Representação de jardins verticais que é uma iniciativa de redução de poluentes na atmosfera e uma forma de compensar a perda de área verde por meio do desmatamento. No topo há cisternas que coletam água da chuva que auxilia na irrigação da própria plantação. Vista do Acros Fukuoka, no Japão, em 2015.

yxama/shutterstock.com/ID/BR

Construções térmicas

💬 Bate-papo inicial

- A forma ou o material de uma casa podem influenciar na temperatura de seus cômodos? E na temperatura do bairro ou da cidade?
- Quais são as formas de controlar a temperatura de um ambiente que você conhece?

A intervenção humana no ambiente, como as construções de cidades, altera as condições climáticas locais e produz um clima urbano, conhecido também como ilhas de calor, o qual é influenciado diretamente pelas propriedades térmicas dos materiais que se utilizam nas construções.

Áreas com elevado grau de urbanização geralmente apresentam temperaturas médias mais altas do que as regiões menos urbanizadas próximas. Isso ocorre devido à troca do solo natural por asfalto, à utilização de vidros espelhados nas fachadas de prédios, além da diminuição das áreas verdes.

Tal diferença nas temperaturas se deve ao fato de o asfalto e o concreto apresentarem capacidades térmicas maiores que as do solo comum. Dessa forma, os materiais de construção utilizados na cidade absorvem grande parte da radiação recebida, elevando a temperatura média da região.

Para que uma construção proporcione conforto térmico, sua arquitetura deve levar em conta o conhecimento do clima, os mecanismos de troca de calor e o comportamento térmico dos materiais. Desse modo, a interação entre o meio externo e o meio interno poderá aproveitar o que há de agradável e amenizar o que há de desfavorável em relação ao clima.

Por exemplo, uma casa construída em um local onde o clima oferece temperaturas elevadas na maior parte do tempo deve ter aspectos que amenizem os efeitos desse clima e mantenha o ambiente interno da casa com temperaturas agradáveis. Telhas claras absorvem pouco calor e ajudam a manter a temperatura menor, assim como porcelanato claro, que também colabora para que a temperatura permaneça mais baixa. Quanto às paredes da construção, as mais espessas isolam melhor a temperatura externa e, se houver um pequeno espaço de ar entre elas o isolamento é ainda melhor.

O mesmo serve para casas construídas em regiões de clima frio. Nesse caso, a forma e o material dos quais a casa é feita devem ser diferentes daqueles utilizados para fazer uma casa em um clima quente, assim, o ambiente interno da casa pode oferecer conforto térmico aos seus ocupantes.

Em países de clima frio, é comum que as janelas sejam formadas por duas placas de vidro, separadas por uma camada de ar, pois o ar é um bom isolante térmico. Desse modo, a temperatura do vidro externo fica isolada da temperatura do vidro interno, além das paredes que podem ser revestidas com reboco térmico ou isoladas com mantas térmicas.

Normalmente, quando se trata do controle de temperaturas de ambientes internos, logo se pensa em aparelhos que utilizam energia elétrica, como condicionadores de ar e ventiladores. Nesse contexto, em períodos de estiagem a produção de energia elétrica no Brasil pode não ser suficiente, pois a principal matriz energética do país é a hidrelétrica, então seu consumo deve ser racionado.

Se o projeto de construção de uma casa ou prédio levar em conta a posição do Sol, posição das janelas, a forração com mantas térmicas, entre outros fatores, pode gerar um controle natural de temperatura e também reduzir o consumo da energia elétrica.

Além do fator economia de energia, o controle de temperatura de ambientes internos tem impacto direto sobre a saúde das pessoas. Condições térmicas inadequadas e o estresse térmico podem causar câimbras, edema pelo calor, entre outros problemas, que melhoram com o repouso e a hidratação. Nesse contexto, pensar sobre a resposta térmica das construções pode trazer benefícios em relação ao clima local, evitando ou diminuindo as ilhas de calor e à economia de energia elétrica, além de preservar a saúde das pessoas. Logo, condições climáticas urbanas inadequadas significam perda de qualidade de vida para parte da população.

Mão na massa

⟩ 1º passo

Casa sustentável

Vamos verificar como alguns conceitos da Termodinâmica podem ser aplicados a construções e amenizar o desconforto térmico, construindo a maquete de duas casas. Para isso, serão utilizados:

- duas caixas de papelão rígido de tamanho médio;
- um pedaço de papelão rígido de 50 cm de comprimento e 10 cm de largura;
- papel alumínio;
- termômetros de álcool;
- uma garrafa PET, pequena e transparente;
- fita adesiva;
- tesoura;
- cola branca;
- água;
- caneta;
- régua.

Em uma das caixas, marque retângulos com 12 cm de base e 9 cm de altura em duas laterais opostas e recorte-os. Esses retângulos representarão as janelas de uma casa normal, que devem estar no centro das laterais escolhidas.

Separe o pedaço de papelão avulso e corte-o de modo que fique com o mesmo comprimento da caixa. Meça três retângulos com base de 6 cm e altura de 3 cm e recorte-os. Encape o pedaço de papelão com papel alumínio deixando a parte brilhante para fora, como na fotografia ao lado.

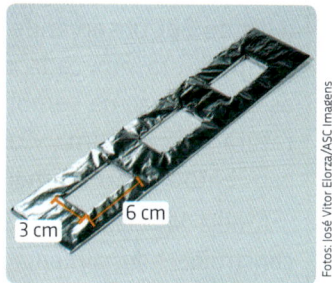

3 cm   6 cm

Na outra caixa repita o procedimento para recortar as janelas. Em uma das abas da tampa dessa caixa faça um furo com cerca de 6 cm de diâmetro e encape a caixa com papel alumínio, por dentro e por fora, deixando exposto o lado brilhante do papel, como na fotografia abaixo.

6 cm

Prenda o pedaço de papelão avulso encapado perpendicularmente à extremidade da outra aba da tampa com fita adesiva. Encha a garrafa com água, retire o rótulo, encaixe-a no furo feito na tampa e prenda-a com fita adesiva. Feche a caixa de modo que a aba que está com a garrafa fique na horizontal e a outra aba fique para dentro da caixa, prendendo tudo com fita adesiva, como mostra a fotografia abaixo.

Coloque um termômetro no interior de cada caixa e em um dia ensolarado coloque-as sob a luz do Sol, observando o comportamento da temperatura em cada uma. Depois, coloque as duas caixas na sombra e observe a temperatura de cada uma. Compare qual das duas esquentou e esfriou mais rápido.

A ideia das caixas é a de simular duas casas, uma construída normalmente e outra com algumas tecnologias utilizadas na construção civil. As aberturas próximas ao teto facilitam a circulação natural devido à convecção do ar. O revestimento de alumínio é para simular mantas térmicas que servem tanto para diminuir a entrada de calor no ambiente interno da casa, quanto para impedir a saída de calor para fora da casa em dias frios. As mantas diminuem a condução térmica das paredes da casa, sendo que alguns tipos de mantas também refletem o calor.

A garrafa simula aberturas feitas para aumentar a iluminação natural das casas, diminuindo a necessidade de lâmpadas na parte do dia. Em alguns casos, utiliza-se garrafas PET de 2 L, uma alternativa de baixo custo que ilumina o ambiente tão bem como uma lâmpada incandescente de 40 W ou 60 W. Por isso essas garrafas ficaram conhecidas como litro de luz.

2º passo

Pesquisa e organização dos resultados

Seu professor vai sortear para cada grupo um dos temas descritos abaixo relacionado à Termodinâmica e construção civil.

- Como a ação humana pode alterar o ambiente?
- O que são e como se formam as ilhas de calor?
- Como os conhecimentos da Física podem ajudar na solução do problema das ilhas de calor?
- Quais são as alternativas, em relação aos materiais de construção, que podem auxiliar no controle de temperatura no interior das construções e economizar energia elétrica?
- Quais são as características recomendadas para construções em locais quentes e úmidos, quentes e secos, frios e de clima temperado?
- Como ambientes sem circulação de ar e temperaturas adequadas podem influenciar na saúde dos indivíduos?
- Como funcionam os "litros de luz"? Quais alternativas temos para aumentar a iluminação natural em um ambiente para economizar luz elétrica?

Pesquise sobre o tema sorteado para seu grupo na internet, em jornais, revistas ou na biblioteca da escola. Essa pesquisa servirá de base para a construção de cartazes e para um seminário ou uma apresentação dos resultados para a escola.

Fotos: José Vitor Elorza/ASC Imagens

Se possível entrevistem um arquiteto e um engenheiro civil que conheça o assunto. Outra ideia é montar fôlderes para divulgar sugestões de melhoria em ambientes escolares e residenciais. Nos cartazes, organize os dados obtidos ilustrando com fotografias a situação-problema pesquisada, de modo que essas imagens possam ser aproveitadas nos fôlderes.

Dia de elaborar os cartazes e os fôlderes

Com base nas informações pesquisadas, em grupo, elaborem os cartazes em cartolinas e os fôlderes em uma folha sulfite dobrada em três partes, como mostra a imagem abaixo.

Picsfive/Shutterstock.com/ID/BR

Verifique a possibilidade de confeccionar os fôlderes utilizando o computador. Caso sua escola não possua esses recursos, faça-os à mão ou com colagens. Esses fôlderes devem ser reproduzidos para serem distribuídos no dia da apresentação.

Confirme com seu professor se na escola há datas específicas para a divulgação cultural e a científica, como uma feira de ciências ou uma semana cultural. Se possível agende a divulgação de seu trabalho para as datas disponíveis.

> 3º passo

Divulgação dos resultados

Esse é o momento de divulgar o trabalho realizado. Organizem o local antecipadamente, posicionando os cartazes e as maquetes em locais visíveis. Utilizem as maquetes das casas construídas anteriormente para introduzir a problemática do trabalho: relação entre Termodinâmica e óptica com o controle de temperatura em construções e economia de energia elétrica. Apresentem os cartazes com os resultados da pesquisa, com gráficos e fotografias, destacando as bases teóricas das soluções para os problemas pesquisados.

Cada equipe será responsável por apresentar o seu tema e distribuir os fôlderes elaborados para os participantes.

> Avaliação

Conversem sobre todos os passos da atividade realizada, desde as discussões iniciais até a apresentação das maquetes, dos cartazes e dos fôlderes. Discutam os pontos positivos e os negativos de toda a realização do trabalho. Os questionamentos a seguir podem orientar a conversa de vocês.

1. Qual a relação entre a Física, o controle de temperatura de ambientes, economia de energia e a qualidade de vida das pessoas?

2. O que pode ser feito para diminuir as ilhas de calor nas cidades?

3. Quais são as consequências para a saúde quando estamos em ambientes com temperatura elevada? E quando a temperatura é muito baixa?

4. Você acha que sua atitude de conscientização e transmissão do conhecimento adquirido nessa seção pode ter ajudado a melhorar a qualidade de vida das outras pessoas?

5. Durante a pesquisa e a organização dos resultados, você se dedicou, compreendeu o assunto e participou de todas as etapas desta atividade?

6. Como foi o trabalho em grupo? Você respeitou a opinião dos colegas, os prazos e manteve a organização?

7. Após a realização da atividade, seus conhecimentos e sua opinião mudaram em relação ao que respondeu no 💬 Bate-papo inicial?

Leitura e pesquisa

A seguir, apresentamos algumas sugestões de livros e *sites* para leitura e pesquisa. Os livros indicados abordam direta ou indiretamente os assuntos desenvolvidos no volume, e os *sites* podem fornecer informações valiosas para enriquecer seus conhecimentos.

Boa leitura e uma ótima pesquisa!

● Livros

ARAGÃO, José Maria. *História da Física*. Rio de Janeiro: Editora Interciência, 2006.

O objetivo do livro é esclarecer o papel da ciência na compreensão do mundo em que vivemos e do mundo em que nos rodeia, em um rico conteúdo que facilitará a compreensão da Física e da ciência em geral.

BARTHEM, Ricardo. *A Luz*: Coleção temas atuais em Física. São Paulo: Editora Livraria da Física, 2005.

O conhecimento científico é apresentado segundo a sequencia histórica. Com noções básicas sobre a formação de imagens, descreve-se a óptica do olho humano e de alguns sistemas ópticos.

BEN-DOV, Yoav. *Convite à Física*. 2. ed. Tradução de Maria Luiza X. de A. Borges. Rio de Janeiro: Jorge Zahar, 1996.

Ao abordar as ideias da Física sob uma perspectiva histórica, oferece um postulado de suas teorias desde a Grécia clássica até a teoria da relatividade de Einstein.

BRYSON, Bill. *Breve História de Quase Tudo*. São Paulo: Companhia das Letras, 2005.

O autor parte da origem do Universo e segue até os tempos atuais, tratando de assuntos relacionados tanto à Física como a Geologia, Paleontologia e outras disciplinas. Sua preocupação está em compreender como soa cientistas realizam suas descobertas

CARVALHO, Regina Pinto de (Orgs.). *Física do dia a dia*: 105 perguntas e respostas sobre Física fora da sala de aula. Belo Horizonte: Autêntica Editora, 2011. v. 1.

Perguntas relacionadas a fenômenos que ocorrem diariamente na vida das pessoas, com respostas rápidas e acessíveis a qualquer leitor curioso.

CARVALHO, Regina Pinto de (Orgs.). *Física do dia a dia 2*: mais de 104 perguntas e respostas sobre a Física fora da sala de aula... e uma na sala de aula! Belo Horizonte: Autêntica Editora, 2011. v. 1.

Esse segundo volume do *Física do dia a dia*, a autora traz ao leitor novas situações encontradas em nosso cotidiano que podem ser explicadas por meio de princípios físicos.

CARVALHO, Regina Pinto de; GUTIÉRREZ, Juan Carlos Horta. *O automóvel na visão da Física*: leituras complementares para o Ensino Médio. Belo Horizonte: Autêntica Editora, 2013.

Apresenta informações sobre o funcionamento de partes de um automóvel e sua relação com os conhecimentos de Física e de outras áreas.

DAWKINS, Richard. *Desvendando o arco-íris*. São Paulo: Companhia das Letras, 2000.

Apresenta um ensaio sobre o que a ciência é e sobre o que não é. Nesse contexto, trata a ciência como um veículo para aprofundar nossa admiração pelos fenômenos naturais além de discutir os mais importantes e controversos tópicos da ciência moderna.

GIBILISCO, Stan. *Física sem mistério*. Rio de Janeiro: Alta Books, 2013.

Ajuda você a compreender os conceitos essenciais com facilidade. Escrito em formato passo a passo, este guia prático começa cobrindo a Física clássica como movimento, força, assim como temperatura e os estados da matéria.

HELENE, Otaviano. *Um pouco da Física no cotidiano*: se o ar quente sobe, por que é frio nas montanhas e quente no litoral? São Paulo: Livraria da Física, 2016.

Discute a física existente em vários fenômenos comuns do dia a dia, buscando respostas para perguntas que podemos fazer ao observar as coisas que acontecem à nossa volta.

HOLZNER, Steven. *Física para Leigos*. Rio de Janeiro: Alta Books, 2009.

Cheio de fatos legais e exemplos reais é um modo divertido e fácil de ficar por dentro dos conceitos básicos da Física. Será que a termodinâmica deixa-o indiferente? Este guia coloca a diversão de volta nos fundamentos da Física.

HOLZNER, Steven. *Física II para Leigos*. Rio de Janeiro: Alta Books, 2012.

Apresenta conceitos da Física de maneira simples e compreensível. Saiba como as ondas de luz interagem e interferem entre si e como elas passam por meio do vidro, e sobre outros temas essenciais.

MIGLIAVACCA, Alencar; WITTE, Gerson. *A Física na cozinha*. São Paulo: Livraria da Física, 2014.

Apresenta o resultado de um projeto e o quanto as mães já utilizaram de ciência nas tarefas do cotidiano. O livro também auxilia no conhecimento científico das Ciências da Natureza.

Parker, Steve. *Física Efervescente*: Coleção desvendando a Ciência. São Paulo: Ciranda Cultural, 2011.

O que é um prisma? Descubra os fatos incríveis por trás das cores, dos sons e da energia. Repleto de imagens fascinantes, fatos incríveis e divertidas ilustrações, é um ótimo livro para quem quer aprender a Física de uma maneira divertida.

Perkins, David. *A banheira de Arquimedes*: como os grandes artistas e cientistas usaram a criatividade, e como você pode desenvolver a sua. Tradução de Beatriz Sidou. Rio de Janeiro: Ediouro, 2001.

Esclarece as grandes invenções por meio de uma teoria original e também empregando técnicas utilizadas pelos psicólogos para sondar o pensamento criativo.

Quadros, Sérgio. *A termodinâmica e a invenção das máquinas térmicas*. São Paulo: Scipione, 2001.

O livro conta a história da termodinâmica com o início da construção da máquina térmica. Traz discussões sobre a ciência do calor e sobre o conceito de entropia.

Salvetti, Alfedro Roque. *A história da luz*. 2. ed. São Paulo: Livraria da Física, 2008.

Do domínio do fogo ao uso de celulares, o ser humano aprende sobre a luz. O livro apresenta o desenvolvimento do conhecimento científico sobre os fenômenos luminosos.

Takei, Masahiro. *Guia Mangá Dinâmica dos Fluidos*. São Paulo: Novatec Editora, 2016.

Nas páginas ilustradas do Guia Mangá, aprenda conceito sobre densidade, princípio de Pascal, empuxo, teorema de Bernoullli, e muitos outros, com os exemplos do dia a dia de três estudantes do ensino médio.

Valadares, Eduardo de Campos. *Física mais que divertida*: Inventos Eletrizantes Baseados em Materiais Reciclados e de Baixo Custo. Belo Horizonte: Editora Universidade Federal de Minas Gerais, 2013. 3. ed.

Temas atuais, além de inúmeros fenômenos do dia a dia são abordados em mais de 150 experimentos eletrizantes que demandam ferramentas de uso doméstico e materiais de baixo custo, para sua execução.

Verma, Surendra. *Ideias Geniais*: Os principais teoremas, teorias, leis e princípios de todos os tempos. São Paulo: Gutenberg - Brasil, 2011.

Este livro traz personalidades e apresenta ao leitor alguns dos princípios científicos, além de teorias e leis que marcaram a história da Ciência.

Von baeyer, Hans Christian. *Arco-íris, Flocos de Neve, Quarks*: a Física e o Mundo Que nos Rodeia. Tradução de Luiz Euclides Trindade Frazão Filho. Rio de Janeiro. 1994.

Um livro de fácil leitura que aborda e responde a todas as perguntas referentes à natureza, como exemplo "por que o céu é azul?". Em um capítulo específico para o conceito de calor, o livro traz um contexto histórico e suas aplicações no cotidiano.

Sites

Todos os *sites* foram acessados em: 28 maio 2016.

Banco Internacional de Objetos Educacionais. Disponível em: <http://linkte.me/jsse4>.

O *site* contém áudios, experimentos práticos, animações, vídeos e *softwares* educacionais de diversos conteúdos do Ensino Fundamental e do Ensino Médio.

Brasil Escola. Disponível em: <http://linkte.me/mx4mx>.

Esse *site* apresenta a Física e suas utilidades, disponibilizando canais de áreas específicas e tratando uma série de temas relacionados, com explicações e exercícios.

Hora do ENEM. Disponível em: <http://linkte.me/u6zj8>.

O *site* é destinado àqueles que irão prestar o ENEM, e possibilita ver e baixar vídeos, fazer simulados *on-line*, criar um plano de estudos, ver questões comentadas, entre outras opções.

Instituto Nacional de Estudos e Pesquisas Educacionais Anísio Teixeira (INEP). Disponível em: <http://linkte.me/yhq6m>.

Disponibiliza várias informações sobre educação. No menu Educação Básica, é possível ter acesso a detalhes do ENEM, como editais de inscrição, provas e gabaritos anteriores, guias de redação, entre outros.

Olimpíada Brasileira de Astronomia. Disponível em: <http://linkte.me/br1w3>.

Esse *site* disponibiliza as provas e os gabaritos da OBA de anos anteriores e também informações sobre a competição. São também fornecidos materiais sobre Astronomia, como textos e vídeos.

Olimpíada Brasileira de Física. Disponível em: <http://linkte.me/wex1i>.

Nesse *site*, é possível acessar as provas e os gabaritos da OBF de anos anteriores, assim como obter informações sobre a competição.

Revista Física na Escola. Disponível em: <http://linkte.me/n96u1>.

A *Física na Escola* é uma revista de formação e divulgação de informação sobre a Física e o seu ensino, com ênfase na sala de aula.

Respostas das atividades

Capítulo ❶ Hidrostática

1. Alternativa **a**.

2. *A*: alumínio; *B*: ferro.

3. Aproximadamente 23,8 cm^3; 157,5 g.

4. Aproximadamente 2 g/cm^3.

5. 900 Pa

6. $5 \cdot 10^7$ N

7. Uma chuteira com travas possibilita maior firmeza ao chão, pois aumenta-se a pressão exercida pela força peso. Para esquiar na neve, utiliza-se esquis para aumentar a área de contato e reduzir a pressão.

8. 814 g/L

9. Aproximadamente $2,1 \cdot 10^5$ Pa.

10. O fundo das duas piscinas estão submetidos à mesma pressão.

11. Para que a água chegue às torneiras devido à diferença de pressão.

12. Resposta pessoal.

13. Alternativa **c**.

14. Resposta pessoal.

15. 6 400 Pa

16. 5 000 cm

17. $1,01 \cdot 10^5$ Pa

18. 256,45 m

19. Aproximadamente 0,8 g/cm^3.

20. 860 mmHg $\cong 1,13 \cdot 10^5$ Pa

21. Resposta pessoal.

22. Não.

23. a) 2 N   b) $8 \cdot 10^{-3}$ m

24. a) Sim.   b) 9 kg

25. A intensidade do empuxo aumenta. ·

26. a) 625 cm^3 b) 5 N

27. Alternativa **b**.

Capítulo ❷ Hidrodinâmica

1. 3 600 s ou 1 hora

2. 0,01 m^3/s

3. a) 0,00013 s   b) 3750 cm/s

4. a) 10,7 L/min   b) 1,35 m/min

5. 0,12 L ou 120 mL

6. 10 m/s

7. Os caminhões, ao se cruzarem, fazem com que o ar entre eles tenha maior velocidade, diminuindo a pressão. Dessa forma, uma força resultante aparecerá no sentido do outro caminhão, imaginando que o mesmo efeito sofrerá o outro caminhão. Com os navios é o mesmo princípio.

8. A pressão é maior em um fluido estacionário (atmosfera) do que em um fluido em movimento assim, a atmosfera empurra as maças no sentido da região de pressão reduzida.

9. A velocidade do ar na superfície superior do perfil da asa é maior do que em relação à parte de baixo, causando uma diferença de pressão que produz uma força resultante para cima, o que ajuda a sustentação do avião no ar.

10. As alturas são diferentes porque o fluido ao passar pelo estreitamento do tubo sofre um aumento de velocidade e uma diminuição na pressão interna.

11. Os jogadores devem dar à bola um movimento de translação e de rotação em torno de um eixo na bola, ou seja, a bola deve ter uma velocidade e uma velocidade angular.

12. A bola será desviada para a esquerda.

Atividades complementares

1. Alternativa **c**.

2. I) Verdadeira.

    II) Falsa. Sólidos não podem escoar como os fluidos.

    III) Verdadeira.

    IV) Falsa. Os fluidos não possuem forma fixa, assumindo o formato do recipiente que os contém.

3. Alternativa **c**.

4. a) Porque a pressão atmosférica agindo no orifício é maior que a pressão da coluna de água, evitando assim que ela escoe.

    b) Foi aberta a tampa da garrafa, assim a pressão atmosférica passou a agir sobre a superfície da água.

5. Alternativa **c**.

6. 1 kg

7. 27 N

8. Alternativa **b**.

Capítulo ❸ Temperatura

1. I) Falsa. Temperatura mede o grau de agitação das moléculas e átomos.

    II) Falsa. O corpo não é um bom termômetro, pois a sensação térmica indica temperaturas relativas.

    III) Verdadeira.

    IV) Verdadeira.

2. I) Errada. Se há diferença de temperatura, há troca de calor.

    II) Errada. Haverá transmissão de calor do corpo de maior temperatura para o de menor temperatura.

    III) Correta.

    IV) Correta.

3. Para o termômetro entrar em equilíbrio térmico com o corpo.

4. Deve levar casacos grossos porque a temperatura média corresponde a 2 °C.

5. 15 °C

6. 40 °C

7. Alternativa **d**.

8. -40 °Y

9. Maior; igual.

10. 216 °F

11. a) $-24{,}6$ °C

b) 160 °C

c) Nenhum valor correspondente.

12. Para que no inverno eles possam se contrair sem se romper. Uma instalação errada pode comprometer a distribuição de energia, pois os fios podem danificar os postes ou arrebentar.

13. Não, pois o comprimento é alterado, mas a massa é a mesma.

14. 0,765 m ou 76,5 cm.

15. 0,02 m ou 2 cm.

16. Quando aquecida, a lâmina se curvará para o lado do ouro (para baixo). Quando resfriada, a lâmina se curvará para o lado do zinco (para cima).

17. 401,76 cm^2; 4,009 cm.

18. 451,7 cm^3 ou $4{,}517 \cdot 10^{-4}$ m^3

19. Neste intervalo de temperatura, a água aumenta o seu volume conforme diminuímos sua temperatura. Assim, a garrafa estoura, pois o vidro diminui o volume e a água aumenta.

20. 40 149,2 L

a) Houve dilatação.

b) gasolina

21. Aproximadamente 6,89 cm.

Capítulo 4 Calor e variação de temperatura

1. Para que o cabo não esquente por condução juntamente com a panela.

2. A colher esquenta por inteira pelo processo de condução.

3. O vidro possui menor condutividade de calor que o alumínio.

4. a) 50 cal/s ou 210 J/s   b) 5 000 cal ou 21 000 J

5. Aproximadamente 330,7 cal/s.

6. Resposta pessoal.

7. Resposta pessoal.

8. Resposta pessoal.

9. Deve-se colocar gelo na parte superior, assim, cria-se convecção do ar no interior da caixa.

10. I) Falsa. O único processo que pode ocorrer no vácuo, como nesta afirmação, é o processo de irradiação, não de condução.

II) Verdadeira.

III) Falsa. Cores escuras absorvem maior quantidade de calor do que as cores claras, assim, a moeda pintada de preto fica mais quente.

IV) Falsa. O processo ocorre por irradiação.

11. Resposta pessoal.

12. Não. Tanto blusas de lã como cobertores são considerados isolantes térmicos por aprisionar quantidades de ar em seu interior, portanto o calor é proveniente do próprio corpo.

13. Resposta pessoal.

14. Para isolar termicamente.

15. Aproximadamente 71,43 cal/°C; aproximadamente 0,14 cal/g · °C.

16. Corpo *B*, pois seu calor específico é menor.

17. I) Falsa. A terra esfria mais rapidamente por ter menor calor específico.

II) Falsa. A terra esquenta mais rapidamente por ter menor calor específico.

III) Falsa. O mar não esfria mais rapidamente.

IV) Verdadeira.

18. Com o calor específico menor, a água variaria mais facilmente a sua temperatura.

19. 1 °C, pois existe duas vezes mais quantidade de água.

20. 5 115 cal

21. 0,125 cal/g · °C

22. a) Aproximadamente 18,39 cal/°C.

b) Aproximadamente 0,092 cal/g · °C.

c) cobre

23. 15 750 cal

24. 50 s; aproximadamente 46,51 °C.

25. a) 2 160 cal

b) aproximadamente 95,7 °C

26. Aproximadamente 0,325 kg; ou 325 g.

27. Não; aproximadamente 80,7 °C.

28. Alternativa **b**.

29. 5,46 L

30. a) Aproximadamente 164 °C.

b) Aproximadamente 0,048 cm.

Capítulo 5 Calor e mudança de estado físico

1. Resposta pessoal.

2. Não seria possível.

3. Resposta pessoal.

4. I) Verdadeira.

II) Falsa. O ponto de fusão do cobre é maior que da prata.

III) Falsa. Ambos mudarão de fase, pois se entrarem em equilíbrio térmico com o forno, a temperatura será maior que a do ponto de fusão de ambos.

IV) Falsa. Não possuem o mesmo ponto de fusão.

5. 64 000 cal ou 64 kcal

6. 49 cal/g; cobre.

7. a) 307 500 cal ou 307,5 kcal

b) Não, restam 369,4 g de água.

8. −200 000 cal ou −200 kcal

9. 1 765 g ou 1,765 kg

10. I) Falsa. A temperatura está variando, portanto, não é uma mudança de fase.

  II) Falsa. Ela sofre mudança de fase em 60 °C.

  III) Verdadeira.

  IV) Verdadeira.

11. a) 17 313,6 cal ou 17,313 kcal

  b)

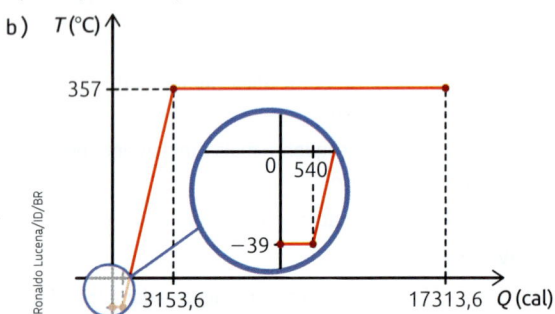

12. a) 0 °C

  b) 250 g

13. a) −16 cal/g

  b) 0,25 cal/g · °C

  c) 0,075 cal/g · °C

14. I) Verdadeira.

  II) Falsa. O calor latente de fusão vale 50 cal/g.

  III) Falsa. O ponto de fusão é aos 10 °C e o de ebulição aos 160 °C.

  IV) Verdadeira.

  V) Verdadeira.

15. Resposta pessoal.

16. Resposta pessoal.

17. Resposta pessoal.

18. Resposta pessoal.

19. A tampa da panela aprisiona o calor em seu interior, o que causa a ebulição em menor intervalo de tempo. As tampas normais causam um pequeno aumento na pressão interna da panela, aumentando a temperatura do ponto de ebulição da água, assim, em temperatura maior o alimento é cozido em um tempo ligeiramente menor.

20. I) Verdadeira.

  II) Verdadeira.

  III) Falsa. Temos que a maioria das substâncias, na solidificação, diminui o seu volume, e durante a fusão, o volume aumenta.

  IV) Verdadeira.

21. O atrito entre as lâminas dos patins e o gelo é reduzido por conta de uma fina camada de água já existente na superfície do gelo ou formada por conta do movimento dos patins, de forma que a influência de pressão da lâmina é desprezível.

22. Com a diminuição da pressão, diminui também o ponto de ebulição da água.

23. Para a água, baixa pressão significa uma temperatura de fusão maior, assim forma-se maior quantidade de neve nas montanhas. Com o aumento de sua quantidade, maiores são as chances de uma parte se soltar e dar início à avalanche.

24. Com o aumento da pressão, diminui a temperatura de fusão, de maneira que, entre os blocos de gelo ocorre uma mudança do estado sólido para o líquido, os quais, assim que são soltos voltam a ser sólidos.

25. A e B – gasoso; C – gás; D – líquido; E – sólido; F – ponto triplo; G – ponto crítico.

Atividades complementares

1. Alternativa **a**.

2. a) 89 540,6 °F

  b) 49 727 °C

3. Não, a variação de temperatura é inversamente proporcional ao calor específico. Não, a variação de temperatura é inversamente proporcional à capacidade térmica. Sim, são grandezas diretamente proporcionais.

4. Alternativa **d**.

5. Alternativa **e**.

6. 268 cal

7. Alternativa **e**.

8. Alternativa **a**.

9. Alternativa **c**.

10. Alternativa **d**.

Unidade 3 / Estudos dos gases e leis da Termodinâmica

Capítulo 6 Termodinâmica dos gases

1. I) Falsa. Em transformações isobáricas, a grandeza que permanece constante é a pressão.

  II) Verdadeira.

  III) Verdadeira.

  IV) Falsa. Na transformação isotérmica, as grandezas pressão e volume são inversamente proporcionais.

2. Aproximadamente 17,9 cm^3.

3. 1 192 K

4. $6,7 \cdot 10^4$ Pa

5. Aproximadamente $1,15 \cdot p_0$.

6. Aproximadamente 98,7 K.

7. Alternativa **a**.

8. 5 m^3

9. 166,5 °C

10. 6 atm; aproximadamente 2,44 mol.

11. 48 g

12. Aproximadamente 29,7 L.

Capítulo ⓻ Leis da Termodinâmica

1. Sim.

2. $\tau = 0$.

3. Não.

4. a) $6 \cdot 10^5$ J

   b) $3 \cdot 10^5$ J

   c) $4{,}5 \cdot 10^5$ J

5. I) Verdadeira.

   II) Verdadeira.

   III) Falsa. Em uma transformação isotérmica, não há variação da energia interna.

   IV) Falsa. Em uma expansão adiabática, o trabalho realizado pelo gás é positivo e a energia interna diminui.

6. a) 480 J

   b) 298,6 K ou 25,6 °C

   c) 300 J

   d) 301 K ou 28 °C

7. I) Verdadeira.

   II) Falsa. Como a desordem é maior na imagem **C** a entropia durante o processo aumenta.

   III) Falsa. O processo em questão não se trata de um processo reversível.

   IV) Falsa. O processo não é reversível nem adiabático.

8. Ao compreender a entropia como a desordem do sistema percebe-se que parte do calor cedido pela fonte quente necessariamente será degradado para a fonte fria assim como transformado em outros tipos de energia, impossibilitando que 100% desse calor gere trabalho. Essas outras energias podem ser compreendidas como a vibração da máquina, a produção de som, a irradiação térmica, entre outros.

9. Tratando-se do motor de um automóvel, que pode ser considerada uma máquina de Carnot, o ambiente é a fonte fria, e quanto maior a diferença entre as temperaturas da fonte quente e da fonte fria, maior é o rendimento de uma máquina de Carnot.

10. a) 40%

   b) 1 600 J

   c) 60%

11. Alternativa **a**.

Atividades complementares

1. Alternativa **b**.

2. a) $\tau = 9 \cdot 10^5$ J ou $\tau = 0{,}9 \cdot 10^6$ J

   b) $\Delta U = 1{,}1 \cdot 10^6$ J

   c) $T \cong 4\,332{,}13$ K

3. Alternativa **c**.

4. Alternativa **a**.

5. Alternativa **b**.

6. a) $\Delta U = 3\,000$ cal ou $\Delta U \cong 12\,600$ J

   b) $T = 969{,}27$ k

7. I) Falsa. A máquina **A** não obedece a conservação de energia.

   II) Verdadeira.

   III) Verdadeira.

   IV) Falsa.

8. a) $\tau = 2 \cdot 10^5$ J

   b) $\eta = 0{,}5$ ou 50%

   c) $Q_2 = 2 \cdot 10^5$ J

Unidade 4 — Óptica geométrica

Capítulo ⓼ A luz

1. a)

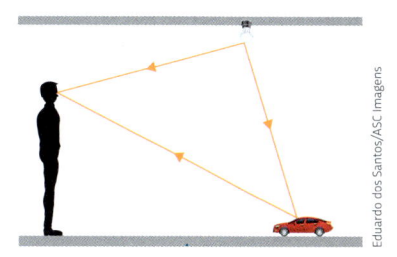

Eduardo dos Santos/ASC Imagens

   b) A fonte primária é a lâmpada e a secundária é o carrinho.

2. Todo corpo que pode ser visto é uma fonte primária ou secundária de luz.

3. I) Falsa. Por possuir luz própria, ele é caracterizado como uma fonte primária.

   II) Falsa. Por elas possuírem luz própria, são fontes primárias.

   III) Verdadeira.

   IV) Falsa. Nenhum planeta do Sistema Solar possui luz própria, são fontes secundárias.

4. Um ano-luz significa a distância percorrida pela luz no vácuo durante um intervalo de um ano, isto é, aproximadamente $9{,}5 \cdot 10^{12}$ km.

5. I) Falsa. O vidro é considerado um meio transparente apenas com espessuras muito pequenas, além de existir outros meios transparentes.

   II) Verdadeira.

   III) Falsa. A luz se propaga e atravessa com maior facilidade os meios transparentes.

   IV) Verdadeira.

6. a) 19 140,6 dias

   b) Não, o observador está olhando a sua luz emitida pela estrela a 4,37 anos atrás.

7. a) Aproximadamente $1{,}5 \cdot 10^{11}$ m.

   b) 501,27 s

8. Alternativa **c**.

9. I) Verdadeira.

II) Falsa. De acordo com a propagação retilínea dos feixes de luz, se uma pessoa é observada pelo espelho, ela também o verá.

III) Falsa. De acordo com a reversibilidade dos feixes de luz, se o sentido de propagação for alterado, o caminho é o mesmo.

IV) Verdadeira.

10. Alternativa **e**.

11. Sim, todos os planetas projetam sombra. Resposta pessoal.

12. Nessa situação o Sol não é uma fonte puntiforme de luz.

13. Alternativa **a**.

14. I) Falsa. Sobre a região A será causada o efeito de penumbra.

II) Falsa. Será causado o efeito de sombra, porém, pela Lua, e não pela Terra.

III) Verdadeira.

IV) Verdadeira.

15. Resposta pessoal.

16. Alternativa **b**.

17. $1,35 \cdot 10^9$ m

18. Resposta pessoal.

19. 1,8 m

20. Alternativa **d**.

21. Alternativa **c**.

22. Na reflexão difusa, os feixes de luz que incide sobre uma superfície voltam de forma irregular. Diferentemente na regular, onde os feixes de luz são refletidos de forma simétrica.

23. A cor de roupa aconselhável seria o verde ou branca, pois toda a luz incidente seria refletida.

Já em um dia frio, o ideal é usar roupas escuras, de preferência pretas, pois elas absorvem a luz solar, provocando o aumento da temperatura.

24. Alternativa **d**.

25. I) Falsa. A cor preta se dá pela absorção dos feixes de luz.

II) Verdadeira.

III) Falsa. A cor vermelha se dá pela reflexão do vermelho e pela absorção das outras.

IV) Verdadeira.

26. As cores claras refletem a luz, nesse caso a luz solar, e as escuras absorvem.

27. Alternativa **b**.

28. I) Falsa. A roupa dos atores será observada na cor preta.

II) Verdadeira.

III) Verdadeira.

IV) Verdadeira.

29. Alternativa **b**.

30. O objeto de cor azul, pois o azul absorve mais do que reflete a luz vermelha, tornando-se mais quente.

31. Resposta pessoal.

32. I) Verdadeira.

II) Falsa. Ao passar do ar para a água, a velocidade da luz diminui pelo fato da água ser mais densa que o ar.

III) Verdadeira.

IV) Falsa. O efeito de refração continuaria acontecendo, pois o ar e o álcool possuem densidades diferentes.

33. Alternativa **c**.

34. Alternativa **c**.

35. Alternativa **b**.

Capítulo ❾ Espelhos planos

1. a)60° b)60° c)120°

2. Alternativa **c**.

3. 3 m

4. Alternativa **a**.

5. Resposta pessoal.

6.

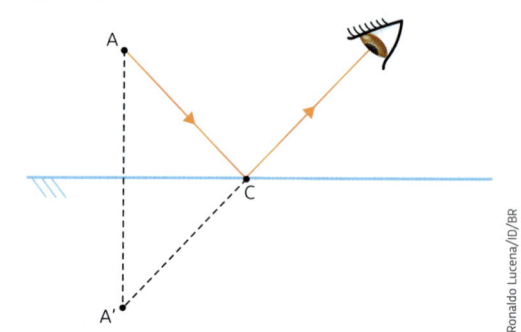

Princípio da reversibilidade.

7. Letra B.

8. Alternativa **b**.

9. Metade da altura da pessoa.

10. A janela deve ter 90 cm de altura e sua base deve estar a 90 cm do chão.

11. Resposta pessoal.

12. Alternativa **b**.

13. Alternativa **a**.

Capítulo ❿ Espelhos esféricos

1. Alternativa **a**.

2. Resposta pessoal.

3.

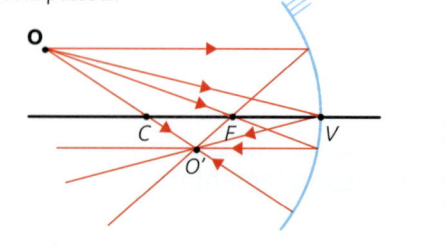

4. I) Falsa. O raio de luz incidente que passa pelo centro de curvatura é refletido sobre ele mesmo.

II) Falsa. O raio de luz incidente que passa pelo foco principal é refletido paralelamente ao eixo principal.

III) Verdadeira.

5. Sob o foco principal do espelho E_1 e sob o centro de curvatura do espelho E_2.

6. Alternativa **a**.

7. Alternativa **e**.

8. Alternativa **a**.

9. I) Verdadeira.

II) Verdadeira.

III) Falsa. Na fotografia **b**, a imagem da peça é virtual, direita e menor que o objeto.

IV) Falsa. Na fotografia **c**, a imagem da peça é direita, maior e virtual, assim, ela foi colocada entre o foco e o vértice do espelho.

10. $p' = 50$ cm; $i = -7,5$ cm; real, menor e invertida.

11. a) convexo

b) côncavo

c) 80 cm

12. a) Imagem virtual; localizada atrás do espelho.

b) convexo; -135 cm.

13. $p' = 180$ cm, $i = -80$ cm

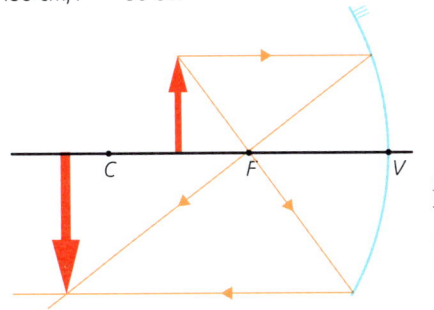

14. Alternativa **c**.

15. a) Aproximadamente $-18,5$ cm.

b) Aproximadamente 13,3 cm.

16. Alternativa **c**.

17. a) $i = -24$ cm e $p' = 72$ cm

b) $i \cong 8,18$ cm e $p' \cong 10,9$ cm

18. Alternativa **a**.

19. Alternativa **a**.

20. Alternativa **c**.

21. Alternativa **a**.

22. Alternativa **d**.

Capítulo 11 Refração da luz

1. Diferença de densidades entre os meios de propagação da luz.

2. I) Verdadeira.

II) Verdadeira.

III) Verdadeira.

IV) Falsa. A velocidade da luz nunca será maior que no vácuo.

3. No ar rarefeito.

4. a) Porque o menor caminho não era o de menor tempo para chegar ao banhista.

b) Como o salva-vidas adquire velocidade maior na areia do que na água, consequentemente ele percorre um caminho de maior distância, porém, esse caminho é percorrido em menor tempo para chegar até o banhista.

c) O efeito da refração obedece ao Princípio do mínimo tempo de Fermat, que não é necessariamente o menor caminho, como ocorreu no caso da ação do salva-vidas.

5. Como a foca adquire maior velocidade na água que na areia, o caminho do mínimo tempo adotado por ela é como mostra a ilustração seguinte:

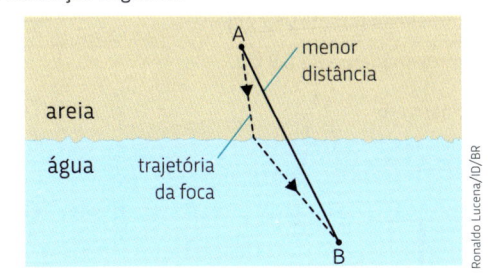

6. Alternativa **a**.

7. Alternativa **d**.

8. Significa que a velocidade da luz no referido meio material é metade da velocidade da luz no vácuo.

9. Aproximadamente $0,9 \cdot 10^8$ m/s; 3,33; 1,30.

10. 1,75; aproximadamente $1,71 \cdot 10^8$ m/s.

11. Alternativa **e**.

12. Alternativa **b**.

13. $n_z \cong 1,67$

14. Alternativa **d**.

15. I) Falsa.   III) Falsa.

II) Verdadeira.   IV) Verdadeira.

16. Alternativa **a**.

17. Alternativa **b**.

18. A situação **b**, pois, pelo efeito de refração, a imagem da moeda deslocará para cima, com que se obtém uma imagem mais próxima de seus olhos.

19. Resposta pessoal.

20. Alternativa **e**.

21. Aproximadamente 1,92; $0°$.

22. $\sqrt{3}$ cm ou aproximadamente 1,73 cm.

23. Alternativa **a**.

24. A função dos prismas na construção de um binóculo é para a obtenção de uma imagem direita do objeto para o observador.

25. Alternativa **b**.

26. Resposta pessoal.

Capítulo 12 Lentes esféricas

1. Resposta pessoal.

2. Resposta pessoal.

3. Alternativa **a**.

4. I) Verdadeira.

II) Falsa. Lentes de bordas delgadas só divergem se $n_{lente} < n_{meio}$.

III) Falsa. Lentes de bordas espessas divergem se $n_{lente} > n_{meio}$.

IV) Verdadeira.

5. Alternativa **c**.

6. a) convergente

b) Aproximadamente 26,7 cm.

c) Aproximadamente 8,9 cm.

7. Alternativa **b**.

8. a)

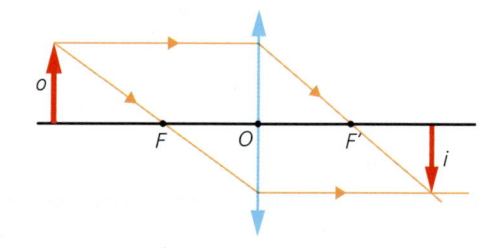

Real, invertida e menor.

b)

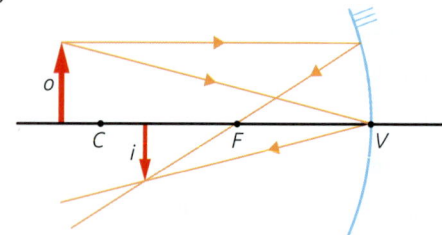

Real, invertida e menor.

c)

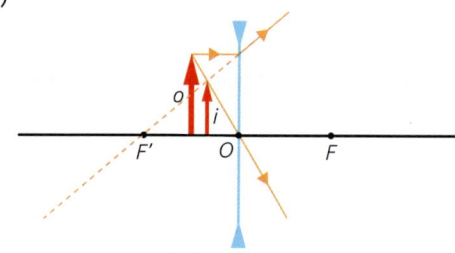

Virtual, direita e menor.

d)

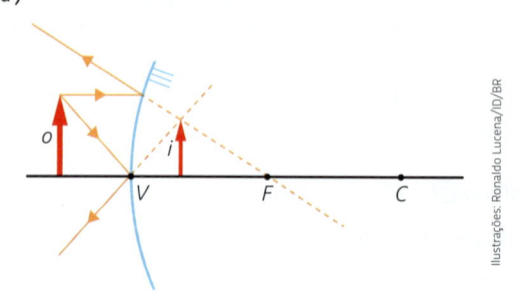

Virtual, direita e menor.

9. Alternativa **e**.

10. Alternativa **e**.

11. a) 840 mm

b) 480 m ou 48 cm

12. Alternativa **c**.

13. Alternativa **d**.

14. a) 200 cm

b) 40 cm.

15. I) Falsa. Imagens direitas são imagens virtuais.

II) Verdadeira.

III) Verdadeira.

IV) Falsa. Se o objeto é colocado entre o foco e a lente, obtêm-se uma imagem direita e virtual.

16. a) 2,7 di

b) 4 cm

17. 55 cm

18. Alternativa **b**.

19. a) 60 mm

b) 120 mm

20. a) 80 cm

b) 400 cm ou 4 m

21. 15 di

22. Alternativa **c**.

23. a) 3,8 m　　　　　　b) 0,075 m ou 7,5 cm

24. As imagens conjugadas pela lente são imagens invertidas. Como o aparato não possui mecanismo para reverte-las, os *slides* são colocados de cabeça para baixo.

25. Sim, estão de cabeça para baixo, porém o cérebro é capaz de inverte-las.

26. Alternativa **b**.

27. Para que a lupa forneça uma imagem ampliada e direita, o objeto deve estar entre o foco e o centro óptico da lente.

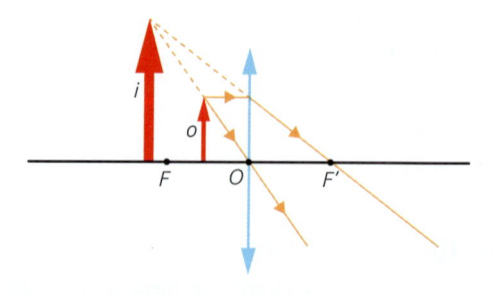

28. As pessoas que colocam objetos numa posição mais afastada dos olhos possuem o problema de visão chamado presbiopia, causado pelo enrijecimento do músculo ocular, fazendo com que o ponto próximo esteja mais afastado do olho do que normalmente deveria estar. Assim, ao afastar os objetos, instintivamente estamos adequando-os em uma posição correta.

29. a) Lente convergente.

b) 3 di ou 3 graus

30. soma: 51

    01. Verdadeira.

    02. Verdadeira.

    04. Falsa.

    08. Falsa.

    16. Verdadeira.

    32. Verdadeira.

    64. Falsa.

Atividades complementares

1. Alternativa **c**.

2. Alternativa **c**.

3. 2 m

4. 10 s

5. 1,5 m

6. Alternativa **e**.

7. a) 8 imagens

   b) 40°

8. Alternativa **b**.

9. −4

10. A calota foi movimentada em 33 cm se aproximando do objeto.

11. Alternativa **d**.

12. a) Aproximadamente $2,3 \cdot 10^8$ m/s

   b) Aproximadamente $2,1 \cdot 10^8$ m/s

13. 4 m

14. Alternativa **c**.

15. Alternativa **c**.

16. Alternativa **b**.

17. Alternativa **e**.

18. a) 40 cm   b) 10 cm

19. $n_{meio} = 1,6$

20. a) − 2 di

   b) A partir de 0,2 m ou 20 cm.

21. −7 di ou "7 graus"

22. Alternativa **e**.

Unidade 5   Oscilações e ondas

Capítulo ⑬ Movimento harmônico simples (MHS)

1. Resposta pessoal.

2. 4 Hz; 0,25 s.

3. 0,1 Hz; 10 s.

4. Alternativa **a**.

5. I) Verdadeira.

   II) Verdadeira.

   III) Verdadeira.

   IV) Falsa. Por meio do gráfico, verifica-se que uma onda completa da partícula 2 é menor do que em relação à partícula 1.

6. 3

7. Alternativa **c**.

8. a) 9 N/m; 50 N/m.

   b) 1,24 s; 0,81 Hz; 0,62 s; 1,61 Hz.

   c) 1,50 kg

9. Alternativa **a**.

10. Resposta pessoal.

11. Alternativa **c**.

12. Pelo efeito de contração térmica o comprimento do pêndulo diminui, aumentando a sua frequência e adiantando-se.

13. Alternativa **c**.

Capítulo ⑭ Ondas e fenômenos ondulatórios

1. Soma: 24

   01) Incorreta.

   02) Incorreta.

   04) Incorreta.

   08) Correta.

   16) Correta.

2. $102,7 \cdot 10^6$ Hz

3. Resposta pessoal.

4. I) Falsa. O ponto **O** está localizado no vale da onda.

   II) Falsa. O ponto **M** está localizado na crista da onda.

   III) Verdadeira.

   IV) Falsa. Possui um comprimento de onda de 6 m.

   V) Verdadeira.

   VI) Falsa. A sua frequência é 0,5 Hz.

5. Alternativa **c**.

6. Alternativa **c**.

7. a) 2 Hz

   b) 0,5 s

   c) 10 cm/s

8. a) 3 m/s

   b) Menor.

9. Alternativa **e**.

10. a) 0,2 Hz

   b) 5 s

11. a) 80 s   b) 200 km   c) 500 m

12. 2,3

13. 0,68 m

14. Alternativa **d**.

15. Resposta pessoal.

16. Soma: 03

    01) Correta.

    02) Correta.

    04) Incorreta.

    08) Incorreta.

    16) Incorreta.

17. Alternativa **a**.

18. I) Verdadeira.

    II) Verdadeira.

    III) Falsa. Apenas ondas transversais podem ser polarizadas.

    IV) Falsa. Apenas ondas longitudinais não podem ser polarizadas, pois passariam pelo polaroide sem sofrer modificação.

19. Situação I.

20. Alternativa **e**.

21. Alternativa **d**.

22. 760 mm

23. Alternativa **e**.

24. Alternativa **d**.

25. Alternativa **e**.

Capítulo ⑮ Ondas sonoras

1. A velocidade do som nos sólidos é maior que nos gases.

2. No ar, a luz se propaga com velocidade aproximada de $3 \cdot 10^8$ km/s e o som com 340 m/s. Portanto, a luz chega primeiro aos olhos de um observador do que o som às orelhas dele.

3. Soma: 17

    01) Correta.

    02) Incorreta.

    04) Incorreta.

    08) Incorreta.

    16) Correta.

4. Alternativa **c**.

5. Alternativa **c**.

6. 1 000 m ou 1 km

7. Porque, apesar de as notas emitidas terem a mesma frequência, quando emitidas por instrumentos diferentes possuem timbres diferentes.

8. a) Esperava ouvir o eco de seu grito, ou seja, o som referente a "alô". Espera-se que na vida real isso não é possível, pois o eco é uma reflexão das ondas emitidas pela fonte sonora.

    b) Porque o eco que Cebolinha ouviu perguntou se era o Cascão quem havia gritado.

    c) Alternativa **III**.

9. a) 340 m   b) 17 m

10. Alternativa **d**.

11. a) 680 Hz

    b) Aproximadamente 8 m/s.

12. Soma: 31

    01) Correta.

    02) Correta.

    04) Correta.

    08) Correta.

    16) Correta.

13. Alternativa **d**.

14. Enquanto a pessoa se localiza exatamente na metade da distância entre os alto-falantes, as ondas sonoras que chegam até ela produzem uma interferência construtiva. Quando a pessoa dá o passo para o lado, as distâncias mudam e as ondas sonoras saem de fase, ocasionando diminuição na intensidade sonora.

15. Se diminuída pela metade, a frequência dobraria e o comprimento de onda diminuiria pela metade. Se dobrada de tamanho, a frequência diminuiria pela metade e dobraria o comprimento de onda. Isso ocorre pelo fato de a frequência ser inversamente proporcional ao comprimento da corda, se mantida a velocidade constante.

16. Alternativa **a**.

17. Alternativa **e**.

18. $f_A = \dfrac{f_B}{2}$

19. a) Aproximadamente $3,8 \cdot 10^{-3}$ W/m²

    b) 0,17 m

Atividades complementares

1. 0,1 m

2. Alternativa **d**.

3. 1,2 m

4. Alternativa **c**.

5. Alternativa **c**.

6. Aproximadamente 4,4.

7. a) Chegou depois do ônibus, pois a frequência percebida é menor, indicando que o ônibus está se afastando do estudante.

    b) Aproximadamente 766 Hz.

8. Construtiva.

9. Soma: 10

    01) Incorreta.

    02) Correta.

    04) Incorreta.

    08) Correta.

10. a) Aproximadamente 3,1 m.

    b) 1,3 m

    c) 143 m/s

    d) Aproximadamente 147,2 N.

11. Alternativa **e**.

- AFA-SP – Academia da Força Aérea.
- Enem/Inep – Exame Nacional do Ensino Médio/Instituto Nacional de Estudo e Pesquisa.
- FURG-RS – Universidade Federal do Rio Grande.
- Fuvest-SP – Fundação Universitária para o Vestibular.
- IFG-GO – Instituto Federal de Goiás.
- ITA-SP – Instituto Tecnológico de Aeronáutica.
- OBF – Olímpiada Brasileira de Física.
- PUC-PR – Pontifícia Universidade Católica do Paraná.
- PUC-RJ – Pontifícia Universidade Católica do Rio de Janeiro.
- PUC-SP – Pontifícia Universidade Católica de São Paulo.
- Udesc – Universidade do Estado de Santa Catarina.
- UEA-AM – Universidade do Estado do Amazonas.
- UEG-GO – Universidade Estadual de Goiás.
- UEL-PR – Universidade Estadual de Londrina.
- UEM-PR – Universidade Estadual de Maringá.
- UEPG-PR – Universidade Estadual de Ponta Grossa.
- UFF-RJ – Universidade Federal Fluminense.
- UFGD-MS – Universidade Federal de Grande Dourados.
- UFG-GO – Universidade Federal de Goiás.
- UFMG – Universidade Federal de Minas Gerais.
- UFOP-MG – Universidade Federal de Ouro Preto.
- UFPB – Universidade Federal da Paraíba.
- UFRGS-RS – Universidade Federal do Rio Grande do Sul.
- UFRN – Universidade Federal do Rio Grande do Norte.
- UFRRJ – Universidade Federal Rural do Rio de Janeiro.
- UFSC– Universidade Federal de Santa Catarina.
- UFSCar-SP – Universidade Federal de São Carlos.
- Unaerp-SP – Universidade de Ribeirão Preto.
- Unesp – Universidade Estadual Paulista.
- Unicamp-SP – Universidade Estadual de Campinas.
- Unifenas-MG – Universidade José do Rosário Vellano.
- Unifesp – Universidade Federal de São Paulo.
- Unisc-RS – Universidade de Santa Cruz do Sul.
- Unitau-SP – Universidade de Taubaté.

Referências bibliográficas

- Bergamini, David. *As matemáticas*. Rio de Janeiro: Livraria José Olympio Editora, 1969. (Coleção Biblioteca Científica Life)
- Cane, Philip. *Gigantes da Ciência*. Trad. José Reis. Rio de Janeiro: Tecnoprint S.A (Grupo Ediouro), 1959.
- Carvalho, Anna Maria Pessoa de (Org.). *Calor e temperatura*: um ensino por investigação. 1 ed. São Paulo: Editora Livraria da Física, 2014.
- Comins, Neil F. *Descobrindo o universo*. 8 ed. Trad. Eduardo Neto Ferreira. Porto Alegre: Bookman, 2010.
- Courrol, Lilia Coronato; Preto, André Oliveira (Orgs.). *Óptica Geométrica*. São Paulo: Editora Unifesp, 2011.
- Feynman, Richard P.; Leighton, Robert B.; Sands, Matthew. *Lições de Física de Feynman*: edição definitiva. Trad. Adriana Válio Roque da Silva et. al. Porto Alegre: Bookman, 2008. (Coleção Lições de Física de Feynman)
- Gama, Rogério Martins Saldanha da. *Fundamentos de Mecânica dos Fluidos*. Rio de Janeiro: EdUERJ, 2012.
- GREF – Grupo de Reelaboração do Ensino de Física. *Física 2*: Física Térmica, Óptica. 5 ed. São Paulo: Edusp, 2007.
- Grillo, Maria Lúcia; Perez, Luiz Roberto (Orgs.). *A Física na Música*. Rio de Janeiro: EdUERJ, 2013.
- Guyton, Arthur C.; Hall, John E. *Tratado de Fisiologia Médica*. 8 ed. Trad. Celso de Resende Ferreira Filho e outros. Rio de Janeiro: Editora Guanabara Koogan S.A., 1992.
- Halliday, David et al. *Fundamentos de física*: Gravitação, Ondas e Termodinâmica. 9 ed. Trad. Ronaldo Sérgio de Biasi. Rio de Janeiro: LTC, 2013. v. 2.
- Halliday, David et al. *Fundamentos de física*: Óptica e Física Moderna. 9 ed. Trad. Ronaldo Sérgio de Biasi. Rio de Janeiro: LTC, 2012. v. 4.
- Hewitt, Paul. *Física conceitual*. 11 ed. Trad. Trieste Freire Ricci. Porto Alegre: Bookman, 2011.
- Nussenzveig, Herch Moyses. *Curso de Física básica*: Fluidos, Oscilações e Ondas, Calor. 4 ed. São Paulo: Edgard Blücher, 2002. v. 2.
- Nussenzveig, Herch Moyses. *Curso de Física básica*: Ótica, Relatividade, Física Quântica. 1 ed. São Paulo: Edgard Blücher, 1998. v. 4.
- Pires, Antonio S. T. *Evolução das ideias da Física*. São Paulo: Editora Livraria da Física, 2008.
- Ronan. Colin A. *História ilustrada da Ciência*. Trad. Jorge Enéas Fortes. Rio de Janeiro: Jorge Zahar Editor, 1987. (Coleção História Ilustrada da Ciência)
- Rooney, Anne. *A História da Física*: da filosofia ao enigma da matéria negra. Trad. Maria Lúcia Rosa. São Paulo: M. Books do Brasil Editora Ltda, 2013.
- Tipler, Paul A.; Mosca, Gene. *Física para cientistas e engenheiros*: Eletricidade e Magnetismo, Óptica. 6 ed. Trad. Naira Maria Balzaretti. Rio de Janeiro: LTC, 2009. v. 2.
- Tipler, Paul A.; Mosca, Gene. *Física para cientistas e engenheiros*: Mecânica, Oscilações e Ondas, Termodinâmica. 6 ed. Trad. Paulo Machado Mors. Rio de Janeiro: LTC, 2009. v. 1.
- Tortora, Gerard J. *Corpo humano*: fundamentos de anatomia e fisiologia. 4 ed. Trad. Cláudia L. Zimmer. Porto Alegre: Artes Médicas Sul, 2000.
- Walker, Jearl. *O circo voador da física*. 2 ed. Trad. Claudio Coutinho de Biasi. Rio de Janeiro: LTC, 2008.